国家哲学社会科学基金项目

马克思主义的利益理论 修订本
——当代历史唯物主义的重构

MAKESI ZHUYI DE LIYI LILUN:
Dangdai Lishi Weiwu Zhuyi De Chonggou

谭培文 ◇著

人民出版社

目　　录

序　言

利益本是日常话语。它与我们日常生活是那样贴近,须臾不可分离。它是日常交往、经济商贸活动、政治外交事务中出现频率最高的概念之一。然而,它离我们似乎又是那样遥远,人们谈论利益,离不开利益,可是利益并未进入科学认识中。它的内涵、本质、属性怎样? 时至今日,尚未发现有人专门去涉猎它,它甚至一直被拒之于马克思主义经典教科书之门外。可以说,马克思主义的利益理论还处在一个远离科学理性具体认识视野的感性具体(现象)层面。但是,值得怀疑和令人费解的是,无论是马克思主义的文本和手稿,利益都是无时不有无处不在的概念。这就有一个马克思主义文本原著(第一手资料)与马克思主义理论教科书等(第二手资料)的重构之间的关系问题。如果像重构的马克思主义理论那样,利益不能走进马克思主义理论的殿堂,那么,马克思主义文本中为什么处处离不开利益的身影呢? 这只能说明重构的理论并非必然就是马克思主义理论的真正重构。

我国 20 世纪 50 年代沿袭的是苏联的马克思主义的重构的理论,即 20 世纪 30 年代苏联按计划经济的理想模式建构的马克思主义。在那里,计划就是一切,利益被消解在计划经济统一的大熔炉中。20 世纪 60 年代,我国"左"的思想盛行,马克思主义被弄得面目全非,马克思似乎是一个只讲政治、革命和阶级斗争,不讲物质利益,不食人间烟火、无须吃穿住行的圣人。马克思主义被建构成了一个以斗争哲学为理论基础的马克思主义。事实上,在马克思主义经典文本中,利益是一个基础性范畴,马克思主义的利益理论是马克思主义的基础理论。因而,坚持马克思主义与坚持重构的马克思主义理论是不能等同的。马克思主义文本第一手资料是不能变易的,但马克思主义理论的重构就不同了,它将随时代不同而重新建构。如果前者是继承,那么后者则是发展。

改革开放,尤其是我国实行市场经济体制以后,实事求是的思想路线推动了我国的学术繁荣,马克思主义利益理论的禁区打开了,随之而出现的各种利益理论研究的优秀文化成果和其中微乎其微的马克思主义利益问题研究成果,为探索马克思主义利益理论提供了一定的理论支援。而社会主义市场经济则为探索马克思主义利益理论提供了深厚的现实的社会基础。任何历史都是现代史,任何伟大理论都是现代的理论。这样,马克思主义利益理论从而像隐藏在文本中的金子,便可以通过当代建构而放出光芒,从台后走到台前,上升为敢于面向现时代的时代精神。从这个意义上讲,不是什么人对马克思主义利益理论进行了主观建构,而是时代召唤和赋予了马克思主义利益理论的时代精神。马克思主义利益理论是蕴藏在马克思主义理论宝库中的一个巨大宝藏。作者虽然像矿工一样,试图尽力去开掘它,但越是宝藏,它隐藏的地方也越是难以达到。所以,本书只好先行选择有重点地把马克思主义利益理论推向台前。这个重点就是马克思主义利益范畴的内涵及其他在历史唯物主义中的地位和作用等问题。何谓马克思主义的利益范畴?它是随着马克思主义萌芽、成熟和发展而逐步展开的。马克思主义利益范畴在这里,绝不是功利主义心理联想的效用,绝不是施蒂纳市民社会利己主义的个人私利,绝不是费尔巴哈的生物性的自然欲望和感觉。马克思主义利益范畴的一般内涵实质上是指物质生活条件。它是历史唯物主义的基础性范畴。任何范畴都是一般和特殊的统一。马克思主义利益范畴的特殊含义是指市场经济条件下的交换关系。它是马克思主义解剖市民社会利益奥秘的钥匙。马克思主义通过利益范畴的辩证法,展开了对人类社会一般规律和市民社会特殊规律的历史唯物主义的认识,从而赋予马克思主义利益理论极强的历史感、现实感和时代感。

马克思主义利益理论在与西方马克思主义和中国传统义利观的相互辨析的同时,对当代历史唯物主义重构进行了新的探索。马克思主义利益理论同当代的对话,体现了马克思主义利益理论在现时代的意义和价值,尤其是关于"三个代表"(即中国共产党是先进生产力的代表,是人类优秀文化成果的代表,是全国各族人民根本利益的代表)的理论与科学发展观的提出,为马克思主义利益理论的发展增添了新的内容。所以,这种意义和价值以及"三个代表"的理论与科学发展观,使马克思主义利益理论在21世纪闪耀出灿烂的光辉。

　　从马克思主义利益范畴的一般和特殊的辩证法来认识把握马克思主义利益理论,这是本书研究马克思主义利益理论的主要方法。本书的文本资料选择及其主要原理的论述,虽有经济的、政治的、伦理的,但其主要方法是哲学的。

谭培文

2013.2

第 一 章

科学应当如何开端

第一节 论历史唯物主义的重构是否可能

历史唯物主义自从 19 世纪以来对世界历史产生了重大影响。那么,它的逻辑起点在哪里? 它的始初范畴是什么? 它的理论体系及其内容如何? 它在当代的意义价值又有哪些呢? 人们都力图对其作出最好的阐释或建构。

斯大林 1938 年在《苏联共产党(布)历史简明教程》中,为了阐释苏联共产党的理论基础,专门撰写了《辩证唯物主义与历史唯物主义》一文,第一次对历史唯物主义体系进行了建构。新中国成立后,以这一建构为基础所形成的哲学教科书体系①,走进了学院讲坛,不仅使其成为一种科学知识体系,而且也成为人们的世界观和方法论,转换为指导人们行为的思想理论基础。

历史画卷的逐渐展开,时代迈开自己的步伐跨入了 21 世纪。21 世纪与历史唯物主义的关系如何呢? 历史唯物主义依然是那样地闪耀自己的时代光彩,还是它已经失去了昔日的价值? 它的体系是否依然如旧,还是务必进行重构? 或者说,历史唯物主义是否能在当代放射自己的光彩,与它自己的体系有关。因为体系陈旧,也必然使其失去昔日的光彩。因而重构是使其放射光彩的重要途径。

英国的乔治·莱尔因提出《重构历史唯物主义》②,问题在于,是重构历

---

① 参见艾思奇主编:《辩证唯物主义　历史唯物主义》,人民出版社 1978 年版。

② [英]乔治·莱尔因:《重构历史唯物主义》,姜兴宏等译,中国社会科学出版社 1991年版。

史唯物主义,还是历史唯物主义的重构呢? 在我看来,应是后者而不是前者,即历史唯物主义的重构,而不是重构历史唯物主义。

一、历史唯物主义是马克思创立的现时代的哲学

对于历史唯物主义理论体系的建构,应为历史唯物主义的重构,而不是重构历史唯物主义。历史唯物主义的重构,说明历史唯物主义是马克思创立的理论,而其理论体系却是后来人们建构的。因为对这种理论体系不满意,它与马克思的体系不完全相符,因而需要重构。马克思虽然没有正式表达这个概念,但是,1878 年在得到马克思支持的恩格斯的《反杜林论》中,恩格斯就提出过"唯物主义的历史观"新概念,然后恩格斯又在1892 年《社会主义从空想到科学的发展》英文版导言中说:"因此,我在英语中如果也像在其他许多语言中那样用'历史唯物主义'这个名词来表达一种关于历史过程的观点,我希望英国的体面人物不至于过分感到吃惊。这种观点认为,一切重要历史事件的终极原因和伟大动力是社会的经济发展,是生产方式和交换方式的改变,是由此产生的社会之划分为不同的阶级,是这些阶级彼此之间的斗争。"[①]恩格斯明确提出了"历史唯物主义"概念,但是它的体系究竟如何,尚未做过完整的表述,它的体系是后来建构的。因而,重构是针对这种建构的建构,而重构历史唯物主义则不同。这里的"重构"就有两种可能:一是"历史唯物主义"这个命题需要重新建构,改变恩格斯提出的命题和内容;二是理论体系的当代重构。显然,莱尔因的第一种"重构"是不妥的。历史唯物主义科学命题是马克思、恩格斯创立的,它的理论体系也是他们创造的。但如何展现出来? 这才发生建构的问题。而莱尔因以"重构"来修改历史唯物主义,显然也是不科学的。步入 21世纪,历史唯物主义在当代的体系应该重新解读和建构,这是与莱尔因完全不同的一种"重构"。

二、历史唯物主义是时代的精髓

莱因尔的合理之处,在于他提出了"重构之必要"。他认为这种理论依然是有价值的,这种理论仍然能够为社会科学的政治实践提供重要的指导

---

① 《马克思恩格斯文集》第3卷,人民出版社 2009 年版,第 508—509 页。

作用。这是对的。"任何真正的哲学都是自己时代的精神上的精华"。因为"人民的最美好、最珍贵、最隐蔽的精髓都汇集在哲学思想里"①。历史唯物主义是马克思 19 世纪两大发现之一,它是现时代世界哲学发展所取得的最重要的成果。文艺复兴将社会推进到一个新时代,从此,人文科学挣脱了封建的桎梏,但人文科学并未完全成为真正的科学。人文科学虽然从神的统治下解放出来,但是人文科学还是束缚于物欲横流的统治之中。雅典娜身旁的猫头鹰紧闭双眼,仍然处于昏昏欲睡之中。马克思在社会实践中吸吮了人类优秀文化成果的乳汁,批判性地继承和发展了德国古典哲学所取得的思想成就,创立了历史唯物主义。马克思第一次在《德意志意识形态》中说:"我们仅仅知道一门唯一的科学,即历史科学。"②历史唯物主义是现时代的时代精华,它不仅深刻地影响近代世界历史的发展和变化,而且它的创立为社会科学的建立提供了基本原则,它还是这个时代的时代实践的指导思想。历史唯物主义的研究和实践,不仅是现时代的课题,而且它还将是人类探索未来社会的精神明珠。

三、历史唯物主义的建构是一个跨世纪的课题

莱尔因认为,"重构"意味着"这种理论的主要原则是不能令人满意的,需要进行全面修改"。这显然是一种偏见。因为衡量历史唯物主义理论体系的根据不是"应当",而是"是",即是否符合马克思历史唯物主义的文本原意。"应当"与否只是产生于"是"基础之上。历史唯物主义建构是否是历史唯物主义的,这是关键之所在。马克思创立的历史唯物主义是否符合马克思文本的原意呢? 这是一个跨世纪的课题。20 世纪 30 年代,斯大林在《苏联共产党(布)历史简明教程》中,第一次就"历史唯物主义"创立,提出了"推广"说,认为"历史唯物主义就是把辩证唯物主义原理推广去研究社会生活,把辩证唯物主义原理应用于社会生活现象,应用于研究社会,应用于研究社会历史"③。按斯大林意见:首先,辩证唯物主义创立在马克思历史唯物主义创立之前。马克思是先创立了辩证唯物主义,然后才去创立

----

① 《马克思恩格斯全集》第 1 卷,人民出版社 1995 年版,第 220、219—220 页。
② 《马克思恩格斯文集》第 1 卷,人民出版社 2009 年版,第 516 页。
③ 联共(布)中央特设委员会编:《苏联共产党(布)历史简明教程》,人民出版社 1954 年版,第 136 页。

历史唯物主义的。其次,历史唯物主义只是辩证唯物主义的"推广",而不是专门的创造。再次,辩证唯物主义的基本范畴、基本原理仍然适用于历史唯物主义。简言之,辩证唯物主义与历史唯物主义,只在唯物主义前面加上"历史"二字即可。所以,"物质"加上"社会"二字,历史唯物主义就可以称为"社会性物质","存在"加上"社会"二字叫"社会存在"即可(这一点留到以后再说)。显然,这是不妥的。为什么?

首先,它不符合马克思文本的原意。从马克思面世的所有文本、笔记等看,马克思绝不是先创立辩证唯物主义,然后才创立历史唯物主义。事实上,它们可以说是同时创立的,即从唯心主义转变成唯物主义,亦同时由对社会问题上的民主主义者转变为共产主义,最具典型意义的是《黑格尔法哲学批判》。这个时期,马克思已转变了唯物主义立场,但这个时期的唯物主义仍然是一个又不完全是一个费尔巴哈唯物主义。因为,马克思不是在自然观上徘徊,主要是在利益与市民社会、市民社会与国家观念关系上开始了自己的社会历史观探索。差异就是矛盾,这种矛盾就是马克思创立历史唯物主义的萌芽。而这一萌芽的唯物主义基础还不是马克思的,但这里的历史唯物主义的萌芽却是马克思的创造之胚芽。换言之,尽管唯物主义仍然是费尔巴哈唯物主义,但历史唯物主义萌芽已开始生长。历史唯物主义不是创立了辩证唯物主义之后才创立的,甚至可以这样说,马克思是在创立历史唯物主义中创立了辩证唯物主义。但是,历史唯物主义是以唯物主义为基础,这是否可以证明,历史唯物主义是应以辩证唯物主义为基础呢?唯物主义不是马克思的创造,唯物主义只是古代人类优秀的文化成果,马克思吸收了唯物主义思想,这不就说明马克思是先有了唯物主义,然后才"推广"的吗?这也是毫无根据的。马克思掌握唯物主义方法,是马克思历史唯物主义创立的一个世界观基础,但不是"唯物主义"的"推广"。"推广"仅仅是量的扩张,这种"推广"是任何人都可以实现的。唯物主义从古希腊以降,为什么连简单的量的推广都办不到,以致使社会历史观一直是唯心史观呢?这绝不是什么"推广"。正如物理学、数学都是爱因斯坦相对论的基础,但相对论的创立不是物理学的"推广"一样,历史唯物主义的创立不是"唯物主义"的推广,更不是"辩证唯物主义"的推广。因为,马克思的历史唯物主义创立之前,马克思、恩格斯不仅从来没有使用过这个概念,也没有对其理论形态做过阐释。辩证唯物主义是 1894 年普列汉诺夫第一次提出来的。可见,"辩证唯物主义"这一概念只是普列汉诺夫对马克思、恩格斯辩证法思想和唯物主义思想的理解和概括。它本身是否可能,还是一个值得商榷的问题。怎么可以把一个"是否可能"的理论基础作为逻辑前提呢?总之,历史唯物主义是马克思的两大创造之一,它的基础是唯物主义,它的方法是辩证的,但它不是辩证唯物主义的"推广"。那么,历史唯物主义究竟是怎样建构的呢?自从斯大林第一次"建构"以后,"重构"问题就随之提了出来。例如,国外马克思主义,就有阿尔都塞、霍克海默、萨特、哈贝马斯、乔治·莱因尔等;在国内,首先有艾思奇、李达等。改革开放以后,学术研究进入第二个春天,适应时代需要,人们再一次提出了历史唯物主义重构的论题。因而,产生了以实践为起点的重构论,以人为核心的重构论,还有提出了以建立类哲学的重构论,等等。虽然百花正在盛开,成熟的果实应是什么还无定论,但21世纪的钟声早已经敲响,马克思主义哲学与新世纪的对话,在时代节拍中开始了,历史唯物主义的重构是一个刻不容缓的跨世纪的课题。

第二节 "重构"的基础

辩证唯物主义基本范畴、基本原理是不是仍然适应历史唯物主义?历史唯物主义有没有自己的专门范畴?历史唯物主义重构的基础和出发点是什么?它可不可以在"物质"前面加上"社会",社会物质就变成历史唯物主义逻辑起点?它可不可以在"存在"前面加上"社会",社会存在就变成社会历史观的逻辑起点?存在是古希腊巴门尼德提出的哲学概念。按巴门尼德的意见:存在是永恒的,它既没有产生又没有消灭,存在是唯一的,存在不可分。因为它全部都是一样的。存在是不动的,它是充满,它没有虚空或空隙,也不可能有运动。他说:"存在者存在。……存在者不是产生出来的,也不能消灭,因为它是完全的、不动的、无止境的。它既非过去存在,亦非将来存在,因为它整个在现在,是个连续的一。"[①]存在在那里,实际上是克塞

————————
① 北京大学哲学系外国哲学史教研室编译:《西方哲学原著选读》上卷,商务印书馆1981年版,第32页。

诺芬尼所说的唯一的神。但巴门尼德认为,存在是超感性的,唯有思想才能把握。这是其合理之处。因为,巴门尼德已经意识到哲学在于超出感性事物,去寻找超出感性事物更本质的东西。

尽管如此,在这里我们已经看到"存在"范畴内涵的不一定性。"存在"可以理解为"神"一样的东西,在唯心主义看来,"神"也是存在的。中世纪就是存在这一规定的现实化。存在它被现实地规定为神的现实存在。所以,恩格斯的《反杜林论》中,对杜林的"世界统一于存在"的错误命题给予了严厉的批判。他说:"尽管世界的存在是它的统一性的前提,因为世界必须先存在,然后才能是统一的。在我们的视野的范围之外,存在甚至完全是一个悬而未决的问题。"①无疑,世界统一于存在,是一个折中主义的命题,它既可走向唯物论,又可走向唯心论。因而,社会存在作为历史唯物主义哲学的本体论基础显然是错误的。

有的提出,历史唯物主义"社会存在"的内涵是社会物质生活条件,而不再是存在。这种解释是十分勉强的,它包含了不可自拔的矛盾。既然凡是社会存在的都存在,而意识形态、思想观念也存在,那么,思想观念也是社会存在。所以,社会存在不仅包括物质的,也包括精神的。因而,根据恩格斯命题,世界统一在于它的物质性,而社会统一在于什么呢?物质性的东西,在我们的视野的范围之外,社会存在甚至也完全是一个"悬而未决的问题"。如果把社会存在这样一个悬而未决的问题,作为历史唯物主义本体论基础,历史唯物主义则成了一个不可捉摸的东西。所以,"推广"说不仅不能说明辩证唯物主义和历史唯物主义关系,而且无法说明它们的范畴之间的相互联系,尤其是无法去"推出"历史唯物主义始初的范畴,而历史唯物主义重构的关键是确立始初范畴。始初范畴是什么?它是一门科学建构的逻辑起点。

一、哲学是概念式的认识

黑格尔说:"哲学是关于真理的客观科学,是对于真理之必然性的科学,是概念式的认识;它不是意见,也不是意见的产物。"②黑格尔的意见是

---

① 《马克思恩格斯文集》第9卷,人民出版社2009年版,第47页。
② [德]黑格尔:《哲学史讲演录》第1卷,贺麟等译,商务印书馆1959年版,第17—18页。

对的。哲学是时代的精神的精华,哲学的内容是客观的,它是一个时代自然、社会和思维的知识概括和总结,但就它的形式来说,哲学是概念式的认识,这是哲学与任何科学的区别。哲学与政治、法律、宗教、艺术都是社会意识形态,它们都是社会生活的反映,但是它们反映社会生活的侧面与水平及其方式是不相同的。政治、法律总是适应一定经济基础的需要而产生的,适应这种经济基础需要产生的政治法律思想就有一种直接满足这种经济基础需要的要求。因而,它总是直接地为它赖以产生的经济基础服务,维护它的存在,推动它的发展,反对各种外在力量对它赖以存在的经济基础的危害。政治法律思想是直接为维护某种生产关系存在、巩固、发展服务的,艺术是从各个时代审美的角度反映人们的物质生活和精神生活,宗教和哲学虽然都反映天人关系等,但宗教是以虚幻的颠倒的方式来反映天人、物我关系。尤其是它们反映的方式不同,政治法律思想的形式是具体的概念、命令、条文、规定;宗教则是形象与直觉感悟观念;艺术则是形象;哲学不同,它的形式是抽象的一般概念。哲学同真理有关,艺术也同真理有关。但是哲学家是通过概念来认识真理,而艺术则是通过形象来直观真理。

哲学为什么是概念式的认识? 首先,因为哲学的思维形式是概念。黑格尔说:"哲学,由于它要成为科学,正如我在别处说过的,它既不能从一门低级科学,例如数学那里借取方法,也不能听任内在直观的断言,或使用基于外在反思的推理。而这只能是在科学认识中运动着的内容的本性;同时,正是内容这种自己的反思,才建立并产生内容的规定本身。"①黑格尔把逻辑学说成是真正的形而上学,是关于真理的科学或哲学。在黑格尔看来,哲学是科学的科学,它是关于思维形式的科学。这种科学的方法不同于数学,也不能像笛卡尔、斯宾诺莎的哲学那样,用数学方法来建构哲学。因为数学是低级的科学,而哲学却是有别于"低级科学"的科学的科学。数学的对象只是现实世界的某一个片面,而哲学不同,哲学是可论证的科学。它作为可论证的科学,就必须采取符合自己对象本性的方法,而这样的方法只能是在科学认识中运动着的内容本性,同时内容这种自己的反思,才建立并产生内容的决定的本性。那么,什么是"在科学认识中运动着的内容的本性"呢?黑格尔认为,这就是客观独立存在的世界客观精神的矛盾发展和永恒运动。

① [德]黑格尔:《逻辑学》上卷,杨一之译,商务印书馆1966年版,第4页。

哲学(逻辑学)就是通过范畴(概念)的矛盾运演来描述这种精神运动的。哲学方法就是符合这种精神本性的方法。由于这种方法,内容的这个反思本身第一次确定并产生出这个内容的规定。这里的"内容的规定"即表现客观精神的逻辑概念,哲学就是客观精神的逻辑概念的自我运动。换言之,"精神的运动就是概念的内在发展:它乃是认识的绝对方法,同时也是内容本身的内在灵魂。——我认为,只有沿着这条自己构成自己的道路,哲学才能够成为客观的、论证的科学"①。这就是哲学作为"精神的运动",它的内容和方法,即概念的自我运动或自我发展,把概念的这种运动发展当作客观对象的内容和实质,这当然是唯心的。因为哲学概念无非是对它反映的内容的规定。

　　哲学如何通过概念自我发展去把握对象呢? 黑格尔用唯心的方式表述概念的真实作用。他说:"一方面,范畴通过其一般性而作为缩写之用";"另一方面,范畴可作进一步规定并发现对象关系之用,但是这样一来,却使参与这种规定和发现的思维,其内容与目的、正确性与真理都完全依赖于当前事物,而不把决定内容的效力归于思维规定本身。这样的使用范畴,即以前称为自然逻辑者,是不自觉的,而且,假如在精神中,把作为手段而服务的那种关系,在科学的反思中,加之于范畴,那么,思维一般就成为某种从属于其他精神规定的东西了。"②概念把个别上升到一般,这是对的。任何概念都是一般和个别、特殊和普通的统一,正是这样,概念可以进一步去把握客观对象关系。每一个范畴的出现都是认识史的一次重大飞跃。因为,每一个概念范畴的成熟,都标志着人类认识由感性向理性的一次飞跃。人们从感性直观地把握对象,可以上升为用感性直观的形式,也可以用概念去把握对象。哲学就是以概念自我运动形式去反映把握客观真理。所以,列宁改造黑格尔思想,对其合理之处给予充分肯定。他说:"在人面前是自然现象之网。本能的人,即野蛮人,没有把自己同自然界区分开来。自觉的人则区分开来了,范畴是区分过程中的一些梯级,即认识世界的过程中的一些梯级,是帮助我们认识和掌握自然现象之网的网上纽结。"③人与动物不同,因为人有思维,人可以通过概念之网去把握自然现象之网。哲学认识的目的

---

① [德]黑格尔:《逻辑学》上卷,杨一之译,商务印书馆1966年版,第5页。
② [德]黑格尔:《逻辑学》上卷,杨一之译,商务印书馆1966年版,第11—12页。
③ 列宁:《哲学笔记》,人民出版社1993年版,第78页。

是真理,艺术的目的也是真理,但哲学接近真理的方式与艺术不同,哲学不是用形象,哲学是通过概念之网去把握现象之网,从而实现主观与客观的一致,使其主观与客观相符合。哲学就是这样,凭借概念范畴思维形式,再现对象中的"具体",从而达到真理之认识。

二、历史唯物主义重构的关键是确立始初范畴

历史唯物主义是我们这个时代的哲学。它所反映的内容是我们这个时代的精神,但是它的形式仍然是概念范畴式的认识。那么,作为概念式的认识,"必须用什么作科学的开端"?① 这里的"科学",就是哲学。哲学的开端,如果不是指体系哲学,而是指方法,当然是十分重要的。因为哲学的开端,就是指哲学的逻辑起点、出发点或生长点。黑格尔说:"要找出哲学中的开端,是一件困难的事。"这是因为哲学的开端,首先在于哲学本身成熟程度。黑格尔说:"密纳发的猫头鹰要等黄昏到来,才会起飞。"这就是说,"哲学作为有关世界的思想,要直到现实结束其形成过程并完成其自身之后,才会出现。概念所教导的也必然就是历史所呈示的。这就是说,直到现实成熟了,理想的东西才会对实在的东西显现出来,并在把握了这同一个实在世界的实体之后,才把它建成为一个理智王国的形态。"②黑格尔的理智王国。无非是指的体系哲学。但黑格尔极其重要的合理思想,就是揭示哲学范畴概念与时代发展关系。哲学概念范畴是对现实世界事物的本质抽象,因而这些概念范畴的出现,首先是现实世界的发展成熟,只有时代现实发展到一定的阶段,哲学才可以用概念的形式对现实作出概括。哲学这只智慧之星的猫头鹰方才飞翔。

首先,哲学范畴的发展与人们的抽象思维能力水平的提高直接有关。人们首先面对是现象、感性、个别、具体,等等。随着实践发展,人们越来越需要从主观方面出发去理解对象,把握它的一般本质,这样就产生概念。每一个概念范畴的发现,都是人类抽象水平上升的一次新飞跃,都是接近现实世界本质的一个环节,如巴门尼德的存在、亚里士多德的"实体"、斯宾诺莎的"自然"、费希特的"自我"等。

---

① 〔德〕黑格尔:《逻辑学》上卷,杨一之译,商务印书馆 1966 年版,第 51 页。
② 〔德〕黑格尔:《法哲学原理·序言》,范扬等译,商务印书馆 1961 年版,第 13—14 页。

其次,哲学的"开端"就是哲学逻辑发展的起点。这一个起点,就是哲学自我发展的胚胎,全部发展就在这个萌芽或胚芽中。最初的东西即是根据,因为它是全部发展的出发点,最后的东西无非是最初起点的逻辑发展的结果。而前进,只不过是开端的进一步规定。开端通过这个规定逐步丰富自己,开端通过这个前进的中介,与结果相联系。所以黑格尔说:"最初的东西又同样是根据,而最后的东西又同样是演绎出来的东西;因为从最初的东西出发,经过正确的推论,而到最后的东西,即根据,所以根据就是结果。离开端而前进,应当看作只不过是开端的进一步规定,所以开端的东西仍然是一切后继者的基础,并不因后继者而消灭。前进并不在于仅仅推演出一个他物,或过渡为一个真正的他物;——而且只要这种过渡一发生,这种前进也便同样又把自己扬弃了,所以哲学的开端,在一切后继的发展中,都是当前现在的、自己保持的基础,是完全长留在以后规定的内部的东西。"①如果去掉黑格尔思辨的体系哲学的唯心主义的保守性质,黑格尔的意见无疑是十分重要的。开端就是哲学建构的前提。因而,科学的开端,就是哲学科学建构的基础。古往今来哲学无不重视这个开端。古希腊哲学无论是唯物主义的,还是唯心主义的,实际上它们的问题,归结起来就是一个,那就是寻找一个合理的开端。泰勒士认为万物的本质是水,毕达哥拉斯认为是数,赫拉克利特认为是火,一切从火开始又统一于火。巴门尼德认为是存在,存在是一,一就是存在。柏拉图认为是理念,一切都不过是有了理念。理念就是一切。中世纪就是神,神是一切,一切都在神那里实现自己的形式。近代,则把经验与理性作为哲学的不同起点。在德国古典哲学,开端问题被推向更为重要地位。康德提出了"物自体",但由于人们只能认识物自体的表象,而不能认识物自体的本质。因而,主体作为哲学开端的问题凸显出来了。费希特看出康德开端的二律背反,从而提出"自我"是哲学的开端。费希特的哲学则是这样展开的,即自我设定自身,自我设定非我,自我设定自身和非我。而谢林则提出既非主体又非客体的"绝对的同一性"作为哲学的开端。哲学的开端在黑格尔那里,提到十分突出的地位。他把斯宾诺莎的"自然"(实体)与费希特的"自我意识"结合起来,将它们上升为绝对观念,绝对观念实际就是黑格尔的哲学的开端。"在黑格尔的体系中有三个

---

① ［德］黑格尔:《逻辑学》上卷,杨一之译,商务印书馆1966年版,第56页。

要素:斯宾诺莎的实体,费希特的自我意识以及前两个要素在黑格尔那里的必然充满矛盾的统一,即绝对精神。第一个要素是形而上学地改了装的、同人分离的自然。第二个要素是形而上学地改了装的、同自然分离的精神。第三个要素是形而上学地改了装的以上两个要素的统一,即现实的人和现实的人类。"①直到费尔巴哈提出哲学的出发点不是精神,而是物质或自然。费尔巴哈从物质出发,建立他的人本主义唯物主义哲学。总之,开端是十分重要的,哲学必须要以什么作为哲学的开端。

历史唯物主义是时代的哲学,它应以什么作为自己的开端呢?要知道历史唯物主义的开端,首先要知道历史唯物主义开端的基本条件和要求。那么,历史唯物主义开端的条件和要求是什么呢?马克思的《德意志意识形态》的发表,标志着历史唯物主义的创立。历史唯物主义从何开端呢?《关于费尔巴哈的提纲》是标志着天才世界观产生的第一个提纲。在这个"提纲"中,马克思说:"从前的一切唯物主义(包括费尔巴哈的唯物主义)的主要缺点是:对对象、现实、感性,只是从客体的或者直观的形式去理解,而不是把它们当作感性的人的活动,当作实践去理解,不是从主体方面去理解。"②对象、现实、感性无疑是唯物主义的开端,可是,这只是旧唯物主义哲学的开端,因为旧唯物主义仅仅只从客体或直观的形式去理解。而新唯物主义(历史唯物主义)不同,应从"感性的人的活动",从"实践",从"主观"去理解。这里的主观,不是主观唯心主义主观,在唯心主义那里,"主观"只是一种精神活动。新唯物主义"主观"应是主体以实践的感性活动为基础的主观,从而历史唯物主义开端不是主观的精神活动,而应是主体实践的感性活动。

1.这个开端必须是现实的和历史的统一。

马克思在谈到政治经济学如何开端时说:"在研究经济范畴的发展时,正如在研究任何历史科学、社会科学时一样,应当时刻把握住:无论在现实中或在头脑中,主体——这里是现代资产阶级社会——都是既定的;因而范畴表现这个一定社会即这个主体的存在形式、存在规定、常常只是个别的侧面;因此,这个一定社会在科学上也决不是在把它当作这样一个社会来谈论

---

① 《马克思恩格斯文集》第1卷,人民出版社2009年版,第341—342页。
② 《马克思恩格斯文集》第1卷,人民出版社2009年版,第499页。

的时候才开始存在的。"①马克思在这里不仅是指经济学的开端，而且也是历史科学、社会科学的开端。历史科学，马克思认为："我们仅仅知道一门唯一的科学，即历史科学。"②这里，历史科学即历史唯物主义哲学。历史唯物主义如何开端呢？从主体上来解释，就是现实与历史的统一。"主体——这里是现代资产阶级社会——都是既定的"范畴，只是这个现代社会，"这个主体的存在形式、存在规定、常常只是个别的侧面"，历史唯物主义是当代哲学，因而它的范畴开端应是当代社会"既定的"当代社会存在形式、存在规定。因而，它必须是现实的，这是一个方面；另一方面，它又必须是历史的，因为它"也决不是在把它当作这样一个社会来谈论的时候才开始存在的"。历史唯物主义开端必须是现实与历史的有机统一，既是这个社会主体存在形式，又是贯穿于历史发展的过程中。这一点，一直被人们所忽视，这是十分片面的。这才是历史唯物主义哲学同一般哲学开端最本质的区别。

2.历史唯物主义开端应是全部发展的萌芽。

列宁说："必须从最简单的基本的东西［存在、无、变易（das Werden）］（不要其他东西）出发，引申出范畴（不是任意地或机械地搬用）（不是'叙述'，不是'断言'，而是证明），——在这里，在这些基本的东西里，'全部发展就在这个萌芽中'。"③历史唯物主义是现时代的时代精神，它的开端有其特殊要求，但是作为哲学，它的开端又必须要有哲学开端的一般特点。黑格尔对逻辑学如何开端进行了大量论述，列宁特别强调黑格尔关于"开端"的合理思想，即开端的范畴"应是全部发展的萌芽"。"范畴是反映客观事物的本质的思维形式，是各个领域中的基本概念。概念只要它在体系中是基本概念，它就可以称得上范畴。"④范畴和概念，适用的范围有所不同，但本质上是一致的。它是本质的思维形式。但作为开端的范畴，必须是对象整体中最抽象的范畴，包含一切矛盾的胚芽。它是最简单、最基本的概念，也就是最抽象的范畴，如巴门尼德的存在、柏拉图的理念、亚里士多德的实体等。正如张全新所说："由于最抽象的范畴是这类对象范围整体中的最本

---

① 《马克思恩格斯文集》第 8 卷，人民出版社 2009 年版，第 30 页。
② 《马克思恩格斯文集》第 1 卷，人民出版社 2009 年版，第 516 页注②。
③ 列宁：《哲学笔记》，人民出版社 1993 年版，第 79 页。
④ 张全新：《形成科学理论的思维方法》，山东人民出版社 1982 年版，第 48 页。

质,所以这个最本质的矛盾,就造成了这类对象性质的最基本的形态。这个最基本的形态,是整个被研究对象之机体的矛盾胚芽,整个对象复杂的机体,都是由它发展起来的。"①哲学的范畴开端,必须是物质,等等。所以,黑格尔说:"开端必须是绝对的,或者说,是抽象的开端(这在此处意义相同);它于是不可以任何东西为前提,必须不以任何东西为中介,也没有根据;不如说它本身倒应当是全部科学的根据。因此,它必须直截了当地是一个直接的东西,或者不如说,只是直接的东西本身。"②在黑格尔那里,这个开端就是纯存在(纯有)。如果剥脱黑格尔哲学唯心主义性质,用唯物主义哲学观点来看纯存在,那么,它是客观世界最抽象的范畴,它不能对他物有所规定。它不以任何东西为前提,但是任何一个存在物都必须以它为前提,如自然、社会和思维等,所以存在倒应当是全部科学的根据,纯存在就是那直接的东西本身。纯存在是一般哲学的逻辑出发点。历史唯物主义是哲学,但它不是一般意义的哲学,而是现时代的时代精神,它的开端不同一般哲学的开端,不是适用一切范围的纯存在本身,但它应是最简单的最基本的概念,它包含的一切矛盾的胚芽,如《资本论》的商品。如果加之"社会"存在,那么它显然不是纯存在。但因社会存在也不是最抽象范畴,作为存在,它以社会为前提,其他东西也不以它为前提。在这里,不再是直接的东西,任何一个存在物也不能以它为根据。总之,历史唯物主义是现时代的哲学,它的主体是我们这个时代,因而,它这个开端不能把仅仅适用一切范围的存在来作为逻辑的开端。那么,历史唯物主义的开端是什么呢?这是一个十分困难的问题。

第三节　利益是马克思走出唯心史观
魔谷的阿莉阿德尼之线

一、引人注目的两条重要线索

马克思从唯心主义向唯物主义转变过程,有两条重要的线索不能不引

---

① 张全新:《形成科学理论的思维方法》,山东人民出版社 1982 年版,第 49 页。
② [德]黑格尔:《逻辑学》上卷,杨一之译,商务印书馆 1966 年版,第 54 页。

起人们的注意。第一,第六届莱茵省议会关于林木盗窃法的辩论。马克思于 1859 年在他的《政治经济学批判》一书序言中还特别提到:"1842—1843 年间,我作为《莱茵报》的编辑,第一次遇到要对所谓物质利益发表意见的难事。莱茵省议会关于林木盗窃和地产析分的讨论,当时的莱茵省总督冯·沙培尔先生就摩泽尔农民状况同《莱茵报》展开的官方论战,最后,关于自由贸易和保护关税的辩论,是促使我去研究经济问题的最初动因。"①第二,当马克思转向费尔巴哈人本主义唯物主义,并用费尔巴哈的人本主义唯物主义批判黑格尔的《法哲学原理》时,马克思得出了一个重要结论。恩格斯在《卡尔·马克思》(1869)一文中说:"马克思从黑格尔的法哲学出发,得出这样一种见解:要获得理解人类历史发展过程的锁钥,不应当到被黑格尔描绘成'大厦之顶'的国家中去寻找,而应当到黑格尔所那样蔑视的'市民社会'中去寻找。"②对于第一条线索,人们注意的往往是其经济学转向;对于第二条线索,一般认为,马克思是从市民社会和政治国家的关系中建立整个历史唯物主义体系的。首先,马克思所说的物质利益,它是经济学转向的前提,经济学转向只是其过程和中介,而经济学转向的结果是历史唯物主义的创立。那么,利益对于历史唯物主义的创立关系究竟如何呢?这一个至关重要的问题被忽视了,人们大都只追问经济学与历史唯物主义创立的关系,而从来不追问利益与历史唯物主义创立的关系,等于只追问过程、结果,而对它的前提却一直置而不理。这本身就不符合逻辑。"前提"是出发点,是任何一门科学建构的基础,而历史唯物主义却不管它的前提、出发点。这是一些历史唯物主义建构者好搬、照搬一般唯物主义前提,如存在、社会存在作为历史唯物主义前提、出发点的主要原因。其次,两条线索都是我们研究历史唯物主义缘起的主要根据,但两条线索绝不是孤立的,而是相互联系的。那么,二者联系是什么呢?第一条线索对第二条线索产生了什么影响?第二条又是如何影响了第一条线索?如果物质利益是经济学转向最后导致历史唯物主义创立的根据,那么物质利益对市民社会和国家观念的研究究竟发挥了什么样的作用?再次,两条线索既然是相互联系的,那么它们之间是否有共同之处?如果说"没有",为什么?如果说"有",那是什么呢?

---

① 《马克思恩格斯文集》第 2 卷,人民出版社 2009 年版,第 588 页。
② 《马克思恩格斯全集》第 16 卷,人民出版社 1964 年版,第 409 页。

这个共同点对历史唯物主义建构有何影响和意义呢?

对于第一个问题,物质利益是经济学转向的出发点,而结果是历史唯物主义创立,利益是历史唯物主义的出发点。这是毫无疑问的。问题是在第二条线索中,提到的市民社会和国家观念的关系。在黑格尔那里,他把"家庭和市民社会看作国家的概念领域,即被看作国家的有限性的领域,看作国家的有限性。"而实际上,"家庭和市民社会都是国家的前提,它们才是真正活动着的;而在思辨的思维中这一切却是颠倒的"。① 可见,在市民社会和国家相互关系中,市民社会是国家的前提,而不是相反。换言之,市民社会是国家决定性的前提和基础,而国家只是适应市民社会产生的上层建筑。

那么,市民社会是指什么呢?"市民社会"是马克思著作中出现的频率最高的一个词。德文中的市民社会(Bürgerliche Gesellschaft)在马克思著作中译本中既可译为"市民社会",也可译为"资产阶级社会"。什么地方译为"市民社会",什么地方译为"资产阶级社会",这同"Bürgerliche Gesellschaft"出现的具体语境有关,也同翻译者的翻译理解水平有关。但从第二条线索的语境看来,译为"市民社会"是十分正确的。黑格尔在《法哲学原理》中使用的市民社会概念,马克思针对黑格尔的矛盾提出的问题,也应当是市民社会概念,而不是资产阶级社会。理解人类历史发展过程的钥匙,应当到"市民社会"中寻找,而不可能到"资产阶级社会"中寻找。问题是,"市民社会"概念在马克思著作中,它的基本内涵究竟是什么?

俞可平认为,在马克思那里,市民社会既是一个历史范畴,又是一个分析范畴。"作为一个历史范畴,市民社会指的是人类社会的一个特定发展时期,这个时期的本质特征是阶级利益的存在。"这就是说市民社会是以阶级和阶级利益存在为前提的历史现象,比如,资产阶级社会。因而,历史范畴可以说就是指的资产阶级社会。"作为一个分析范畴,市民社会是对私人活动领域的抽象,它是与作为公共领域的抽象的政治社会相对应的。"② 这就是说,市民社会是指与公共利益相对应的私人利益的物质交往关系。俞可平对市民社会概念这一区分无疑是市民社会研究取得的一个新的成果。问题是,马克思的"市民社会"概念是马克思整个文本一直使用的概

① 《马克思恩格斯全集》第 3 卷,人民出版社 2002 年版,第 10 页。
② 俞可平:《马克思的市民社会理论及其历史地位》,《中国社会科学》1993 年第 4 期。

念。那么在马克思创立历史唯物主义之前和创立历史唯物主义以后,马克思对"市民社会"概念是在历史范畴上使用的,还是在分析范畴上来使用的呢? 其实,马克思前后期对这一概念的使用是不同的。马克思在创立历史唯物主义以后,主要是在分析概念意义上来使用"市民社会"概念的,而在此之前,既是在分析概念意义上,又是在历史概念意义上来使用"市民社会"概念的。比如,马克思在《黑格尔法哲学批判》中提到"市民社会是国家的前提",而不是相反。这里的"市民社会"就是一个分析概念。还有人们常引用的马克思的一句话,即"为消灭国家和市民社会而斗争"①。这是马克思历史唯物主义未创立之前使用的历史概念,它无疑是指以阶级和阶级利益为前提而存在的一定社会历史阶段。在《1844 年经济学哲学手稿》,市民社会则既是分析概念又是历史概念意义上来使用"市民社会"概念的。在《德意志意识形态》,马克思主要是在分析意义上来使用"市民社会"概念的。他说:"市民社会包括各个人在生产力发展的一定阶段上的一切物质交往。"②还说:"真正的市民社会只是随同资产阶级发展起来的;但是市民社会这一名称始终标志着直接从生产和交往中发展起来的社会组织"。③还有最具代表性的一段表述是 1846 年马克思致帕·瓦·安年科夫的信。马克思说:"社会——不管其形式如何——是什么呢? 是人们交互活动的产物。人们能否自由选择某一社会形式呢? 决不能。在人们的生产力发展的一定状况下,就会有一定的交换[commerce]和消费形式。在生产、交换和消费发展的一定阶段上,就会有相应的社会制度、相应的家庭、等级或阶级组织,一句话,就会有相应的市民社会。有一定的市民社会,就会有不过是市民社会的正式表现的相应的政治国家。"④这里"一定的市民社会",就是指一定物质生产关系的总和或社会的经济基础。所以,"市民社会"在历史唯物主义创立以后,一般都是在分析概念意义上使用的。作为分析概念,"市民社会"就是私人利益关系的总和,而这一总和的核心内容是私人物质利益关系。⑤ 私人物质利益关系是利益的特殊状况,利益关系则是私人物

---

① 《马克思恩格斯全集》第 42 卷,人民出版社 1979 年版,第 238 页。
② 《马克思恩格斯文集》第 1 卷,人民出版社 2009 年版,第 582 页。
③ 《马克思恩格斯文集》第 1 卷,人民出版社 2009 年版,第 582—583 页。
④ 《马克思恩格斯文集》第 10 卷,人民出版社 2009 年版,第 42—43 页。
⑤ 俞可平:《马克思的市民社会理论及其历史地位》,《中国社会科学》1993 年第 4 期。

质利益关系的一般状况。因而,如果说马克思是从市民社会与政治国家关系出发来建立其整个历史唯物主义理论体系的,而在二者相互关系的前提却是市民社会,市民社会的核心内容是私人物质利益关系。那么,利益是市民社会和政治国家之间相互关系统一的前提和基础,利益也是"两条线索"的共同点。毋庸讳言,利益就是马克思走出唯心史观魔谷、走向历史唯物主义的阿莉阿德尼之线。①

二、利益范畴体现了历史和现实的辩证统一

历史唯物主义,它是现时代的时代精神。因而,它的开端范畴不只是理论的,而应首先是现实的,它在当代现实社会中。但是"无论在现实中或在头脑中,主体——这里是现代资产阶级社会——都是既定的;因而范畴表现这个一定社会即这个主体的存在形式、存在规定、常常只是个别的侧面"。马克思说:"这对于分篇直接具有决定的意义。"②这里的开端,即"分篇"实际是指开篇具有决定意义的"开始"。马克思以经济学的开端为例,阐述了这个问题。当代经济学研究的主体是资本主义经济。对资本主义社会,有人提出,"从地租开始,从土地所有制开始,似乎是再自然不过的了,因为它是同土地,即同一切生产和一切存在的源泉结合着的,并且它又是同一切多少固定的社会的最初的生产形式即同农业结合着的。但是,这是最错误不过的了"③。土地所有制虽然在奴隶社会和封建社会中处于支配地位,但其实工业也有土地所有制性质的类似的性质。在那里,不理解土地所有制,则不懂工业。而在资本主义社会情况则相反,资本主义处于支配地位,农业变成了一个工业部门,完全由资本支配。因而,不是以地租去说明资本,而是离开了资本就根本不懂地租。所以,"资本是资产阶级社会的支配一切的经济权力。它必须成为起点又成为终点,必须放在土地所有制之前来说明"④。历史唯物主义是无产阶级的世界观和方法论,但是,"主体——这里

---

① 参见《马克思恩格斯文集》第 9 卷,人民出版社 2009 年版,第 417 页。阿莉阿德尼(Ariadne)之线,本为古希腊罗马典故。恩格斯在《自然辩证法》导言中引用了这个典故,用它来比喻能解决复杂问题的办法。典故内容详见戈宝权编写的《〈马克思恩格斯选集〉中的希腊罗马神话典故》,三联书店 1978 年版,第 105 页。

② 《马克思恩格斯文集》第 8 卷,人民出版社 2009 年版,第 30 页。

③ 《马克思恩格斯文集》第 8 卷,人民出版社 2009 年版,第 31 页。

④ 《马克思恩格斯文集》第 8 卷,人民出版社 2009 年版,第 31—32 页。

是现代资产阶级社会——都是既定的",因而现代资产阶级社会是历史唯物主义客观的现实前提和出发点。这是不由人们意志去选择的。历史唯物主义的开端始初范畴必须表现这个社会主体的存在形式,存在现实的最基本的方面。而这个基本的方面,不只是这个社会才有的,它一定是历史的。它是历史发展的产物。正因为它是历史的,又是现实的,所以,它也是未来社会的生长点。因而它是全部发展的萌芽。而利益范畴就是这样一个范畴。首先是它是现实的,它的社会主体是市民社会的这一社会主体的基本的存在规定。马克思在《论犹太人问题》一文中就强调了利益在市民社会中的作用。他说:"实际需要、利己主义是市民社会的原则;只要市民社会完全从自身产生出政治国家,这个原则就赤裸裸地显现出来。实际需要和自私自利的神就是金钱。"①恩格斯在研究了政治经济学以后,对利益与市民社会的关系的认识更加深刻。18 世纪的英国工业革命是现代市民社会各种关系的基础,整个社会发展的动力。它的第一个结果"就是利益被升格为对人的统治。利益霸占了新创造出来的各种工业力量并利用它们来达到自己的目的;由于私有制的作用,这些理应属于全人类的力量便成为少数富有的资本家的垄断物,成为他们奴役群众的工具。商业吞并了工业,因而变得无所不能,变成了人类的纽带;个人的或国家的一切交往,都被融化在商业交往中,这就等于说,财产、物升格为世界的统治者。"②利益是历史上人类用来反映人类客观需要的物质生活条件等关系的一个概念。但在古代社会以后,它是不显眼的,而在资本主义社会则绝不相同,利益提升为人的统治,利益成为霸占了新创造出来的各种工业力量,"财产、物升格为世界的统治者"。市场经济就是利益经济,市场经济中的经济人,就是利益人,市场交换关系就是利益关系。利益成为调节人与人之间关系的杠杆,利益成为人类相互联系的纽带。在古代,利益要服从政治原则,而现代却不同,政治原则要服从利益。在古代,人类的历史都是政治史、宗教史、哲学史,甚至在近代欧洲都是这样。在法国那里历史只是政治史,在德国只有宗教史、哲学史。只有英国,因为利益成为世界的统治者,因而,英国才有真正的社会史。所以,恩格斯说:"只有英国才有一部社会的历史。只有在英国,个

---

① 《马克思恩格斯文集》第 1 卷,人民出版社 2009 年版,第 52 页。
② 《马克思恩格斯文集》第 1 卷,人民出版社 2009 年版,第 105 页。

人本身才促进了民族的发展并且使发展接近完成,而没有意识到要代表普遍原则。只有在这里,群众才作为群众为自己的单个利益进行活动;只有在这里,原则要对历史产生影响,必须先转变为利益。"①所谓历史,应是"民族的发展"史,应是群众为了"自己的单个利益进行活动"的历史。英国的市民社会,就是这种历史的典型。英国市民社会是实现私人利益的舞台,在那里,政治国家与市民社会相互分离,利益代替了人的统治。政治原则服从利益,而不是利益服从政治原则。政治原则要对历史有所影响,必须转变为利益。英国的历史,就是利益上升为统治地位的市民社会史,利益不仅是理解市民社会的出发点,而且也是把握未来社会的基础。恩格斯认为,资本主义社会消灭了封建制度,实行了政治改革。但"政治改革第一次宣布:人类今后不应该再通过强制即政治的手段,而应该通过利益即社会的手段联合起来。它以这个新原则为社会的运动奠定了基础"②。显然,这里的"人类的联合",既包括市民社会,也包括了比市民社会更为高级的未来社会。因为,利益是一切联合的基础,因而,无论是市民社会的联合,还是未来社会的联合,它们的联合不再是"政治的手段",它应该通过"社会的手段",即"通过利益"来实现。利益不仅是"人类的联合"的出发点,而且也要成为未来社会联合的手段和途径。因而,利益是市民社会的出发点和基础,也是走向"未来人类联合"的手段和途径。利益范畴,作为历史唯物主义的出发点,是现实与理想、历史与当代的统一。

三、利益范畴是历史唯物主义全部发展的萌芽

1.利益是社会历史发展的本原。

利益是社会的本原,本原就是决定的因素,它是历史唯物主义的开端。在整个世界,无非是由两种现象组成,一种是物质,一种是精神,物质是决定的因素,精神则是其派生物。在社会历史观中,也无非是两种现象,一种是利益现象,一种是思想现象,正如物质决定精神一样,利益决定思想,利益是本体,是根据,思想是其派生物。黑格尔说:"一个哲学的本原,当然也表现了一种开端,但并非主观的,而是客观的,即一切事物的开端。"③黑格尔说

① 《马克思恩格斯文集》第1卷,人民出版社2009年版,第92页。
② 《马克思恩格斯文集》第1卷,人民出版社2009年版,第94页。
③ [德]黑格尔:《逻辑学》上卷,杨一之译,商务印书馆1966年版,第51页。

的本原,当然是指精神实体。但就哲学本性来讲,这个意见是对的。在社会历史观中,本原应当就是开端,它对于社会历史是"首要的东西",对于社会历史过程也应当是"最初的东西"。因为,本原是社会历史第一位的东西,而思想是第二位的,是利益决定思想,而不是思想决定利益,因而,它是前提,它是首要的东西。利益是社会发展过程中最初的东西,社会历史现象都可以从利益那里找到它的根源,它是社会历史发展的最初的原因,它是社会历史的全部发展的萌芽。有的把精神存在作为社会历史发展的本原,这是错误的。存在是作为本原开端,就是"纯有"。纯有,按黑格尔的意见,"它不能对他物有所规定","它本身也不能包含任何内容"①。庄福龄等认为,"如果不管黑格尔哲学的唯心主义性质,单单从逻辑上来说,他在这里所讲的'纯有'乃是思维、理解、认识过程的绝对开始,因而它还没有任何具体内容、具体规定性,它仅仅站在逻辑思维的入口处,是进入科学殿堂的门槛,所以是科学的'开端'"②。正因为存在是绝对的,是"纯有",这种开端,无疑对于社会历史观是不适合的,因而,世界可以从纯有开始,但社会历史观发展不能从"社会存在"开始。社会存在的主体是"社会",既然是"社会",就不是一个"纯有",社会本身就是各种物质关系和思想关系的总和。社会是一定生产力发展到一定阶段的产物,社会不是一个抽象概念,它是一个具体范畴,它已是整个认识的结果,只能是逻辑的末尾,而不是逻辑的前提。马克思谈到经济学方法研究时,说:"从实在和具体开始,从现实的前提开始,因而,例如在经济学上从作为全部社会生产行为的基础和主体的人口开始,似乎是正确的。但是,更仔细地考察起来,这是错误的。"③从实在和具体开始,表面上是正确的,但实际上是错误的,因为,这里的"实在和具体",实际上是指感性具体。感性具体,在整个认识过程中,还是一个没被规定的浑沌的表象。它还没有被规定,岂又能作为逻辑的前提。具体还可以指理性的具体,而思维的具体是逻辑的运演的结果,它只能是逻辑的结果。因而,"实在和具体",无论从哪个视角来审视,都不能是历史唯物主义的开端。"社会存在"、"社会"是一个实在和具体,它不能成为历史唯物主义的起点。

---

① [德]黑格尔:《逻辑学》上卷,杨一之译,商务印书馆1966年版,第54页。
② 黄楠森等主编:《马克思主义哲学史》第2卷,北京出版社1996年版,第350页。
③ 《马克思恩格斯文集》第8卷,人民出版社2009年版,第24页。

2.利益是社会历史发展整个过程的根据。

利益作为社会历史发展,从社会历史发展历程来看,它的结果潜在地存在于作为根据的开端之中。黑格尔说:"离开端而前进,应当看作只不过是开端的进一步规定,所以开端的东西仍然是一切后继者的基础,并不因后继者而消灭。"而且"在一切后继的发展中,都是当前现在的、自己保持的基础,是完全长留在以后规定的内部的东西。"①利益就是种子,它是直接的东西,它是社会历史这生命过程的开端,包含在其中的胚胎是这一切的根据,社会历史往后的发展不是脱离这个根据,而是在它的基础上获得越来越丰富的规定,最后在结果中得到圆满的表现。所以,整个人类社会历史发展就是最初包含在利益内部的矛盾所推动起来的自然历史过程。利益首先就是人们的生存需要吃、穿、住、行等,人们要生存,就要吃、穿、住,就要生产人们赖以生存的生活资料。生产带来了分工,分工又是以家庭中自然形成的分工和以社会分裂为单个的、互相对立的家庭这一点为基础。随着这种分工的发展,就产生了单个人的利益或单个家庭的利益与所有互相交往的个人的共同利益之间的矛盾。私人利益(市民社会)与公共利益(国家)之间的矛盾就孕育了社会各种矛盾发展的萌芽。社会历史无非就是这种矛盾相互运动的自然历史过程。利益就是这种矛盾运动过程的根据,它的发展并没有脱离这个根据,而是在它的基础上获得了越来越丰富的规定,最后在其展开过程中获得圆满的表现。

3.利益范畴是最抽象的最简单的范畴。

利益范畴撇开了各种利益的具体、个别的、偶然的、现象的因素,比如,私人利益和公共利益,个人利益和集体利益,物质利益和经济利益等,利益就是从这些具体利益形态中抽象出最本质的一般。因而,利益范畴是最抽象的范畴,利益也是最简单的范畴。"这个十分简单的范畴,在历史上只有在最发达的社会状态下才表现出它的充分的力量。"②利益是人类生存发展中最早出现的一个概念。原始社会,趋利避害是人类的本能。利益是人类社会最早出现的最简单的概念。进入奴隶社会、封建社会以后,利益显然还是不起眼的,只有在市民经济充分发展的市民社会,利益才逐渐上升为普遍

①　[德]黑格尔:《逻辑学》上卷,杨一之译,商务印书馆1966年版,第56页。
②　《马克思恩格斯文集》第8卷,人民出版社2009年版,第27页。

的统治地位,市场经济是利益经济,利益获得了最充分的发展。利益成为霸占工业的力量,物与物之间的关系代替了人与人之间的关系。在过去,利益服从政治原则,而现代市场经济,政治原则要发挥作用,先必转变为利益。思想、道德、法律原则等都必须以利益为基础,利益孕育一切矛盾的萌芽。在我国社会主义社会初级阶段,利益矛盾已逐渐上升为人民内部的主导性矛盾之一。总之,利益这个十分简单范畴,在当代已"表现出它的充分的力量"。

第 二 章

唯物主义对利益发出"感性"的微笑

第一节　利益与理性在二难困境中徘徊

一、利益淹没在理性主义的冰水之中

利益是什么呢？利益本是日常话语,但正因为它平常,因而,从不同人口中述说出来,就有不同的内涵。在古代,政治家的利益是权威。近代经济学家所述说的利益是利润,而在市场经济条件下,商人的利益就是金钱,等等。马克思学生时代对利益含义的理解如何呢？青年有如成年的参天大树之幼苗,幼苗不能代替成年的那棵参天大树,但它孕育了今后发展的全部胚芽。所谓青年马克思,主要指学生时代的马克思。学生时代的马克思留下的有三篇中学作文,即 1835 年写的《青年在选择职业时的考虑》(德语作文)①、《根据〈约翰福音〉第 15 章第 1 至 14 节论信徒同基督结合为一体,这种结合的原因和实质,它的绝对必要性和作用》(宗教作文)②、《奥古斯都的元首政治应不应当算是罗马国家较幸福的时代?》(拉丁语作文)③,还有《致亨利希·马克思》(给父亲的信)④和他的博士论文《德谟克利特的自然哲学和伊壁鸠鲁的自然哲学的差别》⑤。从这些文本可以看出,此时对马克思来说,理性主义就像北大西洋中的冰山,而利益、感性、需要、欲望、现存、实在都被淹没在理性主义的冰山之中。

① 《马克思恩格斯全集》第 1 卷,人民出版社 1995 年版,第 455 页。
② 《马克思恩格斯全集》第 1 卷,人民出版社 1995 年版,第 449 页。
③ 《马克思恩格斯全集》第 1 卷,人民出版社 1995 年版,第 461 页。
④ 《马克思恩格斯全集》第 47 卷,人民出版社 2004 年版,第 5 页。
⑤ 《马克思恩格斯全集》第 1 卷,人民出版社 1995 年版,第 3 页。

马克思的中学作文《青年在选择职业时的考虑》和他《致亨利希·马克思》（给父亲的信），较有代表性地表述了他对利益概念的理解。他说："在选择职业时，我们应该遵循的主要指针是人类的幸福和我们自身的完美。不应认为，这两种利益会彼此敌对、互相冲突，一种利益必定消灭另一种利益；相反，人的本性是这样的：人只有为同时代人的完美、为他们的幸福而工作，自己才能达到完美。"①这里，利益被区分为两种利益，即"人类的幸福"和"我们自身的完美"。如果说，"人类的幸福"是"应当"的利益，那么"自身的完美"就是"既有"的利益，在马克思看来，这两种利益不应是敌对的、互相冲突的，一种利益必须消灭另一种的，而应是统一的。事实上，这里的统一，就是以对立的冲突为前提。既有与应有的矛盾，在这里已开始冲突的萌芽。马克思理念中，既有与应有矛盾，在柏林大学岁月已逐渐表面化和尖锐化。在柏林大学初期，马克思读的是法学，尤其是对法哲学表现出浓厚的兴趣，还打算写一部法哲学著作，仿效康德的《法学的形而上学的基本原理》建构了一个法哲学体系。可是当他初涉法哲学形而上学时，费希特的那一套使他的"既有"与"应有"矛盾陷入了二难困境之中。他说："这里首先出现的严重障碍同样是现有之物和应有之物的对立，这种对立是理想主义所固有的，是随后产生的无可救药的错误的划分的根源。最初我搞的是我慨然称之为法的形而上学的东西，也就是脱离了任何实际的法和法的任何实际形式的原则、思维、定义，这一切都是按费希特的那一套，只不过我的东西比他的更现代，内容更空洞而已。"②康德的形而上学是德国哲学前进中的一张巨大迷网。尽管马克思试图利用费希特，但仍然无法走出康德二律背反的二难困境，建构法哲学的体系的愿望终于落空，从而他"渴望专攻哲学"③，他"从头到尾读了黑格尔的著作，也读了他大部分弟子的著作"④。黑格尔哲学给他指点了迷津，他说："在这里，我们必须从对象的发展上细心研究对象本身，而决不允许任意划分；事物本身的理性在这里应当作为一种自身矛盾的东西展开，并且在自身中求得自己的统一。"⑤黑格尔坚决反

①　《马克思恩格斯全集》第1卷，人民出版社1995年版，第459页。
②　《马克思恩格斯全集》第47卷，人民出版社2004年版，第7—8页。
③　《马克思恩格斯全集》第47卷，人民出版社2004年版，第7页。
④　《马克思恩格斯全集》第47卷，人民出版社2004年版，第15页。
⑤　《马克思恩格斯全集》第47卷，人民出版社2004年版，第8页。

对康德关于既有和应有的对立,在黑格尔看来,"哲学所研究的对象是理念,而理念并不会软弱无力到永远只是应当如此,而不是真实如此的程度"①。理念必然要向现实发展,并在对象中求得自己的统一。在黑格尔理性主义的影响下,马克思开始悟出了走出二律背反困境的理路,因而,他"从理想主义——顺便提一下,我曾拿它同康德和费希特的理想主义作比较,并从中吸取营养——转而向现实本身去寻求观念"②。马克思在这里公开申明"向现实寻求观念",无疑他已开始转向唯物主义。在唯物主义那里,现实的东西无疑是实际存在的东西。"应有的东西"(理想)和存在的东西(现实)达到了统一。其实,这一观点是难以令人信服的。因为,这里的"统一"无疑是在黑格尔理性主义光圈中实现的统一。在黑格尔理性主义光圈中,理性既是自在自为能动的主体,又是把自在自为统一于自身的实体,理性从应有开始,经过自我异化、自我发展、自我实现,从逻辑阶段外化为自然阶段,然后又返回到精神,即在理性那里实现了自我统一。应有和实有就是在理性主义这种自我异化、自我发展中相互统一的。那么,"实有"、"既有"、"存在"是什么呢? 黑格尔说:"哲学的任务在于理解存在的东西,因为存在的东西就是理性。"③在黑格尔理性主义那里,应有是理想主义的东西,实有、存在也就是"理性"。尽管马克思转向哲学,实际是走进了黑格尔设置的一张理性主义之网。在不管是"人类的幸福"的"应有"利益,还是"自身的完美"的既有利益,两种"利益",其实它们都是理性主义的。但马克思的创造个性是马克思的希望。他可以因为一种知识入迷,但他永远不会被一种知识奴役。他曾追随了黑格尔的理性主义,但他很快地发现了黑格尔理性主义的漏洞。他在《给父亲的信》中说:"我读过黑格尔哲学的一些片断,我不喜欢它那种离奇古怪的调子。我想再度潜入大海,不过有个明确的目的,这就是要证实精神本性也和肉体本性一样是必要的、具体的并有着坚实的基础;我不再练剑术,而是要把真正的珍珠拿到阳光之下。"④马克思的愿望不是在黑格尔理性主义那扑朔迷离的练武厅中"练剑术",他所向往的是练武厅外的阳光。他要把自己手中的珍珠拿到现实中,让它们在

---

① [德]黑格尔:《小逻辑》,贺麟译,商务印书馆1980年版,第45页。
② 《马克思恩格斯全集》第47卷,人民出版社2004年版,第12—13页。
③ [德]黑格尔:《法哲学原理·序言》,范扬等译,商务印书馆1961年版,第12页。
④ 《马克思恩格斯全集》第47卷,人民出版社2004年版,第13页。

现实的阳光下,发出灿烂的"应有"的光辉。

二、混沌表象中的利益概念

如果把对利益概念的认识比作一幅长卷彩轴画,那么,社会生活实践就是这幅画的真正的画师。而画卷上的各种图案(利益概念的规定)就是社会生活实践画师经历之后所留下的足影和痕迹。黑格尔曾说:"由于概念作为思想一般,作为共相,就是对浮现于不确定的直观和表象之前的大量个别事物的极度缩写。"①以唯物主义反映论程式来理解黑格尔,这是对的。社会现实生活中人们面对的首先是大量个别事物,这些不确定的个别事物千姿百态,杂乱纷繁,浮现于人们的"直观和表象之前"。而概念绝不是这些个别事物,而是现象中的一般、共相、本质。在社会中,首先最直接最现实浮现于人们直观和表象中的是大量个别的利益现象,比如衣食住行、财富、土地、金钱,甚至冷热寒暑、四季循环,对于生物、动物,直至人类都有一个趋利避害的问题等,然后,如何触摸到利益的概念规定,又是一件十分困难的事。马克思从学校走向社会,首先摸到的就是利益这根触动社会的神经。1841 年马克思刚刚跨出学校门槛,迈步走进社会生活的沃原,针对当时德国书报检查制度,就 1841 年 5 月 23 日—7 月 25 日第六届莱茵省关于出版自由的辩论,不得不写作了评第六届莱茵省议会的第一篇论文——《关于新闻出版自由和公布省等级会议辩论情况的辩论》。这虽然是他为《莱茵报》撰写的第一篇文章,但是留下了他对利益概念最早的认识。他说:"人们为之奋斗的一切,都同他们的利益有关"。② 这是马克思对利益概念最早的明确表述。因而,人们往往常常引用马克思这一表述来说明马克思的关于利益概念内涵,那是十分不确切的。

首先,利益在这里只是浮现于马克思直观和表现之前的大量个别事物的缩写,还不是马克思对利益的规定。换言之,利益在这里只是一个毫无规定的浑沌的整体表象。在莱茵省议会,围绕出版自由,各等级代表展开了激烈的辩论。虽然是同一问题,但是各等级十分鲜明地表现出不同的态度。诸侯们以满腔的愤怒痛斥出版自由。他们把出版物划分为好坏两种,而把

---

① [德]黑格尔:《逻辑学》上卷,杨一之译,商务印书馆 1966 年版,第 17 页。
② 《马克思恩格斯全集》第 1 卷,人民出版社 1995 年版,第 187 页。

《莱茵报》等编入坏出版物之列,认为那些为《莱茵报》写稿的人是不完善的。"有一点与这种人的不完善是分不开的,即那万恶的海妖之歌对群众起着强大的作用,而且对于真理的纯朴而冷静的声音说来,它即使不是绝对不可克服的障碍,至少也是很难克服的障碍。坏报刊专门利用人们的热情,为了通过激发热情来达到自己的目的,它是不择手段的;而它的目的就是尽可能广泛地传播坏的原则,尽可能促进坏思想的发展。"①贵族老爷们屁股后面仍然刻着封建社会的花纹,他们仍然哼着中世纪的挽歌,他们"为了拯救特权的特殊自由,他们就斥责人类本性的普遍自由"②。他们的思想程式是,"我们想干什么,我们就要干什么"。推而广之,其他人要想干什么,则是我叫他干什么时,其他人才可以干什么。他们是这样说的:"在我们认为合适的地方,我们就容许它(公布辩论情况),在我们感到它的传播没有好处或甚至有害的地方,我们就限制它。"③城市等级却庸俗地宣称:"新闻出版自由只要没有坏人参与,就是美妙的东西。"但是,"要防止这一点,直到现在还没有找到有效的办法"④。只有农民等级大声发出检查制度过时了的呼声。他们说:"在人民以及个别人的生活中出现这样一个时机:过分长期监护的桎梏使人难以容忍,人们渴求独立,每一个人都希望自己对自己的行动负责。""从此,书报检查制度过时了;在它还继续存在的地方,它被看作一种禁止人们写文章论述被公开谈论的事物的令人痛恨的强制手段。"⑤在这里,人们对出版自由的态度并不是从普遍理性观念出发的,相反他们意愿表达的根据是他们所代表的利益。马克思所说的"一切",无疑就是"各等级态度"的"缩写",换言之,即"各等级的态度"都同"利益"有关。马克思第一次触动了"利益"这根社会大厦的神经,但"利益"究竟是什么? 这里仍然是感性中的表象,马克思还不能对其作出明确的规定。

其次,利益是包含了差异于自身的概念。利益概念,对于已在社会生活中的马克思不再是一个"无",利益概念鲜明地呈现出差异。1841 年年底,在柏林的青年黑格尔派分子成立了一个无神论组织,即"自由人"团体。他

---

① 《马克思恩格斯全集》第 1 卷,人民出版社 1995 年版,第 164 页。
② 《马克思恩格斯全集》第 1 卷,人民出版社 1995 年版,第 163 页。
③ 《马克思恩格斯全集》第 1 卷,人民出版社 1995 年版,第 157 页。
④ 《马克思恩格斯全集》第 1 卷,人民出版社 1995 年版,第 185 页。
⑤ 《马克思恩格斯全集》第 1 卷,人民出版社 1995 年版,第 199 页。

们除了先前博士俱乐部的成员布鲁诺·鲍威尔等人之外，还有马克思和恩格斯，由于"自由人"的言词空洞晦涩，思想激进保守，马克思宣告同"自由人"决裂，但是马克思自由主义的思想倾向仍然占了上风。他把自由看作是探讨真理的前提，因为"哲学研究的首要基础是勇敢的自由的精神"①。法律宗旨也是这样。他说："法律是肯定的、明确的、普遍的规范，在这些规范中自由获得了一种与个人无关的、理论的、不取决于个别人的任性的存在。法典就是人民自由的圣经。"②所以，法律不是物质利益关系的反映，而是发源于人的自由本性。"自由报刊的本质，是自由所具有的刚毅的、理性的、道德的本质。"③"没有新闻出版自由，其他一切自由都会成为泡影。"④因而，马克思认为，为物质利益斗争是粗陋之举，自由报刊"是使物质斗争升华为精神斗争"⑤。可见，黑格尔理性自由主义的观点，在马克思那里当时既是他论述出版自由的理论前提，又是出发点。在黑格尔理性自由主义那里，精神、理念是绝对的，而物质利益只是精神理念发展到一定阶段的产物，因而，物质利益是精神理念发展中粗陋的有限形式。这样，以理性自由主义为支援背景的利益概念，其内涵就出现了差异或矛盾。

如果理性自由精神是崇高的，物质利益是粗陋的、低级的，那么，人们所奋斗的"一切"为什么同"利益"有关呢？ 如果人们所奋斗的一切都同利益有关，那么，物质利益则不是粗糙的、浅陋的。进而言之，既然物质利益是粗糙的、浅陋的，因而它不是崇高的精神。人们所奋斗的一切不应同利益有关，那利益就不应受到青睐。既然精神是绝对的，它是众望所归的崇高，那么，它就应当同人们所奋斗的一切有关。而利益是同人民所奋斗的一切有关的东西，因而，利益也应是精神的、绝对的、崇高的。利益理应受到人们青睐，那么，利益究竟是精神的，还是物质的呢？ 利益概念内涵在这里呈现出它的自我矛盾。这种自我矛盾，虽然离历史唯物主义利益概念内涵还相差十万八千里，但它使黑格尔的理性主义"铁板"出现了裂缝。

---

① 《马克思恩格斯全集》第 40 卷，人民出版社 1982 年版，第 112 页。
② 《马克思恩格斯全集》第 1 卷，人民出版社 1995 年版，第 176 页。
③ 《马克思恩格斯全集》第 1 卷，人民出版社 1995 年版，第 171 页。
④ 《马克思恩格斯全集》第 1 卷，人民出版社 1995 年版，第 201 页。
⑤ 《马克思恩格斯全集》第 1 卷，人民出版社 1995 年版，第 179 页。

三、利益在理性主义光环中的矛盾对立

马克思对利益范畴的认识的深化,有如在"现实生活"的画卷上绘画一样。现实生活的每一个脚印,就为利益范畴的内涵增添一块新的色彩。1842 年 10 月,在出版自由的辩论以后,马克思又一次遭遇了第六届莱茵省议会关于林木盗窃法的辩论。"我们来到坚实的地面上演戏",遭遇到"真正的现实生活问题"。① 所谓真正的"现实生活的戏",是指政治上代表备受压迫的贫苦群众利益的马克思同省议会那些代表林木占有者利益的议员们面对面地展开的辩论。尤其值得注意的是,所谓"真正现实生活问题,即地产析分问题",是个经济学的问题。地产析分问题,即经济学问题与利益相关涉,利益范畴所包含的内在矛盾就展开了。第六届莱茵省议会关于林木盗窃法的辩论,实际上是指当时贫苦农民在森林中捡枯枝采野果引起的法律争论。当时,省议会代表少数林木占有者的私人利益,认为捡枯枝是盗窃林木的行为,应予以处罚,而马克思代表大多数贫苦农民的利益,认为枯枝有如蛇脱下的皮,枯枝落地,它就失去了它同活树的联系,因而捡枯枝不是盗窃。为此,省议会对此进行表决,"结果利益占了上风",从而通过了捡枯枝是盗窃的法律。这一法律判定,捡枯枝者除赔偿林木占有者的林木价值以外,还得处以 4 倍、6 倍以至 8 倍的罚款。面对省议会代表为了林木占有者的利益,而不顾法律和国家理性原则的行为,马克思对私人利益之卑鄙丑陋的嘴脸十分激动,从而第一次对利益作出了规定。利益究竟是什么呢? 他说:"利益就其本性来说是盲目的、无节制的、片面的,一句话,它具有无视法律的天生本能;难道无视法律的东西能够立法吗? 正如同哑巴并不因为人们给了他一个极长的话筒就会说话一样,私人利益也并不因为人们把它抬上了立法者的宝座就能立法。"②利益成了一柄双刃剑。

1.利益的本性是盲目的、非理性的东西。

19 世纪,德国经济远远落后于英国和法国,软弱的德国资产阶级在德国强大的封建势力面前,仍然像在风雨飘摇当中前进的孤舟。他们一方面企图冲破封建势力的阻碍,走英法革命的道路;另一方面又畏惧法国资产阶

① 《马克思恩格斯全集》第 1 卷,人民出版社 1995 年版,第 240 页。
② 《马克思恩格斯全集》第 1 卷,人民出版社 1995 年版,第 288—289 页。

级革命的急风骤雨。德国唯心主义哲学就是在这样一种土地上生长的先天不足的宠儿。从康德到黑格尔，他们一心向往法国资产阶级革命，他们不是按法国资产阶级革命的方式建构德国的社会模式，而是用哲学的模式将法国革命转变为德国的精神理想目标。正如马尔库塞所说："德国唯心主义曾经被认为是法国大革命的理论。"他们企图在哲学理性主义基础上来建立国家和社会，"以便使社会制度和政治制度能够符合个人的自由和利益的法国大革命所提出的挑战的一种反应"①。也就是说，德国革命就是按法国革命的现实模式以理性主义为基础来建构，使德国社会制度和政治制度符合个人的自由和利益。理性主义才是至善至美的崇高的目标。一切都必须在理性主义的审判台前接受评判和检验。黑格尔哲学理性主义就是法国革命精神的德国模式。当时在马克思理念之中的黑格尔理性主义模式，仍然是他审视"现实生活"的前提和标准。按黑格尔理性主义的要求，理性支配世界，利益只不过是理性在自我发展过程中的应被扬弃的有限物。而理性主义却是自在自为地上升和运演，它是善。而利益却是非理性的、"盲目的"，它是恶。马克思说："没有什么东西比荒唐的逻辑更可怕的了，也就是说，没有什么东西比自私的逻辑更可怕的了。"②又说，立法者代表私人利益的自私心理，"为了保护自己的利益可以不择手段的人，在实际危险面前会成为哲学家呢？"③非理性主义私人利益当然是不能成为像黑格尔那样理性主义哲人的。他们"盲目的"利益的本性表现在外，表现出许多特征，其中最突出的是，"利益是没有记忆的，因为它只考虑自己。它所念念不忘的只是一件东西，即它最关心的东西——自己"④。除开利益，一切都会"健忘"，一切皆是虚无。还有，"利益不是在思索，它是在算盘。动机就是它的数字。动机是取消法的根据的动因；有谁会怀疑私人利益会有许多这种动因呢？"⑤利益除开打算盘，还有什么思索？自私自利就是其人生信条。盲目的非理性利益就是这样，因而，私人利益已完全丧失

---

① ［美］马尔库塞：《理性和革命——黑格尔和社会理论的兴起·导言》，程志民等译，重庆出版社1993年版，第3页。
② 《马克思恩格斯全集》第1卷，人民出版社1995年版，第267页。
③ 《马克思恩格斯全集》第1卷，人民出版社1995年版，第264页。
④ 《马克思恩格斯全集》第1卷，人民出版社1995年版，第270页。
⑤ 《马克思恩格斯全集》第1卷，人民出版社1995年版，第273页。

理性主义。

2.利益是非理性的永不知足、无法限制的"下流唯物主义"。

按理性主义逻辑,理性是衡量行为伦理的最高标准,一切都可以在理性面前找到自己的答案和结论。在理性审判台前,真善美,假恶丑,界限分明。因而,理性就是界限,就是境界,就是规定,但是利益就不同,它是非理性、贪得无厌、永不知足、无法制约和界限的,追求利益就是下流唯物主义。林木占有者就是这样一些私人利益者,他们利用国家的名义,对在森林中捡枯枝的贫苦农民,不仅要他们赔偿枯枝的价值,而且还要罚4—8倍的款,甚至还要伤害人身。马克思说:"起初他们还装装样子,好像只是由于钱他们才想取代国家的地位,但在第19条中就原形毕露了,他们不仅要罚款,而且要罪犯,不仅要人的钱袋,而且还要人本身。"①他们是永不知足、永无止境、无法限制的"下流唯物主义"。唯物主义是下流的;相反,唯心主义理性才是崇高的。

3.利益是不顾一切的狭隘的片面的私人利益。

林木占有者的私人利益是片面的、不完全的,在国家与私人关系上,私人利益以国家为幌子,中饱私囊,所以,"现在惩罚却由公众的惩罚变成对私人的赔偿了;罚款并未归入国库,而是落入林木所有者的私囊"②。"盗窃林木者偷了林木所有者的林木,而林木所有者却利用盗窃林木者来盗窃国家本身。"③利益是只顾自己不顾一切的狭隘的私人利益。这种私人利益,是不完全的、片面的。法的利益是至高无上的,但是在私人利益面前,"法的利益只有当它是利益的法时才能说话,一旦它同这位圣者发生抵触,它就得闭上嘴巴"④。在私人利益的法面前,公正、大公无私都是毫无意义的,因为,法官除开一丝不苟地表达法律的自私自利,只能按这种自私自利的要求无条件地执行它。在这种情况下,公正仅仅成为判决的形式,而不是它的内容。

由此可见,利益是不法的本能。利益完全不从国家和法的尊严出发,利益不顾念公正、平等、大公无私的理性原则,它蜕变为胡作非为的非理性主

---

① 《马克思恩格斯全集》第1卷,人民出版社1995年版,第279页。
② 《马克思恩格斯全集》第1卷,人民出版社1995年版,第275页。
③ 《马克思恩格斯全集》第1卷,人民出版社1995年版,第277页。
④ 《马克思恩格斯全集》第1卷,人民出版社1995年版,第287页。

义。它把理性主义的国家、法的尊严破坏殆尽。它"使国家权威变成林木所有者的奴仆。整个国家制度,各种行政机构的作用都应该脱离常规,以便使一切都沦为林木所有者的工具,使林木所有者的利益成为左右整个机构的灵魂。一切国家机关都应成为林木所有者的耳、目、手、足,为林木所有者的利益探听、窥视、估价、守护、逮捕和奔波"①。国家和法是伦理理念的体现,国家是普遍利益的代表,法是事物本质的普遍和真正表达者。而在私人利益面前,它们都成了实现私人利益的工具和手段。在私人利益与国家法律相矛盾时,利益总是占了上风。这是极其不妥的。所以,这里,利益总是占上风不是应该,而是不应该的。许多论著往往引用这一段话来说明规定利益,恰好是弄反了文本的原意。利益在马克思那里,一开始仅仅是指与理性主义要求相反的非理性的私人利益。坚持私人利益就是"下流唯物主义",换言之,唯物主义是下流的,而只有唯心主义理性主义才是高尚的。但是,当论及法的形式与内容的关系时,马克思提出了法的内容与形式的关系,并特别强调法的内容。他说:"如果形式不是内容的形式,那么它就没有任何价值了。"②这里的内容,无疑是指决定法律形式的物质利益,即法的形式如果不是物质利益内容的形式,那么它就没有任何价值了。这一点与理性主义贬低物质利益的观点是尖锐对立的。其次,关于林木盗窃法辩论,关于摩泽尔地区酿酒农民的贫困状况,用铁的事实斥责了理性主义的国家和政府失职及其不负责的行为。这一点又使马克思对理性主义的国家的崇高信念产生了动摇。因为如果国家既是普遍利益的代表,它就不应有失职不负责的行为,不至于使摩泽尔地区的酿酒农民陷入贫困,而摩泽尔地区的酿酒农民陷入了极度贫困,从而说明理性主义国家并非是普遍利益的真正的化身。

利益的实际内容与法的形式的矛盾,理性主义国家与摩泽尔地区农民的贫困状况的两极对比,它融入到了马克思的利益概念的认识中,从而使马克思对利益概念的认识在理性主义光环中出现了尖锐的矛盾对立。

---

① 《马克思恩格斯全集》第1卷,人民出版社1995年版,第267页。
② 《马克思恩格斯全集》第1卷,人民出版社1995年版,第288页。

第二节 利益概念与人本主义唯物主义的纠缠与疏离

一、利益概念注入人本唯物主义的内涵

马克思利益概念内涵在 1843 年春夏之间发生了新的变化,那就是由用理性和非理性去规定利益,开始从理性主义光环中走了出来。在莱茵省议会的辩护期间,用理性主义的标准来观照,利益按其"本性"是非理性的、盲目的,而法律原则才是理性。非理性的东西是不法的东西,它本身需要法律去约束,唯独林木所有者等私人利益反过来支配法律。在那里,利益仍然是非理性、有限的领域,是理性主义需要扬弃的东西。但在《黑格尔法哲学批判》中,黑格尔理性主义的崇高地位开始在唯物主义审判台前低下了高贵的头颅,利益概念的内涵也开始变化。

1.理性不再是黑格尔的理性,而变换为费尔巴哈的"人"。

在黑格尔那里,理性是其哲学的核心,是现存世界的蓝本。因为哲学思维不应以外在世界为对象,哲学思维是以自身为先决条件。外在世界只有符合理性时才是现实的。相反,一切现实的东西其实都是理性的。黑格尔以极大的热情来颂扬法国大革命,法国大革命就是理性革命的辉煌成果。理性是现实的主宰。人的存在以思想感情以中心,所以,在他《历史哲学》中对理性的含义作了精辟的描述。他说:"在太阳升上天空和行星围绕它旋转前,一切早已为人脑中存在的神经中枢所察觉,即一切在思想中,在建立现实世界的精神中早已存在了。尽管阿拉克萨哥拉是第一个指出奴斯主宰世界的人,但至今人类才提出了思维应主宰精神实在这一认识原理。因此,这是一个壮丽的精神上的开端,一切思维的存在物都沉浸的这新纪元的欣喜之中。"①理性是阿拉克萨哥拉所说的奴斯(Nous 心灵),理性是主宰世界的精神。利益无疑是非理性的现实,利益是"盲目的"、"不法的"、非理性的东西。马克思早在莱茵省议会辩论期间对利益理解就是以黑格尔的"理性"的概念作为理论前提的。但是在《黑格尔法哲学批判》中,马克思对理

① 转引自[美]马尔库塞:《理性和革命——黑格尔和社会理论的兴起·导言》,程志民等译,重庆出版社 1993 年版,第 5 页。

性的理解已不同了。当马克思批判黑格尔把国家看作是理性的实现,而把现实的人称为抽象的东西时,马克思说:"合乎理性的东西,并不是指现实的人的理性达到了现实性,而是指抽象概念的各个环节达到了现实性。"①黑格尔的理性是什么?黑格尔的理性就是把理性看作抽象概念的外化的一个环节,比如,在黑格尔那里,"观念变成了主体,而家庭和市民社会对国家的现实的关系被理解为观念的内在想像活动。家庭和市民社会都是国家的前提,它们才是真正活动着的;而在思辨的思维中这一切却是颠倒的"②。黑格尔理性是世界主宰,理性是利益的前提,一切现实事物、现实关系都变成了理念所具有的想象内部的活动等。黑格尔把理性与现实世界、思想与利益等全部颠倒,把本是主语的东西说成了谓语,把决定者说成了被动者,而把被动者说成了决定者。这显然是错误的。马克思也仍然是理性立场,但马克思理性的含义已完全不同于黑格尔。马克思认为,合乎理性是指现实的人的理性达到现实性。在理性与现实世界之间,在思想与利益之间,不是黑格尔的现实世界合乎理性,利益合乎思想,而是理性合乎现实,思想合乎利益。这就颠倒了被黑格尔颠倒的东西。但值得注意的是,这里现实性不是指客观实际中的现实性,而是指"现实的人"的理性达到现实性。只要利益符合现实的人的理性达到的理性,那么利益才是合理的。在这里,"理性"主义仍然是马克思的基本立场。就这一点来讲,他仍然保留黑格尔的理性主义的形式,但理性主义的内涵已发生了根本变化,那就是不应该是"抽象概念",而应是"现实的人"。"现实的人"是指什么呢?"现实的人"不是别的,而是费尔巴哈人本主义唯物主义的"人"。

马克思的早期哲学思想,首先对其产生影响的是黑格尔,但是马克思同时也研究了费尔巴哈。"马克思与大部分青年黑格尔派不同,他于1842年就已经了解到《基督教的本质》一书中反映的唯物主义方法论的本质。"③马克思由于了解了《基督教的本质》,因而,对他的宗教观发生了费尔巴哈式唯物主义的变化。他在1842年11月30日写给阿尔诺德·卢格的信中说:"宗教本身是没有内容的,它的根源不是在天上,而是在人间,随着以宗

---

① 《马克思恩格斯全集》第3卷,人民出版社2002年版,第37页。
② 《马克思恩格斯全集》第3卷,人民出版社2002年版,第10页。
③ [苏]尼·拉宾:《马克思的青年时代》,南京大学外文系译,三联书店1982年版,第145—146页。

教为理论的被歪曲了的现实的消失,宗教也将自行消灭。"①显然,在这里,马克思接受了费尔巴哈关于宗教是人的本质的自我异化的基本观点。这一点说明,马克思开始转向费尔巴哈唯物主义。但马克思与费尔巴哈分歧也是显而易见的。他于1843年3月13日给阿尔诺德·卢格的信中说:"费尔巴哈的警句只有一点不能使我满意,这就是:他强调自然过多而强调政治太少。"②他看到了费尔巴哈唯物主义的希望,但是他不满意费尔巴哈哲学"强调自然过多而强调政治太少",哲学脱离现实的倾向。然而,这种不满仅仅是只此一点而已。可见,马克思的基本立场同费尔巴哈已是一致的。不仅如此,马克思在《黑格尔法哲学批判》的基本哲学观点,是费尔巴哈的人本主义唯物主义,这一点已为许多研究者所指明。③ 因而,这里"现实的人"不是黑格尔的现实的人,而是费尔巴哈的"现实的人"。其实,费尔巴哈的"现实的人"虽然不是黑格尔的理念的人,也不是具有神的本质的人,但是,仍然不是生活于现实中的具体的有血有肉的个体,而是一种"人是人的最高本质"的抽象概念,是脱离了社会的抽象的一般人或脱离社会本质的自然人。所以,合乎理性,并不是合乎社会现实的人的理性的现实性,而是合乎费尔巴哈的脱离社会抽象的自然人。合乎理性,就是合乎这种"人"的现实性。这种"人"的现实性是否可以融入利益概念呢?

2.马克思的利益概念与人本主义的"人"的现实性。

费尔巴哈的唯物主义原则对马克思的哲学观念的转变,无疑具有十分重要的影响作用。这一点,在《黑格尔法哲学批判》中几乎随处可见。费尔巴哈把批判宗教的方法运用于批判思辨哲学时说:"我们只要经常将宾词当作主词,将主体当作客体和原则,就是说,只要将思辨哲学颠倒过来,就能得到毫无掩饰的、纯粹的、显明的真理。"④费尔巴哈批判黑格尔哲学的这种主谓词或主客体颠倒的方法,正是马克思运用于《黑格尔法哲学批判》中的基本方法。在《法哲学原理》中,黑格尔颠倒了理念与政治情绪和政治制度的关系。在黑格尔那里,主体是理念的内部自身,而谓语是政治情绪和政治制度。对于这一点,即使普通人也认为,"政治信念是国家的主观实体,政

---

① 《马克思恩格斯全集》第47卷,人民出版社2004年版,第43页。

② 《马克思恩格斯全集》第47卷,人民出版社2004年版,第53页。

③ 参见黄楠森主编:《马克思主义哲学史》第1卷,北京出版社1996年版。

④ 《费尔巴哈哲学著作选集》上卷,三联书店1959年版,第102页。

治制度是国家的客观实体"。所以,马克思说:"重要的是黑格尔在任何地方都把观念当作主体,而把本来意义上的现实的主体,例如,'政治信念'变成谓语。而发展却总是在谓语方面完成的。"①对于黑格尔唯心主义思辨哲学,马克思颠倒其思维与存在、理念与现实的思辨哲学的理论武器,主要是费尔巴哈的唯物主义原则。但马克思并不完全同意费尔巴哈的哲学原则,他反对费尔巴哈"强调自然过多而强调政治太少"。

费尔巴哈认为,人是自然的产物,自然性就是人的本质。他说,从自然界产生这一问题,对于每一个稍微了解自然界的人来说,都是显而易见的。人"完全与动植物一样,人也是一个自然的本质"②。费尔巴哈的"人",实际是一个"自然人"。人与动物不同,动物只有个体性,而人的本质在于他的"类"。人之所以能形成"类",其基础就在于人都具有自然需要和生理本能。他反对康德排斥利己的说教,认为人的本性是利己的。他说:"如果你承认,我们不仅对周围的人负有义务,而且对自己本身也负有义务,那么你就要公开老实地承认利己主义,并把利己主义作为道德的必要成分,作为道德的基本构成部分,并把利己主义在道德中郑重地坦率地提高到极尊贵的地位。"③这种利己主义与"利他"并不矛盾。因为,"不管人们是否有善良意志,利己主义的人从母亲的胎内出来后,就必须与自己周围的亲人们共同分享人生的幸福"④。如何才能调和市民社会个人利益与社会利益的尖锐对立呢? 他最后在爱的宗教中企图把二者调和起来。在费尔巴哈那里,爱成了创造一切的神。因而,在费尔巴哈那里,人与人之间的关系变成一种宗教关系。用费尔巴哈人本主义唯物主义来规定利益概念,那么,利益无非是自然人那样的生物需要和欲望。它显然与马克思当时对利益概念的认识相距甚远。与费尔巴哈相反,马克思参加了社会生活实践,并且勇于通过分析当时社会政治关系。在马克思看来,利益不仅不是自然人的那种生物性的需要,利益与当时社会生活条件,与当时的所有制关系相联系。所以,拉宾说,与费尔巴哈相反,"马克思在分析政治关系时看到,一系列的情况表明,人与人之间真正关系是不自然的,被歪曲了的,其原因不在于人的本质,而

---

① 《马克思恩格斯全集》第 3 卷,人民出版社 2002 年版,第 14 页。
② 《费尔巴哈哲学著作选集》上卷,三联书店 1959 年版,第 312 页。
③ 《费尔巴哈哲学著作选集》上卷,三联书店 1959 年版,第 560 页。
④ 《费尔巴哈哲学著作选集》上卷,三联书店 1959 年版,第 573 页。

在于他们所生活的社会条件,并且,首先主要在于私人利益的影响。"①

3.利益概念融入了市民社会的内容。

利益概念在马克思的《黑格尔法哲学批判》中,开始与市民社会相联系。马克思的《黑格尔法哲学批判》主要内容是围绕着市民社会和政治国家的关系来展开的。利益在这里区分为两种利益。如果说市民社会代表特殊利益的私人利益,那么国家就是包含着特殊利益的普遍利益本身。马克思说:"普遍利益本身和它作为特殊利益的存在,是国家的目的,这一情况抽象地规定了国家的现实性、国家的持续存在。"②换言之,普遍利益本身和它作为特殊利益的存在的国家才是现实的国家。所以,市民社会和政治国家的关系,其实质是特殊的私人利益与普遍利益的关系,市民社会和政治国家的矛盾就是特殊的私人利益与普遍利益的矛盾。在黑格尔那里,由于国家是伦理性东西,是理念的现实。因而,与普遍利益相对的特殊的私人利益就是非理性的。而马克思在这里,把这一关系颠倒过来了,普遍利益本身和它作为特殊利益的存在规定了国家的现实性,国家的持续存在。利益在这里成了国家的现实性,国家的生存所依赖的东西。在辩证利益的相互关系中,市民社会和政治国家的关系就这样颠倒过来了。由于市民社会是现实基础,因而,市民社会成为马克思研究利益概念内涵的主要对象。利益与市民社会关系如何呢?

(1)市民社会是一切人反对一切人的战争,市民社会的冲突就是个人私利与个人私利的冲突,即市民社会是个人私利的战场。因而,利益在市民社会主要表现为个人私利。

(2)在私人的利己主义中,市民爱国心的秘密就是享受多少权利,就履行多少义务。保护个人私利才是市民爱国心的秘密。

(3)"市民,即具有私人利益的人。"这种私人利益恰恰是同代表普遍利益的国家相对立的。

市民社会就是以利益为整个社会纽带的社会,利益内涵的奥秘就在于市民社会中。利益融入了市民社会私人利益的内容。利益概念开始从黑格

---

① [苏]尼·拉宾:《马克思的青年时代》,南京大学外文系译,三联书店1982年版,第146页。

② 《马克思恩格斯全集》第3卷,人民出版社2002年版,第20页。

尔理性主义光环下走了出来,结果反而在非理性的市民社会找到了利益的发源地。

二、市民社会利益概念内涵的初步考察

马克思的利益概念注入费尔巴哈人本主义唯物主义内涵以后,利益从理性主义光环下走了出来,利益是市民社会的私人利益,利益不再在理性主义廊檐下徘徊,利益概念毫不讳言地把私人利益作为自己的世俗世界的基础。在这里,私人利益仍然保留着人本主义痕迹。因为,它还不是人的真正本质。但是,市民社会的研究,使马克思逐渐把目光转向世俗生活,而不是人的抽象本质。由于这一转变,利益概念的内涵随着世俗生活的展开而逐渐丰富。它典型地接触到实际需要,即金钱。这就使它与人本主义人的本质相对立。

马克思《论犹太人问题》一文,本是就信教的犹太信徒为了和其他德国人一样享有同等的政治权利在德国进行的斗争这一事件所作的论述,但在谈到宗教解放与政治解放的关系时,进而深入到政治解放和人类解放的关系。鲍威尔认为,犹太人要获得解放,首先必须从犹太教中解放出来。马克思不同意这一看法,认为鲍威尔的错误在于混淆了政治解放和人类解放的关系,把人类解放视为政治解放的前提。其实恰好相反,政治解放才是人类解放的必要前提。在这里,马克思的政治斗争,是指资产阶级革命,它与未来的社会革命即人类解放是不同的。而现代世俗犹太人的宗教问题,实际是与资产阶级政治革命的性质密切相关的。由于德国的封建性质,犹太人同德国这个以基督教为基础的国家在宗教上就是对立的。犹太人问题在德国实际上纯粹是宗教问题。而在共同体的美国则不同,那里宗教已贬为每个公民的私事,因而犹太人问题就失去了它的神学意义而变为一个世俗的问题。所以,犹太人的秘密不在犹太人的宗教里,而在犹太人所处世俗基础那里。换言之,"犹太人的社会解放就是社会从犹太精神中解放出来"①。这里的"犹太",是指做生意,围绕金钱转圈的意思。马克思在这里所用的是"犹太"("Judentum")一字意味着经商、做生意。德文中的"Jude"除了"犹太人"、"犹太教徒"这个基本含意而外,还有"高利贷者"、"商人"的意

---

① 《马克思恩格斯文集》第1卷,人民出版社2009年版,第55页。

思。可见,从"犹太"中获得解放,即从做生意、围绕金钱转圈中获得解放。在这里,在"现实的犹太人"那里,马克思不仅找到了犹太教的秘密,而且找到了市民社会利益的秘密。这一点对于马克思关于利益内涵的理解思路发展带来重要影响。

"犹太教的世俗基础是什么呢? 实际需要,自私自利。"

"犹太人的世俗礼拜是什么呢? 做生意。他们的世俗的神是什么呢? 金钱。"

"那好吧! 从经商牟利和金钱中解放出来——因而从实际的、实在的犹太教中解放出来——就会是现代的自我解放了。"①

1."实际需要"是犹太教的基础,也是现代市民社会的基础。

需要即利益。需要接近了利益的历史唯物主义内涵,但需要又不是利益。需要反映了人和客观世界的内在联系。"生命有机体、个人、社会集团、社会总体对自身生存和发展的客观条件的依赖性,即需求"。② 人类生存和发展依赖于一定的客观条件,客观条件能够满足人类的生理和心理的要求。这就是需要。需要有两面性:一是表现在对对象的依赖上;二是表现在对对象的渴求上,它是激发主体活动的源泉。换言之,需要是主体活动性的重要内驱力。既然需要即利益,那么实际需要就是实际利益。既然论及实际需要或利益,因而区分一下需要的不同,就是理解需要的一个十分重要的问题。既然有实际需要,那么,什么是非实际需要呢? 这些是值得我们深入研究的。

在马克思看来,贫困农民的需要是实际需要,贫困工人的需要是实际需要。而立法者、土地所有者、林木所有者,他们的需要则是不切实际的。其实,马克思当时对利益概念的理解,还是人本主义的,所谓实际需要,主要的还是指符合人性的实际需要。这种实际需要是市民社会的世俗基础,也是人类社会最基本的基础。马克思说:"社会一旦消除了犹太精神的经验本质,即经商牟利及其前提,犹太人就不可能存在,因为他的意识将不再有对象,因为犹太精神的主观基础即实际需要将会人化,因为人的个体感性存在和类存在的矛盾将被消除。"③"犹太精神的主观基础即实际需要将会人

---

① 《马克思恩格斯文集》第1卷,人民出版社2009年版,第49页。
② 高清海主编:《文史哲百科辞典》,吉林大学出版社1988年版,第791页。
③ 《马克思恩格斯文集》第1卷,人民出版社2009年版,第55页。

化",可见,这里"实际需要"还不是客观需要,而是主观基础。所谓"实际需要将会人化",无非就是符合费尔巴哈人性爱的情感的需要。但是,如果沿着需要的实际考察,可以发现利益概念的唯物主义基础。

2."经商牟利"是手段,这个手段是犹太人的秘密,也是市民社会的秘密。

做生意,即是商品交换,商品交换是赚钱的手段,也是犹太人的秘密。市民社会就是由于商品交换的发展而发展起来的。因而商品交换的发展,也是市民社会逐渐大踏步地向前走的原因。商品交换发展不仅推动市民社会的发展,并且带来了政治国家与市民社会的分离。商品交换的媒介物是金钱。金钱,历来被犹太人视作神一样的东西。孰知金钱正是二重化的根源、异化的根源?"金钱是以色列人的妒忌之神;在他面前,一切神都要退位。金钱贬低了人所崇奉的一切神,并把一切神都变成商品。"①金钱是至高无上的神,因而,金钱改变了人所崇拜的偶像。神与金钱相比,神是天上的偶像,金钱是地上的人的偶像,可是由于商品交换的发展,金钱变成了地上神一样的东西。金钱的位置突出了,货币与金钱成了地上人们崇拜的偶像。那么,金钱是现代社会的反社会的因素?当然不是。尼·拉宾在他的著作中说:"人类解放又遇到障碍,这就是金钱以及与金钱相联系的买卖关系,它们成为已达到其历史发展最高阶段的现代社会的主要的反社会因素。"②这里,马克思谈到"金钱"、货币、犹太人的生意,从未把这些当作"反社会的因素"。马克思说:"犹太精神不是违反历史,而是通过历史保持下来的。"③尽管金钱可以异化,犹太人总是与做生意相联系,而犹太人的生意引起了异化,但是他们并非是逆历史而动的反社会因素。

值得注意的是,"犹太"一词使马克思对利益的考察有了新的转向。在此以前,在利益概念的认识上,马克思接触的都是农民的利益、实际问题。农民的物质利益上的贫困状况,给予马克思同情贫苦农民、厌恶压迫剥削者的激情,但激情尽管是那样地强烈,科学也不会理会。利益的真正奥秘在哪

---

① 《马克思恩格斯文集》第1卷,人民出版社2009年版,第52页。

② [苏]尼·拉宾:《马克思的青年时代》,南京大学外文系译,三联书店1982年版,第207页。

③ 《马克思恩格斯文集》第1卷,人民出版社2009年版,第51页。

里？这些对当时的马克思仍然是茫然的，但在考察犹太人问题时，利益特殊性充分地从犹太人的实际需要、做生意、商品交换及商业上表现出来。犹太人这种特点与市民社会又有一致性。市民社会是"犹太"、"经商牟利"、商品交换的社会。"犹太精神随着市民社会的完成而达到自己的顶点；但市民社会只有在基督教世界才能完成。"①而市民社会的利益概念由于"经商牟利"，而凸显出其特殊含义。

三、恩格斯的带有现代市民社会气息的利益概念

1842 年 11 月，恩格斯动身去英国，在曼彻斯特的欧门·恩格斯纺纱厂实习经商。英国是当时欧洲最发达的资本主义国家，它比法国先进，比德国差不多早进入资本主义一个时代。恩格斯所在的曼彻斯特是仅次于伦敦的英国第二大工业城市。英国的工业产品几乎占世界全部工业产品的一半。英国是典型的现代市民社会。恩格斯在曼彻斯特感受了市民社会生活的方式，深入工厂调查考察了工人贫困状况，研究英国市民社会经济、政治等方面的特征。他在英国期间，写了《英国对国内危机的着法》、《国内危机》、《各个政党的立场》、《英国工人阶级状况》等文章，并研究英国古典经济学，撰写了《政治经济学批判大纲》。现代市民社会的英国影响了恩格斯，恩格斯吸收现代工业社会的营养和空气，较早地改变了他的黑格尔唯心主义立场，阐释了比马克思更为接近历史唯物主义的利益概念内涵。

1.由对利益的唯心主义理解到倾向于对利益的唯物主义认识。

恩格斯刚去英国，他戴的是黑格尔唯心主义墨镜。所以，他从墨镜中透视的英国革命是否可能的问题，与英国实际利益状况是完全不同的。在英国发生革命是可能的吗？英国人反应冷淡，甚至有人根本谈不上什么革命。还有的认为，革命就会破坏安宁，革命会带来普遍饥饿、失业和恐慌。因此，他说："对于一个顽固的不列颠人，却无论如何也讲不明白，那就是所谓的物质利益在历史上从来不可能作为独立的、主导的目的出现，而总是有意无意地为引导着历史进步方向的原则服务。"②在这里，恩格斯引用的正是黑格尔绝对精神至上，绝对精神决定论的观点。德国人认为，德国的革命是不

---

① 《马克思恩格斯文集》第 1 卷，人民出版社 2009 年版，第 54 页。
② 《马克思恩格斯全集》第 3 卷，人民出版社 2002 年版，第 407—408 页。

言而喻的。因为,德国人把精神当作至高无上的东西,"物质利益在历史上从来不可能作为独立的、主导的目的出现,而总是有意无意地为引导着历史进步方向的原则服务。"利益不会像现代英国人那样,视其为"独立的、主导的目的",而精神原则才是至高无上的,原则"有意无意地为引导着历史进步方向的原则服务"。原则是其出发点,利益是其派生物。因而,利益总是为原则服务,而原则是历史的决定性因素。但是在分析英国革命实际情况时,他认为黑格尔对利益概念的理解,比较实际地阐明了利益带来的新变化。他说:"这个革命在英国是不可避免的,但是正像英国发生的一切事件一样,这个革命的开始和进行将是为了利益,而不是为了原则,只有利益能够发展成为原则,就是说,革命将不是政治革命,而是社会革命。"①在这里,首先,革命起点和归宿都是为了利益。利益是这个革命的出发点,也是革命的归宿。其次,英国的革命将不再是政治革命,而是社会革命。英国不像法国那样,是政治革命,也不像德国那样是哲学革命。英国要的是"利益至上"。利益不是为了原则,因为"只有利益能够发展成为原则"。这里与前面的对利益的理解,正是相互反对的。恩格斯在游离于唯心主义和唯物主义之间时,逐渐走向了对利益的唯物主义理解。他的论述完全可以引申为唯物主义,即利益决定革命的基础,利益是革命发生的根源,利益是革命的目的和归宿,利益是原则的决定者,从利益出发发生的革命,是社会革命,而不是政治革命。事实上,在那里,他很快地摆脱了黑格尔唯心主义影响,对利益采取了唯物主义立场。

2.恩格斯对利益采取了唯物主义立场。

如何正确确定恩格斯由唯心主义向唯物主义转变呢?这是一个看上去容易,实际上十分困难的事。恩格斯与马克思不同,马克思早期撰写了大量哲学著作,字里行间十分明显地表露出了自己的哲学倾间。而恩格斯则不同,他高中毕业以后,就去他父亲的公司学习经商,然后又服役做了炮兵团的志愿兵,由于炮兵团驻扎在离柏林大学不远的地方,他又去柏林大学当了旁听生。虽然当时其哲学倾向泾渭分明,但缺乏足够的资料证明他站立的是唯物主义立场。而苏联的尼·拉宾等人提出的恩格斯的唯物主义立场的

---

① 《马克思恩格斯全集》第3卷,人民出版社2002年版,第411—412页。

转变,显然是缺乏说服力的。① 那么,恩格斯唯物主义立场是如何确立的呢? 从恩格斯的实践和理论认识两个方面来看,恩格斯不是从费尔巴哈向唯物主义转变的,而是在理论上受英国唯物主义的影响,在实践上是由于在英国接触了英国的市民社会的现实生活,而进入唯物主义的理论切入点不是什么物质和精神关系,而是利益与原则(思想)的关系问题。英国是近代经验主义唯物主义的发源地。从培根开始,经洛克到休谟,都坚持了经验唯物主义的基本原则,但洛克与培根有所不同,洛克不只是在经验自然科学中应用唯物主义,而是把唯物主义原则引向社会,运用唯物主义原则观照社会中人的行为和认知。而休谟虽然在哲学上是一个怀疑论者,但在人的行为道德论上,却是一个决定论者,认为功利是人们行为道德的最后裁判者。功用利益是道德的基础,如勤劳、谨慎、俭约、慎守、秩序、坚毅、周虑、判断,甚至公正、仁慈、友善等,"这些品性,都趋于增进具有这些性格的人的福利,这是他们的美德的唯一基础,难道这是可以怀疑的么?"②之后,又由于边沁、密尔等人将经验唯物主义推广到社会生活领域,使唯物主义从高高的哲学殿堂上走进了世俗的市民生活。因而,在英国出现了对利益的与德国完全不同的理解。恩格斯在英国一年以后,对德国的哲学采取与过去不同的态度,在《大陆上社会改革的进展》一文中,当谈到如何更好地接受英国和法国的共产主义原理时,他说:"德国人是一个哲学民族;共产主义既是建立在健全的哲学原则的基础上,尤其因为它已是从德国人自己的哲学中得出的必然结论,德国人决不愿意也不可能摒弃共产主义。我们现在应该完成的任务是这样的:我们这个党派必须证明,德意志民族在哲学上所做的一切努力,从康德到黑格尔所做的一切努力,要么毫无裨益——其实比毫无裨益更坏,要么一切努力的结果应该是共产主义;德国人要么抛弃他们曾把其名字奉为本民族的光荣的那些伟大的哲学家,要么就得接受共产主义。"③德国哲学是恩格斯早期思想的重要理论基础,但当他接触了英国人那种有血有肉、与人的功利连在一起的唯物主义和共产主义时,他看到康德、黑格尔哲学的"毫无裨益"或"比毫无裨益更坏"。所以,他把德国的共产主义称

① 参见[苏]尼·拉宾:《马克思的青年时代》,南京大学外文系译,三联书店1982年版。
② 周辅成主编:《西方伦理学名著选辑》下卷,商务印书馆1996年版,第175页。
③ 《马克思恩格斯全集》第3卷,人民出版社2002年版,第492—493页。

为"哲学共产主义",显然,他当时还不能对哲学共产主义作出科学评判,但他批评了德国人轻视利益而崇拜"抽象原则"的不良倾向。他说:"德国人是一个从不重利益的民族;在德国,当原则和利益发生冲突的时候,原则几乎总是使利益的要求沉默下来。对抽象原则的偏好,对现实和私利的偏废,使德国人在政治上毫无建树;正是上述这些品质保证了哲学共产主义在这个国家的胜利。"①由于德国人偏好"抽象原则",偏废"现实和私利",德国人在政治上"毫无建树",换言之,德国人只要重视"现实和私利",放弃对抽象原则的偏好,就会在政治上有所建树。还有"德国人是一个从不重利益的民族",这一点当然也包括当时还在国内的马克思。马克思从得出"人们奋斗所争取的一切,都同他们的利益有关"的结论开始,大都体现了德国人的特点,在大多数情况下,利益都蕴含贬义之意。尤其在《论犹太人的问题》一文中,在那里的"实际需要",也即是这里的"实际利益"。在那里,无疑有指商人不足之意等。总之,马克思的利益含义一开始,也突出地表现出德国人的特点。而恩格斯在英国就不同,对利益的含义的理解,在他去英国一年以后,就不再把德国人的特点作为优点,而开始用英国人对利益的态度来对待利益。因而,他的立场才正式标志由唯心主义向唯物主义的转变。所以,恩格斯从唯心主义向唯物主义转变,主要不是通过费尔巴哈,而主要是通过英国唯物主义。恩格斯从唯心主义走向唯物主义,其表现不是在自然观上,而主要是在社会历史观上。这是恩格斯早期思想比马克思早期思想更为进步的主要表现。在这一点上,我们方可说,恩格斯影响了马克思,并且,由于恩格斯对经济学的研究,推动了马克思决心矢志跋涉经济学研究的险岭丛山。但是,由于他没有完全摆脱哲学伦理的共产主义的影响,因而,他分析经济学的基本立场处处带有哲学伦理共产主义的人道主义的痕迹。在这里,利益的作用和重要性突出了,当原则与利益发生冲突时,无疑利益应当压倒原则。这一点可以说,它真正表达了唯物主义的原则。

3.利益是原则的决定者,而不是相反。

利益奥秘在哪里?恩格斯首先从经济学研究中开始探索。恩格斯为什么要研究英国古典经济学呢?这是一个不解之谜。有的用马克思研究经济学的最早动机来说明恩格斯研究经济学的原因,这是张冠李戴,不合实际

---

① 《马克思恩格斯全集》第3卷,人民出版社2002年版,第493页。

的。恩格斯在德国没有马克思的经历,他的主要事业是经商。因而,马克思的动机无法说明恩格斯的最初出发点。恩格斯从事经济学研究,从恩格斯社会实践经历来看,主要有以下三点:

(1)职业上的原因推动他学习研究英国古典经济学。恩格斯读完高中最后一年,就从父命在他父亲的公司作职员,开始学习经商。他的父亲是一个纺织厂主,经营漂白、纺纱和花边生产。他父亲起初在其祖父的纺纱厂里主持业务。1837年以后与彼德·欧门在英国曼彻斯特共同创办了欧门·恩格斯纺织厂,1841年又在巴门(巴门和邻近的爱北斐特两个城市于1842年合并为乌培河谷市)创办了纺纱厂。其父对儿子寄予厚望,希望能辍学经商,继承父业。1837年9月,恩格斯高中毕业即屈从父命,先到巴门的商行开始实习。以后,恩格斯又被其父有意安排去其他商行工作。1842年11月,恩格斯被其父派往英国第二大城市曼彻斯特的欧门·恩格斯纺织公司任职。曼彻斯特是纺织王国英国的纺织工业的中心,在英国学习经商是恩格斯作为商人的职业。学习研究经济学是当时作为商人的恩格斯职业素质训练的必修课。所以,恩格斯最早由于职业的需要,学习和研究亚当·斯密、大卫·李嘉图、让·巴·萨伊、约·雷·麦克库洛赫、詹姆斯·密勒等人的经济学著作。

(2)在研究英国社会关系和政治关系同时,研究英国的经济关系、英国工人生活条件和劳动条件,成为他的一个迫切任务。恩格斯由于对政治、哲学的关注,从1842年3月开始,就给《莱茵报》写稿。一年内,他给该报写了许多政论性的文章。1842年,恩格斯动身去英国,途中专门访问了科伦的《莱茵报》编辑部,受《莱茵报》之约,成为了《莱茵报》驻英国的记者。为了介绍英国社会经济、政治等情况,他于1842年11月29日写了第一篇通讯,题为《英国对国内危机的看法》。不到一个月,他寄出了五篇报道。这些文章,在马克思的主持下,实际上未经修改就连续登载在《莱茵报》上。这些文章,关涉英国政治关系、社会关系等问题,介绍了英国工厂制度存在的实际利益矛盾和冲突,还有工人的繁重的工作任务和贫困潦倒的生活状况;其间,也不可避免地接触到了经济学的问题。比如,在《大陆上社会改革的进展》一文中,虽然是考察社会改革运动,但中心问题就是所有制问题。他说:"欧洲三个文明大国,英国、法国和德国,都得出了这样的结论:在财产共有的基础上进行社会制度的彻底革命,现在已经成为一种急不可待和不可避免的必然。"①在这里,第一次提出财产共有的问题,这个问题恰好是经济学所论述的与私有制问题相对立的一种经济制度。那么,经济学家们论述的私有制经济学究竟如何呢? 只有研究英国古典经济学才能回答这一问题。

(3)对英国利益奥秘的深入探索,也是恩格斯转向经济学研究的一个重要原因。在《大陆上社会改革的进展》一文中,当谈到法国大部分优秀思想家比英国人更加对共产主义的成长都表示欢迎时,恩格斯特别介绍了蒲鲁东。蒲鲁东发表了《什么是财产?》一书。他对这个问题的回答是:"'La propriété c'est le vol',……"财产就是盗窃。这是共产主义者用法文写的所有著作中最有哲学意义的作品;如果我希望有一本法文书译成英文,那就是这本书。这本书用丰富的智慧和真正的科学研究阐明私有权以及这一制度所引起的后果即竞争、道德沦丧和贫困,这种把智慧和科学研究在一本书中结合起来的做法,是我从来没有见过的。"②私有权以及这一制度所引起的后果,究竟是怎样的呢? 当时,对于经济学知识尚还十分贫乏的恩格斯,当然无法回答这一问题。为了回答这一问题,就得在经济学中去寻找真正答案。由于这些原因,恩格斯开始了经济学研究。通过对经济学的研究,才真正将利益的理解置于唯物主义原则之上。

利益,在市民社会的普遍性含义是私人利益。私人利益的合理性问题,即私有制的合理性问题。私有制合理性究竟有何根据呢? 英国政治经济学,在亚当·斯密那里被称为"发财致富的科学",并认为,发财致富的科学具有全民利益的人道主义精神。虽然如此,但这只是一种不完全的进步。因为,"经济学没有想去过问私有制的合理性的问题"③。围绕这一中心问题,恩格斯展开对政治经济学批判,第一次从经济学视角探索利益的市民社会所涉及的核心内容。

私有制的合理性是否可能? 在国民经济学看来,私有制产生的最初结果就是商业。因而,与其说利益是私有制,倒不如说利益的秘密在商业中,利益秘密在交换中。价值被他们认为是商业产生的。商业价值可分为实际价值和交换价值。而经济学家们认为这个实际价值是由生产费用(麦克库

---

① 《马克思恩格斯全集》第 3 卷,人民出版社 2002 年版,第 474 页。
② 《马克思恩格斯全集》第 3 卷,人民出版社 2002 年版,第 483—484 页。
③ 《马克思恩格斯全集》第 3 卷,人民出版社 2002 年版,第 443 页。

洛赫和李嘉图)或物品的效用(萨伊)决定的。但是这两个定义却都是片面的,因为,实际上物品的价值是生产费用对效用的关系。"在竞争的影响下,这种关系有所改变:效用要取决于时机、时尚和富人的癖好,而生产费用则取决于供和求的偶然的对比关系。因此交换价值或价格与实际价值不同,虽然实际价值是交换价值的基础。这样整个政治经济学从此'就被弄得本末倒置了:作为基本东西和价格泉源的价值倒要从属于它自己的产物——价格了。大家知道,正是这种颠倒黑白构成了抽象的本质。'"①商品实际价值与交换价值的关系,就隐藏了商业利益的秘密,隐藏了私人利益或发财致富的所有制的秘密,但是国民经济学却把它们黑白颠倒了。恩格斯第一次通过商业这种交换,恰好揭示了所有制下发财致富的奥秘。利益在商业情况下的复杂内涵,当然不是一句话可以完全揭示的,但恩格斯把利益与市民社会的商业联系起来,可以说,是找到寻找利益的真正内涵的现实途径。因而,恩格斯的研究,对于正在探索市民社会秘密的马克思,等于为封闭良久的利益的密室打开一扇窗户。恩格斯的《国民经济学批判大纲》一书,是促使马克思进行经济学研究的直接动因之一。后来,马克思在他的《政治经济学批判》序言里,他把恩格斯的这部著作称为批判经济学的天才提纲。

第三节　利益是与财富、物质、客观实在同等程度的概念

一、私有制下利益的特殊含义

1842年11月,马克思在莱茵省议会关于林木盗窃法辩论中,遇到了物质利益的难事,从而萌发了研究经济学的最早动机,继而于1843年夏天在《黑格尔法哲学批判》中得出,理解人类历史的钥匙不在黑格尔所颂扬的国家理念中,而是在市民社会中。市民社会的科学就是政治经济学,这就进一步推动了他研究经济学的热情和愿望。但是,真正使马克思的愿望付诸实

---

① ［苏］尼·拉宾:《马克思的青年时代》,南京大学外文系译,三联书店1982年版,第220页。

践的催化剂,是恩格斯于 1843 年—1844 年 1 月之间写作的《国民经济学批判大纲》。尼·拉宾认为,当马克思看见青年恩格斯在经济学方面的研究走在自己的前面,"在某些方面,马克思感到自己是一个生手时,他的年轻的战友却已显示出是一个专家了"①。因而,马克思决心从事经济学的研究。其实,这一点不能说明马克思研究经济学的动机;相反,它还影响了对马克思研究经济学动机真正动因的说明。后来,在《政治经济学批判·序言》里,马克思把恩格斯的这部著作称为批判经济学范畴的天才大纲,从这一点说明,马克思认为,恩格斯当时真正的贡献就是对经济学范畴的研究,而尚未达到基本原理具体阐发的高度。那么,这些经济学范畴是指什么呢?它们是指私有制、资本、劳动、价值、价格等等,其中最主要的是"私有制"范畴研究。私有制范畴的研究,对于马克思探索市民社会私人利益的秘密,恰好提供了最好的现实理论资料证明。

1.私有制是不是自然的?

近代大工业的发展,唤醒了资产阶级的反封建意识。为了反对中世纪封建社会专制统治,资产阶级从政治、思想、文化方面全面地展开了对封建观念的冲击。他们认为,封建社会是人为的,而只有资产阶级才是"自然的"。因而,所谓自然状态成为了资产阶级思想家们论证财产、法律、人权、契约等一个基本的理论根据。从霍布斯开始到洛克、孟德斯鸠和卢梭等,最后在 1789 年法国资产阶级大革命的《人权宣言》中,进一步将其表述为法律条文。《人权宣言》首先宣称:"在权利方面,人们生来而且始终是自由平等的。""任何政治结合的目的都在于保存人的自然的和不可动摇的权利。这些权利就是自由、财产、安全和反抗压迫。"国民经济学家亚当·斯密、大卫·李嘉图的出发点也是私有财产。马克思说:"国民经济学从私有财产的事实出发。它没有给我们说明这个事实。它把私有财产在现实中所经历的物质过程,放进一般的、抽象的公式,然后把这些公式当作规律。它不理解这些规律,就是说,它没有指明这些规律是怎样从私有财产的本质中产生出来的。国民经济学没有向我们说明劳动和资本分离以及资本和土地分离的原因。例如,当它确定工资和资本利润之间的关系时,它把资本家的利益

---

①　[苏]尼·拉宾:《马克思的青年时代》,南京大学外文系译,三联书店 1982 年版,第233 页。

当作最终原因;就是说,它把应当加以阐明的东西当作前提。"①首先,国民经济学,把私有财产当作一个既定的事实,他们虚构一个"原始状态",把私有财产说成是自然的和不可动摇的权利。其实这样的原始状态什么问题也说明不了。私有财产不是什么自然的,私有财产是一个现实产生的物质过程。私有财产最初法律形式在古希腊罗马就已存在,"我国到了西周时期,奴隶社会的私有制已经相当发展。土地无论叫作'国有'还是'王有',实际上都是国王有支配全国土地的权力。虽然国王把土地和奴隶分封给诸侯叫作'建国',诸侯把土地和奴隶赐给卿大夫叫作'立家',但是实际上和国王一样,都是以个体家庭为基础的等级所有制"②。自从有了私有财产,也就有了无产和有产的对立。这种反对私有财产的最初形式,首先在古希腊古罗马、土耳其就已表现出来。"公元前 6 世纪初,雅典的阶级矛盾尖锐化,平民准备武装反抗氏族贵族的统治,梭伦为了缓和阶级矛盾,承认私有财产的权利。他按照财产和收入的多少,把自由民分成四个等级:'五百、三百、一百五十袋谷物(一袋约等于四十一公升),为前三个阶级的最低限度的收入额;地产少于此数或完全没有地产的人,则属于第四等级。只有三个上等阶级的人才能担任一切官职;只有第一阶级的人才能担任最高的官职;第四阶级只有在人民大会上发言和投票的权利。'"③可是国民经济学却把这些现实的物质过程放进一般的、抽象的公式,并把它们当作规律。这显然是错误的。它的错误在于,它不理解这些规律,"它没有指明这些规律是怎样从私有财产的本质中产生出来的"。在马克思看来,是私有财产产生了市民社会利益运作的规律,而不能把私有财产放进任何抽象的劳动价值论的公式中。尤其是在说明劳动、资本和土地分离的根源时,国民经济学无能为力。为此,当它关涉工人的工资和资本家的利润之间的关系时,"他把资本家的利益当作最终原因",即把私有财产当作最后的根据,而不是追问私有财产究竟如何从现实中产生的物质过程,这样就等于本末倒置,"把应当加以阐明的东西当作前提"。毫无疑问,不能把资本家的利益当作最终原因;相反,经济学要研究的应是资本家的利益是如何从私有财产这一现实的物

---

① 《马克思恩格斯全集》第 3 卷,人民出版社 2002 年版,第 266 页。
② 徐亦让等:《人类财产发展史》,社会科学文献出版社 1999 年版,第 109 页。
③ 徐亦让等:《人类财产发展史》,社会科学文献出版社 1999 年版,第 109—110 页。

质过程中产生出来的。这样,物质利益的奥秘才可以揭示出来。

2.私有财产既是异化劳动的结果,又是其根据。

私有财产不是自然状态就存在的,它是有一个"在现实中所经历的物质过程"①。从当前的经济事实出发,我们就可以看到它究竟是如何起源和发展的。市民社会,"工人生产的财富越多,他的生产的影响和规模越大,他就越贫穷。工人创造的商品越多,他就越变成廉价的商品。物的世界的增值同人的世界的贬值成正比。劳动生产的不仅是商品,它还生产作为商品的劳动自身和工人,而且是按它一般生产商品的比例生产的"②。私有财产是异化的结果。财富究竟来自何方?这在封建自然经济条件下不是什么问题。但是,随着商品经济的发展,财富不再以直接的实物的形式出现,而以金银货币的间接形式表现出来。因而,财富究竟来自何方呢?这个问题开始复杂起来。在西欧,从15世纪末开始,封建制度日益瓦解崩溃,资本主义生产方式蓬勃发展起来。地理大发现,扩大了世界市场,刺激了商业、航海业和工业的空前发展。在最早的资本主义国家,贸易成为了发财致富的手段,因而出现了炽烈的"黄金渴望",由此,出现重商主义思想。他们认为,金银即货币是财富的唯一形态,一切经济活动的唯一目的是为了攫取金银。而在17世纪下半叶,法国出现重农学派,比如,弗朗斯瓦·魁奈。他们从"自然秩序"观念出发,认为,货币并不是国民的真正财富,它的职能只是作为流通手段,它既不能消费,又不能不断再生产财富。社会财富都是从土地上生产出来的产品,社会财富的真正源泉是农业,财富就是农业生产出来的"纯产品"(剩余农产品),农业是唯一能生产财富的生产部门,农业生产才是真正的生产。国民经济学继承重农学派的传统,确信一切财富都在劳动中,即在人本身中,而不是在人之外的某种状态中。所以,恩格斯把斯密称为经济学中的路德是对的。但是,国民经济学只看到劳动的积极方面,而没有看到消极的方面。劳动本身对人的本质力量的确证和实现,但在当前雇佣劳动中,劳动却变成了异化劳动。由于异化劳动,财富与劳动的关系变复杂了。首先,"劳动所生产的对象,即劳动的产品,作为一种异己的存在物,作为不依赖于生产者的力量,同劳动相对立"③。劳动本身是一种对象

---

① 《马克思恩格斯文集》第1卷,人民出版社2009年版,第155页。
② 《马克思恩格斯文集》第1卷,人民出版社2009年版,第156页。
③ 《马克思恩格斯文集》第1卷,人民出版社2009年版,第156页。

化的活动,但雇佣劳动即异化劳动,劳动的对象化表现"对象的丧失和被对象奴役"。劳动的对象化,劳动所创造的对象,即劳动的产品,不仅不属于他自己,而且是一种"对象的丧失",或财富的丧失。这种财富成为一种对象,但它使劳动者成为被这种财富奴役的对象。换言之,私有财富是劳动创造的,但这种劳动是异化劳动,异化劳动创造私有财产,私有财产反过来成为奴役劳动者的对象。其次,劳动者同自己劳动相异化。劳动对工人本应是人本身肯定自己本质的活动,工人在劳动中是既自在又舒服的事情。可是异化劳动就不同,劳动对于工人来说,是外在的东西,是不属于他的本质的东西。他在自己的劳动中不是肯定自己,而是否定自己;不是感到幸福,而是感到不幸等。这种外在的劳动,对于劳动者是一种自我牺牲、自我折磨等。这种异化劳动,是财富的异化带来的。因而,它是第一种异化的直接的后果。由此,还引起以下两个后果:一个是人同自己的类本质相异化;另一个是人与人之间的关系相异化。财富的确在劳动中,在当前,劳动却表现为消极的方面,异化劳动创造的财富,不仅不属于劳动者自己,而且反过来成为统治劳动者的一种异化的力量。

总之,私有财产既是异化劳动的结果,又是其根据。从其静态方面看,它们相辅相成,协调发展;但从动态来看,异化劳动是根据,私有财富是真正的结果。可见,所谓私有财富或私人利益的含义,一言以蔽之,它是异化劳动的结果。

3.初探共产主义利益含义。

共产主义利益含义如何?马克思在经济学视阈内对共产主义利益的含义作了前瞻性考察。共产主义利益要解决的核心内容是私有财产问题。私有财产应如何解决?对私有财产的共产主义考察,可分为三个方面:

一是蒲鲁东的小资产阶级共产主义。这种共产主义对私有财产只从客体方面去考察,如蒲鲁东。他在《什么是所有权》一文中,对私有财产作了鞭挞,认为,"财产就是盗窃"。他看到,劳动是私有财产的本质,资本是它的形式,因而要求消灭资本本身。但蒲鲁东仍然停留在粗糙的小资产阶级共产主义的观点上。这种共产主义只从客观上看到了现今社会的丑恶,即在私有制中,从物质财富的不平等的分配中。但它没有看到政治领域和精神领域的异化,人的个性、才能和感情等的异化。

二是平均化的粗糙的共产主义。它们用普遍的私有财产来反对私有财产,即对私有财产怀有忌妒和平均化欲望。它"对整个文化和文明的世界的抽象否定,向贫穷的、需求不高的人——他不仅没有超越私有财产的水平,甚至从来没有达到私有财产的水平——的非自然的简单状态的倒退,恰恰证明对私有财产的这种扬弃决不是真正的占有"。① 可见,私有财产的这种扬弃不是真正的占有。"私有财产的水平",是一种什么样的"水平"呢? 私有财产的水平,无非是私有财产发展的一定程度。这是私有财产认识上的一个新的飞跃。而平均化这种粗劣的共产主义,它是较低层次的共产主义,有如柏拉图式的理想王国。它不是马克思当时认为的共产主义,就是说,当时的共产主义也不是马克思自己的概念,而是马克思论述私有财产时引出的一个概念。波普尔把马克思共产主义与柏拉图式的理想国联系在一起,认为马克思的共产主义是继承了柏拉图等人的理想国的原始的共产主义,其实是十分错误的。马克思认为,这种平均化,是"非自然的简单状态的倒退,恰恰证明私有财产的这种扬弃决不是真正的占有"。

第三种共产主义,只注意私有财产的主观方面,它把私有财产理解为同自身相异化的人,但它还不清楚,作为社会劳动的非形式的异化劳动是私有财产的本质,因而认为罪恶的根源在于劳动的特殊状态中。如傅立叶认为,只有农业劳动才是最好的劳动,而圣西门过分称赞工业劳动。所以,这种共产主义不主张废除私有制,只主张改变劳动的组织形式。"私有财产的积极本质"是什么? 人的需要本性与人的利益关系如何? 在最高形式的共产主义中,我们完全可以找到答案。最高形式的共产主义既注重私有制的主观方面,即要求废除异化的一切形式,劳动成为人的本质的确认和实现;又注重私有制的客观方面,把保存先前发展的全部财产返回自身、返回社会的人。它既是同私有财产相对立,又是私有财产本身历史运动的必然产物。所以马克思说:"共产主义是对私有财产即人的自我异化的积极的扬弃"②。"积极的扬弃"这一点说明,共产主义既不是粗糙的共产主义的财产普遍化、平均化,也不仅仅是只是在政治方面把人的政治本质归还给人,它既把全部财产返回社会的人,而且把劳动变为确认人的本质的活动。"它是人向自身,也就是向社会的即合乎人性的人的复归,这种复归是完全的复归,

---

① 《马克思恩格斯文集》第1卷,人民出版社2009年版,第184页。
② 《马克思恩格斯文集》第1卷,人民出版社2009年版,第185页。

是自觉实现并在以往发展的全部财富的范围内实现的复归。"①

总之,在共产主义,利益是社会的人自身的利益,是保存了以往发展的全部发展的全部财富的利益。当然,在这里,马克思的共产主义,还不是他正式使用的概念。但是在这里,关于共产主义的论述中,共产主义仅仅是一种"原则"。因为,"共产主义并不是人类发展的目标,并不是人类社会的形态"②。

二、社会主义利益含义再探索

利益在市民社会是私人利益。私人利益是私有财产带来的,私有财产又是异化劳动的结果。但是,社会主义利益的含义是什么呢? 在马克思那里,这不是一块空地。马克思在《神圣家族》中论述社会主义哲学基础时,当探索 18 世纪法国唯物主义时,马克思第一次把利益概念与社会主义和共产主义相联系。在《1844 年经济学哲学手稿》中,马克思虽然提到共产主义的利益概念,但由于当时的共产主义并不是马克思使用的概念,"共产主义"作为专门概念使用是马克思的《神圣家族》一书,当他正式使用共产主义概念时,同时也把利益概念同社会主义和共产主义相联系。他说:"并不需要多么敏锐的洞察力就可以看出,唯物主义关于人性本善和人们天资平等,关于经验、习惯、教育的万能,关于外部环境对人的影响,关于工业的重大意义,关于享乐的合理性等等学说,同共产主义和社会主义有着必然的联系。"③在社会主义学说史上,曾经有人把资产阶级革命理论同社会主义理论绝对对立起来,这是极"左"思潮的表现。事实上,资产阶级革命理论与社会主义理论并非是水火不相容的。在《神圣家族》中,马克思、恩格斯把 18 世纪法国唯物主义理论看作社会主义的思想前提,18 世纪法国唯物主义是社会主义的哲学基础。18 世纪法国唯物主义继承和发展了欧洲唯物主义的光荣哲学传统,它的一个重要的特点,不是把唯物主义停留在抽象的理论原则上,而是把唯物主义运用到社会生活方面,唯物主义不是冷冰冰、敌视人的感性和欲望、毫无血肉的精神,唯物主义变成有感觉、有血有肉,也有感性和欲望的哲学。这种哲学主要的典型代表就是爱尔维修。马克思说:

---

① 《马克思恩格斯文集》第 1 卷,人民出版社 2009 年版,第 185 页。
② 《马克思恩格斯文集》第 1 卷,人民出版社 2009 年版,第 197 页。
③ 《马克思恩格斯文集》第 1 卷,人民出版社 2009 年版,第 334 页。

"爱尔维修同样也是以洛克的学说为出发点的,在他那里唯物主义获得了真正法国的性质。爱尔维修立即把唯物主义运用到社会生活方面(爱尔维修:《论人》)。感性的特性和自尊、享乐和正确理解的个人利益,是全部道德的基础。人的智力的天然平等、理性的进步和工业的进步的一致、人的天然的善良和教育的万能,这就是他的体系中的几个主要因素。"①所以,马克思说的18世纪法国唯物主义与社会主义的联系,主要是指爱尔维修的唯物主义。而爱尔维修在论与不同的时代和民族相联系的正直时,认为,人的美德不能用观念来说明,而应把"美德"同时代历史和民族利益相联系。人的行为之所以"相继"在不同时期有"美德"和"罪过"之分,它是由各个时代民族的不同利益决定的。因此,人的行为应由利益来说明。② 爱尔维修事实上把利益当作了道德的基础,他把利益与观念相对立。那么,利益无疑正是与主观精神相对立的客观存在。"感性的特性和自尊、享乐"等,在这里是与利益同一系列的概念,它们与利益的关系如何呢?

1.利益是与"思想观念"相对立的客观实在。

在《神圣家族》中,马克思用唯物主义世界观彻底以批判鲍威尔为代表的唯心主义错误。在鲍威尔那里,精神、思想、激情、"批判"变成超验的存在物,而把"群众"、"物质"、"利益"当作"纯粹的无"。他认为,历史上的一切伟大活动是否有实际成效,在于这种活动是不是"满足思想",是否达到了"符合思想的那种理解"。马克思说:"群众对目的究竟'关注'到什么程度,群众对这些目的究竟怀有多大'热情'。'思想'一旦离开'利益',就一定会使自己出丑。"③"这里决定思想的'利益'显然已经不是一般的抽象物质,而是人类的社会生活条件。"④思想、概念是与利益相对立的精神。换言之,利益则与思想、观念、精神相对立的客观实在。思想是第二性的,是利益的派生物,因而,思想观念必须以利益为基础,它不能脱离利益而存在。思想只有正确反映利益的水平、要求,思想才是符合历史的思想,历史是群众

---

① 《马克思恩格斯文集》第1卷,人民出版社2009年版,第333页。

② 参见北京大学哲学系外国哲学史教研室编译:《十八世纪法国哲学》,商务印书馆1963年版,第464—467页。

③ 《马克思恩格斯文集》第1卷,人民出版社2009年版,第286页。

④ 张一兵:《回到马克思——经济学语境中的哲学话语》,江苏人民出版社1999年版,第308—309页。

的活动,群众关怀的主要不是目的如何伟大、高远,而在于这种目的是否反映了群众的实际利益,反映了群众利益的目的,那么就可唤起群众的热情。一种历史的活动不反映或者损害了群众的利益,这种"活动"就不会激发群众的热情,这种活动就是不成功的和不可能获得"实际成效"的。如1789年的法国资产阶级革命,由于资产阶级"真正的主导原则"和"革命的主导原则"不一致,革命反映的并不是绝大多数"群众"的利益,而只是资产阶级革命的利益,因而,法国资产阶级革命对于"群众"来讲就是不成功的、缺乏实际成效的。可见,革命是否成功,是否有实际成效,不在于这种革命的目的如何,而在于这种革命是否反映群众的利益。利益是思想的基础,利益是与思想观念不同的客观实在。

2.唯物主义是利益概念的哲学基础。

黑格尔是德国哲学的集大成者。利益在他那里历来是不显眼的,黑格尔的哲学追求是理性。他认为理性创造世界。国家是理性的现实。而市民社会、家庭、私人利益等,都是绝对理性自我异化到某个阶段的表现。因而,在黑格尔那里,不是利益决定观念,而是观念决定理性。利益、欲望、感觉在黑格尔看来,都是理性有限性的表现。而马克思不同,他批判黑格尔唯心主义的哲学原则,强调感觉、欲望与利益的关系。马克思肯定了洛克唯物主义经验论的原则,肯定哲学理智必须以感觉为依据。他说:"不可能有与人的健全的感觉和以这种感觉为依据的理智不同的哲学。"[1]感觉是理智的依据。哲学理智离开感觉这个依据,就不可能存在。因而,欲望、利益等哲学概念首先都必须以感觉为依据。既然感觉是哲学的依据,那么,人们关于由于不同感觉而引起的不同兴趣、欲望,则是正常的和不足为奇的。肯定人们对衣、食、住、行的欲望和需求,这些都是唯物主义的基本原则。人的这些衣、食、住、行等欲望和需求,也就是利益概念的主要内容。利益必然与人们正常的欲望和需求相联系。"感觉的印象"是唯物主义出发点,利益是建立在人们正常"感觉的印象"之上的利益。因而,利益概念的哲学基础就是唯物主义。

3.正确理解利益是整个道德的基础。

利益是思想道德的基础。但是这里指的利益是正确理解的利益,何谓

---

[1] 《马克思恩格斯文集》第 1 卷,人民出版社 2009 年版,第 333 页。

不正确理解的利益？首先，利益不是一种心理现象，"专门用细小的理由来解释大事情"①。这种心理学首先是近代英国联想主义心理学的奠基人大卫·哈特莱创立的。他专门用观念联想方法解释包括快乐和痛苦在内的人的一切情感与心理现象。英国功利主义创始人杰里米·边沁（1748—1832）接受了哈特莱的思想原理，将联想主义心理学与功利主义伦理学融合在一起，认为，幸福就是由联想结合的简单的快乐的总和，从而由于个人幸福联想到最大多数人的最大幸福。但在这里，只有个人利益是实在的，而最大多数人的最大幸福只是抽象的。所以，这种心理学的利益是把利益看作是一种心理现象，由"联想"就可以产生出来。其次，利益不是市民社会的私人利益。市民社会是私人利益的战场。在市民社会，利益是私人利益，在《神圣家族》中，马克思曾多次提到市民社会私人利益。私人利益，从关于林木盗窃法的辩论开始，到摩泽尔河沿岸农民贫苦状况等，马克思把私人利益看作是给市民社会带来祸害的洪水猛兽。利益不是市民社会的私人利益，利益与思想是对立的客观实在。最后，马克思的利益也不同于边沁所说的那种具有本体主义的"个人利益"。个人利益一般是正当的。如果超出个人利益应有的范围，那么个人利益就是不正常的。个人利益最重要的含意，就是要使个人的利益符合全人类的利益。那就是个人与社会要符合全人类的利益。个人利益与社会利益有机结合，这样就使社会与个人利益相互协调。马克思重视利益，但利益不是过去那样的私人利益。利益当然离不开每一个人的利益，但不是"联想主义"的那种个人利益，而是"正确理解的个人利益"。这种个人利益的规定是什么呢？这里马克思并未展开，但基本点十分清楚。社会主义并不取消个人利益，这种个人利益与私人利益是完全不相同的。那么，什么是私人利益呢？从马克思早期著作使用的对象来看，私人利益实际是指土地、林木资本所有者的利益，是指超出了个人实际需要本应是社会的财产的那种利益。可见，"正确理解的个人利益"，实际是正确处理个人与社会的关系，个人实际需要和非实际需要的利益之间的关系。无论怎样，利益与联想主义是毫无关系的。

4.利益应包括生产力。

《德意志意识形态》这部著作，标志着历史唯物主义的创立，也标志着

---

① 《马克思恩格斯全集》第1卷，人民出版社1995年版，第187页。

马克思对利益之谜的解答。可是,从 1844 年 11 月的《神圣家族》到《关于费尔巴哈的提纲》的写作,其间不过数月,是什么使马克思把生产力引入利益范畴呢? 1971 年马克思的长女燕妮·龙格的孙子在长期保存的马克思的遗稿中发现的,马克思大约写于 1845 年 3 月的《评弗里德里希·李斯特的著作〈政治经济学的国民体系〉》,为我们解答这个问题提供了第一手资料。李斯特的贡献在于他第一次把生产力引进了利益范畴。在资本主义特有的生产关系里,利益就是交换价值。国民经济学就把这种交换价值说成是永恒的、合乎人性的。利益就是一种交换价值。李斯特认为,利益不只是交换价值,利益应当包括生产力。他说:"财富的原因与财富本身完全不同。一个人可以据有财富,那就是交换价值;但是他如果没有那份生产力,可以产生大于他所消费的价值,他将越过越穷。一个人也许很穷;但是他如果据有那份生产力,可以产生大于他所消费的有价值产品,他就会富裕起来。"总之,"财富的生产力比之财富本身,不晓得要重要到多少倍;它不但可以使已有的和已经增加的财富获得保障,而且可以使已经消失的财富获得补偿。"①这里,财富就是指"利益"。利益,通常被认为是交换价值,但是,创造利益的根源比财富本身不知要重要多少倍。因而,生产力是利益的最重要的内涵之一。

马克思充分肯定李斯特"财富的生产力比之财富本身,不晓得要重要到多少倍"的思想。李斯特的观点的重要启发是,利益的奥秘不在交换价值,而应在"劳动"或"生产力"之中,只有"生产力"、"劳动",才是创造利益的根源。马克思说:"把物质财富变为交换价值是现存社会制度的结果,是发达的私有制社会的结果。废除交换价值就是废除私有制和私有财产。"②因而,"这种废除只有通过劳动本身才有可能,就是说,只有通过社会的物质的活动才有可能"③。在李斯特那里,生产力成为了一个从基督教、报纸到历法和钟表等无所不包的东西。马克思批判了李斯特把生产力看作人的本性等错误的提法,破除了李斯特美化生产力而罩在生产力概念之上的神秘灵光,认为只要指出人力、水力、蒸汽力、马力都是生产力就够了,生产力

---

① ［德］弗里德里希·李斯特:《政治经济学的国民体系》,陈万煦等译校,商务印书馆1961 年版,第 118 页。

② 《马克思恩格斯全集》第 42 卷,人民出版社 1979 年版,第 254 页。

③ 《马克思恩格斯全集》第 42 卷,人民出版社 1979 年版,第 255 页。

就是一种获得利益的客观的物质力量。因而,在马克思看来,李斯特的生产力理论的合理性也仅限于此。"财富的原因同财富本身是完全不同的东西,同财富本身比,创造财富的力量是无比重要的"①。在资产阶级经济学家那里,财富并不是真正的合乎人类利益需要本来意义上的财富。他们谈的财富是"交换价值",也即经过物化的超感觉世界的财富。因为,"生产力表现为一种无限高于交换价值的本质。这种力量要求具有内在本质的地位,交换价值要求具有暂时现象的地位"②。因此,交换价值作为生产的目的与生产力发展的目的本质是不同的。交换价值作为财富,只是生产的外在目的,在那里"力量的超感觉世界便代替了交换价值的物质世界"。而生产力则是一种由自身活动引起的,创造他们自己本身需要的物质生活财富的力量,即"目的本身"。换言之,生产力作为目的不是外在的,不是那种体现一定生产关系的物质财富的特定形式——交换价值、货币等。生产力作为目的是内在的,这种目的就是保证和增加人类生存发展所需要的物质生活资料或物质财富。我国经济学家洪远朋认为,在经济学说史上,李斯特是把利益与生产力联系起来的第一人。他说:"他提出交换价值和生产力都是经济利益,而且生产力是更重要的经济利益。"③不过在李斯特那里,他的利益主要是国家利益,生产力是最为主要的国家利益。洪远朋对李斯特的理解是对的。但问题是,马克思吸收李斯特把生产力引进利益概念的合理思想,对马克思后来的利益范畴的科学规定(这一点留到以后再说)和使用,究竟产生了什么样的影响? 这一点,马克思的《资本论》就是最好的说明。《资本论》批判的主题,就是资本主义错误地把交换价值当作利益。其实,这是一种利益的虚幻假象。利益是"劳动"、"生产力"创造的,利益应包括生产力。

---

① 《马克思恩格斯全集》第 42 卷,人民出版社 1979 年版,第 252 页。
② 《马克思恩格斯全集》第 42 卷,人民出版社 1979 年版,第 261 页。
③ 洪远朋等:《经济利益关系通论——社会主义市场经济的利益关系研究》,复旦大学出版社 1999 年版,第 35 页。

第 三 章

马克思研究利益范畴的方法研究

第一节　新唯物主义辩证方法的确立

一、旧唯物主义方法的批判和新唯物主义方法的确立

1845 年 4 月,马克思撰写了著名的《关于费尔巴哈的提纲》;同年 11 月,从这一"包含着新世界观的天才萌芽的第一个文献"出发①,马克思与恩格斯共同合作,构建《德意志意识形态》这一标志马克思主义新世界观诞生的重要文本。在这里,《提纲》(《关于费尔巴哈的提纲》的简称,下同)是新世界观的天才萌芽,它标志着马克思主义新世界观的正式诞生。毋庸讳言,这是一个确定不移的事实,但也正是这一个确定不移的事实,把马克思《提纲》中一个重要的贡献遮蔽了,即马克思的规定利益的新方法——辩证唯物主义的方法被遮蔽了。

马克思的新世界观的确立,不只是简单地停留在主观界域内,更重要的是它的方法。旧唯物主义只是用不同的方式解释世界,而问题在于改造世界。所以,《提纲》最突出的贡献,不只是共产主义世界观确立的标志,更重要的是它批判旧唯物主义的方法,确立辩证唯物主义的方法,从而使马克思把利益秘密的研究由感性具体的旧唯物主义认识层面提升到抽象和具体的辩证唯物主义的科学认识论层面。

在旧唯物主义那里,其方法是对感性只是直观地去理解,而不是把"它们当作人的感性活动"去理解。对利益、物质、实在、感性等,唯心主义把它们看作是主观的想象产物,看成是国家理念的有限领域。但是,旧唯物主义

---

① 《马克思恩格斯文集》第 4 卷,人民出版社 2009 年版,第 266 页。

由于其方法上的失误,对利益等只是从感性直观形式去规定利益,从而无法触及利益的实质内涵。费尔巴哈旧唯物主义就是这样,他对利益在唯物主义基础上作了说明。他说:"没有幸福就没有德行,因此,道德就归属到私人经济和国民经济的领域中来了。如果没有条件取得幸福,那就缺乏条件维持德行。……如果缺乏生活上的必需品,那么也就缺乏道德上的必要性。生活的基础也就是道德的基础。如果由于饥饿、由于贫穷、你腹内空空,那么不问在你的头脑中、在你的心中或在你的感觉中,就不会有道德的基础和资料。"①幸福与经济利益一致,生活的基础、衣食住行,都是人类生活必需的物质生活条件,这就是利益;它是道德的基础,没有这些物质生活条件,也就没有德行,没有这些基本的生活资料,即"在你的感觉中,就不会有道德的基础和资料"。所以,利益的基础是唯物主义,道德起点必须以利益为前提,这些观点是唯物主义的观点。但是,说他的利益以唯物主义为基础,实际是以直观的感性感觉为基础。费尔巴哈的出发点是人,这是他不同于黑格尔之处。费尔巴哈的理路是:他的第一个思想是上帝,第二个思想是理性,第三个思想是人。他从宗教神学走向黑格尔的唯心主义,又从黑格尔唯心主义走出来,再转向人本主义唯物主义。但是他的人,是一个自然人,他不同意基督教把人说成是上帝的产物,同时也反对黑格尔把人说成是精神的异化。他认为,人是自然界的产物,因而自然性是人的本质。他说:"完全与动植物一样,人也是一个自然的本质。"②因而,属于人的利益概念的内涵在他那里,就与任何事物一样,与感觉相适应。他说:"凡是抱有希望的生物,便只是希望对它有益、有利、有好处的东西,而不是祸害、限制或破坏它的生命;只希望不与感觉相抵触,而与感觉相适应;简言之,它只希望使它能够幸福,而不是使它不幸福。"③在他看来,利益就是一切生物关于生存的欲望和感觉。感觉在他那里,是一个不可逾越的界限,它就像康德式的"绝对命令",因而理性和道德都变成感觉理性,道德变成了经验道德。他说:"感觉的呼声是第一重要的绝对命令……对于脱离一切感觉的纯粹理性说来,既不存在神与恶魔,也不存在善与恶;只有立足于感觉并为感觉服务的

---

① 周辅成主编:《西方伦理学名著选辑》下卷,商务印书馆 1987 年版,第 470—471 页。
② 《费尔巴哈哲学著作选编》上卷,三联书店 1959 年版,第 312 页。
③ 《费尔巴哈哲学著作选编》上卷,三联书店 1959 年版,第 536 页。

理性,才能做这种区别,并遵守这种区别。道德也完全和医学一样是经验科学。"①费尔巴哈唯物主义利益的"直观式的形式",始终停留在感觉层面上。这样的利益仍然无法真正走向社会,它只能永远停留在生物性自然水平上。

这种方法其实影响了马克思早期对利益的理解。在《1844年经济学哲学手稿》中,由于受费尔巴哈感性直观方法的影响,马克思甚至把亚当·斯密的抽象劳动也说成是错误的,从而抛弃了亚当·斯密劳动力价值中的合理因素。马克思在《神圣家族》中还是赞成费尔巴哈感性直观的方法。在1845年《提纲》中,首先阐明了方法的转换。在马克思看来,利益决不能从直观的形式去理解,而要把它"当作人的感性活动,当作实践去理解"。所谓"当作人的感性活动,当作实践去理解",绝不是指具体概念,而主要蕴含的是一种方法的转换,即从方法上讲,不是感性直观形而上学的方法,而是辩证的方法、能动的方法。

二、论新唯物主义方法的合理性

新唯物主义是何以可能的呢?

1.利益就哲学上来认识,如果是直观的方法,利益将永远停留在感性层面上。

在唯物主义本体论上,利益范畴从感性出发是对的。这一点也是马克思辩证唯物主义的立场。但是,马克思唯物主义与旧唯物主义的主要区别在于"辩证法",马克思把辩证法应用于唯物主义,唯物主义从而上升为辩证唯物主义,辩证法才是马克思的方法。这一方法在《神圣家族》中,在批判鲍威尔错误地继承了黑格尔的思辨结构时,就将黑格尔思辨中的辩证法同鲍威尔的思辨结构区别开来。"首先,黑格尔善于用诡辩的巧妙手法把哲学家借助感性直观和表象从一个对象过渡到另一个对象时所经历的过程,说成臆想出来的理智本质本身即绝对主体所完成的过程。其次,黑格尔常常在思辨的叙述中作出把握住事物本身的、现实的叙述。"②这就是说,黑格尔辩证法,虽然是唯心的思辨的,但是他不是停留在"感性直观和表象"

---

① 周辅成主编:《西方伦理学名著选辑》下卷,商务印书馆1987年版,第492页。
② 《马克思恩格斯文集》第1卷,人民出版社2009年版,第280页。

层面上,而是把它们理解为一个"能动"的过程。其次,黑格尔尽管是"思辨"的,但在叙述中"作出把握住事物本身的、现实的叙述"。而鲍威尔则不同,他表面上讲辩证法,但他不懂黑格尔辩证法的实质,他把一般与个别、抽象与具体关系完全割裂,使"一般"、"抽象"变成了毫无内容的僵死的、无差别的、静止的本质。另外,在他那里,思辨变成了先验性地制造自己对象和"不在任何地方掺入现实的内容"的思辨。马克思对黑格尔辩证法的能动地去理解"感性"给予了基本的肯定。由于马克思肯定辩证法能动性的合理性,因而,阐述 18 世纪法国唯物主义同社会主义之间的关系时,特别强调了物质能动性的思想,他在肯定霍布斯"感觉是一切知识的源泉"的观点时,说:"形体、存在、实体是同一种实在的观念。不能把思想同思维着的物质分开。物质是一切变化的主体。"①通过《神圣家族》,马克思对唯心主义质疑和批判已基本完成。马克思在批判唯心主义过程中,吸收黑格尔辩证法"能动性"的合理思想,从而认识到从感觉、直观出发,缺乏能动性的缺陷。如果缺乏能动性,那么物质、感性等等就是僵死的;同样,如果缺乏能动性,需要、利益等就成为动物式的需要和趋利避害的东西。胡克说:"在反对费尔巴哈的消极的唯物主义时,马克思保卫了作为黑格尔辩证法的核心的能动性和交互作用的原则。在反对绝对唯心主义和'庸俗的'(还原的)机械主义的宿命论时,马克思宣称人类创造他们自己的历史。"②马克思并非保护黑格尔的辩证法的"能动性",也并非是黑格尔的绝对精神的自我异化,把黑格尔的绝对精神的自我异化说成马克思的精神可以反作用于物质的能动性,利益可以反作用于思想的能动性的思想,显然是错误的。但是胡克认为,马克思"宣称人类创造他们自己的历史"的观点是对的,由于马克思坚持人类创造他们自己的历史,所以需要、利益也是人类创造他们自己的利益。而费尔巴哈用直观的方法去理解感性、实在、物质、利益等,必然得出相反的结论,在费尔巴哈那里,感性、实在、物质、利益仍然不是人所创造的,而是"庸俗的"、还原的机械主义。

　　2.利益是人的利益,它必然同人的实践相联系。

　　人与动物一样,有基本的需要和欲望,人是动物进化而来,动物具有的

---

①　《马克思恩格斯文集》第 1 卷,人民出版社 2009 年版,第 332 页。

②　[美]悉尼·胡克:《对卡尔·马克思的理解》,徐崇温译,重庆出版社 1989 年版,第 57 页。

特点,人也具有。但人与动物具有本质的区别,因而人所具有的,动物则不具有,如思维和语言。人与动物都有趋利避害的本能,但动物是一种无意识的自然选择,人则不同,人是一种有目的有意识的选择。人不仅只是适应自然,而且是有目的的、有意识的改造自然,使自然和环境成为了人的利益。一言以蔽之,利益无非是人类的利益。利益用费尔巴哈直观的形式去理解,利益与动物趋利避害没有什么不同。因而,在他那里,趋利避害是人的本性,除此之外,没有更多的东西。其实,利益同人的活动、同实践相联系,利益并非人的本性提供的。利益是通过人的活动,通过实践创造的。人通过活动创造了人的利益,创造了与人的生存发展有关的社会。社会之所以成为社会,就是因为它提供了与人的生存发展密不可分的交往和联系,但是,费尔巴哈却不同,他把趋利避害看作是人的本性。人的利益在他那里完全与动物无异。人脱离社会就坠入了两个人那样与世隔绝的孤岛上,从而人变成了自然人,社会变成了缺乏社会属性抽象的自然社会。这些都是费尔巴哈直观方法带来的直接后果。

第二节　批判非历史主义,确立历史的方法

一、历史方法产生的根据

既然人类创造他们自己的历史,因而,人类发生发展过程就是一个历史过程。历史的观点是马克思世界观的一个基本观点。马克思的唯物主义就是"历史的唯物主义",运用历史的唯物主义去分析自然、社会和精神,那么这就是历史的方法。这是马克思在探索利益范畴内涵中的不可忽视的一种重要方法。在《第六届莱茵省议会的辩论》第三篇论文中,马克思认为,不同社会阶级因为他们的利益不同,总是相应地制定出不同的法律,其中已开始运用历史的分析方法。他说,在古埃及,"所谓特权者的习惯是和法相抵触的习惯。这些习惯产生的时期,人类史还是自然史的一部分,根据埃及的传说,当时所有的神灵都以动物的形象出现。人类分成为若干特定的动物种属,决定他们之间的联系的不是平等,而是不平等,法律所确定的不平等。"所以,"封建制度就其最广泛的意义来说,是精神的动物王国,是被分裂的人类世界,它和有区别的人类世界相反,因为后者的不平等现象不过是

平等的色彩折射而已"①。无疑,自然动物王国是指前封建社会的历史,而精神动物是封建社会以降的人类历史。"在自然的动物王国,是工蜂杀死不劳而食的雄蜂,而在精神的动物王国恰恰相反,是不劳而食的雄蜂杀死工蜂——用劳动把它们折磨死。"②马克思在研究政治经济学过程中,利益方法不仅是正确理解经济物质利益的方法,而且也是批判古典经济学的主要方法。从近代文艺复兴以来,为了反对中世纪人的统治,一些启蒙思想家提出"自然"的概念,认为,封建社会一切都是人为的,只有资产阶级社会才是自然的。人类社会首先面对的是一个自然状态,社会利益、道德、政治、人权都是从这个自然状态出发的。国民经济学也是这样,他们一开始就虚构一个原始状态,这个"原始状态"就是非历史的阶段。马克思说:"我们不要像国民经济学家那样,当他想说明什么的时候,总是置身于一种虚构的原始状态。这样的原始状态什么问题也说明不了。国民经济学家只是使问题堕入五里雾中。"③这里的"原始状态"就是指的"自然状态"。在自然状态是没有历史的,历史是从自然态之后开始的,即从现代市民社会开始的。这显然是一个"虚构"。正如神学家用原罪去解释"罪恶"的起源一样,把应当要说明的东西假定为一种"历史事实"。历史的方法是揭示罪恶利害的起源的根本方法。以往的经济学家就是把利益、财富、交换等"假定为一种历史事实",从而把应当要说明的东西淹没在非历史原始状态中。在经济学领域,亚当·斯密表现得尤为明显和突出。他假定在人类交换之前,有一种"自然状态"。这个时候,好像什么也没有发生过。这种非历史的方法,实际是与历史发展过程实例相悖的。

唯心主义的历史观从另一个方面表现出他们的非历史的方法。历史的发源地,在唯心主义那里,不是"地上的粗糙的物质生产,而是天上的迷蒙的云兴雾聚之处"④。这显然也是错误的。历史发源于人们的先验观念,历史是精神产物,这种方法实际也是非历史的,因为它并没有真正揭示历史真实过程。运用历史的方法,揭示历史的真实过程,就必须去认识"某一历史时期的工业,即生活本身的直接的生产方式"。如果"把人对自然界的理论

---

① 《马克思恩格斯全集》第 1 卷,人民出版社 1995 年版,第 248 页。
② 《马克思恩格斯全集》第 1 卷,人民出版社 1995 年版,第 249 页。
③ 《马克思恩格斯文集》第 1 卷,人民出版社 2009 年版,第 156 页。
④ 《马克思恩格斯文集》第 1 卷,人民出版社 2009 年版,第 351 页。

关系和实践关系,把自然科学和工业排除在历史运动之外,它就能达到,哪怕只是初步达到对历史现实的认识吗?"①那显然是不可能的。麦克斯·施蒂纳则相反,他把"我"、"利己主义"作为历史的开端,过去的历史就是发展起来的"唯一者"(自我一致的利己主义)的历史。因而"'我'的本身与'我'的历史虚构同时破灭"。这个"我"就是历史虚构的始点,这个"我"也是历史虚构的终点。历史就是从利己主义"我"开始的,"我"经历了历史的童年、青年、成年,然后发展为自我一致的利己主义"唯一者"。所以,整个历史就是市民社会利己主义的发展史,就是一部利己主义不断从"社会"获得利益的历史。他说:"社会决不是能够给出东西来的我,而是我们能够从中取利的工具;我们没有任何社会义务,而只是有社会利益;我们不必为社会牺牲,有时即使我们作一些牺牲,那也是为自己。"②马克思对这种非历史地对待利益的错误观点给了辛辣的批判。马克思认为,施蒂纳把社会变为他想从中取利的工具,为了自己的利益竟然荒唐到如此地步。马克思说:"他还在社会没有出现之前就把社会变为他想从中取利的工具,而却无须他和其他人通过相互间的社会关系来建立一个社会,即建立这个'工具'。"③社会不是别的,社会是施蒂纳攫取利益的工具,社会既然随着利己主义出现而产生,那么,在利己主义没有出现以前,社会是不存在的。但是,为了把它变成获利工具,他又认为,"在社会没有出现之前",就把社会变成了获利的工具了。这是相互矛盾的。人们与社会的义务和权利是相互统一的,没有义务就没有权利。没有个人对社会的义务,那么,哪来的社会利益呢?只有个人履行一定义务,社会才产生自己的利益,人们才可以在社会中享受应有的权力和利益。施蒂纳非历史的观点不仅否认利益的历史性特点,而且也否认利益发展的共时性关系,因而,他的方法是虚构的,是完全不现实的。

对利益范畴的规定,必须是历史性方法与共时性方法的统一。马克思论述个人的发展与一切人的发展关系,就体现出历史性和共时性相互统一的方法。他说:"一个人的发展取决于和他直接或间接进行交往的其他一切人的发展;彼此发生关系的个人的世世代代是相互联系的,后代的肉体的

---

① 《马克思恩格斯文集》第 1 卷,人民出版社 2009 年版,第 350 页。
② 《马克思恩格斯全集》第 3 卷,人民出版社 1960 年版,第 233 页。
③ 《马克思恩格斯全集》第 3 卷,人民出版社 1960 年版,第 233 页。

存在是由他们的前代决定的,后代继承着前代积累起来的生产力和交往形式,这就决定了他们这一代的相互关系。总之,我们可以看到,发展不断地进行着,单个人的历史决不能脱离他以前的或同时代的个人的历史,而是由这种历史决定的。"①单个人的历史决不能脱离他以前的历史,这就是说,一个人的发展是与以前的历史相联系的。历时性方法,是认识利益范畴的一个基本方法。同时,共时性方法也是认识利益的基本方法,因为任何个人的历史决不能脱离他同时代的个人的历史。

二、共时性方法与历史性方法相辅相成

历史性方法展现出利益的自我发展历史过程。利益不是先验的,也不是由某一个人的主观意愿决定的。利益是历史发展的结果。历史把人们与利益的相互关系烘托和凸显出来,人们继承了既定的利益及其利益关系,人们又通过一代一代的努力用自己的劳动和智慧丰富它的内涵,将它推陈出新,推向更高的阶段。所以,利益内涵既要体现其连续性,又要体现了其阶段性。历史性方法的客观基础是利益的连续性,共时性方法的客观基础就是利益的这种客观阶段性。共时性分析方法就在于对利益的各个客观阶段作出具体的分析,了解各个阶段利益内涵的特殊性,即这个阶段利益内涵的特殊性质。如果只有历史性方法,虽然可以了解利益的整个线索,但是它无法具体发现利益在各个阶段的特殊状态。矛盾的特殊性,往往决定了事物的性质,所以,如果对各个阶段利益的特殊性不作出具体分析,实际上利益的历史性也必然是模糊一片和朦胧不清的。只有用共时性方法把利益的各个阶段的特殊性揭示出来,那么利益的历史连续性才可以现实地客观地展现出来。因而,对利益范畴的内涵认识,既不能片面地只强调共时性方法而忽视历史性方法,同时也不能只强调历史性方法而抛弃共时性方法,只有把二者有机地结合起来,才可以将利益的内涵历史地和现实地揭示出来。

---

① 《马克思恩格斯全集》第3卷,人民出版社1960年版,第515页。

第三节　利益范畴内涵是一般与特殊的统一

一、任何范畴都是一般与特殊的统一

范畴作为研究对象是有条件的。黑格尔在《逻辑学》(第二版"序言")中首先阐述了这一观点。黑格尔在研究亚里士多德的《形而上学》时,赞同亚里士多德关于这一观点的看法。列宁在《黑格尔〈逻辑学〉一书摘要》中基本上赞同黑格尔的思想观点,并对范畴是一般性和特殊性的统一作了阐释。

列宁认为,范畴作为研究对象,也就意味着哲学开始成为人们的研究对象。哲学成为人们的研究条件主要是三个:

1.物质前提。人们只有在生活必需品大体具备以后,才可以讨论哲学。亚里士多德说:"只有在生活的一切必需品以及属于舒适和交通的东西都已大体具备之后,人们才开始努力于哲学的认识。"①这是最基本的前提。黑格尔对这一观点是十分赞赏的。当黑格尔提到"在思维达到自身并且只在自身中这样的宁静领域里,那推动着民族和个人的生活的利害之情,便沉默了"②。列宁说:"利益'推动着民族的生活'"③。人类有生存需要,就有了利益,而利益推动了人类物质生活和精神生活的发展,哲学就是利益发展到一定阶段产生的科学。

2.一定的闲暇时间,也是哲学产生的一个必备条件。在生产力极为低下的情况下,人们只有日出而作,日入而息,为生存生活而劳动。人们没有闲暇时间,也就没有脑力劳动,只有生产力水平逐渐提到了一定水平,生活品有了剩余时,才有极少数人从事较多的脑力劳动,这样脑力劳动逐渐从体力劳动分离而成为一种专门的劳动形式。有了从事脑力劳动的时间,即闲暇时间,这样才可以专门有人研究哲学。

3.理论思维的发展。黑格尔认为,"从事纯粹思维的需要,是以人类精

---

① ［德］黑格尔:《逻辑学》上卷,杨一之译,商务印书馆1966年版,第10页。
② ［德］黑格尔:《逻辑学》上卷,杨一之译,商务印书馆1966年版,第10—11页。
③ 列宁:《哲学笔记》,人民出版社1993年版,第75页。

神必先经过一段遥远的路程为前提的"①。要从事"纯粹思维","人类精神必先经过一段遥远的路程",这是对的。在人们面前呈现的是一张支离破碎、无穷杂多、丰富性和多样性相统一的现象之网。而范畴就是这个网上的一个网结。人们要认识世界的现象之网,先必从大量的现象中经过无数次简化和抽象,才有可能接近或者达到范畴认识的水平。列宁说:"逻辑的范畴是'外部存在和活动的''无数''细节'的简化(在另一处用的是'概括')。这些范畴反过来又在实践中('通过对活生生的内容的精神提炼,通过创造和交流中')为人们服务。"②逻辑范畴这种简化和提炼过程,就是范畴上升发展从(个别)特殊不断地提升为一般的过程。因为范畴首先离不开个别(特殊)。范畴是客观事物本质关系的反映,它不是先验的理性形式。列宁说:"个别就是一般","因为当然不能设想:在个别的房屋之外还存在着一般房屋。""一般只能在个别中存在,只能通过个别而存在。任何个别(不论怎样)都是一般。"③个别就是一般。个别特殊是认识的起点。在原始社会,人与自然浑然一体,人们不能把自己同自然区别开来,因而也就没有范畴。列宁说:"在人面前是自然现象之网。本能的人,即野蛮人,没有把自己同自然界区分开来。自觉的人则区分开来了,范畴是区分过程中的梯级,即认识世界的过程中的梯级,是帮助我们认识和掌握自然现象之网的网上纽结。"④范畴是区分过程或认识世界过程中的一些小阶段,它们就是区分过程中的个别。这些个别小阶段就是范畴认识的始点和基础。范畴离不开个别,范畴更加体现了一般。黑格尔说:"范畴通过其一般性而作为缩写之用;——因为像战役、战争、人民或海洋、动物等表象,自身中都包括了无数的外部存在和活动的细节,而上帝或爱等这样的表象的单纯性中,又概括了无数的表象、活动、情况等等!"⑤范畴本质就是个别的缩写,个别的一般性的抽象。个别一定与一般相连而存在。"任何一般都是个别的(一部分,或一方面,或本质)。任何一般只是大致地包括一切个别事

---

① [德]黑格尔:《逻辑学》上卷,杨一之译,商务印书馆1966年版,第10页。
② 列宁:《哲学笔记》,人民出版社1993年版,第75页。
③ 列宁:《哲学笔记》,人民出版社1993年版,第307页。
④ 列宁:《哲学笔记》,人民出版社1993年版,第78页。
⑤ [德]黑格尔:《逻辑学》上卷,杨一之译,商务印书馆1966年版,第11页。

物"①。范畴是个别和一般的辩证统一。这是任何范畴的规定的基本方法。

二、利益范畴一般与特殊的辩证规定

马克思对利益范畴的规定，从 1844 年开始，就坚持一般和个别（特殊）相统一的辩证方法。在谈到共产主义是私有财产即人的自我异化的积极的扬弃时，认为人就是一般和个别的统一。因而，人的利益也应是作为社会存在的现实享受的个人利益和"作为的生命表现的总体而存在"的"社会"利益的统一。他说："人是特殊的个体，并且正是人的特殊性使人成为个体，成为现实的、单个的社会存在物；同样，人也是总体，是观念的总体，是被思考和被感知的社会的自为的主体存在，正如人在现实中既作为对社会存在的直观和现实享受而存在，又作为人的生命表现的总体而存在一样。"②尽管马克思处在费尔巴哈人本主义唯物主义影响下的社会和人的概念与历史唯物主义中的人和社会的概念的含义相距甚远，然而在这里，其基本意思是相符合的。

在《神圣家族》一书中，马克思肯定了 18 世纪法国唯物主义利益概念的论述的合理思想，并阐释了这些合理思想与社会主义利益概念内容的联系。他说："既然正确理解的利益是全部道德的原则，那就必须使人们的私人利益符合于人类的利益。"③利益与道德思想观念，前者是决定性基础，后者是被决定性因素。所以，要建构社会的美好道德，决不能停留在口头上和书本的词句里。社会的道德需要以社会的利益为基础。只有建构一个优良的社会利益体系才能建构一个真正的社会道德理念。我们不能只在口头上叫喊社会的道德，一方面说："美德不外就是组成社会的人们的利益"（霍尔语巴赫语），"个人利益必须服务社会利益"，因而，"最大多数人的最大幸福"，就是一切社会道德的标准（边沁语）④；另一方面又说："社会利益又是什么呢？——它就是组成社会之所有单个成员的利益之总和。"⑤（边沁语）因而，社会的利益是一种虚构，而个人利益才是实实在在的。这些相互

---

① 列宁：《哲学笔记》，人民出版社 1993 年版，第 307 页。
② 《马克思恩格斯文集》第 1 卷，人民出版社 2009 年版，第 188 页。
③ 《马克思恩格斯文集》第 1 卷，人民出版社 2009 年版，第 335 页。
④ 周辅成主编：《西方伦理学名著选辑》下卷，商务印书馆 1987 年版，第 210 页。
⑤ 周辅成主编：《西方伦理学名著选辑》下卷，商务印书馆 1987 年版，第 212 页。

矛盾的理论发生的根源,在于没有弄懂利益与道德之间的关系,孰知要建构社会道德,就要确定它的利益基础。换言之,只有"使人们的私人利益符合于人类的利益",那么才会有真正的社会道德。由此可见,利益可以区分个别与一般,即个人利益与社会利益。个别就是一般。但是"个别一定与一般相连而存在。一般只能在个别中存在,只能通过个别而存在"。因而,只有使个别人的私人利益符合全人类的利益才能真正建构社会利益体系。马克思的利益范畴与旧唯物主义的利益概念的联系,在于都把利益看作同人的需要、感觉、欲望相关的东西。在对待利益与道德的关系上,旧唯物主义也基本上肯定了利益是道德的基础。但是,它们的差别主要表现在方法上:

首先,旧唯物主义对利益概念仅仅是直观的理解,因而人的利益成为了动物式的自然享受和仅仅是生理的自然欲望需要。利益的起源在那里也只能是自然选择的结果。而马克思则不同,他对利益范畴是能动的、辩证的理解。利益是人类用自己的实践活动创造的,利益是人类的社会历史自我发展的产物,它虽然离不开自然选择,但主要是社会实践活动的创造物。人的利益不是动物式的享受,而是社会关系的表现。

其次,利益不是一个非历史的,利益是一个历史性的概念。因而,马克思对利益范畴的理解主要是历史的。利益不是从来就有的,利益范畴也不是先验的、观念自身的产物。利益是经过无数次从对象中抽引出来的范畴。它既是历史性的,又是共时性的,它是历史性和共时性的辩证统一。

再次,利益范畴的辩证法除开能动性外,最主要的还包括一般和个别的方法。利益范畴首先是利益的个别,它是特殊的、具体的、现实的。它离不开每一个个别的利益,但它又是一般的。它是从无数个别抽引出来的一般。利益范畴就是个别和一般辩证的历史的统一体。

第 四 章

利益的历史唯物主义的一般规定

第一节　利益是由生产活动创造
出来的物质生活条件

一、人与动物的区别究竟何以可能

历史唯物主义研究的是人类社会发展的一般规律,利益范畴是历史唯物主义的基础范畴,利益是一切社会中最简单、最普通、最基本、最常见的现象。在"利益"这个细胞中,孕育着社会一切矛盾的胚芽。

利益范畴首先展现的是它的一般规定:一般动物(猴)的解剖对于人体的解剖当然是十分重要的,但只有认识高等动物——人以后,才能更深刻地理解猴。这正如利益一般的含义,是历史唯物主义首先要确定的。但是只有认识利益的现代发展以后,对历史上的各种利益的理解才能更加深刻。这个问题,将在第五章中论述。这里要说的是利益范畴的一般规定。

利益的奥秘在哪里? 利益是作为人的利益,在人类之初,首先与人的生存有关。人一开始从动物中区分出来,人就有人的利益和危害。动物趋利避害只是一种生存本能。人不同,人以自己有目的的活动来实现自己的利益,并通过自己的活动去战胜和防止对于人类生存和发展的危害。亚当·斯密认为,人也是动物,但与其他别的动物不同,别的动物一到壮年期,几乎全部能够独立,自然状态下,不需要其他动物的援助。而人不同,人随时需要人的帮助。但是,人要想仅仅依赖他人的恩惠过日子,那是一定不行的。"如果能够刺激他们的利己心,使有利于他,并告诉他们,给他做事,是对他们自己有利的,他要达到目的就容易得多了。不论是谁,如果他要与旁人做买卖,他首先就要这样提议。请给我以我所要的东西吧,同时,你也可以获得你所要的东西:这句话是交易的通义"①。在这里,亚当·斯密把互利看作是人与动物的一个区别。动物在自然状态,可以不要相互援助,但人不同,人时时需要帮助,而帮助不是单方面的,而是双方的。因而,用恩赐来实现利益显然是不可能的。而暴力也不是办法,最好的办法是互相有利的交换方式。利益就是在相互交换中发生的。其实,人的生存发展仅仅因为这种相互交换是不可能的。相互交换的前提是我有东西或你有东西,我如果没有这些东西,其交换渠道则堵塞了。而要我有东西,我才有利益,但是这些东西从哪里来的呢?难道可以从天上掉下来吗?我的东西来自哪里?当然比我有东西更根本的,它是现在你之所有之根据。你所有的东西当然不是恩赐的,也不是自生的,更不是暴力抢掠的,而只能是自己的劳动创造的。因而,亚当·斯密的命题转变为这样一个命题,即你的活动生产出你所需要的利益,当你已有我所需要的利益时,你对我说,我们交换吧,你把你生产的东西给我吧,我把我的劳动产品给你。这样我们才可以说相互交换,相互有利。但是,现实社会却并非如此。人一开始生存,不仅受利的方面的制约,而且也有害(不利)的方面的影响。按亚当·斯密的意见,你给我危害吧,我也给你所需要的危害,这是不可能的。可以说,人要生存,首先就是要防止危害。在这里,相互交换的原则搁浅了。用什么去战胜危害?只有一条途径,即用自己的活动来防止危害。大雨或洪水来了,挖沟建坝修渠;大风来了,盖房垒墙;野兽侵犯,群体持棍棒石块抵御;等等。亚当·斯密教条只适用市场交换,不适合于人的生存发展研究。防止危害就是保护利益,这也是人类与动物的区别。因而,只有活动,尤其是生产活动才是创造利益的根本途径,才是人与动物的根本歧异之所在。所以,亚当·斯密的规则,应该改为,无论是谁,如果他要想获得利益,仅仅依靠交换是不够的,还必须有使交换成为可能的条件,那就是生产活动。你去从事生产活动吧,你可以生产出你所需要的东西,还可以生产你在市场上进行交换的东西。生产是使你获得你所需要的利益的活动,也是你使别人获得利益的活动,同时,还是你们共同防止一切危害侵犯的活动,只有这样,人类才可以生存和发展。

马克思在《德意志意识形态》中,对历史唯物主义何以可能的论述,首

---

① [英]亚当·斯密:《国民财富的性质和原因的研究》上卷,郭大力等译,商务印书馆1972年版,第13—14页。

先就是人区别于动物、社会区别于自然界何以可能的论述。"全部人类历史的第一个前提无疑是有生命的个人的存在。"手稿中删去了以下这一段话:"这些个人把自己和动物区别开来的第一个历史行动不在于他们有思想,而在于他们开始生产自己的生活资料。"①人类首先的、最重要的利益,即关系到人类能否生存的利益,就是生产他们所必需的生活资料,也只有当人们从事生产物质生活资料的活动时,人类才真正把自己与动物区别开来。所以,人与动物之区别,并不是意识,并不只是语言,人把人定义为能思维和会说话的动物,这其实还不足以区别人与动物。只有当人们能从事生产人类物质生活资料的活动时,人才真正与动物区别开来。生产活动是人类独有的活动,它使人获得生存的利益,它使人摆脱动物的僵壳外表,从而穿上"社会"这个崭新的衣服,走出山洞,成为真正的"人"。

二、利益是指"吃喝住穿以及其他一些东西"

马克思说:"我们首先应当确定一切人类生存的第一个前提,也就是一切历史的第一个前提,这个前提是:人们为了能够'创造历史',必须能够生活。但是为了生活,首先就需要吃喝住穿以及其他一些东西。因此第一个历史活动就是生产满足这些需要的资料,即生产物质生活本身。"②利益是什么,首先就是"吃喝住穿以及其他一些东西"。"民以食为天",食是人类生存的第一个前提。韩非子说:"上古之世,人民少而禽兽众,人民不胜禽兽虫蛇。有圣人作,构木为巢以避群害,而民说之,使王天下,号之曰有巢氏。民食果蓏蚌蛤,腥臊恶臭而伤害腹胃,民多疾病。有圣人作,钻燧取火以化腥臊,而民说之,使王天下,号之曰燧人氏。"③按韩非子意见,远古的圣人不是天生的,都是因为他们首先解决了影响原始人衣、食、住等生存需要中的一些重大难题,因为他为人民带来了利益,所以被称为"圣人"。这种利益就是人类创造历史的第一个前提。韩非所描述的衣、食、住等利益,不仅本身就是一种创造历史的活动,而且它也成为"有巢氏"、"燧人氏"创造历史的前提。这里"有巢氏"、"燧人氏"绝不只是指某一个人,而且指那些创造历史的活动。只有能够生活,才可能创造历史。吃、穿、住就是生存的

---

① 《马克思恩格斯文集》第 1 卷,人民出版社 2009 年版,第 519 页。
② 《马克思恩格斯文集》第 1 卷,人民出版社 2009 年版,第 531 页。
③ 韩非子:《五蠹》。

第一个基本前提,要说利益,这就是最首要的利益。在唯心主义看来,唯有意志,才是世界历史的创造者。黑格尔的自由意志从东方开始,然后发展到古埃及,再到罗马,最后在日耳曼那里达到最高点。日耳曼精神就是世界精神发展的最高顶峰。世界历史前提就是自由意志,世界历史的高峰就是世界精神,而利益则似乎是不屑一顾的。边沁、密尔虽然也谈利益,但在他们那里,利益甚至成为一种"联想主义"的心理学现象。至于吃、穿、住这些与人的生存密切相连的利益,甚至把它们排斥在利益概念之外。国民经济学家亚当·斯密在他的《国民财富的性质和原因的研究》中,虽然一开始谈到利益,但他以英国的绅士(Gentleman)的身份出现,只字不谈生存必需的利益,而只是一味设计一个原始状态,然后从一个人性生而具有的利己心的经济人出发,把利益限制于一个两个人之间凭心理愿望而开始的交换利益。交换远比人类利益概念出现的时代要迟得多。历史上还有不少思想家甚至把利益等同于"善"这一概念。苏格拉底就说过:"因为一切善的东西都是有益的。"①善的东西和利益相距甚远。善就是利益,利就是善,这实质上肯定了善的观念与利益密不可分的联系。霍尔巴赫说:"德行就是真实地并且经常地对结成社会的人类有益的一切;不德就是有害于他们的一切。"②霍尔巴赫把德行与不德对立起来,把"益"与"害"对立起来,这是其可取之处。事实上,二者总是相互对立、相互统一、相辅相成、互为前提的。"利"、"益"就是因为无害,有"害"就会损"益"。因而,防止"害"的发生,就是得"利"的先决条件,尤其在古代科学技术不发达、靠天吃饭的农业社会,甚至可以说利益的直接规定就是没有"害"的发生,或者防止"害"的发生。人们为了获得吃、穿、住这些基本的利益,除开生产活动之外,还展开了各种活动,如天文观察、祭祀等。因而,利益绝不仅仅是相互交换产生的。霍尔巴赫把利益提升到德的层次,也同时说明,利益对于"德"的重要意义,利益是德的基本内涵,利益对于德有着重要的决定作用。利益之所以对德有重要的作用,在于利益首先是人类生存发展最基本的东西。刘禹锡说:"山不在高,有仙则名;水不在深,有龙则灵。斯是陋室,惟吾德馨。"③德当然是十分崇高的东西,德之崇高不在德本身,而在于它能提升人类的生存意义和价

---

① 北京大学哲学系编译:《古希腊罗马哲学》,三联书店 1957 年版,第 64 页。

② [法]霍尔巴赫:《自然体系》上卷,商务印书馆 1997 年版,第 120 页。

③ 刘禹锡:《陋室铭》。

值。人之生存应是德的利益载体。德之所存,德之所生,道之所在,都以人类的生存为前提。谈到德,忘其基本,德就失去了基本的意义和价值。康德的道义论,弘扬了德之至善的意义。但是,他的缺陷就在于他把德之最基本的东西完全弃之而不屑一顾。所以,马克思说:"康德只谈'善良意志',哪怕这个善良意志毫无效果他也心安理得,他把这个善良意志的实现以及它与个人的需要和欲望之间的协调都推到彼岸世界。"①善良意志并非不高尚,道德并不是不要弘扬,关键在于道德善良意志不能失掉人类的最基本的东西。如果道德失却了它的最基本的东西,如果把这些最基本的东西推到了"彼岸世界",道德就成了神的祭坛上的那些可望不可即的虚幻影像。因而,吃、穿、住这些东西,是人类生存的最基本的东西,它是任何时候也不能离开的东西,也是"德"之所生的物质前提。管子在《牧民》中曰:"仓廪实则知礼节,衣食足则知荣辱"。所以,"德"虽然崇高,但它离不开人类生存以及人类的物质生活条件这些最基本的东西。但人之为人,其生存价值绝不仅仅是这些最基本的东西。人之为人,还有更高的意义和追求,这就是"德"的内涵。因而,利益与德都是人生的不可缺少的东西。利与德比较,它是人之生存最基本的东西,它是德之物质基础,它是决定的因素,而德是被决定的东西。但德不是消极的、被动的,它对利有重要的能动的反作用,从而保证和促进利益的发展。

三、利益是指人类赖以生存发展的物质生活条件

1845年,马克思由唯物主义转变为辩证唯物主义和历史唯物主义的世界观。与此同时,其方法也发生根本的变化。对利益范畴的分析,不再是感性直观的,而是用能动辩证的、一般和特殊相结合、历史与现实相互统一的方法。由于方法的转换,利益逐渐由黑箱进入了"白箱"认识的时代。他肃清了利益范畴的唯心主义错误,扬弃了旧唯物主义利益概念,利益上升到了历史唯物主义的认识水平。

黑格尔的思辨哲学,绝对观念才是世界(自然和社会)的真正本质。马克思说:"黑格尔的《哲学全书》以逻辑学,以纯粹的思辨的思想开始,而以绝对知识,以自我意识的、理解自身的哲学的或绝对的即超人的抽象精神结

---

① 《马克思恩格斯全集》第3卷,人民出版社1960年版,第211—212页。

束,所以整整一部《哲学全书》不过是哲学精神的展开的本质,是哲学精神的自我对象化;而哲学精神不过是在它的自我异化内部通过思维方式即通过抽象方式来理解自身的、异化的世界精神。"①在黑格尔那里,内在的抽象精神异化为外在世界,市民社会、家庭等都是绝对精神有限的表现。利益无非是精神的异化物。鲍威尔与施特劳斯相反,他用抽象的人的自我意识代替了抽象的自然界的实体。利益在鲍威尔那里只是神学家的自我意识的"创造物"。费尔巴哈虽然肯定利益不是观念、精神,但他把利益看成是一种动物式的感觉、欲望,他颠倒了笛卡尔的"我思故我在",提出了"我欲故我在"的命题。因而,当他用这种利益概念观照当时人欲横流的社会现实、个人利益与社会利益的严重分裂、冲突和矛盾时,他只有拿宗教的外衣来掩盖其消极的、抽象的利益概念。

在宗教世界里,除开爱与感情之外,一切都消融在动物式的感性主义的圣水之中。麦克斯·施蒂纳认识到费尔巴哈利益概念的严重错误,他索性把利益当作历史的起点,那是利己主义一出生就追求的东西。为了利益,利己主义不断地从童年进化到青年,从青年成长为成年,从成年再发展为自我一致的利己主义。在童年,利己主义的利益是一种欲望至上主义,它把一切据为己有,它沉浸在物欲的享受之中,这种利己主义就是"唯实主义的,他成了这一世界的事物的俘虏"。儿童因自我发现,变成了青年,青年人眼中的利益是理想、精神,从而青年人变成了理想主义。所以,"青年是唯心主义的,为思想所鼓舞","青年是幻想的,由于受鼓舞过多而思想贫乏"。青年的自我发现又上升为成人。"成人即利己主义的市民,受事物和思想随心所欲地支配,因为他的个人利益把一切置于他之上。"②这就是近代市民社会的市民。成人的自我发现,终于上升为"我","自我一致的利己主义"。在自我一致的利己主义那里,利益才成为真正的为"我"的利益。总之,利益无非是自我一致的利己主义自我发现的产物。在麦克斯·施蒂纳那里,利益变成了一种精神或纯概念,利益仍然是改装了的黑格尔的自我意识。麦克斯·施蒂纳的唯一成就,就是他把一切标榜为"人的生活"。

全部历史就是"人的生活"的历史,但他谈的仅仅是精神生活,而从来

---

① 《马克思恩格斯文集》第 1 卷,人民出版社 2009 年版,第 202 页。
② 《马克思恩格斯全集》第 3 卷,人民出版社 1960 年版,第 128—129 页。

没有注意个人的物质"生活"和社会"生活"。从这个意义上讲,他只是使用
生活这个词,因而他还没有谈到真正的"人的生活"。利益无疑离不开人的
生活。那么"人的生活"究竟怎样的呢? 德国的思想家们黑格尔、鲍威尔、
施蒂纳,他们仅仅在意识范围内创造历史,这是十分荒谬的。人们要创造历
史,首先必须能够生活,但生活不只是在"意识"范围内转圈子。生活首先
"就需要吃喝住穿以及其他一些东西"。"人们为了能够'创造历史',必须
能够生活。"(马克思在"能够生活"处加了边注:"黑格尔。地质、水文等等
的条件。人体。需要,劳动"。)①这就是利益,但这些利益,不过是自我意识
外在的产物。它是生产物质生活资料的活动创造的。所以,利益是什么呢?
利益就是由生产活动创造出来的物质生活条件。所谓物质生活条件,即人
类生存和发展的最基本的具有决定性的物质因素的总和,它包括人口、地理
环境和生产方式的有机统一。那么,人口、地理环境和生产方式等在利益范
畴中究竟有何重要地位和作用呢? 它的世界观意义和方法论价值是什么
呢? 这些都有待我们进一步探讨和研究。

第二节　利益的基本内涵是物质生活条件

一、利益范畴与马克思的自然概念

利益既然是人类赖以生存和发展的物质生活条件,利益范畴则是这些
物质要素之间本质联系的反映。利益与利益范畴本质应是一致的。利益就
是利益范畴的物质载体,利益范畴只不过是用观念的形式概括了客观利益
内在的本质关系。利益的第一个物质要素是地理环境。地理环境按其本来
意义,是人类社会所处的地理位置相联系的各种自然条件的总和,它包括地
理位置以及这一地理位置上的地形、气候、土壤、山林、水系、矿藏、动植物
等。它们统称社会的地理环境。地理环境的概念出现在科学中是 19 世纪
后半叶。法国社会学家莱克留将其引入地理学。后来,通过普列汉诺夫的
著作而在马克思主义文献中广泛流行。俄(共)布党史正式把地理环境看
作为社会物质生活条件。地理环境实际是指的人所面对的自然条件的总

---

① 《马克思恩格斯文集》第 1 卷,人民出版社 2009 年版,第 531 页。

和,也即是自然。利益离不开自然,利益最直接的最后的根据就是自然。自然是利益永恒的物质前提。

什么是自然?自然,自从有了人类社会以来,就发生了翻天覆地的变化。这是因为,原始的自然已不多见,地球上的真正净土,几乎只存在于神话中的极乐世界。人们面前的自然,都不同程度地融入了人类的意识、意志和智慧,打上人类的印记。自然与人类的生存和发展息息相关,自然对于人类生存和发展已是利害攸关的大问题,从而引发了哲学家、社会学家、经济学家、政治家等对自然的关注。哲学家由此产生了关于自然概念的哲学沉思,激起经济学家、社会学家和政治家,也包括哲学家对天人关系或自然生态环境与人的利益等新的问题的思考。马克思对自然环境的论述,由于普列汉诺夫的研究,逐渐融入马克思主义哲学教程。教科书里,地理环境和自然概念已成为一种种属关系。它们只是意蕴的宽泛不同,究其实质是一致的。地理环境就是自然,而我们称之为自然,也就是地理环境。而问题不在这里,问题发生在自然与社会关系上。自然融入人的意识,也等于社会意识融入了自然。然而,这只是问题的一方面。而另一方面,自然与社会并非如上所述,自然与社会只是形式上有变化,而实质上自然就是自然,社会就是社会,它们互不相干。再者,还有的认为,自然是永恒的,无论社会如何更变,自然始终是自然的,人只能是自然的一部分。对自然的这种认识,由日常意见逐渐上升到哲学分歧,就产生了是直观地面对自然、事物、实在,还是辩证能动地去理解世界的问题。而直接由此问题进入马克思哲学研究的是卢卡奇。他不是直观地理解对象,而是从辩证地理解对象入手,首先对自然概念作了深刻的考察,然后阐述了自己对马克思自然概念的理解。在卢卡奇看来,"自然是一个社会范畴。近代人是直接从现成的意识形态形式,从他所面临的深刻影响着他整个精神发展的这些意识形态形式的作用出发的"①。自然是近代资产阶级意识形态的出发点。资产阶级总是认为,他们是从自然出发的。他们的法律就是从自然状态开始的。他们把"封建"的叫作非自然的,是人为的。而"人为的"总是不自然的。只有自然的,才不是人为的。这个"自然",就是资产阶级反对封建统治一个口号。因而"自

---

① [匈]卢卡奇:《历史与阶级意识——关于马克思主义辩证法的研究》,杜章智等译,商务印书馆1992年版,第203页。

然"无非是近代资产阶级的意识形态。卢卡奇则不是从意识形态出发的，他的"自然"，不是昔日康德的自然，康德的自然是"事件规律的总和"①。这种"自然"是机械唯物主义的自然概念，如自然状态、自然法等。卢卡奇认为，自然概念应是像席勒等人所说的。席勒谈到自然的形式："它们是我们过去是的东西。它们是我们应该重新成为的那种东西。"②这种自然就意味着真正的人的存在，意味着人的真正的、摆脱了社会的错误的令人机械化的形式化的本质，"人作为自身完美的总体，他内在地克服了或正在克服着理论和实践、理性和感性、形式和内容的分裂"③。显然，卢卡奇的自然，已不是环境地理意义上的"自然"，而是哲学的"自然"。这种"自然"，不是人们直观中的自然，而是融入实践过程的自然。因而，这里的"自然"，不再是跨越实践之外的自然，而应是融入了人们的意识的自然。自然从这个意义上来讲，就是一个社会范畴。但是，卢卡奇的失误也就在这里。因为，自然与社会毕竟是相互对立的两极，如果把自然说成是一个社会范畴，那么，自然作为社会的另一极，也就看不见了。德国哲学家施密特说得好，"如果自然是一个社会的范畴，那么社会同时是一个自然的范畴，这个逆命题也是正确的。在唯物主义者马克思看来，自然及其规律是不依赖于人的一切意识和意志而独自存在的，但只有运用社会的范畴，涉及自然的陈述才能定型、才能适用。如果没有人为支配自然而努力奋斗，就谈不上自然规律的概念。自然的社会烙印与自然的独立性构成统一，在其中主体方面完全不像卢卡奇归诸给它的那种'创造的'作用"④。德国哲学家吉尼弗列德·马尔克在他的《现代哲学中的辩证法》上卷中，批判了卢卡奇对马克思的自然概念的阐述，在那里他正当地提出这样的问题："难道自然的存在能丝毫不剩地完全作为社会的产物来把握?"⑤显然，卢卡奇是片面的。马克思批判旧唯物

---

① [匈]卢卡奇:《历史与阶级意识——关于马克思主义辩证法的研究》,杜章智等译,商务印书馆 1992 年版,第 210 页。

② [匈]卢卡奇:《历史与阶级意识——关于马克思主义辩证法的研究》,杜章智等译,商务印书馆 1992 年版,第 211 页。

③ [匈]卢卡奇:《历史与阶级意识——关于马克思主义辩证法的研究》,杜章智等译,商务印书馆 1992 年版,第 211 页。

④ 陈学明主编:《二十世纪哲学经典文本·西方马克思主义卷》,复旦大学出版社 1999 年版,第 497 页。

⑤ 陈学明主编:《二十世纪哲学经典文本·西方马克思主义卷》,复旦大学出版社 1999 年版,第 497 页注③。

主义只是从直观的角度来理解现象、实在和感性,而认为新唯物主义则是从主观的角度,也即是从能动的实践观角度来探索自然、世界客体的,而劳动则是人类实践最基本的活动。劳动是人和自然进行物质、能量、信息交换的能动过程。劳动的第一个前提就是自然。如果否定了马克思的自然概念,也就否认了马克思的劳动理论。1967 年,卢卡奇对他于 1922 年撰写的《历史与阶级意识》进行了反思,从而在 1967 年本书的《新版序言》中说,否认了马克思的劳动理论,就"意味着,马克思主义世界观的最重要的现实支柱不见了"①。卢卡奇真是一语破的,否认了自然,就等于否认了劳动;否认了劳动,就抽去了马克思主义的"现实支柱"。一旦抽去了"现实支柱"的马克思的社会理论,不言而喻,就成了一个意识的相关概念。

"自然"是人类生存和发展的永恒前提。自然既是与社会相互对立的两极,又是与人类生存发展利益密切相关的地理环境。自然与人的关系,在我国古代,被称为天人关系。天人关系,在科学技术落后的古代,盲目的自然力(天)成了至高无上的统治力。改造自然,征服自然,成为人们世世代代梦寐以求的理想。工业时代使这种理想逐渐变成了现实。但自然也开始在工业横行肆虐下,受到了摧残和蹂躏,生态系统被破坏了,新的负面效应接踵而至,如"温室效应"等。这一切反过来说明,人类改造自然当然可以获得利益。然而,如果过分地掠夺,自然反过来会报复人类。因而,人类还必须保护自然。自然是人类赖以生存的地理环境,自然就是人类的家园。保护自然,就是保护人类自己的家园;保护自然,就是保障了人类基本的物质生活条件。

二、利益范畴与人口

人口是指生活在特定地域内、具有一定数量和质量的人的总称。它是社会物质生活条件之一。因而它是利益范畴的一个重要内容。又由于人口是社会生活的主体,因而它是社会生活的前提和出发点,没有人口就没有社会生活及其一切。人口是自古就有的概念,但人口开始进入科学研究的视阈,并引起人们的注意,则是马尔萨斯的贡献。人口是否与人的生存发展的

---

① [匈]卢卡奇:《历史与阶级意识——关于马克思主义辩证法的研究》,杜章智等译,商务印书馆 1992 年版,第 11 页。

利益有关系,最早在西周时,一些统治者开始意识到人口的价值。如战争的俘虏,有的可能被杀掉,有的可能用来做奴隶。杀掉奴隶,大多是把人当作牲口用之于祭物。而不杀,则说明奴隶主意识到人是有价值的。如《周易·随卦》上六爻辞曰:"拘系之,乃从维之。王用亨于西山。""之"指俘虏,"维"指维心,即以说服的方法或物质优待来维系战俘的心,使之顺从当奴隶。"西山",岐山,周文王东迁于丰,岐山在丰以西。即抓住俘虏之后,马上用物质优待等方法来使战俘甘心当奴隶。但也有的俘虏被作为牲口,被文王战后用来祭于岐山。还有,当时商人开始有贩卖人口(奴隶)的人,如《周易·随卦》六二爻辞曰:"系小子,失丈夫。"系,即绑;小子,是小奴隶;丈夫,指大奴隶。商人是贩卖奴隶的,旅馆出事时,奴隶们逃跑了,有些小的给抓住,但大的逃掉了。尽管在奴隶主看来,奴隶不是人,但既然有买卖,就说明人们开始认同,人口(奴隶)是有价值的。人口,开始引起奴隶主的重视。待到春秋战国,有些统治者就已认识到人口问题的重要性。如《孟子·梁惠王上》:"梁惠王曰:'寡人之于国也,尽心焉耳矣:河内凶,则移其民于河东,移其粟于河内;河东凶亦然。察邻国之政,无如寡人之用心者。邻国之民不加少,寡人之民不加多,何也?'"这就是说,我的政策比别人好,可是我国的人"民"(人口)不增加,而邻国之"民"(人口)不减少,这是为什么呢?人口之多少,成为战国时国君关心的重要问题,尤其是成为一国是否强盛的标志。这是人口学研究值得注意的资料。虽然如此,在科学技术落后的古代,人口与社会生活条件的关系尚不突出。随着近代工业时代的来临,人口与社会生活条件的矛盾开始凸显。这种矛盾,在英国颇为典型。英国是欧洲资本主义发展的先进代表。随着英国资本主义纺织工业的蓬勃兴起,在15世纪末16世纪初,英国出现所谓羊吃人的"圈地运动"。18世纪末,"圈地运动"达到了高潮。由1700—1760年的年圈入的土地面积为212363英亩,发展到1761—1801年的年圈地为3180871英亩。圈地运动的直接后果是农民失去了自己赖以生存发展的家园或土地,而出现了人口过剩现象,一些人无家可归,流落街头;一些人背井离乡,去北美等地寻找自己的生存空间;还有的成为城市的雇佣工人等。人口与利益的矛盾日益尖锐和暴露。但另一个方面,1789年法国资产阶级革命爆发。法国资产阶级的民主革命,很快影响了英国劳动群众日益高涨的斗争热情,但同时使英国政府极度恐慌。1793年英国政府发动了对法国的战争,旨在消除来自法国革命的威胁。战争使英国人民群众生活进一步恶化,罢工频繁,扩大了穷人的数量,愈益加剧了穷人的痛苦。这些问题归结为一个问题,即现政府究竟是好还是坏呢?英国思想家葛德文深受法国革命的影响,并于1793年写出了《政治正义论》,文章以热情洋溢的笔锋颂扬了理性、社会,鞭挞了政府、财产不平等现象,认为理性是支配动物生活的真正动力,社会是自然的,社会要通过理性法则来维持,而政府不同,无论它的形式如何,它都是恶的。它庇护非正义制度,维护人类财产的不平等现象。因而,如果废除政府,社会就可以由理性法则来维持,就会逐渐建立一个政治公平体系,解决财产问题,人们根本不会忧虑人口是否超过物质生活资料等问题。他说:"在人类社会本质中存在着一种因素,使得一切事物都会自然趋于平衡,越少施行人为干涉,越能顺利发展。"①"根据通常事物发展的规律,一个国家的居民数量大概不会大大增加,以致超过较易生存的程度。"②葛德文实际上认为,贫穷的真正弊病不在于人口本身,而在于缺乏财富。人口的相对过剩是由政府庇护非正义制度、维护人类财产的不平等原因造成的。马尔萨斯对葛德文提出通过社会改革达到幸福的观点极力反对,他认为贫困和失业不是由别的什么原因造成的,而是由于人口过剩(绝对剩余——作者注)带来的。他认为,人口问题首先受两条永恒性原则支配:"第一,食物为人类生存所必需。第二,两性间的情欲是必然的,且几乎会保持现状。这两条法则,自从我们对人类有所了解以来,似乎一直是有关人类本性的固定法则。"③这两条有如动物式的自然法则,支配了人口增长规律,除非神的干预,它是不会改变的。"但眼下神为了创造物的利益,仍按照固定法则操纵着世间的一切。"所以,"人口若不受到抑制,便会以几何比率增加,而生活资料却仅仅以算术比率增加。懂得一点算术的人都知道,同后者相比,前者的力量多么巨大"④。在他看来,人口的增长变为了"纯自然过程,它需要外部的限制,障碍,才不致按几何级数发展下去"⑤。马尔萨斯从当时的政治需要出发,把

---

①　[英]威廉·葛德文:《政治正义论》第二、三卷,何慕李译,商务印书馆1980年版,第650页。

②　[英]威廉·葛德文:《政治正义论》第二、三卷,何慕李译,商务印书馆1980年版,第650页。

③　[英]马尔萨斯:《人口原理》,朱泱等译,商务印书馆1992年版,第6—7页。

④　[英]马尔萨斯:《人口原理》,朱泱等译,商务印书馆1992年版,第7页。

⑤　《马克思恩格斯全集》第30卷,人民出版社1995年版,第609页。

人口增长率片面化、绝对化,从而为当时英国统治阶级制度服务。再者,马尔萨斯最早提出用战争、瘟疫和饥饿等手段来消灭现有人口。这当然是错误的。人口是社会生活条件之一,人口多少,与社会生活条件中其他两个因素不无关系。它们之间的互动,才有互相依存所表现的利益。如果人口增长成为一个永恒的自然律,一个引起失业和贫困的原因,那么人口因素就不再是利益的内涵,而是利益的反面即害。这在逻辑上是说不通的,而历史事实更加可以证明,人口规律受地理环境和生产方式的制约。人口多与少,与地理环境有一定关系。地理环境好,适宜人类生存,人口则增长快;地理环境恶劣,则人口增长慢,如我国的西藏和俄罗斯的西伯利亚等地。人口与地理环境都是利益不可分割的因素,人口与地理环境的关系是一种双向互动的关系。人口的多少对地理环境也可以产生同样影响,人口太多,就可能恶化地理环境状况;人口太少,导致地理环境荒芜。适度的人口与良好保护的地理环境相结合,才更有利于人类的生存发展。

人口更为重要的是受生产方式的影响和制约。所谓人口过剩,在马克思看来,就是赤贫。赤贫就是人们失去了生产资料,只剩下活的劳动能力。劳动力与生产资料相分离,这不是人口多少带来的,它与一定生产关系密切相连。也只有在一定生产力基础上产生的生产关系,才逐渐使一部分人占有了社会生产资料,并使另一部分人丧失了生产资料。比如,农民与土地的结合本是天经地义的,但在16世纪时英国的农民就失去了自己的土地,走向贫困与失业,所以马克思认为人口规律最终由生产方式来决定:"不同的社会生产方式,有不同的人口增长规律和过剩人口增长规律;过剩人口同赤贫是一回事。这些不同的规律可以简单地归结为同生产条件发生关系的种种不同的方式。"[1]总之,人口是利益范畴不可缺少的因素,但人口不是一个自然概念,它是社会生活条件的主要社会物质因素,它是社会生活的主体。但是,在我国理论界,人口问题却曾带来一场难以述说的误会。这场误会是由对马寅初的《新人口论》的错误批判引起的。1957年,马寅初在他的《新人口论》中对我国新中国成立后人口发展趋势做了大量研究,认为我国"人口太多就是我们的致命伤"[2]。新中国成立后,由于结婚人数增加了,生育

① 《马克思恩格斯全集》第30卷,人民出版社1995年版,第607页。
② 参见马寅初:《新人口论》,北京出版社1979年版,第66页。

机会增加了,医疗卫生和福利事业的发展,使婴儿死亡率下降,老人死亡率减少,寿命延长。国家安定,人民死于非命的减少,尼姑和和尚大都还俗结婚。加之,封建传统观念影响很深,政府还奖励一胎多婴,这些都是增加出生率、减少死亡率的因素。因此,马寅初认为,从 1954—1957 年的近四年来人口增长率很可能在 20‰以上。实践证明,马寅初先生的预见是对的。据人口统计表明,1954 年、1955 年、1956 年和 1957 年,四年平均每年的人口自然增长率为 22.2‰,比 1953 年的 20‰高出许多。马寅初先生对人口增长速度和增长加快原因的分析,是科学的和正确的。因而,我国必须控制人口数量,提高人口的质量。[1] 但是,马寅初的理论,不仅没有受到应有的重视,还被指认为"中国的马尔萨斯"。马寅初的理论是"见口不见手"的"人口论"。而所谓正确的理论,应是"人手论",即不只是把人看成消费者,而更为重要的要把人看成生产者。人口越多,劳动力越多,生产就越多,积累越多,发展越快。这是不科学的。人口与物质生活资料相互之间存在一种相互协调发展的比例关系。实践证明,人口过密和过疏,都不利于社会发展。对此,马寅初在他的《新人口论》中用大量的事实作了科学说明。"文化大革命"以后,马寅初的理论受到了高度重视,计划生育政策被提升为我国的国策,人口增长速度有所控制,人口素质有所提高。人口不是一个自然概念,人口虽然有自然属性,但人口的本质是社会的,人口离不开地理环境的作用,更受社会生产方式和社会制度等的影响。

三、利益范畴与生产物质生活资料的活动

利益范畴与其他概念不同,既不是一个纯自然范畴,也不是一个纯社会范畴,利益范畴反映的是自然与社会二者之间的一种本质关系。利益的物质基础是自然。自然的东西是利益的永恒前提。人在任何时候,都必须与自然和睦相处,才有利益发生发展的物质基础。自然也只有成为人的利益时,它才是社会的自然。利益就是社会和自然的统一物。人口也是如此,人口是自然的,也是社会的。马尔萨斯把人口当作纯自然的是错误,但把人口看成纯社会的观点也是片面的。葛德文的人口观,实质上就是后一种倾向。他认为,人们由于受理性的支配,完全可以使人口增长趋势变成人口平稳地

---

① 参见马寅初:《新人口论》,北京出版社 1979 年版,第 77 页。

发展,即与生活资料发展相协调。这就忽略了人口的自然性。它是中世纪宗教观念在启蒙思想家意识中的回光返照。有的甚至认为,人口自然发展才是符合自然的,而自觉地控制人口则是不可能的。合自然的就是合人性和人道的,反自然的就是不合人性和反人道的。直至今天,这些思想观念仍在一些地区和国家有其市场。

社会与自然的关系究竟如何? 这个问题在意识范围内是无法理解的。"因为几乎整个意识形态不是曲解人类史,就是完全撇开人类史。意识形态本身只不过是这一历史的一个方面。"①如何看待自然和社会的联系和区别,这是关于利益范畴所面临的第一个难题。

马克思对这个问题的解决方式是,首先确定解决这一个问题的现实前提,然后从这个前提出发,再深刻地分析自然和社会的联系和区别。

1.理解人类史的前提是现实的个人。

马克思说:"我们开始要谈的前提不是任意提出的,不是教条,而是一些只有在臆想中才能撇开的现实前提。这是一些现实的个人,是他们的活动和他们的物质生活条件,包括他们已有的和由他们自己的活动创造出来的物质生活条件。"②德意志的意识形态对人类的理解,都是从"意识"、绝对观念、自我意识(鲍威尔)出发。在施蒂纳那里好像提出了从"现实的个人"出发,可是他的"现实的个人"(唯一者)是一个自我一致的利己主义者,即大写的"我"。大写的"我"不是以别的前提,大字的"我"又是以"自我发现"利己主义的利益为前提,因而他也是以利己主义的"意识"为前提。这些前提,都是"臆想"的前提。而在费尔巴哈那里又不同,他以抽象的自然为前提,在那里,现实的人变成了一个生物性的自然人。这种自然人的唯一感情是宗教中的"爱",因而,他的自然人,最后成为了一个宗教人。无疑,这种宗教人也不是理解人类史的现实的前提。一切人类史的前提无疑是现实的个人。可是现实的个人是什么样呢? 马克思说:"他们是什么样的,这同他们的生产是一致的——既和他们生产什么一致,又和他们怎样生产一致。因而,个人是什么样的,这取决于他们进行生产的物质条件。"③所以,现实的个人不是指他们的绝对观念、自我意识和利己主义的自我发现,而是

---

① 《马克思恩格斯文集》第 1 卷,人民出版社 2009 年版,第 519 注页。
② 《马克思恩格斯文集》第 1 卷,人民出版社 2009 年版,第 516—519 页。
③ 《马克思恩格斯文集》第 1 卷,人民出版社 2009 年版,第 520 页。

"他们的活动和他们的物质生活条件",即他们的生产活动创造出来的物质生活条件。"绝对概念"、"自我意识"都是这种人类的物质生产活动发展到一定阶段的产物。利己主义的利益,绝不是自我发现的结果,而是这种物质生活活动创造出来的人类赖以生存和发展的物质生活条件。这就是理解人类史的前提,也是我们理解人类史和自然史相互关系的前提。

2.物质资料生产活动是人和自然对立的中介。

人和自然最初是统一的。"全部人类历史的第一个前提无疑是有生命的个人的存在。因此,第一个需要确认的事实就是这些个人的肉体组织以及由此产生的个人对其他自然的关系。"①个人的肉体组织是自然长期发展进化而来的,因而,个人的生理条件仍然具有自然特性,个人仍然要受各种自然条件如"地质条件、山岳水文条件、气候条件以及其他条件"的制约。从人的自然肉体组织来看人,人无疑是自然的,人同自然具有天然的同一性,自然始终是人的肉体组织生长发育的基本前提。离开了自然,人就会由地上提升到天上,这是一切科学家的梦呓。有了自然,人就从天上下降到了地上。这一点是费尔巴哈的功绩。但是,人的肉体组织是自然的,决不能说明人与自然是绝对同一的。人与自然关系不在同一,更为重要的在于他们之间的区别。根据什么来确定人与自然的区别呢? 马克思说:"可以根据意识、宗教或随便别的什么来区别人和动物。一当人开始生产自己的生活资料,即迈出由他们的肉体组织所决定的这一步的时候,人本身就开始把自己和动物区别开来。人们生产自己的生活资料,同时间接地生产着自己的物质生活本身。"②从黑格尔到费尔巴哈,都用意识和宗教来区别人与动物,这显然是错误的。在马克思看来,"当人开始生产自己的物质生活资料"的时候,人与动物才开始真正区别开来。因为,首先,生产活动是人类与一切动物最本质的区别,动物有意识,人也有意识,这些不能把人与动物区别开来。人从事活动,动物也有活动,但是,从来没有一种动物有目的地去从事生产物质生活资料的活动。因而动物只是消极地适应自然,从自然获取现成的物质资料,而人则不同,人能将自己的活动有目的地作用自然,创造出自己需要的物质生活资料。其次,生产活动间接地生产着自己的物质生活

---

① 《马克思恩格斯文集》第1卷,人民出版社2009年版,第519页。
② 《马克思恩格斯文集》第1卷,人民出版社2009年版,第519页。

本身。生产活动不仅生产了人们自己需要的物质生活资料,使人们得以生存,更重要的是,它生产着自己的物质生活本身。由于生产的需要,人民需要生产自己的生产工具,这就有了生产力的发展。由于生产活动,人类需要相互交往、相互协作,这就有了生产关系。由于相互交往实践的需要,人们就有了社会意识等,这样就有了社会的上层建筑,整个社会都是由于生产活动的展开而建构起来的。至此,社会以完全不同的形式从自然中分离出来。社会与自然因生产活动这个中介成了相互对立的两极。

3.生产活动是人与自然对立统一的基础。

人从动物区别开来,人类社会以完全不同形式独立于自然,这是一个方面;另一方面,人又离不开自然。社会必须同自然相联系,自然需要人的改造,社会需要人的建构,但更重要的是,人更需要和自然进行物质、信息和能量的交换,从自然界获得必要的生活资料以解决吃、穿、住等问题,这样才能维持自己的生存和繁衍后代。而生产物质生活资料的活动就是联系社会和自然的桥梁,是实现社会和自然物质、信息和能量相互交换的纽带,离开物质生活资料的生产,人类不用说一年,就是几个星期,都可能灭亡。总之,人与自然是对立的两极,但人与自然又是相互对立统一体,而它的统一基础是生产物质生活资料的活动。

4.人类生产物质生活资料的活动,是物质生活条件的决定性因素。

利益是地理环境、人口和生产物质生活资料活动三者的统一,即物质生活条件。其实,三者关系不是并列的,它们之间起决定性作用的是生产物质生活资料的活动。因为,地理环境是人类生产活动的永恒前提,但是,它不能直接地就可以成为人类的物质生活资料,人类社会自从从自然中分离以后,任何生活资料虽然来自自然,但已不是纯粹的自然物,甚至包括空气和水。人们植树造林,绿化自己的环境,使人们呼吸到更多的氧气。人们通过加工把天然水变成了人们的饮用水。地理环境这些自然物,并不直接地决定社会的面貌。有两个基本事实可以说明:第一,不同的社会,地理环境基本相似,但社会面貌完全不同(如中国和美国、加拿大和俄罗斯);第二,同一国家,地理环境没有发生变化,而社会面貌却发生了变化,然而地理环境仍然山河依旧,物候如初。人口也是这样,它不能决定社会的性质。可见,地理环境和人口虽然可以影响社会面貌,但决定社会面貌的不是地理环境和人口,决定社会性质和面貌的是物质生活资料的生产活动。

利益就是生产活动所创造的物质生活条件。但是,任何生产活动都是以一定方式来生产的。这种人们生产自己的生活资料的方式就是生产方式。生产方式就是人们获得物质生活资料的方式,它在更大程度上决定了人们的一定活动方式。生产方式最终决定了社会面貌和性质,它是利益产生的根源。

第三节　利益范畴的历史嬗变

一、利益范畴的缘起

利益的概念是中外文明史上最早出现的概念之一。张立文先生说:"利,甲骨文作𥝢(《殷墟书契》卷二,第18叶),或作𥝤、𥝣(《殷墟文字后编》下,第13叶、第18叶)。金文作𥝢(《利鼎》),或作𥝣(《师遽方彝》)。林义光《文源》以利"从刀刈禾",高田忠周《古籀篇》以"𥝣"是黍非禾。无论割禾抑还割黍,都需刀的锋利。本意是刀和然后利。"[1]张立文先生的考证说明:1."利"的概念缘起于殷以前。殷墟甲骨文就有了"利"字的记载,所以,"利"的概念是中国文明史上最早的概念之一。2."利"的概念最早的含义与活动有关。从刀刈禾,"刀"是工具。工具由于人类生产物质资料的活动的需要而使用的手段。马克思说,生产物质的感性活动,这是一切历史的基本条件,"即使感性在圣布鲁诺那里被归结为像一根棍子那样微不足道的东西,它仍然必须以生产这根棍子的活动为前提"[2]。"刀"、"棍子"都是获得人们生活必需品的工具。3."利"的最早的缘起本义,是人们的物质生活条件。禾、黍是指吃、穿、住之类的东西,"刀"是生产这些吃、穿、住所必需的工具,它们是物质生活条件的主要内容。不难看出,用刀去刈禾,首先是指人,人是社会生活的主体,没有人当然不会有使用刀的活动。还有"禾"是长在地里,因而这就离不开自然地理环境。显然,当时的利益概念不可能全面地概括这些内涵。但"利"的概念在甲骨文中出现恰好是利益范畴中最核心的含义。

---

[1] 张立文:《中国哲学范畴发展史》(人道篇),中国人民大学出版社1995年版,第180页。

[2] 《马克思恩格斯文集》第1卷,人民出版社2009年版,第531页。

　　"利"的概念发展至西周,它更有了质的变化,在那里,"利"成了与"害"相对立的范畴。《周易·损卦》九二爻辞曰:"利贞。征,凶,弗损,益之。"贞,卜问也。利贞,利于贞问,吉也。征,出门打猎。征凶,即出门打猎不利。"弗损,益之",不能减损而不利,而要增益或增利。损与益、害与利、利益与损害作为一对范畴,一反一正,相反相成,相互对立。但是到了春秋时代,"利"的本意逐渐发生变化,"利"不是与"损"作为一对范畴出现,却与"义"相联系。公元前532年,齐田氏联合鲍氏灭了栾高氏。当时,田氏的势力还不够大,就采取以退为进的方法,把胜利的果实让给一些原来被栾高氏排斥的贵族,以此收揽人心。对此,晏婴评论说:"让,德之主也,让之谓懿德。凡有血气,皆有争心,故利不可强,思义为愈,义,利之本也。蕴利生孽,姑使无薀乎? 可以滋长。"①后来,利被释为"义之和"。《周易·文言》曰:"元者,善之长;亨者,嘉之会也;利者,义之和也;贞者,事之干也。"这样一来,利成了伦理概念。因为,义是"宜"的意思,即使自己的行为符合"礼"的要求。春秋乱,"唯知有利,不复知有义矣"。昔日有序的君君臣臣、父父子子的利益关系,如今是一片无序的混乱局面。因而,适应这一需要的思想家就对此作出了新的规定。《释名》曰:"义,宜也。制裁事物使合宜也。"义,是人的一种合乎礼的行为规则。因而利是义之和,利就成了一种伦理行为规范。

　　"利益"作为一词,最早出现在《后汉书·循吏列传》,曰:"勤令养蚕织履,民得利益焉。"这里的"利益",无疑是物质利益。但由于儒家思想成为中国占统治地位的伦理思想的观念,这些具有朴素唯物主义因素的"利益"概念,只是在历史长河中出现了涟漪,一瞬即逝了。"义"成了"利"的规定,却随着儒家思想地位的上升而使"利"变成了伦理理念。

　　总之,我国古代对"利"或利益概念的朴素理解,与马克思对"利益"范畴规定的含义,在基本内涵上有一致的地方。因而,只要从人类的历史起源来考察,从经验出发,而不是从意识出发,"利益"是一个反映人们物质生活条件的概念,而不是一种心理学现象。在古希腊,从我国已翻译过来的思想史资料看,较早"利益"概念出现在色诺芬的《经济论》中。色诺芬的《经济论》,是最早的经济学著作。他是最早使用经济(Economy)一词的人。不

_____

① 《左传·昭公十年》。

过,当时的经济,只是家庭经济而已。他在论述雅典不依靠加重盟邦负担而自谋增加收入的方法时,第一次在经济意义上把财产与利益联系起来。他说:"财富是一个人能够从中得到利益的东西。"①因而凡是有利的东西都是财富,而有害的则不是财富。利益就是指财富,这里的财富,主要是指农业。在他看来,"最富足的人,也离不开农业"。土地才"具有经久的利益"。利益是物质财富,它是农业生产出来的东西。在古代,农业是人们赖以修身养息之所,农业(土地)是提供人类乳汁的母亲。如果利益是农业提供的这种财富,无非就是指人们所需要的吃、穿、住等物质生活资料。因而,从经济学视角来考察利益,西方最早的利益含义,也可以说,它们这种朴素的唯物主义利益概念,也是马克思利益范畴的思想前提。不过,后来到柏拉图那里,利益的内涵也发生了变化。柏拉图是从心理学出发来考察利益的。他认为,从人的心理特征来看,人具有欲望、意志(激情)、理性三个功能。理性是人用来学习的,意志(激情)是人用来发怒的,而欲望,由于内部的多样性,却是难以用一个简单的词来概括它。我们只能用其中的一个最强烈的主要成分来命名它,"我们根据它强烈的关于饮食和爱的欲望以及各种连带的欲望,因而称它为'欲望'部分。我们同样又根据金钱是满足这类欲望的主要手段这一点,因而称它为'爱钱'部分"②。"爱钱"又叫"爱利"。换言之,利益就是"爱钱"的那部分心理欲望,还有关于饮食的欲望等。利益成了一种心理欲望或需要,这显然与色诺芬的利益概念的内涵相去甚远。柏拉图唯心主义利益概念对西方利益概念的发展产生重要影响,可见,利益的缘起一开始就表现为两种理解,这在中西方都是共同的。在中国,"利"一开始是指收割禾黍为利,这无疑是朴素的唯物主义思想。在西方的色诺芬,把农业提供的财富视为"利",农业提供的在商品经济极不发达的古代,也只能是吃、穿、住等生活资料。这里的"利",无疑也具有朴素的唯物主义思想。总之,利益的缘起就是指物质生活资料。利益的这一内涵具有普遍的意义。其次,"利"作为范畴,它与"害"相对立。而且,这一对范畴在中国最早的文字记载中就出现了。它反映这一范畴是与人们的生产活动密切相关。因为在生产活动中,与其直接相关的概念必然是最早适应活动而产生

---

① [古希腊]色诺芬:《经济论》,张伯健等译,商务印书馆1961年版,第3页。
② [古希腊]柏拉图:《理想国》,郭斌和等译,商务印书馆1986年版,第367页。

的,并用符号来表示的那些概念。但是,"利益"这一概念,从其缘起来看,也引起了一些歧义。那就是,在中国,利与义相结合,从而成为了一种伦理行为规则。"利"本来的物质含义被遮蔽了。在西方,"利"的展开在柏拉图那里就成为了一种心理需要和欲望,利益一开始就呈现出二元结构。那么,利益为什么会在历史发展中呈现出二元结构呢? 马克思在《德意志意志形态》中对此作了科学阐述。

二、利益范畴的嬗变

利益是生产活动创造的物质生活资料。这种活动是人与动物区别的第一前提。由于这种生产活动,即"已经得到满足的第一个需要本身、满足需要的活动和已经获得的为满足需要而用的工具又引起新的需要,而这种新的需要的产生是第一个历史活动"①。为了满足需要,就有满足需要的活动。而活动是人的活动。为了获得物质资料,他不只是被动地去适应地理环境,而且是有目地使用工具去作用于对象,创造出自己所需要的生活资料。富兰克林说:人是制造工具的动物。而工具的制造和使用不仅满足了新的需要,而且又创造了新的需要。人类利益开始真正扩展了。于是,进入历史发展过程的第三种关系:"每日都在重新生产自己生命的人们开始生产另外一些人,即繁殖。这就是夫妻之间的关系,父母和子女之间的关系,也就是家庭。"②生产本身上是两种生产,一种是人类自身的生产,即繁衍后代;另一种生产物质生活资料的生产。生产在生产另一些人的同时,也就生产出社会关系。社会关系的最初形式是家庭。对于这一点,亚里士多德也曾这样论述过,他说:"最初,互相依存的两个生物必须结合,雌雄(男女)不能单独延续其种类,这就得先成为配偶,——人类和一般动物以及植物相同。"③这种配偶关系,就是最早组成的家庭。所以古代诗人希西沃图说:"先营家室,以安其妻。"当时,还有的把这种家庭称"食橱伴侣"、"刍槽伴侣","家庭就成为人类满足日常生活需要而建立的社会的基本形式"。然后就是"村坊",村坊的组合就是城邦。④ 亚里士多德对家庭向城邦发展的

① 《马克思恩格斯文集》第1卷,人民出版社2009年版,第531—532页。
② 《马克思恩格斯文集》第1卷,人民出版社2009年版,第532页。
③ 〔古希腊〕亚里士多德:《政治学》,吴寿彭译,商务印书馆1965年版,第4页。
④ 〔古希腊〕亚里士多德:《政治学》,吴寿彭译,商务印书馆1965年版,第6—7页。

论述,显然粗糙化、简单化。但是,他大致地描绘出了社会关系发展中出现的最初形式。

由于生产,这些关系的产生,尤其是由于活动中相互协作的需要,也就产生了语言和意识。马克思说:"语言也和意识一样,只是由于需要,由于和他人交往的迫切需要才产生的。"①语言促进相互交往,于是,也就有了理论、道德、神学、哲学等,这就是社会意识。可见,人类生产自己需要的利益过程中不仅生产了自己,而且也生产了社会。由此,从以上"一大堆赘述中只能得出一个结论:上述三个因素即生产力、社会状况和意识,彼此之间可能而且一定会发生矛盾,因为分工使精神活动和物质活动、享受和劳动、生产和消费由不同的个人来分担这种情况不仅成为可能,而且成为现实"②。这就是说,由于生产活动,首先是分工,分工又引起精神活动和物质活动的分工。其次,由于分工,私有制的产生,利益从此就分化为个人利益和社会利益,即单个人的利益与共同的利益的矛盾。共同利益绝不是一种观念,它是作为现实的物质利益,作为彼此有了分工的个人之间的相互关系依存于现实之中。这样,共同利益就采取了国家的形式出现。由于政治国家的产物,利益问题就更复杂,不仅有了个人利益与共同利益的矛盾,而且又产生经济利益与政治利益之间的矛盾。因此,利益在发展过程中嬗变为三种基本利益关系:一是物质利益与精神利益之间的矛盾关系;二是私人利益与共同利益之间的矛盾关系;三是经济利益与政治利益之间的矛盾关系。在这里,第一、三种关系反映出了经济利益与政治上层建筑之间的关系,而第二种关系,实际上是特殊利益与普遍利益之间的关系。因此,它们之间表现形式及其相互关系究竟如何呢? 这些都是利益范畴所应研究的任务。这些关系,在不同的社会阶段有不同的表现形式和内容。因而,只有在我们把利益范畴的特殊形式和一般形式之间的关系弄清以后,再来分析它们,才能更加深刻地把握好它们。本章所论述的,是利益范畴的一般形式,指的就是物质生活条件。利益概念一开始就是这样。研究利益,主要与生产力相联系。利益的内涵本身就是生产力。因为,生产物质生活资料的活动,是一个客观的物质性活动。生产物质生活资料的活动,从古代产生,经历了几千年的发

---

① 《马克思恩格斯文集》第 1 卷,人民出版社 2009 年版,第 533 页。
② 《马克思恩格斯文集》第 1 卷,人民出版社 2009 年版,第 535 页。

展;它们都是由生产力发展推动的。这是一条历史的线索。利益的这条线索说明,利益的含义不仅仅只是一种社会关系。利益的最初含义就是通过以工具为主的生产力去获取物质生活资料。利益的范畴如果缺乏一般性含义,那么利益只是相对的。这就割断利益中绝对和相对的关系。揭示利益的一般性含义,就揭示了利益的真实源泉。任何利益都有一个共同源泉,那就是利益以生产力为根本。利益就是由生产力创造的物质生活资料。利益的特殊含义是指一定社会的交换关系。

第 五 章

利益在虚幻的共同体中是一种
颠倒的抽象的社会关系

第一节　利益范畴的辩证法

一、利益范畴是人类生存发展方式的辩证反映

我们对利益范畴的普遍性(一般性)含义已作了历史唯物主义的考察。但是,在以往的利益范畴考察中,人们大都把利益定义为一定的社会关系,并不把它看作是"物质生活条件",这是为什么? 这是因为人们考察的大都只是利益的特殊含义,而往往忽视了利益范畴的普遍性或一般性内涵,从而用它的特殊含义去替代普遍性含义。这是我国对马克思主义利益范畴认识的最大失误。由于这一失误,由于把特殊的东西上升为普遍的东西,因而导致社会关系的拜物教现象,即把社会关系看成是革命的唯一对象和目标。例如,认为社会发展,就在于改变社会关系;生产关系改变了,共产主义就实现了;等等。这些失误的思想根源就在于形而上学的思维方式。形而上学地理解利益范畴的内涵是这种错误的一个突出的重要表现。事实上,范畴本身就是普遍、特殊和个别的统一。黑格尔说:"普遍的概念,包含三个环节:普遍、特殊和个别。"①在《小逻辑》中,黑格尔对它们的关系作了进一步的说明,他说:"普遍性、特殊性、个体性,抽象地看来,也就相同于同、异和根据。但普遍性乃是自身同一的东西,不过须明白了解为,在普遍性里同时复包含有特殊和个体的东西在内。再则,特殊的东西即是相异的东西或规定性,不过须了解为,它是自身普遍的并且是作为个体的东西。同样,个体

---

① [德]黑格尔:《逻辑学》下卷,杨一之译,商务印书馆1976年版,第266页。

事物也须了解为主体或基础,它包含有种和类于其自身,并且本身就是实体性的存在。"①这就是说:概念(范畴)本身包含了三个环节,即普遍性、特殊性和个别性。在普遍性中包含特殊性和个别性,而在特殊中既包含了个别性,又体现着普遍性。而个别性则包含有种和类于其自身,既体现着特殊又体现着普通。它们密切地联系、相互包含和相互转化。列宁肯定了黑格尔概念的辩证法中的合理性,并用唯物主义现实对其进行改造。列宁说:"从一定观点看来,在一定条件之下,普遍是个别,个别是普遍。不仅是(1)一切概念和判断的联系、不可分割的联系,而且是(2)一个东西向另一个东西的过渡,并且不仅是过渡,而且是(3)对立面的同一——这就是黑格尔的主要东西。"②普遍与特殊、一般与个别总是相互联系、相互包含的普遍,一般如果离开特殊性和个别,普遍就是虚幻的抽象物。正如费尔巴哈的"人",它仅仅只是"一般人",而不是"现实的个人"。因而,马克思说:"人 = :'思维着的人的精神'。"③十分清楚,"人"这一概念如果只是一般人的概念,那么,它无疑就是一个脱离了特殊"现实的个人"的人的概念,这就等于唯心主义。另一方面,也不能把特殊的东西想象为普遍的东西,把个别的观念当成为一般的观念,这样,也将必然导致形而上学的唯心主义。马克思在分析为什么人们会产生一种一定阶级的统治似乎只是某种思想的统治的假象时,他认为,就在于统治阶级总是"把特殊利益说成是普遍利益,或者把'普遍的东西'说成是占统治地位的东西",因而,导致了一定阶级的统治似乎只是思想统治的假象。思辨的哲学错误在于,它们从历史上不同思想中抽象出"思想","并把它们当作历史上占统治地位的东西,从而把所有这些个别的思想和概念说成是历史上发展着的概念的'自我规定'。在这种情况下,从人的概念、想象中的人、人的本质、人中能引伸出人们的一切关系,也就很自然了。思辨哲学就是这样做的"④。黑格尔在他的《历史哲学》的结尾也不得不承认,他"所考察的仅仅是概念的前进运动",他在历史方面描述了"真正的神正论"⑤。可见,一般代替特殊和个别,也必然走上唯心主

---

① [德]黑格尔:《小逻辑》,贺麟译,商务印书馆1980年版,第334—335页。
② 列宁:《哲学笔记》,人民出版社1993年版,第147—148页。
③ 《马克思恩格斯文集》第1卷,人民出版社2009年版,第554注①页。
④ 《马克思恩格斯文集》第1卷,人民出版社2009年版,第553页。
⑤ 《马克思恩格斯文集》第1卷,人民出版社2009年版,第553页。

义,把特殊想象为一般,也必然是形而上学的唯心主义的"神正论"。把利益范畴特殊性想象为普遍性,它是一个时期我国形而上学主观唯心主义产生的思想根源。

利益范畴是普遍性和特殊性的统一。因为历史唯物主义是社会历史一般规律的科学。它作为一般规律,必然与特殊相联系。而特殊性既肯定了个别性,又体现了普遍性,因而,我们研究利益的特殊性时,也包含了对利益范畴的个别性的研究和考察。

利益范畴普遍性是指利益发展过程一般的特点运动和过程。利益范畴是适应人类历史发展过程中产生的范畴,它是利益在人类历史长河中一种存在方式,又是对这种存在方式的反映。人类存在是多维方式的统一体,如果从哲学本体论来看,唯物主义认为人类的存在方式是物质的,而物质范畴就是对人类这种存在方式的反映。从社会的本体论来看,人类的存在方式是以利益为基础的,利益范畴就是人类这种存在方式的反映。因为,利益是劳动创造的物质生活条件,劳动就是人类根本的存在方式。人类离开了劳动,人类就等同于动物。人类因为劳动才同动物区别开来。这就是说:因为劳动,人类才开始了与动物不同的存在方式。人们通过劳动有目的地创造了有利于人类生存发展的物质生活条件。这样,一个不同于动物的世界——社会也就产生了。而动物则不同,它仅仅只是适应地生存,不能区分什么是利益,什么是损害,以至它无法建构一个属于自己的世界。而人则不同,人逐渐地按照自己的利益需要来建构一个有利于自己的王国,这就是社会。

利益概念不仅反映人们生存方式的范畴,而且也是反映人们发展方式的范畴。人与动物不同绝不仅仅在于生存,它们本质区别在于是否有发展意向和发展的方式。因为,人们有了利益的概念,所以人们有目的的活动,实质上是一种有利于人类自己发展的活动。动物则不能,它始终是一种本能的活动,它也有趋利避害的本能,例如,植物根须总是向有水源的方向生长,向日葵总是把自己的花盘随太阳转动;动物听见奇异的声音立即引起警觉和逃避;等等。动物仅仅在生存方面有利害的本能,动物不能根据利益的需要用自己的活动去创造一个有利于自己发展的世界。人在自己的存在方面和动物一样,都有趋利避害的本能。但是,人则不同,人能够有目的地朝有利于自己发展方向去建构一个世界。这就是人与动物的本质区别。仅仅把存在方式的不同作为人与动物的区别,实际上这种认识水平仍然停留在古代人的思想水平。现代社会的发展证明,人与动物的不同,远不在生存形式上,而主要是发展方式上。利益范畴就是对人类发展方式的反映。所以,从利益范畴普遍性的内涵,我们看出,利益范畴是反映人类社会一般过程的普遍利益。但是,普遍与特殊相联系,利益范畴不仅有其普遍的内涵,而且更有特殊的含义,利益范畴为什么有其特殊含义呢?这种含义又是什么呢?这种特殊的利益在发展过程中又有什么特征呢?在下面各节中,将随利益范畴的特殊性的展开加以阐释。

二、利益范畴辩证法的社会本体论基础

人的生存方式和发展方式已经涉及了利益的社会本体论基础。但是,人的生存和发展方式还不是最终的社会本体论基础。人类的社会本体论基础是什么呢?这个问题是人类学研究的一个基本问题。

人是什么?这个问题是随着"类"的概念产生而提出来的。在没有"类"的概念的人类的蒙昧时代,人与人的关系就似狼与狼的关系,人可以吃人。但是,当人一旦意识到人是人的一类时,人就开始不吃自己的同"类"。因为,人与人是一类,他们有着自己类的共同利益,共同生存、繁衍后代,共同抵抗动物类的攻击和危害,共同防御自然灾害对人类的侵袭等。那么,人究竟是什么呢?在进化论还没有提出以前,事实上就有人提出了人的标准和特殊性问题。阿那克萨戈拉认为,"只有人才直立行走,只有人才有双手"。还有的仅仅从外形方面来区别人与动物,认为"只有人才能作出一个否定的陈述(汉斯·孔茨),只有人才保存着过去(尼采),只有人指望着将来(布贝尔),只有人才知道他必定会死去,只有人才可能自杀(罗森茨威格—埃伦贝塔),或者,只有人才能够思想,只有人才创造了语言、工具和一般的文化"①。

由此,可以看出,人是什么的问题,是一个历史的永恒论题。对这一问题的回答五花八门,莫衷一是。但是,有一点是共同的,人是什么呢?人们确定其内涵的主要方法,就是把人与动物相比较。动物是人的属,人是动物

①　[德]米夏埃尔·兰德曼:《哲学人类学》,张乐天译,上海译文出版社 1988 年版,第145 页。

的种。属加种差的方法也是确定人的概念是什么的基本方法。从人与动物的比较出发,德国哲学人类学家米夏埃尔·兰德曼大致将其区分为两种人类学:即理性人类学和生物人类学。理性人类学认为,"只有理性才使我们成为人。虽然人的身体按其特性也是人的,但是,人的真正的、特殊的特征仍被认为是他的理性"①。理性人类学的真正创始人是苏格拉底。在苏格拉底以前的哲学是自然哲学,只有苏格拉底哲学才转向人自身。他提出了一个重要的命题就是"认识你自己"。他关心的不是外在自然,而是把哲学视阈转向了人的内心世界,"人应该向内心聆听,从他自己的内心深处挖掘未知的宝藏。"通过柏拉图的努力,理性在人的本质中的地位开始凸显出来。柏拉图把理念上升到为人的支配性特点。只有理念自身才是完美的,而当灵魂堕入尘世时,理念就因为肉体局限性而忘记。学习就是对这种理念的回忆。人类尽管可以学习,但学习永远也无法超越理念的界限。理性是无限的、绝对的,学习只是有限的、相对的。不过,据说在柏拉图晚期,他曾把人解释为"没有羽毛的两腿动物"。柏拉图的对手狄奥根尼,据说为了讽刺柏拉图,就拔去了一只小鸡的毛说,这就是柏拉图的"人"。因此,柏拉图给他的定义加上了"有扁平的爪"。米夏埃尔认为,柏拉图除开坚持理性的人类学的观点,事实上也有生物人类学的倾向。② 米夏埃尔认为,亚里士多德坚持和发展了柏拉图理性人类学的立场,并且也有生物人类学倾向。亚里士多德的贡献在于"他不再把不朽归入全部灵魂,而只归于灵魂的精神部分,因而也就是只归于人。精神是一个异类的较高的原则,它在自然中常常还是一个'陌生人',这样的精神已从外部('穿过门')进入了自然,只有它才是神圣的,因而,只有它才能宣布不朽"③。这就是,理性离开了人,就不是神圣的,理性只有寓于人的头颅中,理性才是神圣的。这是因为,人是所有生物中能直立行走的生物,人的天性和人的本质就是神圣的。亚里士多德的人类学带有调和理性人类学和生物人类学的特色。米夏埃尔看到

---

① [德]米夏埃尔·兰德曼:《哲学人类学》,张乐天译,上海译文出版社 1988 年版,第143 页。

② [德]米夏埃尔·兰德曼:《哲学人类学》,张乐天译,上海译文出版社 1988 年版,第147 页。

③ [德]米夏埃尔·兰德曼:《哲学人类学》,张乐天译,上海译文出版社 1988 年版,第147—148 页。

了亚里士多德人类本体论存在的二元论的不足,但是,他忽视了亚里士多德对人的定义的深刻蕴涵。亚里士多德说:"人是一个政治动物。"在这里,人的中心的地位已露端倪。

在米夏埃尔看来,生物人类学的代表是18世纪的林耐。"林耐把人作为灵长目的佼佼者置于哺乳动物中,称人为智人(这个著名的称呼始于林耐)。"①但无论是理性人类学,还是生物人类学,事实上都未真正触及人的存在本体论基础。他们虽然是从人与动物的不同的突出的特点上来区别人与动物,但是这些特点仍然不是人与动物区别的本质性特征,更不能说明人类存在发展的根本原因。他们的论证,还缺乏科学的检验和证明,尤其是理性人类学,还只是停留在思辨哲学的阶段。林耐的生物学,虽然从生物学角度来研究,但由于当时生物学方式仍然受形而上学的局限,因而,他把人仅仅看作上帝开始创世时创造的生物物种中一个永远不变的物种。人类的本体论基础仍然被停留在自然的基础上。

把人与动物开始真正区别开来的是达尔文。达尔文的《物种起源》发表于1859年。他在通过数万种物种的比较考察以后,发现了生物物种并非像林耐所说的,从上帝创世时开始有多少物种,就有多少物种。生物遵循了"适者生存,劣者淘汰"等"生存竞争"的规律而随着地理环境的不同发生了变异。人类虽然是动物的一部分(海克尔语)。但人是由类人猿逐渐进化而来的。考古学家、医学家的大量实验证明,达尔文的观点是正确的。但是,类人猿又是如何从猿进化成了人呢?人类的社会本体论的基础是什么呢?这一步的发现应归功于马克思。马克思认为,人类的本体论基础是劳动。恩格斯在他的《自然辩证法》中说:"政治经济学家说:劳动是一切财富的源泉。其实,劳动和自然界在一起才是一切财富的源泉,自然界为劳动提供材料,劳动把材料转变为财富。但是劳动的作用还远不止于此。劳动是整个人类生活的第一个基本条件,而且达到这样的程度,以致我们在某种意义上不得不说:劳动创造了人本身。"②对劳动的意义和价值的重视,最早是英国古典经济学的创始人亚当·斯密,他把劳动看作是价值的来源。黑格尔继承和发展亚当·斯密的思想,在精神现象学中,提出了人类的本质是劳

---

① [德]米夏埃尔·兰德曼:《哲学人类学》,张乐天译,上海译文出版社1988年版,第148—149页。

② 《马克思恩格斯文集》第9卷,人民出版社2009年版,第550页。

动的思想。黑格尔用自我意识代替人。人的本质也就是一种自我意识。人在自我意识的发展中,劳动是一个关键性的环节。劳动是对自我意识的肯定。奴隶与奴隶主的关系就是这样的。奴隶虽然是一个自我意识的外壳,但是奴隶通过劳动,自为的存在和目的在陶冶中得到了实现。而奴隶主则不同,由于他不劳动,他的意识反而空虚了。这样,奴隶对于自己有肯定的意义,对于它的前一个环节,也有着它的否定的意义。这就是说,奴隶通过劳动充实了自己,肯定了自己的本质,他摧毁了他的异己者,奴隶从而成为了主人。黑格尔虽然用自我意识代替人,这是唯心的。但他吸收古典经济学合理思想,把劳动看作是对人的本质的肯定,这个思想是合理的。马克思、恩格斯用唯物主义改造黑格尔的思想,第一次把劳动上升为人类的本体论基础。人与动物的本质区别,既不是理想,也不是自我意识,更不是生物性的一般特点,而是劳动。在《资本论》中,马克思说:"我们要考察的是专属于人的劳动。""专属于人的劳动",说明只有劳动才是人与动物的根本区别。劳动就是人类的本体论基础。卢卡奇对马克思的这一思想作了大量的发挥,他认为,劳动首先是一个自觉进行的目的性设置,它把目的性和因果性的交互作用引入存在,改变了自然那个一向纯粹自发起作用的存在对象和过程,劳动通过目的性活动创造出在劳动之前根本不存在的对象性的存在。卢卡奇把这种通过劳动有目的性活动变革自然和现实的模式称为社会实践的本体论基础。① 卢卡奇说:"在马克思那里,劳动到处都处于中心范畴,在劳动中所有其他规定都已经概括地表现出来。"②卢卡奇用劳动本体论概念来弥补他青年时代提出的"自然是一个社会范畴"的缺失,显然有些勉强。因为,劳动面对的第一对象"自然"的地位并未真正地提到了处在不以主体的意志为转移的客体的基础位置上,但是劳动本体论地位已经在社会与自然之间架起一座由此达彼的桥梁。所以,从这个意义上讲,劳动是人类生存和发展的本体论基础是正确的。

---

① 参见[匈]卢卡奇:《关于社会存在的本体论·下卷——若干最重要的综合问题》,白锡堃等译,重庆出版社1993年版,第1—139页。
② [匈]卢卡奇:《关于社会存在的本体论·上卷——社会存在本体论引论》,白锡堃等译,重庆出版社1993年版,第642页。

三、唯物辩证法视野中的劳动范畴

劳动范畴,是利益的本体论基础,人们大都从历史本体论视角来观照劳动。这是对的,但是,这往往也带来另一个问题,那就是忽视了认识劳动范畴的方法。劳动范畴的方法论是什么呢?这不仅是科学认识劳动范畴的重要问题,而且也是我们贯通利益范畴和劳动联系的基本问题。因为,劳动是马克思的历史唯物主义的现实支柱,也就是说,劳动范畴是历史唯物主义逻辑起点。离开了劳动范畴,历史唯物主义整个大厦就会因为失去其现实支柱而崩溃。同时,劳动范畴在历史唯物主义的本体论性质,说明劳动是历史唯物主义的最简单、最基本的因素。在劳动中,孕育了历史唯物主义的胚胎和萌芽。劳动是马克思利益范畴的核心和主干。在马克思看来,利益范畴离不开劳动。利益范畴的本体论基础就是劳动。利益范畴离开了劳动,历史唯物主义利益范畴也就因而脱离自己的客观现实基础而蜕变成了主观的想象的利益。这些都是十分正确的。问题是,马克思利益范畴是不是世界观,是不是方法论?利益范畴本体论基础就是指利益是关于人们对利益本质的认识,因而它是世界观。毫无疑问,既然它是世界观,当然也就是方法论,即运用这种观点去认识世界,就是方法论。而利益范畴本体论基础是劳动。劳动范畴是不是方法论呢?它是我们研究利益的辩证法的前提。

劳动范畴既是本体论,更是重要的方法论。

1.因为把唯物辩证法引入劳动范畴的研究,劳动范畴才进入历史唯物主义视野。

方法的创新,是使经济学成为一门科学的关键。在英国古典经济学以前,经济学还不是一门独立的科学。因为他们固执的方法是形而上学的方法。重商学派片面追求的商业,把黄金、货币看作是财富的唯一形式。因而,在这些国家里,一度发生了炽烈的"黄金热"。恩格斯说:"葡萄牙人在非洲海岸、印度和整个远东寻找的是黄金;黄金一词是驱使西班牙人横渡大西洋到美洲去的咒语;黄金是白人刚踏上一个新发现的海岸便要索取的第一件东西。"①黄金这一实物被当作财富的唯一形式。它是经济学的基本出发点。重农学派与重商学派相比,在方法上跨进了一大步。配第在他的

---

① 《马克思恩格斯文集》第4卷,人民出版社2009年版,第217页。

《赋税论》中着重研究自然价格及价值的问题,并把这种自然价格看作是观察其他经济现象的基础。商品价值的这个范畴的提出,在经济学研究方法上有了质的飞跃,它不再使经济学停留在原来的经济现象上,而逐渐深入到经济现象的本质规律。由于这一方法的变更,因而,劳动在价值中的作用凸显出来了。他接受了霍布斯关于"劳动是财富的源泉"的观点,提出了"土地是财富之母,而劳动为财富之父"著名论断。由于他从价值出发来观察经济现象,因而实际上接近于提出了劳动价值论。他在讨论商品价值时说:"假定生产一蒲式耳小麦所需的劳动,和生产一盎司白银所需的劳动相等。"①但是,他的缺陷是,他把价值同交换价值混为一谈,甚至把价值和交换价值的货币形式即价格混淆起来。重农学派虽然在方法上没有什么发展,但是他们的理论推动了政治经济学的发展。他们认为,既然交换是等价的,因而,流通领域也就不可能是财富的源泉。这一论点,不仅给把流通作为财富的源泉的重商主义当头一棒,而且使重农学派的代表魁奈把自己的研究重心转向了生产领域,从而为科学地分析经济现象提供了可能性。②马克思说:"真正的现代经济科学,只是当理论研究从流通过程转向生产过程的时候才开始。"③换言之,经济学之所以成为一门科学,就在于它从生产劳动过程发现了价值的根源。但是,魁奈没有沿着这一真实的过程而深化,而仅仅是把农业当作价值的根源。他在《谷物论》中说:"一切利益的本源实际是农业。正是农业供给着原材料,……正是这种不断地再生产的财富,维持着王国其他一切的阶级,给其他职工以活动力,发展商业,增强人口,活跃工业,因而维持国家的繁荣。"值得肯定的是,他实际对利益概念内涵作了唯物主义说明。按他的意见,利益就是农业创造的财富。利益不是主观需要的心理学上的概念。利益应从农业创造的物质财富的生活条件去考察。还有,利益实际上还有商品价值的含义,一切物品价值的源泉实际是农业提供的。这一思想虽然是片面的,但是,"农业"在这里不是一个流通领域的概念,农业是同农业生产最接近的概念。因而,魁奈接近于把利益的本

---

① [英]威廉·配第:《赋税论、献给英明人士、货币略论》,商务印书馆1978年版,第87页。

② 参见鲁友章、李宗正主编:《经济学说史》上,人民出版社1979年版,第102—103、130页。

③ 《马克思恩格斯文集》第7卷,人民出版社2009年版,第376页。

源追溯为生产或劳动。所以,他可以说是前马克思中,关于利益概念的理解上对马克思产生较大影响的思想家之一。在政治经济学研究中,把辩证法引入经济学研究中的思想家是亚当·斯密。但是,人们对此并不是肯定,而是否定。认为他的研究方法的二重性是导致他的理论的虎头蛇尾、首尾不能一贯的原因。其实,他的方法贡献就是研究经济的二重性的辩证法,而他的理论不能首尾一贯,不是方法带来的,而是当时经济学科学发展水平的局限性造成的。斯密认为,劳动是财富的真正源泉,价值是由劳动创造的。他认为,对于一切货物所支付的代价,归根到底不外乎劳动。他说:"任何一个物品的真实价格,即要取得这物品实际上所付出的代价,乃是获得它的辛苦和麻烦。""劳动是第一性价格,是最初用以购买一切货物的代价。世间一切财富,原来都是用劳动购买而不是用金银购买的。所以,对于占有财富并愿用以交换一些新产品的人来说,它的价值,恰恰等于它使他们能够购买或支配的劳动量。"①价值是劳动创造的。价值就是指的新产品中所"能够购买或支配的劳动量"。魁奈认为,一切利益(价值)是农业创造的。在这里,我们清楚地看到,斯密的更进一步地说,即一切利益(价值)的根源不是黄金、货币,而是劳动创造的。劳动创造了人类,劳动创造了人类物质生活条件等利益。但是,价值并非形而上学所理解的那样是单一的。在斯密看来,价值都是二重的。他说:"价值一词有二个不同的意义。它有时表示特定物品的效用,有时又表示由于占有某物而取得的对他种货物的购买力。前者可叫作使用价值,后者可叫作交换价值。"②他用辩证法分析价值,价值就出现二重价值。价值的二重性提出,是他方法论上的一大贡献。

价值的二重性是如何产生的? 由于价值是劳动创造的,因而价值的二重性就是劳动的二重性所产生的。于是,他提出了简单劳动和复杂劳动的概念。但是,他撇开劳动的特殊形式,而认为创造价值是"一般社会劳动(它表现为哪一种使用价值,是完全无关紧要的),仅仅是必要劳动的

---

① 〔英〕亚当·斯密:《国民财富的性质和原因的研究》上卷,郭大力等译,商务印书馆1992年版,第26页。

② 〔英〕亚当·斯密:《国民财富的性质和原因的研究》上卷,郭大力等译,商务印书馆1992年版,第25页。

量"①。这种劳动的社会性质如何？他至此就停止了,不再前进了。这只能说,当时的政治经济学研究水平的局限,而不是方法的局限性。他的基本方法是辩证法,这一点是确定的。不难看出,一切价值(利益)都是一般和特殊的统一,价值(利益)是劳动创造的,而劳动可以分为一般(普通)劳动和个别(特殊)劳动。马克思肯定了斯密方法所具有的辩证法的特点,但又指出了由于历史局限性给他带来的"天真"。因而他处在一个不断的自相矛盾之中。马克思说:"斯密本人非常天真地活动于不断的矛盾之中。一方面,他探索各种经济范畴的内在联系,或者说,资产阶级经济制度的隐蔽结构;另一方面,他同时又按照联系在竞争现象中表面上所表现的那个样子,也就是按照它在非科学的观察者眼中,同样在那些被实际卷入资产阶级生产过程并同这一过程有实际利害关系的人们眼中所表现的那个样子,把联系提出来。这是两种理解方法:一种是深入研究资产阶级制度的内在联系,可以说是深入研究资产阶级制度的生理学;另一种则只是把生活过程中外部表现出来的东西,按照它表现出来的样子加以描写、分类、叙述并归入简单概括的概念规定之中。这两种理解方法在斯密的著作中不仅安然并存,而且相互交错,不断自相矛盾。"②对经济学辩证的二重分析法是正确的。由于这种方法,使他探索了"各种经济范畴的内在联系"。但由于"非科学的观察者眼中",因而出现片面主义,那就是理所当然的。

2.马克思坚持用唯物辩证法分析利益时,终于在劳动那里发现了利益的根源。

利益的普遍性和特殊性不是凭空产生的,它根源于劳动的一般性和特殊性。这一思想在《1844年经济学哲学手稿》就提了出来。(对象化和异化劳动)的财富和"产品",这些利益当前怎么样呢？马克思认为,产品是生产劳动者生产的。但是,当前的事实是:"劳动所生产的对象,即劳动的产品,作为一种异己的存在物,作为不依赖于生产者的力量,同劳动相对立。劳动的产品是固定在某个对象中的、物化的劳动,这就是劳动的对象化。劳动的现实化就是劳动的对象化。"③产品、财富是劳动的产品。但是,因为当代的

---

① 《马克思恩格斯全集》第33卷,人民出版社2004年版,第62页。
② 《马克思恩格斯全集》第26卷第二册,人民出版社1973年版,第181—182页。
③ 《马克思恩格斯文集》第1卷,人民出版社2009年版,第156—157页。

异化,却出现二重劳动:一种是异化劳动,即劳动所生产的对象作为一种异己的存在物,反过来成为支配和统治劳动的外在力量同劳动相对立;另一种是对象化的劳动,即劳动表现为自然界,外在对象的改造和占有。毫无疑问,前面的劳动,就是特殊形式的劳动,它同适应生产力发展的一定的生产关系相联系;而后面的劳动,则是一般性的劳动,它同生产力发展相联系,它是人类生存和发展的永恒基础。一般和特殊劳动就是这种一般和特殊形式劳动的相互统一。产品、财富、利益是劳动的产品。劳动这种二重性特点决定了利益的二重性质,即利益是普遍和特殊的统一。在《经济学手稿》(1857—1858 年)中,马克思再次运用辩证法对其作出了科学的分析。他说:"劳动一般这个抽象,不仅仅是各种劳动组成的一个具体总体的精神结果。对任何种类劳动的同样看待,适合于这样一种社会形式,在这种社会形式中,个人很容易从一种劳动转到另一种劳动,一定种类的劳动对他们说来是偶然的,因而是无差别的。这里,劳动不仅在范畴上,而且在现实中都成了创造财富一般的手段,它不再是同具有某种特殊性的个人结合在一起的规定了。在资产阶级社会的最现代的存在形式——美国,这种情况最为发达。所以,在这里,'劳动'、'劳动一般'、直截了当的劳动这个范畴的抽象,这个现代经济学的起点,才成为实际上真实的东西。"①

劳动是一般劳动与特殊(个别)劳动的统一。一般抽象劳动是创造财富的一般价值的手段,而特殊的个别的具体劳动则是创造使用价值的手段。价值是一般价值和使用价值的统一,劳动就是这种一般社会劳动和特殊个别的具体劳动的统一。由于劳动是普遍和特殊的统一,所以,由劳动创造的利益也表现为利益的普遍(一般)和特殊(个别)的统一。因而,我们研究了利益范畴普遍一般的含义以后,还必须分析利益的特殊性含义。

第二节　利益范畴是一种特殊的社会关系

一、社会关系的含义

社会关系的含义是利益范畴研究中的一个十分复杂的问题,因为确定

① 《马克思恩格斯文集》第 8 卷,人民出版社 2009 年版,第 28—29 页。

它的含义对于理解利益范畴的特殊性具有十分重要的意义。什么是社会关系？在《德意志意识形态》中，马克思说："生命的生产，无论是通过劳动而生产自己的生命，还是通过生育而生产他人的生命，就立即表现为双重关系：一方面是自然关系，另一方面是社会关系；社会关系的含义在这里是指许多个人的共同活动，不管这种共同活动是在什么条件下、用什么方式和为了什么目的而进行的。"①社会关系不是指伦理的行为方式，而首先是一种生产关系，即人们在生产活动中发生的相互交往、协作和配合。社会关系就是以生产关系为基础的客观的物质关系。社会关系不等于生产关系，因为社会关系既包括生产关系，还包括生产关系而产生的思想关系，即伦理、道德、宗教等关系，但生产关系是基础；思想关系是适应一定生产关系而产生的意识形态，生产关系是社会关系中决定性因素。所以，有时我们完全可以说，社会关系就是指人们在生产活动中所形成的相互交往。

其次，社会关系在这里的含义是"许多个人的共同活动"。社会关系发生和发展根据于人们的生产活动。在生产活动中，从简单的相互协作到个人与个人、个人与其他人的生产工具、生产资料的相互交换，实际上是一种活动交往。生产不是鲁滨逊式的单个人的孤立的行动，生产一开始就是社会活动，从家庭简单协作到生产资料的相互交换等都证明，生产是一种不能与社会分割的活动，它典型地表现在两种"生产"活动中。但是，日本的经济人类学家栗本慎一郎却认为，宗教也是一种经济基础，经济生产关系先于政治结构。他引用法国结构主义经济人类学家戈德利尔的话说："经济关系先于（或能够先于）政治结构，这是一种谬见。毋宁说应当首先考虑宗教制度。——当然，即便在这一场合，宗教制度也是与经济制度、政治结构不可分割地交织在一起的。"②这就是说，经济关系并不是先于思想政治关系，相反，宗教制度是先于经济关系的思想关系。同时，他列举功能主义经济人类学许多事实予以论证和说明。比如，原始社会中的一定的礼仪行为是带有"经济"活动这种功能的，还有在加拿大温哥华附近，有一个叫夸扣特尔的印第安部族。"夸扣特尔人以进行一种类似祭祀活动的物物交换而闻名，这种交换活动叫叵特拉桨（potlatch）。在叵特拉桨中，村民们都把自己

---

① 《马克思恩格斯文集》第 1 卷，人民出版社 2009 年版，第 532 页。
② ［日］栗本慎一郎：《经济人类学》，王名等译，商务印书馆 1997 年版，第 24—25 页。

的贵重物品赠予对方。赠予的物品越贵重,赠物者就越能得到较高的威望。因此,人们是为了获得他人的尊敬而赠予。或者,是为了免除因对方的赠予带给自己的'不安',而把更贵重的物品示威性地赠予对方。这种叵特拉棻,在功能主义的眼里,就成了一种财物的分配与交换。但是奇怪的是,也许因为夸扣特尔人后来着意要破坏这种分配与交换而'过度'地运用叵特拉棻,也许是白人政府从中作梗,结果,到19世纪,夸扣特尔人口锐减。当然,人口锐减和种族衰退是北美印第安人的共同命运,夸扣特尔人也不会例外。"①这里虽然说的是功能主义经济人类学的观点,但正如他本人在"序言"中所说的,"并非只是进行简单的解说,而是包含着若干进一步的深入研究"②。换言之,简单解说不是目的,简单解说是为了阐发自己的经济人类学的观点。这些实际都代表了栗本慎一郎基本观点。社会关系不是一种以生产关系为基础的关系,而主要是一种宗教关系。这无疑是错误的。问题是,在宗教中有了经济交换、分配等活动是否证明,宗教活动也是一种经济活动呢? 其实,这一问题的提出,本身就包含不可能解决的自我矛盾。他承认经济活动还是一种根本的活动,经济关系是一种基础关系。因为,宗教活动也是一种经济活动,所以经济活动中当然也应包括宗教活动。如果不包括进去,经济活动就是片面的。其次,宗教中是不是也包含了经济活动呢? 这是毫无疑义的。现代市场经济中的文化节、艺术节等,事实上也包含了经济活动,但不能说经济活动就是文化活动,这是不能混同的。再次,是不是宗教先于经济而存在呢? 这更不符合人类发展基本逻辑,生产经济活动无疑是比任何思想观念都更早的活动。思想观念的产生是生产发展到一定阶段的产物。由于人类生产的发展,人类开始分工,分工导致了体力劳动和脑力劳动的分工,只有体脑分开以后,宗教观念才可能成为一种理性迷雾而产生。总之,任何宗教观念、巫术等产生都是适应生产的发展而产生的,并直接由生产活动所决定。比如,中国最早的占筮书《周易》、《诗经》与希腊神话反映最多的是人们在农业生产中与一些与自然、农事、婚嫁、商旅、畜养、水旱灾害等事情。如《周易》中的《大畜》、《大有》、《颐》、《蒙》等都是农业生产方面的卦;《需》、《睽》、《失》、《复》、《明夷》、《旅》、《蹇》等为行旅、

---

① 〔日〕栗本慎一郎:《经济人类学》,王名等译,商务印书馆1997年版,第16—17页。

② 〔日〕栗本慎一郎:《经济人类学》,王名等译,商务印书馆1997年版,第3页。

商旅卦;《贲》、《归妹》是婚姻卦。在《诗经》中,所列农事的就更多,如《伐檀》、《硕鼠》、《鸨羽》、《七月》、《生民》,尤其是《七月》,记述了农夫一年到头辛勤农业劳动生活。周人以农业为主,周人的始祖后稷,就是农业之神。农业生产活动是最受人们重视的活动。还有日、风、雨神等,都是与农业有关才产生的神。古希腊狄奥尼索斯(酒神)、阿波罗(太阳之神)不仅是与劳动相关,本身就是农业之神。如酒神,即种植葡萄之神。卜筮、巫术、宗教中是有经济因素,但从本体的角度来看,应是先有生产经济等活动,才产生卜筮、巫术、宗教和神。在生产中,因为各种自然灾害,自然条件影响了农业生产,人们为了获得好的收成,因而寄希望于神灵,以保障自己有一个好的收成。当代人们的宗教等活动,尤其表现出这样一个基本的特征。所以,与其说是宗教、神使理性发生了迷雾,倒不如说是人的理性的迷雾而导致的神灵的产生。因而,与其说神是理性的迷雾的原因,还不如说人的理性是神产生的原因,而神的产生只是理性发生迷雾的结果。所以,意识形态、政治思想、宗教等,不是社会关系产生的原因;相反,它们只是适合生产力产生的生产关系的反映。思想意识虽然也是社会关系,但是思想意识关系的基础是社会关系中的生产关系。总之,社会关系就是许多个人的共同活动所形成的一种客观的、普遍的交往关系。

二、社会关系的历史演变

社会关系本来就是"许多个人的共同活动",但是由于生产力的发展,财产占有和利益分配所带来的影响,社会关系越来越复杂化。社会关系越是复杂,它对整个社会形态结构的制约就愈益突出。有时社会关系突出表现为人的关系,那么这个社会上升为人的统治的社会;有时社会关系表现为一种交换关系,那么这个社会就表现为物的统治的社会。马克思对社会关系这种历史演变的状况和特征,在《政治经济学批判》(1857—1858年手稿)中作出了精辟的论述。他说:"人的依赖关系(起初完全是自然发生的),是最初的社会形式,在这种形式下,人的生产能力只是在狭小的范围内和孤立的地点上发展着。以物的依赖性为基础的人的独立性,是第二大形式,在这种形式下,才形成普遍的社会物质变换、全面的关系、多方面的需要以及全面的能力的体系。建立在个人全面发展和他们共同的、社会的生产能力成为从属于他们的社会财富这一基础上的自由个性,是第三个阶段。

第二个阶段为第三个阶段创造条件。"①这一段话一般被人们指认为三种社会形式,或人的三种生存状态。在我看来,它主要指的是社会关系的嬗变。在远古时代,利益本来是指人们最基本的物质生活条件,即用刀去收割稻子、黍、麦等。但是,当这些东西由于生产力发展而丰富以后,或者说由于分工和私有制的产生,一些人因占有较多财富而上升为统治者,大部分因为财富被别人占有而沦为奴隶,从而被统治。因此,社会关系随着这种占有和被占有而发生了变化。

1.在古代,首先自然发生的是人的依赖关系。

人与人的关系这种嬗变在东西方都是一致的。在古代,生产力水平低下,人类虽然从自然中解脱出来,但离人类的解放仍然相距甚远。因为"解脱"与"解放"是截然不同的两回事。所谓"解脱"仅仅是脱离了自然的外观,人类从实质上来讲,仍然是自然的,它对它的能力、它的关系、它的生活条件和方式等。它为形成真正的社会的人的那种现实关系,它尚未达到社会的人的现实生活条件,它仍然依赖土地、自然条件而生活。在中国古代,就是那种"日出而作,日入而息"的自满自足的生活方式。在西方,埃及古代的狮身人面兽就形象地描绘了这种人依赖自然的状况。狮身人面兽,它的头是人的,而它的身躯还是一个动物的——狮子,是自然的。换言之,人刚刚从自然中探出了一个头,而人仍然无法摆脱自然的束缚。由于这样,人与人的关系就是一种自然关系。人依赖人,人依赖于部落、城邦,人依赖于那些部落头领、城邦首领才能生活,否则,他不是征服自然,而可能被自然征服,他不是战胜不同部落的侵犯、抢杀、掠夺,而是被不同的部落掳掠和抢杀。人是一种城邦动物,人只有依赖于城邦才能维持生存。根据亚里士多德关于《政治学》中的记载,由于男女不能单独地延续其种类,因而需要配偶。男女这种关系的结合首先就组成家庭。在这种家庭中,妻子是奴隶,而次于妻子的则是牛,再是犁等工具。他说:"先营家室,以安其妻,爰畜牡牛,以曳其犁。"然后,若干家庭就形成了村坊。他说:"村坊最自然的形式是由一个家庭繁殖而衍生的聚落;因此,有些人就称聚居的村人为'同乳子女'($\delta\mu o\gamma\acute{\alpha}\lambda\alpha\kappa\tau\alpha s$),或称这样的聚落为'子孙村'($\pi\alpha\acute{\iota}\delta\omega\nu \pi\alpha\hat{\iota}\delta\alpha s$)。""家庭常常由亲属中的老人主持,各家所繁衍的村坊同样地也由年辈最高的长

---

① 《马克思恩格斯文集》第 8 卷,人民出版社 2009 年版,第 52 页。

老统率,君主正是家长和村长的发展。""等到由若干村坊组合而为'城市(城邦,πόλις)',社会就进化到高级而完备的境界,在这种社会团体以内,人类的生活可以获得完全的自给自足;我们也可以这样说:城邦的长成出于人类'生活'的发展,而其实际的存在却是为了'优良的生活'。早期各级社会团体都是自然地生长起来的,一切城邦既然都是这一生长过程的完成,也该是自然的产物。""由此可以明白城邦出于自然的演化,而人类自然是趋向于城邦生活的动物(人类在本性上,也正是一个政治动物)。"①亚里士多德对古希腊人与人这种自然依赖关系作了客观的描绘。

(1)最初的人与人的关系,就是一种自然关系。从人的繁衍来看,人只有保留一种自然关系才能延续后代,人只有依赖自然才能生活,人无法割断与自然这种原始的自然脐带。可以说,人的社会关系只是自然关系的延伸。

(2)人与自然形成的关系最突出的特征,就是人与人的关系。人要繁衍后代,男子要依赖于女子,妻子是奴隶,甚至连生活也得依赖于男子。由于这种互相依赖则产生了家庭,家庭是最初的社会关系的基本形式,家庭中不仅有了夫妻,而且还有了子孙。子孙一开始对家庭具有更大的依赖性,然后有了"村坊",最后又发展为城邦。可见,家庭因为是人的自然依赖关系建立起来的。村坊、城邦正是这种依赖关系的放大和发展。希腊的"王"字意思即为"家长"。②

(3)这种人的依赖关系形成最根本的原因是为"优良的生活"。由于生产力的发展水平低下,交往片面化和单向性,人对人的武装侵掠抢杀,野兽对人类的生存的威胁,人只有在"王"(家长)的统率下以部落、村坊、城邦为堡垒,才可以得以生存或过上"优良的生活",否则,就可能走向毁灭而不能生存。因而,人对人只有建立一种最自然的以血缘脐带为基础的关系,这种关系的顶点就是封建社会。封建社会的"王"(家长),不再是一家之"家长",而成为数千家、数万家的最大的家长,所以,在皇帝看来,"溥天之下,莫非王土;率土之滨,莫非王臣"③。在中国,封建帝王与臣民的关系就是主

---

① ［古希腊］亚里士多德:《政治学》,吴寿彭译,商务印书馆1995年版,第5—6、6、7页。
② 参见［古希腊］依谬勒:《语言学讲稿》(M.Müller, Lectures on the Science of Language),卷二,第282页;转引自［古希腊］亚里士多德:《政治学》,吴寿彭译,商务印书馆1995年版,第6页注③。
③ 《诗经·小雅·北山》。

人与奴仆的关系。"臣"字在甲骨文中为，郭沫若认为，它像竖起的眼睛。人跪着，身体弯曲头低下，眼睛就直竖起来，即男性奴隶。因而，凡取此字为义的形声、会意等字，其意义多与奴隶、屈身等有关。① "臣"的本义就是奴仆，《韩非子·五蠹》曰："虽臣虏之劳，不苦于此矣。"这里"臣虏"即为奴隶或被俘的奴隶。（宋）司马光《资治通鉴·淝水之战》记，苻坚败北，因苻坚待百姓为子民，因而老百姓则箪酒壶浆上前慰劳，苻坚则感谢不尽，而老百姓却说："臣为陛下子，陛下为臣父"，因而何谢之有？这里，臣与民的关系就是家长（王）与子女的关系，这种人与人的依赖关系，在欧洲一直延续到近代文艺复兴之前，在中国一直延续到20世纪初，辛亥革命以前。文艺复兴以后，资本主义由于生产力的发展而逐渐大踏步地走向了成熟的市民社会。市民社会的发展的直接结果就是利益上升为人的统治。资本主义用金钱、物的力量推翻了封建社会人的统治，金钱、物成了人与人之间唯一的关系。马克思说，在金钱面前，"一切神都要退位。金钱贬低了人所崇奉的一切神，并把一切神都变成商品"②。从此，人们对物的依赖性关系代替对人的依赖性关系。马克思在《共产党宣言》中说："资产阶级在它已经取得了统治的地方把一切封建的、宗法的和田园诗般的关系都破坏了。它无情地斩断了把人们束缚于天然尊长的形形色色的封建羁绊，它使人和人之间除了赤裸裸的利害关系，除了冷酷无情的'现金交易'，就再也没有任何别的联系了。它把宗教虔诚、骑士热忱、小市民伤感这些情感的神圣发作，淹没在利己主义打算的冰水之中。"③

2.资本主义用物的依赖性代替了封建社会的人的依赖性关系，无疑是历史的一大进步。

（1）首先它割断了前资本主义那种仍然以血缘脐带为联系的自然关系，人类社会向更高的社会形态迈出了一大步。几千年奴隶社会、封建社会所形成的那种自然关系，已渗透到了人们的每一个毛孔。人类虽然经历了数万年的发展，但仍然是自然统治下的血缘关系，它是一件十分不光彩的事情。人类为摆脱这种关系，也曾付出了高昂的代价。比如，历史上的各种改革与革命，但都无济于事。只有资本主义用金钱、物的力量才真正彻底地摧

---

① 参见达世平等编著：《古汉语常用字字源字典》，上海书店1994年版，第284页。
② 《马克思恩格斯文集》第1卷，人民出版社2009年版，第52页。
③ 《马克思恩格斯文集》第2卷，人民出版社2009年版，第33—34页。

毁了人对人的血缘的自然的依赖关系。因为,金钱、资本渗透到了人们的每一个毛孔,它像除污剂一样,彻底洗刷了数万年所形成的根深蒂固的那种血缘关系,它无情地斩断了封建社会的人身依赖关系的羁绊。人才真正向人的发展攀升了一步。

(2)建立物的依赖性关系,极大地推动了生产力的发展。人对人的依赖关系,由于是一种狭隘的自然关系,它遮蔽人们的视野,缚住了人们的手脚,禁锢人们的思想,妨碍人类的普遍交往,从而极大地阻碍了生产力的发展。而以物为基础的依赖关系则相反,它由于割断了人们的血缘自然关系,人类从昔日那种田园乡村中狭隘的自然的原始联系和行会、帮工个体师傅之间的宗法关系中解放出来。这就为市场经济资源合理配置提供了现实可能。市场资源的合理有效配置则极大地推动了生产力发展。

(3)对物的依赖性关系推动了人类的精神文明的发展。在以人的依赖性关系为基础的社会,人类的精神空间极其狭窄和片面,在那里,只有自然偶像崇拜、个人迷信和田园诗般的乡愁和怀旧。而对物的依赖性关系,极大地推动了精神文化的发展,它用物的精神推翻了神的精神统治,使神从天上掉到了地下。它使那些昔日以神自称的神圣化的贵族老爷,也把自己泡制在利己主义的冰水之中,它用物的方式唤起人们普通交往和共同联系的市场意识,人类开始揭开罩在自己脸上的面纱,毫不腼腆地大方地由后台走向社会的前台,面向大众。总之,它用以物为基础的精神文化逐渐代替了昔日封建的以人为基础的精神统治,它使人类精神空间大大扩充了。但是,以物的依赖性关系为基础的统治带来的后果是,因为"金钱是一切事物的普遍的、独立自在的价值。因此它剥夺了整个世界——人的世界和自然界——固有的价值。金钱是人的劳动和人的存在的同人相异化的本质;这种异己的本质统治了人,而人则向它顶礼膜拜"①。

而社会关系只有进入第三个阶段,社会关系既摆脱人的依赖关系和物的依赖关系,人与人之间才能建立一种自由个性全面的关系,只有那时,人的发展才能走向个人的全面发展。

---

① 《马克思恩格斯文集》第1卷,人民出版社2009年版,第52页。

三、利益的颠倒与抽象

在市民社会,社会关系嬗变为一种物的依赖性关系。在这里,利益表现出它的特殊性,利益不再是劳动创造的物质生活条件,利益却成为一种特殊的被颠倒与抽象的社会关系。在我国,有的把利益规定为社会关系,就是指的利益在现代市民社会的这种特殊表现。换言之,这种利益规定适用于现代社会利益的特殊性,它仅仅是指利益的一定形式。那么,利益是不是成为了一种颠倒的社会关系和它为什么会蜕变成一种颠倒的抽象的社会关系呢? 这是两个不同问题。

对于第一个问题,由于"金钱是一切事物的普遍的、独立自在的价值",利益本来应是人类最直接的物质生活资料,人类最直接的需要就是吃、穿、住,以及生产这些生活资料的"整个世界——人的世界和自然界"的地理环境,还有人自身的劳动等,这是一个人所必需的一般利益。但是,金钱这个本来只是一般的等价物却剥夺了整个世界包括人和自然的本身的价值,颠倒了人与物的关系。利益(物)反过来统治了人,人不得不受物的统治。人与物这种被颠倒的关系就是利益的特殊形式。

在《资本论》中,马克思论述更为清楚明晰。他说:"人通过自己的活动按照对自己有用的方式来改变自然物质的形态。例如,用木头做桌子,木头的形状就改变了。可是桌子还是木头,还是一个普通的可以感觉的物。但是桌子一旦作为商品出现,就转化为一个可感觉而又超感觉的物。它不仅用它的脚站在地上,而且在对其他一切商品的关系上用头倒立着,从它的木脑袋里生出比它自动跳舞还奇怪得多的狂想。"①马克思不仅说明利益的形式转化,而且指出了这种转化的条件。首先,利益基本的内容是物质生活条件,它的基本形式就是人通过自己的活动按照对自己有用即有利的方式来改变自然物质的形态,使其转化为物质生活条件。这就是人类真正的利益。但是,在现代市民社会,这些物质生活资料,却被颠倒了。物成了"一个可感觉而又超感觉的物。它不仅用它的脚站在地上,而且在对其他一切商品的关系上用头去倒立着",利益成了一种被颠倒的商品关系,物的东西本应是可感觉的东西,但现在却看不见了,成了超感觉的东西。人们看到的不再是直接的可感的真实的具体的物,而是间接的不可感的虚假的抽象的商品

---

① 《马克思恩格斯文集》第 5 卷,人民出版社 2009 年版,第 88 页。

关系。

那么,它转化的条件是什么呢? 就是因为商品的出现。因为商品的出现,从而使木头"从它的木脑袋里生出比它自动跳舞还奇怪得多的狂想"。商品的出现就是使利益颠倒为一种特殊的社会关系——商品关系。而在商品关系中,利益就会蜕变成为一种颠倒的抽象的社会关系。

1.商品关系掩盖了劳动产品本身的物理性质。

商品从它的物理性质来看,本是一种人们为了自己的需要而生产的劳动产品,交换不是它本身的物理性质。交换也不是劳动产品成为人们生活必需的劳动产品条件。交换只是这些劳动产品成为商品的机制。在古代,人们对交换本是瞧不起的。亚里士多德的《政治学》中就把用来交换的产品说成是"不正当的"。他说:"我们所有的财物,每一件都可以有两种用途。财物是同一财物,但应用的方式有别,其一就是按照每一种财物的本分而作正当的使用,另一则是不正当的使用。以鞋为例,同样是使用这双鞋,有的用来穿在脚上,有的则用来交易。那位把鞋交给正在需要穿鞋的人,以换取他的金钱或食物,固然也是在使用'鞋之所以为鞋',但这总不是鞋的正用,因为制鞋的原意[是为了自己要穿着,]不是为了交换。"①在我国古代,农是本,商是末。在古代,在生产力水平比较低的情况下,利益最直接的只是具体物质生活资料。农业提供了人们吃、穿、住最直接的生活资料,所以,农业是人类生存之本。交换被上升为正当的利益,只是近代的事。亚当·斯密首先做了交换的正当性、合理性的理论论证。他认为,人与动物区别在于,动物一到壮年期,在自然状态下不需要别的动物的援助,同样可以独立生活,但人就不一样,人类几乎随时都需要同胞的帮助。然而,人仅仅依赖别人的恩惠那是不行的。最好的方式就是刺激他们利己心,使有利于他,并告诉他们,给他做事,是对他们自己有利的,他要获得利益和达到目的,就容易得多了。这就是交换:即"互通有无,物物交换,互相交易"②。离开交换,人类就不能生存。交换被提升为人类生存之本,人类生存的第一个前提是什么呢? 不是生产物质生活资料的生产活动,而是交换。交换是人与动物划界的标准,交换是必要的。交换成为人类赖以生存的基本条件。

① [古希腊]亚里士多德:《政治学》,吴寿彭译,商务印书馆1965年版,第25页。

② [英]亚当·斯密:《国民财富的性质和原因的研究》上卷,郭大力等译,商务印书馆1992年版,第12页。

交换也是可能的。因为人人都有利己之心,既然从交换得到好处,人们在交换中都可以获得自己需要的利益,从而实现自己的目的。交换就是满足利己心的最好方式。所以,交换是自然规律,它是普遍的,也是永恒的。亚当·斯密第一次对交换的价值评价,推翻和纠正了古代人对商品交换的偏见。交换成了市民社会利益概念的核心内容。交换的普遍化,首先是改变了昔日劳动者与劳动产品的关系。商品是用来交换的劳动产品。但是,商品一旦成为商品,商品就表现为二重性质,它既有使用价值,又有交换价值。作为商品,首先必须有使用价值。这就是斯密所说,有利于我或对我有用的产品。没有使用价值的东西,不能成为商品。马克思说,正是"物的有用性使物成为使用价值。但这种有用性不是悬在空中的。它决定于商品体的属性,离开了商品体就不存在。因此,商品体本身,例如铁、小麦、金刚石等等,就是使用价值,或财物。"但是,有用物要用来交换,就必须"为有用物的量找到社会尺度"①。"交换价值首先表现为一种使用价值同另一种使用价值相交换的量的关系或比例"②。这就是说,商品交换实质是劳动产品一般量的比较,而撇开了劳动产品质的差别。换言之,在商品交换劳动产品的有用性消失了。这种劳动不再有什么差别,全部化为相同的抽象人类劳动。这种由劳动产品剩下来的东西,"只是同一的幽灵般的对象性,只是无差别的人类劳动的单纯凝结,即不管以哪种形式进行的人类劳动力耗费的单纯凝结。这些物现在只是表示……商品价值。"因此,"在商品的交换关系本身中,商品的交换价值表现为同它们的使用价值完全无关的东西"③。换言之,商品的交换关系,表现为同它劳动产品物理性质完全无关的东西。利益在这里已不是直接的与物理性质相一致的物质生活资料,利益的实质是这种特殊的关系。在这里,人们不可能再把那些劳动的产品直接作为自己的有用物。相反,人们不得不把自己的一切有用物(包括劳动力商品)抽去质的性质,把它变成与物理性质完全无关的交换价值。

2.商品关系掩盖了劳动力活动的真实性质。

商品是由劳动创造的用来交换的产品。商品是一种二重性的东西,即使用价值和交换价值。可是在商品关系,劳动也体现为一种二重性的劳动。

---

① 《马克思恩格斯文集》第 5 卷,人民出版社 2009 年版,第 48 页。
② 《马克思恩格斯文集》第 5 卷,人民出版社 2009 年版,第 49 页。
③ 《马克思恩格斯文集》第 5 卷,人民出版社 2009 年版,第 51 页。

商品是劳动的创造物,商品包含了劳动的二重性,商品中的使用价值是具体劳动创造的,而商品的交换价值则是由抽象劳动来决定的。商品是有用物。这是它的质的规定。这种有用物只有特定性质的具体劳动才能创造出来。如要做一件上衣,就要进行特定种类的缝纫生产活动;要生产粮食,就要从事具体的劳动。但是,商品的交换价值则不同了。它是劳动产品相互交换的一般的量的比较,因而它就不再过问具体特定活动那种质的规定,它"把生产活动的特定性质撇开,从而把劳动的有用性质撇开,劳动就只剩下一点:它是人类劳动力的耗费。""但是,商品价值体现的是人类劳动本身,是一般人类劳动的耗费。"①即社会必要劳动时间。商品的价值就决定于生产商品的一般的社会必要劳动时间。而生产商品的劳动活动的真实价值被掩盖了。人们关注的是那种标示社会必要劳动时间的符号或等价物,即金钱。昔日,人们依靠自己的聪明才智,可以创造出自己所需要的财富和生活条件。而如今则不同了,人们面对的不是物质生活条件,而是创造了一个与自己需要无关的,同自己相异的对立物。劳动者的劳动力不是劳动者自己的劳动力,而是可以在市场买卖交换的商品。劳动力一旦被买卖,"原来的货币占有者作为资本家,昂首前行;劳动力占有者作为他的工人,尾随于后。一个笑容满面,雄心勃勃;一个战战兢兢,畏缩不前,像在市场上出卖了自己的皮一样,只有一个前途——让人家来鞣"②。这就是天赋人权的真正乐园。这就是用等价物交换的等价物,这就是他们都只支配自己的东西。"边沁!因为双方都只顾自己。使他们连在一起并发生关系的唯一力量,是他们的利己心,是他们的特殊利益,是他们的私人利益。"③劳动在这里,与其是创造有使用价值的产品,不如说劳动仅仅创造的是一种使劳动无法摆脱他所创造的异己力量支配的特殊关系。劳动活动的真实价值被这种特殊利益关系掩盖了。利益范畴的真实含义随着这种特殊关系而嬗变。正如马克思说:"黑人就是黑人。只有在一定的关系下,他才成为奴隶。纺纱机是纺棉花的机器。只有在一定的关系下,它才成为资本。脱离了这种关系,它也就不是资本了,就像黄金本身并不是货币,砂糖并不是砂糖的价格一

---

① 《马克思恩格斯文集》第5卷,人民出版社2009年版,第57页。
② 《马克思恩格斯文集》第5卷,人民出版社2009年版,第205页。
③ 《马克思恩格斯文集》第5卷,人民出版社2009年版,第204—205页。

样。"①在这种特殊关系中,物的性质发生变化,人的地位因此而变更,劳动共同活动创造的社会关系上升为支配劳动活动的异己力量。人与人共同活动之间的关系,全面采取了物与物的关系的虚幻形式。马克思说:"因此,要找一个比喻,我们就得逃到宗教世界的幻境中去。在那里,人脑的产物表现为赋有生命的、彼此发生关系并同人发生关系的独立存在的东西。在商品世界里,人手的产物也是这样。我把这叫作拜物教。劳动产品一旦作为商品来生产,就带上拜物教性质,因此拜物教是同商品生产分不开的。"②

神是人的本质的自我异化。神的本质本不是神的,人把集中了人们认识自然改造自然的本质赋予了神。神一旦集中了人的本质,就成了一个与人相异在的统治力量,反过来统治人和支配人。人纷纷拜倒在它的脚下,而受它的统治和支配。由劳动创造的利益也是这样,它本是人的活动创造的,但利益成为一种特殊关系以后,它就成为一个至高无上的统治力量。

3.商品世界的这种拜物教,来源于生产商品的劳动所特有的社会性质。

使用物何以成为商品?"只是因为它们是彼此独立进行的私人劳动的产品。这种私人劳动的总和形成社会总劳动。因为生产者只有通过交换他们的劳动产品才发生社会接触,所以,他们的私人劳动的特殊的社会性质也只有在这种交换中才表现出来。"③在市民社会,由于生产资料的私人占有,因而生产者的产品都是私人劳动的产品。他们要进行交换,又必须使自己的产品成为社会总劳动的一部分。同时,生产者也只有通过交换才能证明自己私人劳动的产品。换言之,"劳动产品只有在它们的交换中,才取得一种社会等同的价值对象性,这种对象性是与它们的感觉上各不相同的使用对象性相分离的"④。这种对象性就因此成为可感觉又超感觉的物。物都是可以感觉的。这就是它的使用价值,即有用的物。但商品的交换价值,却成为了与物相脱离超感觉的虚幻形式。这就是价值物。劳动产品就这样分裂为有用物和价值物。生产者的私人劳动真正取得了二重的社会性质。"一方面,生产者的私人劳动必须作为一定的有用劳动来满足一定的社会需要,从而证明它们是总劳动的一部分,是自然形成的社会分工体系的一部

①　《马克思恩格斯文集》第1卷,人民出版社2009年版,第723页。

②　《马克思恩格斯文集》第5卷,人民出版社2009年版,第90页。

③　《马克思恩格斯文集》第5卷,人民出版社2009年版,第90页。

④　《马克思恩格斯文集》第5卷,人民出版社2009年版,第90页。

分。另一方面,只有在每一种特殊的有用的私人劳动可以同任何另一种有用的私人劳动相交换从而相等时,生产者的私人劳动才能满足生产者本人的多种需要。"①利益就这样表现在特殊的交换关系。

首先,私人劳动必须作为一定的有用劳动满足社会需要。私人劳动本来性质是为私人利益生产的劳动,但由于交换的需要,它不得不以社会利益为目的,作为一定的有用劳动满足社会需要,才能证明它的劳动是社会总劳动的一部分。这就是说,它的利益只有在社会利益中才能得以真正实现。因而,利益不只是个人直接生产物质生活资料的利益,而是体现为一种它与社会需要的关系。只有通过这种关系它才可能获得它所要获得的利益。其次,这种关系的实现途径和中介是交换,通过等价的交换,每一种特殊的有用的私人劳动同任何其他私人劳动相交换。生产者私人劳动才能满足生产者本人的多种需要,他才可得到他所需要的利益。否则,他的私人劳动就可能因不能实现而无法满足自己的这种需要和利益。

总之,劳动者直接个人生产的,都不再是那种直接的利益,即物质生活条件。在商品生产中,任何私人劳动只要能够提供满足一定社会需要的利益就是合理的。至于这种私人利益自己的性质和运作方式如何,这些都是无关紧要的。利益因而在这种交换关系中,似乎完全可以不顾在这种商品关系中生产商品的特有的社会性质。生产力和生产关系之间的关系,就这样被颠倒了,似乎不是生产力,而是生产关系成为起支配作用的东西。生产关系首先表现为利益关系。利益表现为利益交换的关系,利益这种交换关系以特有的方式反过来上升为统治生产的力量。这是利益范畴演进过程中的一种特殊现象。

第三节 辩证的利益范畴与利益范畴的辩证理解

一、利益范畴只不过是客观的辩证利益移入人脑的理性观念

利益范畴只不过是客观的利益移入人脑的理性观念。它是标志客观实在的理性具体范畴。它是人们对客观实在的利益的反映。它不是先验的或

---

① 《马克思恩格斯文集》第5卷,人民出版社2009年版,第90—91页。

想象中的利益。因为,思维着的利益与客观实在在本质上是统一的。辩证的利益范畴只不过是对客观存在的辩证利益的抽象和概括。辩证的利益范畴在形式上是主观的,但在内容上是客观的。辩证的利益范畴是客观利益的一般与特殊的统一。

任何概念范畴都是一般和特殊的统一。相对于人类社会的一切形式,物质生活条件始终是人类最一般的利益。它贯穿整个人类社会到目前为止的有史记载的文明社会。它作为一般的利益,只能在每一个特殊社会形式的个别中才能存在。它只能在特殊(个别)中存在。它也只有通过特殊的奴隶社会、封建社会、资本主义社会和社会主义社会等的利益表现出来。当然也不能设想在特殊(个别)的利益之外,存在一般的利益。这就是一般离不开个别,个别只是一般的特殊形式。所以,利益的特殊形式只是一般在一定社会的表现方式。利益范畴的一般和特殊只是同一利益范畴表现出来的两个对立面。从利益范畴一般来看,生产物质生活条件的生产同一切社会一样,仍然是其最基本的活动。"而且,这是人们从几千年前直到今天单是为了维持生活就必须每日每时从事的历史活动,是一切历史的基本条件。"①离开这种历史活动,人类就无法生存。因而,即使一般的商品生产,总是按这样的一个公式在运作:P…W—G—W…P,即从生产出发,再经过商品、货币、商品,再进入生产,等等。但是,在资本主义社会就不同,商品生产的运作公式就不同了,它是 G—W…P…W—G,即货币(资本)到商品(生产资料)进入生产过程,再制造商品(G),再到货币。它只是生产活动的一种特殊形式,利益在这里就表现出一种特殊含义。总之,辩证的利益范畴的一般和特殊只不过是利益的客观辩证性质的反映,主观辩证法只不过是客观辩证法的概括。问题是,利益的辩证理解是究竟如何可能的? 主观辩证的利益范畴和客观辩证利益究竟是什么关系? 换言之,叙述的利益范畴应不应与客观辩证利益一致呢? 叙述的利益范畴,是主观辩证法的话语形式,任何话语形式,无疑是一种主观形式,主观辩证法只是客观辩证法的反映。因而,叙述的利益范畴的客观基础,仍然是辩证的客观利益。因而,利益的辩证理解与利益的辩证性质,不应该有任何原则的区别。它们在本质上是一致的。但是,当人们辩证理解利益范畴时,其情况往往是十分复杂的。人

---

① 《马克思恩格斯文集》第1卷,人民出版社2009年版,第531页。

们往往把利益的一般与特殊割裂开来,或者看到马克思利益范畴的一般规定,而忽视其特殊规定,或者只看到特殊规定而割断它同一般的联系。在我国,则只注意利益范畴的特殊规定,而忽视其一般规定。因而,用特殊规定代替一般规定,看不到物质生活基本条件在利益范畴中的重要作用,从而对利益产生了一种偏见,简单地把利益看成是市民社会的专门概念,抹杀了利益在人类社会发展的基础作用。而西方则相反,西方马克思主义却抹杀了马克思利益范畴特殊含义,而只片面地肯定了马克思利益范畴的一般含义,从而把物质生活基本条件的利益抽象化,否认了马克思的利益范畴的特殊规定,也就是完全抽去了马克思利益范畴在市民社会的具体内涵,把马克思说成是一个反对利益的抽象人道主义。这一点在西方马克思主义者弗洛姆那里表现得尤为突出。弗洛姆认为,马克思主义的"唯物主义基础只不过是指人类生存的基本条件",这是马克思唯物主义不同黑格尔唯心主义辩证法的地方。马克思同费尔巴哈也是有原则区别的,那就是马克思不像费尔巴哈那样,直观地理解事物现实和感性,直观地理解人类生存的基本条件,而是把这种物质生活基本条件"理解为客观的活动"。所以,马克思根本不赞成黑格尔的唯心主义和费尔巴哈的唯物主义。人们对马克思历史唯物主义的理解是错误的,因为按流行观点,马克思似乎是把人们的物质生活理解为人的主要动力。他认为,这种从心理学观点中取得的根据,不能说明历史唯物主义。马克思的历史唯物主义就在于他"对经济利益的痛斥",就在于他否认物质利益不应是社会中占支配地位的东西,而人性才是社会中起决定作用的因素,马克思主义就是人道主义。他说:"马克思对资本主义的全部批判,恰恰就是因为资本主义把对金钱和物质利益的关心变成了人的主要动力,而马克思关于社会主义的概念正是指这样一个社会,在这个社会中物质利益不再是占支配地位的。"弗洛姆还引用 L.克里格的观点来说明马克思的利益态度。克里格说:"马克思的哲学体系的最有代表性的特征,是他对经济利益的痛斥,认为它是对整个有道德的人的歪曲。"①在弗洛姆看来,马克思追求的是人的道德本性,马克思追求的是道德人,马克思的最有代表性特征是"对经济利益的痛斥",就是认为,"在这个社会中物质利

---

① 陈学明主编:《二十世纪哲学经典文本·西方马克思主义卷》,复旦大学出版社1999年版,第328页注①。

益不再是占支配地位的"。可见,弗洛姆的观点和方法都是错误的。

1.弗洛姆形而上学地割裂了特殊和一般的关系。

弗洛姆从心理学上来解释马克思的利益概念,这是对马克思利益范畴的极为肤浅的滥用。这种利益概念,不仅没有超越马克思利益范畴的水平,甚至还从来没有达到马克思早年利益概念的理解水平。从以上论述中,我们已知道,马克思早在1842年时,就认为从心理学角度理解利益是不科学的。因而,弗洛姆知道马克思对物质生活的基本条件的主张,知道马克思与旧唯物主义不同之点是强调人们生产物质生活资料的活动。但是,他不懂马克思的利益范畴的一般含义就是指人类生产物质生活资料的活动,它是人类发展的最一般的决定性的利益。因为,他虽然解释了马克思这种活动与旧唯物主义的不同,但只对它作了人道主义的道德性的解释。更为错误的是,弗洛姆把社会主义"这个社会中物质利益"从利益范畴一般中抽象出来,认为它在社会主义不再占支配地位了,把社会主义说成是恢复人道主义本质的社会。

其实恰好相反,由生产创造的物质生活条件既然是人类的一般性利益,社会主义作为向人类社会复归的主要阶段,它的特殊的利益不仅不应该脱离人类社会的一般性规定,而且应是在体现它的特殊性的过程中,更加使自己实现利益的特殊性含义趋近于一般性规定,从而使社会主义不仅从其形式,而且从其内容上成为生产物质生活基本条件的社会。社会主义生产目的,也就完全体现了这一要求。因而,弗洛姆否认了利益范畴最基本含义。

2.马克思批判了资本主义利益的特殊形式,但并没有否认物质利益对社会的决定作用。

马克思在《德意志意识形态》中,对利益的一般和特殊作了辩证的分析,它们都是由于"活动"的发展而出现的必然结果。在《共产党宣言》中,马克思不仅对生产物质生活条件利益的生产力一般作用给予肯定,而且也对生产力的特殊作用以及它所创造的利益给予肯定。他说:"资产阶级在它的不到一百年的阶级统治中所创造的生产力,比过去一切世代创造的全部生产力还要多,还要大。"①资产阶级发展了生产力,也就是发展了人类的一般利益。资本主义社会发展了生产,增长了物质财富。李嘉图把资本主

---

①　《马克思恩格斯文集》第2卷,人民出版社2009年版,第36页。

义生产方式看作是最有利于生产、最有利于创造财富的生产方式,对于他那个时代来说,李嘉图是完全正确的。生产力发展,使固定资本贬值一半,李嘉图是欢迎的,他认为,如果劳动生产力发展使固定资本贬值一半,那就等于说,人类劳动生产率因此提高了一倍。马克思说:"这就是科学上的诚实。如果说李嘉图的观点整个说来符合工业资产阶级的利益,这只是因为工业资产阶级的利益符合生产的利益,或者说,符合人类劳动生产率发展的利益,并且以此为限"①。马克思充分肯定了资本主义对利益的一般的贡献。马克思还说:"如果抛掉狭隘的资产阶级形式,那么,财富不就是在普遍交换中产生的个人的需要、才能、享用、生产力等等的普遍性吗?财富不就是人对自然力——既是通常所谓的'自然'力,又是人本身的自然力——统治的充分发展吗?财富不就是人的创造天赋的绝对发挥吗?"②马克思痛斥的是资本主义生产关系的特殊形式,即资本主义特殊形式中出现的把工人劳动力看作是马力、水力、电力、蒸汽力等工具性对象的错误。正是因为资本主义这种利益的特殊形式,束缚了利益的一般性发展。为了使利益的一般性规定获得极大发展,因而,马克思痛斥了资本主义利益的特殊形式。并认为,如果社会一般改变了利益的这种特殊形式,人类利益就会真正地高度发展。但不论形式如何,利益始终是社会发展中的决定性因素,它在资本主义社会是如此,社会主义社会也必然是这样。弗洛姆取消了马克思关于利益在社会中的决定性作用,无非是想把人道主义提升为社会发展的本体论基础。这显然是不科学的。

3.马克思强调的人是一个从事活动的人,而不是"道德的人"。

因为活动,从而创造了利益,道德只是随着活动的展开用来规范人们个人利益和社会利益的一种行为规则。道德人是弗洛姆人道主义的目标,弗洛姆用这种道德人代替马克思的从事活动的人,是十分错误的。

在《路德维希·费尔巴哈和德国古典哲学的终结》中,恩格斯肯定了费尔巴哈的唯物主义自然观中的基本内核对于马克思创立辩证唯物主义的积极意义。但是,费尔巴哈的社会历史观,却仍然没有摆脱传统唯心主义的束缚。他把一部人类社会史看作是一部宗教的变迁史。这样一来,宗教上升

---

① 《马克思恩格斯全集》第 26 卷第二册,人民出版社 1973 年版,第 125 页。
② 《马克思恩格斯文集》第 8 卷,人民出版社 2009 年版,第 137 页。

为人类社会的本质特征。活生生的人,因此在宗教的灵光照耀下而演变成了宗教的人。费尔巴哈把人作为出发点,但是,"这个人不是从娘胎里生出来的,他是从一神教的神羽化而来的,所以他也不是生活在现实的、历史地发生和历史地确定了的世界里面;虽然他同其他的人来往,但是任何一个其他的人也和他本人一样是抽象的。在宗教哲学里,我们终究还可以看到男人和女人,但是在伦理学里,连这最后一点差别也消失了"①。在伦理学中,爱成了唯一的神。"爱是统治一切的。"费尔巴哈把爱看作是宗教的本质。人在宗教生活中,唯一有的就是一种宗教感情——爱心。人在这里不仅成了一个宗教人,而且成为了一个道德人。所以,恩格斯说:"这样一来,他的哲学中的最后一点革命性也消失了,留下的只是一个老调子:彼此相爱吧!不分性别、不分等级地互相拥抱吧!——大家都陶醉在和解中了!"②

可见,弗洛姆所说的人,正是马克思、恩格斯批判费尔巴哈唯心史观式的道德人。它除开说明弗洛姆自己的人道主义之后,其他还有什么意义呢?

二、利益的客观普遍性

利益按其实质,它是人类社会物质生活条件这种实实在在的利益。这是纯粹可以通过经验的方式证明的。人们需要吃、穿、住等,这是人类生存的最基本条件。既要生存,尤其是人类与动物不同。动物可依赖自然界,采用暴力掠夺,可以弱肉强食。但人不一样,人不是消极地去适应自然,而是通过自己的活动去作用于外界而创造出自己所需要的生活资料。因而,人类的活动是自己的活动,人就是创造自己的利益的主体。人口就成为了社会不可缺少的利益因素。适度的人口是社会存在的基本条件。人与自然都是利益的重要内容。人离不开自然,人与自然的存在是一个问题的两个方面。人本身就是自然,人也是自然的一部分。人是自然的产物,但作为人,更为重要的是,人是社会的产物。问题是,说人是社会的产物,是否可以理解为人与自然的完全对立? 当然不能。自然是人类生存发展的物质载体,我们的物质基础都是来自自然。正如婴儿离不开母乳的哺育一样。因而,自然是人类利益的物质基础。总之,利益作为人类社会物质生活条件,它的

---

① 《马克思恩格斯文集》第4卷,人民出版社2009年版,第290页。
② 《马克思恩格斯文集》第4卷,人民出版社2009年版,第294页。

基本要求都是物质的。世界统一性在物质性。物质唯一特性是客观实在性。它是客观的和普遍的。利益虽然在不同社会有不同形式,但是,这一点不仅不能说明利益是一种偶然现象,其实恰好说明利益的客观普遍性,因为它既然不是某一社会的特定形式,那么,它必然客观存在于人类社会一切形式之中,作为一切社会形式中的基础发挥着它的作用。

但是,有的就不这样认为,或认为利益是一种观念形式,它是一种心理现象,比如弗洛姆;或认为利益只是某一种社会特有的,其他社会则好像不存在利益现象。因而,西方可以被称为利益社会,东方只不过是传统共同体社会而已。西方就有利益概念,从而起决定作用的是选择意志。东方因为是共同社会,在那里起决定作用的只是一种本质意志。如滕尼斯就是这一观点的肇始者。

滕尼斯就是从西方的利益社会和东方的共同体社会出发,来建构他的社会学体系的。这就等于说,利益是西方社会的特点,它是西方社会特有的范畴和概念。而东方社会则不同,利益不是它的特征,它们没有利益范畴,它们有的是共同体概念。滕尼斯说:"关系本身即结合,或者被理解为现实的和有机的生命——这就是共同体的本质,或者被理解为思想的和机械的形态——这就是社会的概念。"①共同体社会是建立在民族、村落模式互动的基础上。这种共同体社会个人行为模式就是由本质意志主导的。而利益社会则不同,它以非人格性的市场互动为基础(如大城市)。利益社会的个人行为模式则是以选择意志为主导。那么,什么是本质意志和选择意志呢?滕尼斯认为,"在思维与身体的关系上,本质意志主导身体,而选择意志主导思维。本质意志不问条件(包括内心倾向[德语为 Anlage]和外部环境[德语为 U mstande]),为满足身体器官的要求和需要而发挥作用。与此形成对比,选择意志主导着思维的偏好,并运用现有条件满足预计的、想象中的目标"②。根据 20 世纪初滕尼斯的观点,沃麦克在这里提出了两个问题:第一个问题是利益只是某些社会的基础和特征。中国是传统社会,因它不是以利益为基础的社会,而西方社会则不同,它是以利益为基础的现代社会。如果说中国是现代社会,那只有在中国实行市场经济体制以后,中国才

---

① [德]斐迪南·滕尼斯:《共同体与社会》,林荣远译,商务印书馆 1999 年版,第 52 页。

② [美]布兰德利·沃麦克:《中国共同社会与西方利益社会》,刘桂珍等译,《社会学》2000 年第 4 期。

进入了现代社会。在中国 20 世纪 90 年代以前,包括中国的社会主义社会,都是传统社会。这里可以分为两个方面:一方面,在这里衡量社会的标准是利益,滕尼斯就是用利益来区别社会的形式;另一方面,利益不具有客观普遍性,利益只是西方社会的特征。第二个问题按两种社会的不同的个人行为模式,中国共同体社会仅仅是动物式的满足模式,而西方利益社会才是有理想有目标的真正的人的行为模式。因为,按滕尼斯的意见,共同体社会个人行为模式受本质意志主导,而本质意志是不问外部条件和环境,只是以满足人体的需要和欲望的意志。这无疑是说,这是动物式的满足模式,即冷了穿衣,饿了寻食等。而利益社会的个人行为模式则不同,它是以选择意志主导的行为模式。它是充分考虑外部环境和现有条件,同时它以外部环境和现有条件为条件去满足它选择的目标。比如,一个人饿了,本应吃东西,但由于他的理想目标是减肥,因而他不为食物所诱惑,以至于他尽量少吃东西,而出去散步,这可谓是真正的人的选择意志。

　　值得一提的是,在这里,务必把德国 20 世纪初的滕尼斯与当代美国沃麦克的观点区别开来。在滕尼斯那里,他分析的一般共同体和社会,从未用它们来区别西方社会与中国社会。① 只是沃麦克在社会前面加上西方,在共同体前面加上中国,这样就变成了西方利益社会和中国共同社会。滕尼斯的共同体与社会的分析主要采用的历史性分析,即把它们看作两个社会发展阶段(传统的共同体社会和现代的利益社会)。他并没有把它们进行共时性分析,即当代什么国家是共同社会,什么国家是利益社会。对它们进行共时性分析的是当代美国的沃麦克。他把中国与西方对立起来,并指称中国就是传统的共同体社会,而西方才是现代的利益社会。尤其是他在词语学上大做文章,把滕尼斯的共同体与社会改为了共同社会和利益社会。他说:"有两个事实又加强了滕尼斯论述的普遍意义,一个是英语名词'Community'(共同社会)和'Society'(利益社会),有与 Gemeinschaft 和 Gesellschaft 相似的涵义,尽管这两个词本身并无关联;另一个事实是 Gemeinschaft 和 Gesellschaft 二分法很容易转译成其他西方语言。"②沃麦克就这样利用词语学上的"转译"等手法将滕尼斯的共同体改变成了共同社会,把滕

---

　　① 参见[德]斐迪南·滕尼斯:《共同体与社会》,林荣远译,商务印书馆 1999 年版。
　　② [美]布兰德利·沃麦克:《中国共同社会与西方利益社会》,刘桂珍等译,《社会学》2000 年第 4 期。

尼斯的"社会"转换成利益社会。沃麦克完全篡改了滕尼斯的观点,他反映的不是当时德国的状况,而反映的是当代西方世界某些人对中国的根深蒂固的偏见。无论中国是怎样的改革开放,他们仍认为中国只不过是换了外套的传统的共同体社会,中国不是现代市场经济国家。中国的市场经济模式不能是有中国特色的市场经济,而必须跟在西方发达国家后面,做他们的附庸,才会成为他们眼中那种标准式的"利益社会"。

不难看出,沃麦克的观点代表的是少数人对中国的偏见。他们不了解中国的过去、现在和未来,只是凭空在想象中国的现代社会。然后,再用一些先验的观点来推演中国的现实社会。其实,这是十分片面的。新中国建国以后,在中国社会主义改造基本完成以后,中国就提出了我国社会主义社会主要矛盾是落后的社会生产与日益增长的物质文化生活需求之间的矛盾。这就集中地体现了马克思的利益范畴的基本思想。人们首先要解决物质生活资料的需求,首先要生活,要吃、穿、住。而要吃、穿、住,就要进行物质生活资料的生产。发展生产力是解决吃、穿、住问题的前提。人不仅要有物质需要,更有精神文化的需要。精神文化体现了人类一种高层次的需求,也是真正的人的需求。因为吃、穿、住从实质上来讲,还是一种生物性的需要,而精神文化则不同,它们是适应生产活动而产生的,又是与生产具有相对的独立性的意识形式。从精神来看,它包括人们对理想目的、伦理道德、信仰信念、价值意义等方面的追求。从文化来看,它包括教育、文艺、文化设施等方面的发展和建设。它是提高国民素质,提高国民文化修养,陶冶国民情操的重要途径。物质和精神体现国民的两种基本的需要。但需要还不是利益,需要只是利益产生的一种要求,也就是利益的主观因素,利益应是主观因素和客观因素的相互统一,即通过社会生产的发展,满足了需要,实现了主客观的统一。我国主要矛盾提出是这种主客观因素的统一。中国已解决了以这种主客观因素的统一为主要矛盾,就标志着中国真正地进入了现代社会。中国已不是滕尼斯意义上的农业式的以血缘联系为特征的古代原始的"共同体社会"。

其次,中国的现代社会以利益为基础,但不是沃麦克所说的利益社会,更不是沃麦克所说的共同体社会。中国建设的是有中国特色的社会主义。沃麦克说:"1949 年中华人民共和国的建立,使中国产生了新的秩序。无论在宏观还是在微观层次上,其目标都是建立一个社会主义的共同社会而不是商品化的利益社会。"①显然沃麦克认为中国的社会主义就是滕尼斯所说的"共同体"社会，而不是现代的利益社会，这样一来，中国不仅不是在资本主义社会基础上产生的社会主义，而且是说中国社会主义是落后于资本主义的古代的传统的共同体社会。

1. 中国社会主义社会是不是滕尼斯所说的共同社会？

这一点，沃麦克也承认，认为"现代中国的历程则与滕尼斯描述的西方极为不同"。但是，中国的"目标都是建立一个社会主义的共同社会而不是商品化的利益社会"。这就是说，中国社会主义的社会具体演进历程和操作方式虽然不同于滕尼斯所说的共同社会，但是，按其实质仍然是滕尼斯意义的共同社会。这就是，在枝节问题强调其差别，而其根本问题却肯定它们的一致性。它与中国社会主义社会的性质是完全不相符的。中国新民主主义的根本任务就是推翻封建主义、官僚买办资本主义和帝国主义这压迫在人民头上的三座大山，改变中国的半封建半殖民地的性质。中国人民经历近半个世纪的浴血奋斗，推翻压在人民头上的三座大山，打倒了以蒋家王朝血缘关系为基础而建立起来的封建的宗法姻亲家庭式的统治。经过社会主义三大改造，斩断了农村封建社会遗存的以血缘关系为脐带的宗法关系。在滕尼斯看来，共同社会的基础除开了以家庭为基础建立宗法姻亲共同体外，还有一个重要特征是由家庭血缘共同体为基础而扩大的地缘共同体。而且地缘共同体发展为精神共同体，这就是共同体的三种基本形式。中国社会主义社会与地缘共同体和精神共同体完全风马牛不相及。滕尼斯说："地缘共同体可以被理解为动物的生活的相互关系，犹如精神共同体可以被理解为心灵的生活的相互关系一样。"②中国自从建立了社会主义社会，已彻底改变了封建主义和资本主义的地缘概念。人民享有选择居住迁徙的自由权利。地缘仅仅是行政区域的界定之外，不存在其他特殊的意义。中华民族第一次由一盘散沙式的地缘分割而统一为一个56个民族平等协作、相互联合、团结统一的社会，所谓"动物的生活的相互关系"，已完全成为了历史。至于"精神的共同体"，它是被滕尼斯规定为一种"心灵的生活的相互联系"，它"所涉及的是被视为神圣的场所或被崇拜的神"，即封建宗教式

---

① ［美］布兰德利·沃麦克：《中国共同社会与西方利益社会》，刘桂珍等译，《社会学》2000年第4期。

② ［德］斐迪南·滕尼斯：《共同体与社会》，林荣远译，商务印书馆1999年版，第65页。

的精神崇拜为共同精神为联系纽带的共同体。当然,这种共同体除开欧洲之外,在全世界大多数地区都不具有普遍意义,如南北美洲、澳洲、亚洲,精神信仰都是个人的事,都不具备共同体的性质,尤其是中国,不仅在古代没有普遍意义,在现代更不存在如此之类的精神共同体。

总之,中国社会自从推翻三座大山,剪断了束缚人们社会交往的四根绳索(君权、神权、族权、夫权)之后,已不再是以人的依赖性关系为基础的共同体社会,而进入了一个以世界普遍历史性交往的高于资本主义的社会主义社会。

2.衡量现代社会的标准是什么?

在沃麦克看来,是"商品化",因为现代社会是"商品化的利益社会",而中国的共同体则不是一个商品化的利益社会,因而是滕尼斯所说落后于利益社会的传统的共同体。那么,衡量现代社会的标准是什么呢?商品化是现代社会的特征,但不是区分一个社会形态是否比另一个社会进步的标准。按沃麦克的意思,中国好像只有建立一个商品化的利益社会,中国的社会主义才是真正的现代社会。衡量一个社会是否是现代社会的标准,不是商品化,而是适应先进生产力水平而建构起来的社会形态或经济基础和上层建筑的统一。首先是生产力标准,马克思主义认为,与石器时代相适应的是原始社会,与青铜时代相适应的是奴隶社会,与铁器时代相适应的是封建社会,与蒸汽时代相适应的就是资本主义社会,与现代大工业相适应的就是社会主义社会。一个社会是否进入现代,首先是生产力的发展,其次是适应这一生产力水平而建构起来的社会形态。由于社会形态的相对独立,有时建立在先进的生产力水平基础之上的是先进的社会形态,有时则不一定。但随着生产力发展,归根结底社会形态迟早会随生产力的进步而进步。而商品化则是市场经济表现出来的一种特征。市场经济则是资源配置的一种方式。从这个意义上讲,市场经济与计划经济都不是区分社会性质的标准,邓小平说:"计划多一点还是市场多一点,不是社会主义与资本主义的本质区别。计划经济不等于社会主义,资本主义也有计划;市场经济不等于资本主义,社会主义也有市场。计划和市场都是经济手段。"[1]商品化则是这一手段所表现出来的特征。因而,它不是界定一个社会是否先进的标准。在古

---

[1] 《邓小平文选》第三卷,人民出版社1993年版,第373页。

代,商品化程度发展不充分,不能证明它是传统的共同体社会。在未来的共产主义社会,生产力高度发达,市场经济也将逐渐不再作为经济手段。那样一来,皮之不存,毛将焉附? 作为由市场经济而表现出来的商品化现象将不再出现。

3.中国社会主义社会是否落后于资本主义利益社会呢?

不言而喻,中国的社会主义不是传统意义的共同社会,因而,中国的社会主义社会也不是落后于资本主义的社会形态。人类社会有史以来,已经经历了五种社会形态,它们是原始社会、奴隶制社会、封建制社会、资本主义社会和社会主义社会。近代资本主义学者认为,资本主义社会是合乎自然的社会,而封建社会是人为的社会,资本主义是先进于封建社会的社会,在这一点上无须讨论。问题是,资本主义是不是人类社会永恒的社会,是不是高于社会主义社会的最高社会。资本主义绝不是人类社会永恒的社会形态。如果按照这一逻辑,历史到此就不发展了。在资本主义以前是历史的,因为封建社会是人为的,而到了资本主义就不再有历史了,因为资本主义是合乎自然的,合乎自然的就是永恒的;这是不合逻辑的。任何社会和事物都不具有绝对的性质,它们都是相对的。达尔文的进化论为解决这一问题提供了科学依据。生物是进化的,人类社会本来就是进化的产物,人类社会也在不断由低级向高级地演进。

美国的 19 世纪末的人类学家摩尔根的《古代社会》,就从人类学的角度为理解人类社会进化提供了科学根据。恩格斯在《家庭、私有制和国家的起源》一文中最后引用摩尔根的话说:"自从进入文明时代以来,财富的增长是如此巨大,它的形式是如此繁多,它的用途是如此广泛,为了所有者的利益而对它进行的管理又是如此巧妙,以致这种财富对人民说来已经变成了一种无法控制的力量。人类的智慧在自己的创造物面前感到迷惘而不知所措了。然而,总有一天,人类的理智一定会强健到能够支配财富,一定会规定国家对它所保护的财产的关系,以及所有者的权利的范围。社会的利益绝对地高于个人的利益,必须使这两者处于一种公正而和谐的关系之中。只要进步仍将是未来的规律,像它对于过去那样,那么单纯追求财富就不是人类的最终的命运了。"①这里的"文明时代"就是指的沃麦克所说"商

---

① 《马克思恩格斯文集》第 4 卷,人民出版社 2009 年版,第 197—198 页。

品化的利益社会"。可见,沃麦克所说的现代社会绝不是永恒的最高的社会。它相对于封建社会是先进的社会形态,仅此而已。而它相对于社会主义社会,即那种"社会的利益绝对地高于个人的利益,必须使这两者处于一种公正而和谐的关系之中"的社会,和不以单纯追求财富为目的的社会才是未来的真正先进的社会。而对于社会主义社会来看,"商品化的利益社会",用摩尔根的话说,它只不过是"人类已经经历过的生存时间的一小部分,只是人类将要经历的生存时间的一小部分"①。社会主义社会,它是高于"商品化的利益社会"的社会。由于我国生产力水平的制约,我国现代社会虽然已是社会主义社会,但它仍然是社会主义初级阶段。因而,"商品化的利益社会"仍然也是我国现代社会的特征。但它决不能证明,这种社会仍然是滕尼斯所说的传统的共同体的社会。相反,市民社会的"商品化的利益社会",从它发展在近代所经历的过程来看,已是真正的传统社会了。而有中国特色的社会主义社会才是真正的现代社会。

---

① 《马克思恩格斯文集》第4卷,人民出版社2009年版,第198页。

第 六 章

利益范畴是历史唯物主义的基础性范畴

第一节 利益与社会

一、社会

历史唯物主义是社会及其发展的一般规律的科学。这一定义主要涉及利益范畴中的两个问题：一是历史唯物主义是不是研究社会的理论；二是社会是什么？它同利益有什么关系？

马克思主义是不是关于社会的理论呢？在国外，还有一些专家对此至今仍持否认态度。1999年3月，在德国图林根的一个小城市埃尔格斯堡召开了题为"马克思主义在即将来临的21世纪"的学术会议。这次会议是由德国的一些大学筹备召开的。在这个大会上，德国的著名哲学家沃尔夫甘·鲁格就认为，作为严格的马克思主义的科学概念，应是剩余价值学说和唯物史观。但是，现在却有一种流行的说法，即把马克思主义视为广泛意义上的社会理论，"这样一来，马克思主义由严格的科学变为类似于基督教和孔子学说的包罗万象的学说"①。鲁格的观点是片面的。历史唯物主义是严格的马克思主义科学，历史唯物主义也就是研究社会的科学。因而，说历史唯物主义是社会学，决不会影响严格的马克思主义科学的概念，相反，说它是社会学，才可以说马克思主义是严格的科学。如果把社会学与马克思主义相割裂，那么马克思主义就可能变成费尔巴哈式的形而上学。因为，历史唯物主义不只仅仅是研究历史观的科学。历史观也只是研究社会的一个

---

① 李桂兰：《马克思主义在即将来临的21世纪——德国图林根学术会议》，中央编译局文献信息部：《书刊信息》1999年第12期。

重要方面。因为，社会不是先验的，它是历史发展的结果，研究这种历史发展规律，这就是历史科学。但社会不仅是历史性发展的结果，更为重要的是，它是共时性的展开。换言之。任何历史的发展都是现代化的过程。

那么，社会的范畴有哪些？它的内容是什么？它的系统和结构如何？它的规律有哪些？它的当代形态是什么？它的发展趋势怎样呢？如此等等。这些才是社会最本质的东西。社会就是历史性和共时性的统一。马克思的历史唯物主义就是研究社会的这些基本方面的科学。1845年，马克思在他的新世界观天才萌芽的第一个文件中就提出："旧唯物主义的立脚点是'市民'社会;新唯物主义的立脚点则是人类社会或社会化的人类。"①这里提出的，不仅是"社会"概念，而且还提出了社会化的人类的概念。这一个"社会化的人类"的哲学命题，不仅是对时代的时代精神的概括，而且也是对未来社会发展的科学预言。科学的预言，不是宗教梦呓中的幻想，它可以通过实践来证明。当我们走向21世纪时，实践用直接现实普遍性的优秀品格向全人类展现，"社会化的人类"的新时代正踏着时代的节拍向我们走来。尽管有的政治家、思想家提出的"我们走进了一个全球化的时代"，有些像是说"我们迈进了一个社会化的人类的新时代"。当代人们提到的"全球化"概念，误以为全球化概念可以代替"社会化的人类"的概念。这种见解是论者不能苟同的。马克思的"社会化的人类"，不仅比"全球化"概念在时间上早了一百多年，而且马克思命题所包含的哲学意蕴和广袤性是"全球化"概念无法比拟的。正如同一句格言："在完全正确理解了它的青年人口中，总没有阅世很深的成年人的精神中那样的意义和范围，要在成年人那里，这句格言所包含的内容的全部力量才会表达出来。"②

马克思关于社会化的"社会"概念的出现和成熟，不仅包含了全部人类历史的客观内容，而且本身就是人类优秀文化成果的结晶。古希腊早期的哲学家都是自然哲学家，其提问方式是：什么是自然？然后什么是人？直至苏格拉底，人开始从自然中探出了一个头。苏格拉底的命题是：认识你自己。从而推动哲学提问方式由自然向人的转换，即什么是人？然后什么是自然？人从自然中探出了一个头，"社会"的概念仍在人的襁褓中。中世纪

---

① 《马克思恩格斯文集》第1卷，人民出版社2009年版，第506页。
② [德]黑格尔：《逻辑学》上卷，杨一之译，商务印书馆1966年版，第41页。

的哲学变成了神学,中世纪的人都是神的创造物。

近代大工业实践是一本打开人的本质力量的书。世界市场的形成,世界历史性普遍交往的发展,世界经济显示出来的一体化的趋势,使哲学从昔日封建的神的统治下的梦呓中苏醒过来,唯物主义带着诗意的感性光辉对人的全身心发出了微笑。18 世纪的法国唯物主义发展为两种唯物主义,即自然科学唯物主义和社会或人文的唯物主义。"一派起源于笛卡尔,一派起源于洛克。后一派主要是法国有教养的分子,它直接导向社会主义。前一派是机械唯物主义,它汇入了真正的法国自然科学。"[1]18 世纪法国唯物主义突出的特征是,唯物主义开始关注"社会"。这一传统最早是由洛克启发的。

文艺复兴推动资本主义的发展。但是,由于自然科学分门别类的研究特点,从而导致了形而上学的产生,比如笛卡尔、莱布尼茨等人的哲学。而"使 17 世纪的形而上学和一切形而上学在理论上威信扫地的人是皮埃尔·培尔"。他证明:"由清一色的无神论者所组成的社会是能够存在的,无神论者能够成为可敬的人,玷辱人的尊严的不是无神论,而是迷信和偶像崇拜,通过这种证明,他宣告了不久将要开始存在的无神论社会的来临。"培尔用怀疑论摧毁了仍然带有中世纪神的光环的形而上学,从而预示了真正的人类的无神论"社会"的来临。所以,培尔"是 17 世纪意义上的最后一个形而上学者,也是 18 世纪意义上的第一个哲学家"[2]。洛克哲学适应了这一需要,他的《关于人类理性的经验》就是一本试图把"当时的生活实践归纳为一个体系并从理论上加以论证的书"[3]。18 世纪法国唯物主义是洛克哲学直接继承者。爱尔维修就是"以洛克的学说为出发点的,在他那里唯物主义获得了真正法国的性质。爱尔维修立即把唯物主义运用到社会生活方面"[4]。但是,社会在他那里却成为了按人们"自爱"倾向而建构起来的社会。边沁仿佛看出了资本主义生产社会化和个人私人占有之间的矛盾、对立,因而,为调和它们的矛盾和对立,就提出"最大多数人的最大利益"是衡量一切社会个人行为善恶的标准。这里好像是突出了"社会",但

①　《马克思恩格斯文集》第 1 卷,人民出版社 2009 年版,第 327—328 页。
②　《马克思恩格斯文集》第 1 卷,人民出版社 2009 年版,第 330 页。
③　《马克思恩格斯文集》第 1 卷,人民出版社 2009 年版,第 330 页。
④　《马克思恩格斯文集》第 1 卷,人民出版社 2009 年版,第 333 页。

在他看来,社会是抽象的,只有个人才是实在的。因而社会利益并非单个人利益之总和,社会无非是以个人为本位的一种虚构物。

"社会",在亚当·斯密那里,是"世界"或人类社会。在他的《道德情操论》中,对当时眼光短浅、思维迟钝的政府给予了批评,他们看不到社会与政府的分离,还自以为是、自作聪明地用政府行为干预社会,其实已经落后于时代了。人类社会像一个棋盘,"在人类社会这个大棋盘上每个棋子都有它自己的行动原则,它完全不同于立法机关可能选用来指导它的那种行动原则"①。在他的《国民财富的性质和原因的研究》中,"每个棋子"被设定为"经济人",这些经济人都从"利己"的目的出发而行动。经济人在实现各自的利己利益目的的同时,结果达到了一个并非出于他的目的结果,即建构了一个可以包容每个人(国家)的利益又可以为每个人(国家)利益服务的"社会"。这个"社会",不是指一个国家的社会,实际上是"全人类"意义上的社会。所以,李斯特说,斯密的"著作题名《国家财富的性质和原因的研究》(这里的国家指的是全人类中所有国家)。他在他书里的个别场合谈到各种政治经济制度时,只是为了指出这些制度的无成效,从而证明必须以'世界主义或世界范围的经济学'来代替'政治的'或国家的经济学"②。政治经济学不是国家经济学,而应是社会化的社会的经济学。社会化的社会,本身就是经济社会化发展的结果。但是,李斯特忘记了斯密的"社会"只是经济人无目的的目的抽象建构物,利己的经济人才是这个社会有目的的自我建构的本体。

黑格尔凭他那智慧的哲学眼光看出了18世纪法国唯物主义和英国古典经济学家们的实质,但由于当时他无法摆脱德国社会发展的局限性,因而当英国人(亚当·斯密)用经济建构"社会",和法国人用政治建构"社会"时,他却靠"哲学"去建构"社会"。他设立了一个绝对观念,市民"社会"一切现象都不过是这个绝对观念一种有限形式。只有"绝对观念"才是一个自满自足的"社会化"体系。青年黑格尔派随着黑格尔哲学的解体一分为二。施特劳斯坚持黑格尔的实体概念,认为"社会"就是社团无意识创造的。鲍威尔从黑格尔自我意识出发,把"社会"看作是随自我意识的发展而

---

① 〔英〕亚当·斯密:《道德情操论》,蒋自强等译,商务印书馆1997年版,第302页。

② 〔德〕弗·李斯特:《政治经济学的国民体系》,陈万煦译,商务印书馆1961年版,第107页。

显现的。所以，马克思说，鲍威尔的神学批判工作并没有使"社会"这个词前进半步。他"除了谈道德教化以外，眼下就再也不可能透露什么东西了"①。"只有费尔巴哈才立足于黑格尔的观点之上而结束和批判了黑格尔的体系，因为费尔巴哈消解了形而上学的绝对精神，使之变为'以自然为基础的现实的人'；费尔巴哈完成了对宗教的批判"。②在马克思看来，黑格尔用自然意识来代替现实的人和现实的人类社会，是唯心的。而鲍威尔把现实的人和现实的人类社会转换成了自我意识，更是一种倒退。而只有费尔巴哈才把形而上学的绝对精神归结为"以自然为基础的现实的人"，从而使他的"类"走出了神学的藩篱，建立在自然的基础上。所以，马克思在给费尔巴哈信中说，你那"建立在人们的现实差别基础上的人与人的统一，从抽象的天上降到现实的地上的人类这一概念。如果不是社会这一概念，那是什么呢？"③但由于费尔巴哈不懂"实践"，他仅仅把宗教意识归结为是"类"意识，仅仅把宗教生活归结为是"类"生活，从而使存在物转换成宗教存在物，社会就是宗教的"社会"。

那么，"社会"究竟什么呢？在理解马克思社会化的社会概念中，大都重视在《德意志意识形态》中关于"费尔巴哈"对马克思的影响，忽视马克思在《德意志意识形态》中对施蒂纳的批判。其实，马克思以实践的唯物主义为基础，主要是在批判施蒂纳市民社会利己主义的历史观中，明确地对"社会"概念进行了科学规定。施蒂纳不用辩证法，仅从黑格尔那儿抄来了"实体"和"自我意识"两个概念。从实体出发，把边沁、亚当·斯密等所说利己主义或经济人说成是"现实的个人"（其实只是换了装的"德国的小资产阶级"）、"我"、"唯一者"。"我"的唯一特性是"独自性"④。所谓独自性，就是"我"、利己主义者，以某种善良意图为前提，在意识界域内的自我发现、自我消融、自我归附或自我实现的独创发展的活动。"我"、利己主义者是历史的唯一创造者。"我"凭借独自性，在意识界域内，不仅创造了古代人、近代人和现代人，而且还必将创造一个以"唯一者"、"自我一致"的利己主义为主体的、实行采邑制的理想"联盟"。施蒂纳把社会主义"社会"看作是

①　《马克思恩格斯文集》第 1 卷，人民出版社 2009 年版，第 301 页。

②　《马克思恩格斯文集》第 1 卷，人民出版社 2009 年版，第 342 页。

③　《马克思恩格斯文集》第 10 卷，人民出版社 2009 年版，第 13 页。

④　参见谭培文：《"唯一者"与马克思的个性观》，《马克思主义研究》1997 年第 4 期。

不共戴天的敌人,他在"社会"的词源学上大做文章。他说,社会(Gesell-schaft)的词根是 Sal。Saal 是大厅。大厅就是使人们处于社会之中的原因。"他们在社会之中,他们充其量也不过形成一个沙龙社会,而且他们以沙龙的传统谈话方式进行交谈。"不是人们的交往创造了大厅,而是"大厅掌握我们或在自身中拥有我们。这就是社会一词的自然意义"①。因而,社会是"至高无上的统治者",在"社会"那里,个人"变成了零"。马克思对施蒂纳玩弄的文字游戏给予严厉的批判。马克思说,任何词的原始词根都是动词,"所以 Sal 必须等于 Saal。但是 Sal 在古代南部德语中的意思是建筑物;Kisello,Geselle[同伴](Gesellschaft 就是从这个字变来的)的意思是同住者,因此,在这里硬把 Saal 扯进来未免太随便了"②。尤其是,施蒂纳把古代南部德语中的 Sal 与近代法语中的 Salon 扯在一起,更是荒谬绝伦。施蒂纳代表了德国小市民的利益,把社会变成沙龙社会,"在这个社会中,按照德国小市民的想法,只有词句的交往,而没有任何现实的交往"。所以,他所向往的采邑制度的"联盟",只不过是德国式封建的伯爵领地制度而已。在马克思看来,社会存在的第一个前提无疑是"现实的个人"③。但是,这种现实的个人,不是施蒂纳的"自我一致的利己主义者"的"人的概念"。现实的个人"是从事活动的,进行物质生产的,因而是在一定的物质的、不受他们任意支配的界限、前提和条件下活动着的"④。马克思从感性活动出发,以实践为基础,从而说明了社会的科学规定。

首先,社会的前提是现实的个人。现实的个人是社会存在的主体。但现实的个人是从事活动的,进行物质生产的。现实的个人在进行物质生产活动时创造了人类本身,同时也创造了社会。因而,社会与其说是以现实的个人为前提,倒不如说,它是以现实的个人的活动为前提。其次,社会是人们交互作用的产物。社会是以现实的个人生产物质生活资料的活动为前提,但这种活动不是单个人的。现实的个人的生产活动一开始就具有社会的性质。他们的生产本身就包括两种生产,即自身生命的生产和物质生活

① [德]麦克斯·施蒂纳:《唯一者及其所有物》,金海民译,商务印书馆 1989 年版,第 236 页。
② 《马克思恩格斯全集》第 3 卷,人民出版社 1960 年版,第 310 页。
③ 参见谭培文:《现实的个人:历史唯物主义的开端》,《江海学刊》1998 年第 2 期。
④ 《马克思恩格斯文集》第 1 卷,人民出版社 2009 年版,第 524 页。

资料的生产。在这里,立即表现为双重关系:一方面是自然关系,另一方面是社会关系,而社会关系的含义在这里是指许多个人的共同活动。换言之,社会关系的本质是人们在生产活动中互相结成的生产关系。所以,"生产关系总和起来就构成为所谓社会关系,构成为所谓社会,并且是构成一个处于一定历史发展阶段上的社会,具有独特的特征的社会。"①再次,社会是人们实践交往历时性发展和共时性建构相互统一的整体。现实的个人以生产活动为基础的交往实践,是世世代代人类交往实践的承续,他所获得的知识,是人类智慧的历时性沉淀,他从事活动的手段、工具对于他们是一个既定的事实。他首先要面对这一事实。同时,从这一事实出发,他每天都在重新创立着新的交往关系,相互需要的满足和活动的交换,当然,也有由此决定的"词句"的交往等。社会就是这样一个以现实的个人为主体的通过人们物质生产活动创造的长期发展和当代人类交往实践共时性建构起来的相互依赖、相互联系的统一整体。社会是人类活动和生存发展的不可逆转的共同家园。社会化的人类则是社会发展的理想目标。

二、利益是社会的奠基石

马克思的利益范畴的展开,首先与社会相联系。利益是一定社会关系中的物质生活条件。毋庸讳言,利益是社会的奠基石。但是,对于这一点,德国社会学家滕尼斯却对此提出了反对意见,他认为,利益不是社会性的基础,社会的基础是思想和意志。他首先提出"共同体和社会"概念。在他那里,社会也即是利益社会②。这里好像是突出了利益,其实并非如此。他一开篇就说:"人的意志在很多方面都处于相互关系之中",而"关系本身即结合,或者被理解为现实的和有机的生命——这就是共同体的本质,或者被理解为思想的和机械的形态——这就是社会的概念"③。社会在这里是意志的相互结合。这种意志是什么? 在他看来,"共同体"是受本质意志支配的;社会是由选择意志支配的。他说,意志有两种形式,即本质意志和选择意志,"意志的两种如此不同的概念,有一点是相互共同的,即两种意志都

---

① 《马克思恩格斯文集》第 1 卷,人民出版社 2009 年版,第 724 页。

② 参见[美]布兰德利·沃麦克:《中国共同社会与西方利益社会》,《社会学》2000 年第 4 期。

③ [德]斐迪南·滕尼斯:《共同体与社会》,林荣远译,商务印书馆 1999 年版,第 52 页。

被设想为活动的原因,或者是对活动的支配"①。因而,社会是由本质意志或活动意志支配活动的社会。利益不仅成为一种意志支配物,利益推动了次生的概念,所以,社会的基础是本质意志或选择意志。滕尼斯的理论,不仅旨在改变马克思的利益概念的内涵,而且也把马克思所主张的共同体说成是一种传统的落后于利益社会的以血缘关系为标志的本质意志支配的落后的应予以抛弃的古代的已经过时的东西。他说:"共同体是古老的,社会是新的。"②滕尼斯界定显然是错误的,尤其是他在界定中所使用的尺度是唯心的。他不是以利益为基础来界定意志,反而用意志来界定利益。利益在整个社会的基础作用,这是一个人们十分熟悉的问题。人们凭自己的经验就可以作出说明。

1.利益是人类活动的内驱力。

一切旧唯物主义,对事物、现实、感性仅仅只从直观的客体去理解,而不是像实践的唯物主义那样,从活动去理解。可见,是直观的理解利益,还是从活动出发去理解利益,这是实践的唯物主义与旧唯物主义的根本出发点。换言之,实践的唯物主义就是从活动出发的,但是活动又是什么引发的? 活动的内驱力是利益。

首先,利益本身就包括活动。实践唯物主义对利益是从活动去理解。这是马克思主义利益概念与一切旧唯物主义利益概念的本质区别。利益在实践唯物主义那里,利益不是抽象的,而是具体的,是通过感性经验可以感知的。如果像心理学家那样,把利益当作一种联想,那么利益就是难以捉摸的。利益不是旧唯物主义所理解产生于人的自私本性。利益是表示人们活动目的、动机、过程、结果这样一个发展过程。人们活动总是动机、目的、意志的活动。但这种动机、目的和意志不是先验的。任何先定的目的意志的活动都是与马克思利益概念不相容的。人们从事活动的动机、目的、意志产生人们的欲望和需要。比如,当人们饿的时候,就产生对食物的欲望和需要。但是,这种对食物的欲望和需要,绝不是毫无选择的。事实上,它经过人类数十次的实践才选择的。而选择是有标准的选择,这种标准就是是否

① [德]斐迪南·滕尼斯:《共同体与社会》,林荣远译,商务印书馆 1999 年版,第 147 页。

② [德]斐迪南·滕尼斯:《共同体与社会》,林荣远译,商务印书馆 1999 年版,第 53 页。

有利于自己的生存和发展。什么是有利的,什么就作为目的固定下来;什么是有害的,什么就会作为非目的性而回避。近代唯物主义把这种趋利避害的选择,叫作人的本性。这是不符合客观事实的。趋利避害不是人的本性,而是人们活动的动力。利本身就是活动的动力;害是人们需防止、避免的东西,避害也是活动的动力。比如水害,不经过修建水利工程的治理的活动,那是无法根治的。总之,实践的唯物主义对利益的理解,就是从活动去理解,利益本身就包括活动。

其次,利益是活动的内驱力。活动的动机目的是由利益产生。从最初的人类的吃、穿、住,这也是活动最直接的动机,它是由利益产生的。现代的人类较高层次的活动,也是利益产生的。比如,政治活动、外交活动等都是由利益产生的。在国际交往中,只有永恒的利益,而没有永恒的友谊。政治活动是经济的集中表现,经济关系首先通过利益关系表现出来。政治实质都是一定阶级实现自己利益的手段,政治活动产生利益。

活动的手段也是由利益来决定的。活动的手段是指那些可以产生利益的工具或方法。不能创造和产生利益的工具和方法是毫无意义的。有利于自己的使用,即便于使用的东西和利用其可以创造效用的东西,也可以作为手段而固定下来。活动的结果,是客观的利益。主体的活动的目的通过手段这个中介,把主体的目的与客观对象联系起来,手段在目的与客观对象之间相互作用,然后根据目的需要,改变客观对象的形式,使之成为适合主体需要的某种产品,这就是结果。它是实现了的目的,即实现了的利益的目的,已经不是理性的利益,而是以一种客观的现实的具体的利益显现出来。黑格尔曾把这种目的的实现,看作是"理性的狡黠",马克思既肯定黑格尔思想合理性,同时又批判了黑格尔唯心主义思辨的片面。黑格尔曾说过:"理性何等强大,就何等狡猾。理性的狡猾总是在于它的起中介作用的活动,这种活动让对象按照它们本身的性质互相影响,互相作用,它自己并不直接参与这个过程,而只是实现自己的目的。"①马克思在这里吸收了目的性通过手段与对象联系起来,使手段在主客观之间相互作用,然后在对象中实现了自己的目的的合理思想,并加上脚注批判了黑格尔的唯心主义偏见。马克思说:"劳动资料是劳动者置于自己和劳动对象之间、用来把自己的活

① 《马克思恩格斯文集》第5卷,人民出版社2009年版,第209注②页。

动传导到劳动对象上去的物或物的综合体。劳动者利用物的机械的、物理的和化学的属性,以便把这些物当作发挥力量的手段,依照自己的目的作用于其他的物。"①在这里,活动目的是适合利益的需要提出的要求,手段是实现这种需要的工具,而结果就是现实的利益。总之,贯穿活动整个过程的内在的驱动力是利益。

2.利益是社会存在和发展的根据。

社会存在的前提,无疑是"现实的个人",而这些个人是从事活动的,进行物质生产的。所以说,与其说社会存在以现实的个人为前提,倒不如说是以现实的个人的活动为前提。那么,推动活动向前发展的是什么? 即利益。人类活动有意志的作用。但这个意志是先天的,还是由实际利益产生的呢? 这里有完全两种不同的观点。一种认为,意志是先验的,主观自生的。康德就是其典型。另一种认为,意志不是先验的,意志是由生活实践中产生的。人们经过无数次实践、认识,再实践、再认识,然后将某种实际提出的需要,或实践提出的某种任务和目的,作为意志的东西固定下来,因而,成为了有目的意志。因而意志不是一个主观自生的支配活动的原因,而支配意志的原因,是人们为了自己需要而进行的活动。人类最初的活动,首先都是由于解决吃、穿、住这些实际利益产生的。马克思在阅读马·柯瓦列夫斯基《公社土地占有制,其解体的原因、进程和结果》一文以后,认为古代人最初纯粹为了吃、穿、住。由于当时食物有限,因而吃、穿、住都不是私人财产。人们获得猎物后,都是部落公共财物。后来由于家庭出现,个人财产就开始产生了。他说:"随着单个家庭的形成,也产生了个人财产,而且最初只限于动产。"②动产,比如弓、箭等等捕猎的工具。可见,最初的利益,不是市民社会人们对利益的狭隘偏见,利益就是指私有财产,指货币金银。利益最初是与人类生存直接有关的工具,因为人们需要吃、穿、住,而要解决这些需要,就得有生产这些东西的工具、手段。吃、穿、住的利益是生产工具的第一位的原因,而生产工具又是比吃、穿、住更高的东西。所以,黑格尔认为,在生产中,手段是比目的更为重要的东西。比如,用锄头种红薯,锄头就是比红薯有限目的更为重要的东西,因为,红薯吃了,目的消失了,而工具手段锄头

①《马克思恩格斯文集》第5卷,人民出版社 2009 年版,第 209 页。
②《马克思古代社会史笔记》,人民出版社 1996 年版,第 1 页。

却仍然存在。活动及其进行活动的工具是比吃、穿、住这些东西更为重要的利益。然而，不管如何，它们都是由于生存基本需要而产生的，它们最终为了解决这些基本利益而存在、发展。但是，人与动物不同，在于人能够生产工具，生产工具就是人类最早产生的个人财物（利益）。生产工具的发展，使人们赖以存在。生产工具的发展还推动人类向更高社会的进步。马克思说："各种经济时代的区别，不在于生产什么，而在于怎样生产，用什么劳动资料生产。劳动资料不仅是人类劳动力发展的测量器，而且是劳动借以进行的社会关系的指示器。"①

3.利益是社会变革的原因。

社会变革的原因是什么？人们大都把生产关系的要求直接说成社会变革的内因。从一般原理上来阐释，无可非议，它有对的一面。但是，生产关系主要是以客体的形式展现在人们面前，而社会变革不仅需要客观条件，更为重要的是，它需要主观条件，而且它以主观条件成熟为标志，缺乏主观条件的社会变革，则是不可能的。这是因为社会变革作为社会运动与一般自然界中物质运动是不同的。在自然界，物质运动由于自然规律而自觉地发挥着作用，没有人的参与，也可以实现其运动变化，比如，动物进化和变异。但是，人类社会则不同，人类社会的变革有人的参与，它的变革离不开人的意志和目的。这种意志和目的是从何产生的，支配人的意志和目的是什么呢？不是生产关系，也不是作为生产关系总和的经济基础。因为生产关系，首先是一种所有制的形式，它是适合一定生产力产生的客观形式，它与生产力相联系。其次，生产关系是指人们生产中相互协作的关系，它说明人们在生产中的相互交换活动的关系。再次，生产关系中分配形式，它是指适应生产力要求产生的劳动产品在劳动者和劳动资料之间分配。总之，生产关系三个方面都是指它与生产力之间的相互联系。生产关系与人的联系的中介是利益。生产关系直接表现为利益关系。利益把生产关系中各种关系同主体（人）联系起来。生产关系所有制关系，实质反映的是人与人之间对生产资料中一种"占有"与"被占有"的利益关系。人们在生产活动中相互协作关系也是一种利益关系，分配关系则更以十分具体的人与人之间的利益关系表现出来。

---

①　《马克思恩格斯文集》第 5 卷，人民出版社 2009 年版，第 210 页。

在这些利益关系中,有占有者就有被占有者;有通过交换活动而从中获利者,就有通过活动而受损者,因为,在交换中,有人受益,总会有人受损;在分配中更是这样,有不劳而获者,有既得利益者,必有付出劳动多而分配则是得不偿失者。利益关系以十分具体的损与益、得与失的方式在主体人的身上表现出来。这种得与失的关系内化为人的主观目的意志,上升为变革社会的愿望和要求。社会变革的愿望和要求,从形式上看,它是理性的,但它的直接原因是客观的,它们产生于客观的利益关系。革命主体的思想动机正确地反映了现实的利益关系,那么,这种社会就会产生出实际的效果,获得实际成果。如果革命主体没有反映现实的利益关系,那么,这种社会变革就不可能获得实际的效果,而最后导致失败。总之,思想必须以利益为基础,任何革命的变革客观原因是利益,而不是思想。利益关系是生产关系的直接反映。它是社会变革的原因。

4.利益是上层建筑形成和发展的基础。

上层建筑是由于利益的形成而逐渐形成,由于利益的发展而逐渐发展起来的。首先如哲学、宗教、伦理道德、政治思想都是适应利益的需要而产生的。在我国古代,孔子对教育应如何适应利益的需要做过较为深刻的论述。据《论语·子路》载:"子适卫,冉有仆。子曰:'庶矣哉!'冉有曰:'既庶矣,又何加焉?'曰:'富之。'曰:'既富矣,又何加焉? 曰:'教之。'"孔子在这里论述了利益与教育的正确关系。

当时,国家是否强大,与人口多寡有关。一个国家强大,要人口众多,即"庶"。人口多了以后该如何呢? 就得使老百姓富足起来。而老百姓富裕了,又将如何? 这时就要发展教育了。教育是提高人口素质的重要途径,而教育又必须以富足为基础。国家不富足,就不会有教育的需要,也不会为教育提供必备的基础。孔子思想无疑是正确的。

在古希腊,对哲学是如何适应利益的需要而发展,有更典型的论述。黑格尔在《逻辑学》中,首先论述了哲学的产生。他认为,哲学的产生是由于利益的推动而发展起来的。哲学开端于什么呢? 古人有过许多论述。有的认为,哲学开端于惊奇,因为人们遇事惊奇,而启发了智慧,因而哲学就产生了。还有一种较为科学的论述,那就是哲学开始于闲暇。因为古代人首先由于生产力落后,体力劳动与脑力劳动是不能分工的,后来由于生产力发展了,产品有了剩余,有的人就不必天天去劳累,也可以过好日子,也就是说,人们劳动之外,有了较多闲暇和剩余时间。这样就专门有了一批人来从事脑力劳动,体脑分工了,哲学思维就是从这时产生的,即在有了闲暇以后才产生的。亚里士多德就是持此理论的人。亚里士多德在《形而上学》中说:"只有在生活的一切必需品以及属于舒适和交通的东西都已大体具备之后,人们才开始努力于哲学的认识。"不仅哲学如此,其他科学也是如此。他还认为:"数学在埃及成立很早,因为那里的祭司等级早就处于有闲的地位。"按亚里士多德的意见,数学也是产生于闲暇,这样论述,当然不十分确切。但是,它说明一个重要问题是,上层建筑的意识形态与利益、与社会生活发展到一定水平有关。黑格尔对亚里士多德的思想基本上是肯定的,但也用思辨哲学的观点阐明了他的见解。他说:"事实上,从事纯粹思维的需要,是以人类精神必先经过一段遥远的路程为前提的;可以说,这是一种必须的需要已经满足之后的需要,是一种人类精神一定会达到的无所需要的需要,是一种抽掉直观、想象等等的质料的需要,亦即抽掉欲望、冲动、意愿的具体利害之情的需要,而思维规定则恰恰掩藏在质料之中。在思维达到自身并且只在自身中这样的宁静领域里,那推动着民族和个人的生活的利害之情,便沉默了。"[1]他把哲学看作是"纯粹思维",这是他的偏见。但他认为,这种哲学思维是"一种必须的需要已经满足之后的需要",无非是指的必须的吃、穿、住等需要。精神的需要则是产生这些利益以后更高的需要。而且,他还把利益与精神生活联系起来。所以,列宁在《哲学笔记》中,对黑格尔的这一思想进行了改造,列宁所加的批注是"利益'推动着民族的生活'"[2]。这里的民族生活既包括物质生活,也包括了精神生活,但从文本中的前后联系来看,这里主要是指精神生活。而精神生活是十分广泛的,如哲学、文化、艺术、道德、宗教等等,社会意识形态都可以说是精神生活。利益是这些精神生活产生的根源,更是这些精神生活发展的基础。其次,利益是政治上层建筑产生的基础。政治上层建筑无非是一定利益关系的代表。它适应一定利益关系产生,它反过来成为了它所反映的利益关系的保护者。马克思对上层建筑是如何适应一定利益需要而产生并反过来成为这些利益关系的保护者作了深刻的论述。他认为,由于活动和私有制的产生,于是

---

① [德]黑格尔:《逻辑学》上,杨一之译,商务印书馆1966年版,第10—11页。

② 列宁:《哲学笔记》,人民出版社1993年版,第75页。

"产生了单个人利益或单个家庭的利益与所有互相交往的个人的共同利益之间的矛盾",正是由于这种矛盾,"共同利益才采取国家这种与实际的单个利益和全体利益相脱离的独立形式,同时采取虚幻的共同体的形式"①。由于分工和私有制的产生,因而出现了个人利益与公共利益的对立。由于这种对立,国家便以公共利益的面貌出现了。这就是国家的产生。国家就是调和个人利益与公共利益对立的手段和工具。国家不是契约的产物,剥削阶级国家都是适应了统治者的利益需要,通过暴力手段而建立起来的。如果说有契约的话,那最多只是在封建专制以后,代表资本主义利益统治者为了维护本阶级利益而相互达成的协议。这就是说:首先,在前资本主义社会,不存在什么相互约定,在那里,国家只是一个人,即皇帝。皇帝是国家的象征和代表。一切都由他所有。在那里,国家是不能分有的。资本主义推翻封建专制统治,国家才被看作是约定的。其次,所谓"契约",在资本主义社会,也只是那些财团、资本家的契约,维护他们利益的约定。这是资本主义先进的地方,但也是它的一个缺陷。因为在那里,国家仍然是虚幻的共同体。它表面上是共同利益的联合体,但实际上仍然是单个的个人利益的虚幻的共同体。国家是政治上层建筑的核心,国家不只是一个抽象概念,它不仅代表了一定阶级利益而产生,而且它反过来维护一定阶级的统治。为此,它有自己的政府机关、军队、法庭、警察等。总之,无论是思想上层建筑还是政治上层建筑,它们都是适应一定利益产生和发展起来的,同时反过来保护和推动了一定社会利益的发展。

三、利益与社会的互动关系

社会与利益是一个相互作用的对立面。利益推动了社会发展进步,而社会对利的关系又如何呢? 斯宾塞认为,社会是一个有机体。这一观点无疑有一定正确性,因为社会是一个不断地同自然交换物质信息能量的系统,这个系统有物质和精神两个领域,所以社会就像一个有机体一样,是一个生生不息运作过程。但是,这一命题却仍然是十分片面的,因为,社会与生命有机体又有不同。生命有机体的物质基础是血、肉、骨骼,而社会的物质基础是什么呢? 这就是利益。社会是利益运作过程的集合体。

---

① 《马克思恩格斯文集》第 1 卷,人民出版社 2009 年版,第 536 页。

在古代，人们对社会是利益的集合体曾做过大量的描述。中国古代的《礼记·大同》就有过这一方面的专题论述。什么是大同？曰："大道之行也，天下为公。选贤与能，讲信修睦。故人不独亲其亲，不独子其子，使老有所终，壮有所用，幼有所长，矜寡孤独废疾者皆有所养，男有分，女有归。货恶其弃于地也，不必藏于己；力恶其不出于身也，不必为己。是故谋闭而不兴，盗窃乱贼而不作，故外户而不闭，是谓大同。"①

1.什么是大同？

大同就是原始共产社会。《礼记》记录的是中国战国秦汉间儒家言论。战国秦汉，正是我国奴隶社会瓦解、封建社会形成时期。当时封建私有制蓬勃发展，奴隶私有制走向灭亡。奴隶制已开始为世人所痛恨，封建制发展起来了。而封建制又将如何呢？显然，封建制的出现使许多知识分子大失所望，他们原以为封建制不再像春秋战国那样，利欲横流，即"放于利而行，多怨"②。其实，并非如此。在那里，仍然是追名逐利，豕突狼奔，横尸遍野。因而，人们提出了"大同"社会的概念，期望仍然回到古代的社会。

2.大同社会是一个利益和谐一致，"天下为公"的社会。

人们没有私情私欲，私利私心。在那里，从情上来看，是亲其亲，子其子，长幼老弱共享天伦。在那里，人们没有私欲，人人无贪财爱宝之心。所以，偷窃乱贼而不作，夜不闭户，路不拾遗。

3.劳动不是谋生的手段，而是一种愉快的享受。

"力恶其不出于身也，不必为己"，就是指劳动在私有利益横行的社会，人们恶其出于身；而在大同社会，则不同了，人们对劳动的看法完全发生了变化。人们担心的是自己没有机会去劳动，去为社会创造财富。劳动变成了一种享受。"大同"，就是这样一个利益充分发展而又和谐统一的社会。秦汉之后，西晋时期陶渊明的《桃花源记》也描绘了同样的社会。可见，古人描绘社会总是把利益同社会联系在一起。在古希腊，柏拉图的《理想国》，以及后来出现的空想社会主义的《太阳城》《乌托邦》，实际都研究了社会与利益之间关系。社会对利益的运动和发展究竟有何作用呢？社会不是一个抽象，它既然是适合一定利益基础而产生的，那么，它对产生它的利

---

① 《礼记·礼运》。
② 《论语·里仁》。

益基础也必然有一种反作用。这种反作用可以具体区分为两个方面:一方面,社会推动了与之相适应的利益基础的巩固和发展。一定的利益基础总是要求建立一定的利益社会,一定的社会反过来又可以为这种利益基础服务。如柏拉图理想国的原始共产社会的思想显然与当时奴隶社会利益不相符合的,因而它不能对当时利益发展产生什么大的影响。但到了亚里士多德以后就不同了,亚里士多德反对柏拉图的原始共产的思想,提出了一定限度以外的财产公有,一定限度以内的财产私有的观点,并认为,不能像柏拉图那样,把一切罪恶归咎于私有财产制度,罪恶发生的起源是人类品德的堕落。亚里士多德的社会观,反映了当时奴隶社会的要求,无疑对私人利益的发展产生推动作用。尤其是近代的资本主义社会,建构了一整套保护私人利益发展的法律法规和国家权力机构。它有力地推动了利益的运动和发展。资本主义社会由于是私有制社会,在那里的利益就必然是私人利益。私人财产是神圣不可侵犯的。社会从法制等方面为这种私人利益的发展提供了法律支持,有力地推动了利益的发展。另一方面,社会也可以阻碍利益的发展。如果这个社会不是适合一定利益基础的社会,那么,这个社会就会成为利益基础发展的障碍物而阻碍它的发展。社会不是消极被动物,社会也是一个能动的主体,它总是想方设法使利益以某种方式离散和聚合起来。当社会适合利益的需要使利益处于离散状态时,无疑它对个人利益的发展有一定的激活作用,可以使个人发挥自己的主动性和创造性去创造和获得更多的利益。与之相反,当社会适合利益的需要使利益走向聚合时,这样,社会的综合实力就增强了,有利于推动国家利益的发展,并且在发展国家利益的同时,也推动了个人利益的发展。但是,如果社会脱离利益基础,凭主观意志使利益走向离散,那么,就可能阻碍利益的发展,甚至使利益基础受到损害。如我国"文化大革命"时期,实行所谓"一大二公三纯"的方式,就使利益受到了损害。总之,社会不是消极物,它对利益的发展既有推动作用,又有一定的阻碍作用。社会和利益是一个互动过程。利益为社会提供物质基础,推动社会的运动和发展;反之,社会也可以对利益产生推动或阻碍作用。社会和利益就是在这样一个相互运动过程中由低级向高级阶段的不断提升和发展的。

第二节　马克思主义利益范畴是理解
历史唯物主义诸范畴的钥匙

一、利益与生产力

利益与生产力历来被当作两个毫无联系的范畴,以至于当人们谈到利益时,利益成了直观的"功利";而当人们论述生产力时,生产力仅仅被理解为一种"能力",而看不到生产力的利益属性。生产力和利益都是历史唯物主义基础性范畴,它们有不同的适用范围,但它们又存在不可分割的联系。

首先,它们有不同的适用范围。马克思的利益范畴,比生产力范畴具有更大的广泛性,它不仅适用人和自然的关系,而且也适用于人与人的关系。人与自然何以可能相互联系起来呢? 就在于人与自然有一种利益关系。自然作为一个人所面对的客观对象,总是以利害的两极呈现在人们的面前。最初金、木、水、火、土等,都是与人的生活关系最密切的几种物质,金属是人们制造工具不可缺少的物质,木是人们住行最为主要的材料,水是与人们生存饮食联系最为密切的资源,火改变了人类食物的营养方式,土是能为万物提供食物来源的途径。这些都是人们的自然利益。因而,古希腊的哲学和中国古代的哲学都是以这些自然物质为研究对象。还有自然现象,如风云雷电、雨霜雪雾等,总是以利与害两种方式展现在人们面前。人们最初总是以两种取向来对待它们,即趋利避害。之后,随着生产力的发展,人们才可以逐渐地变害为利益,如大禹治水,就是变水害为利益。总之,利益表示的实际上是人与自然的关系。在这一点,它与生产力就是一致的。利益与生产力不同的是,利益还表示了人与人之间关系。因为利益,它总是同人与人在生产中的地位相联系。在生产中,对财产占有方式,就以一些占有而另一些不占有,或者少占有的利益表现出来。同时,由于这种占有方式,一些人在生产中处于有利地位,而另一些人在生产中就处于不利的地位。处于有利地位的占有者,则可支配那些处于不利地位的人们的活动,而处于不利地位的人则不得不失去自己在生产活动中的主动地位,而服从那些处于有利地位的占有者的支配。由于占有方式和在生产活动中这种不平等地位,自然就带来了分配方式的不同。在生产资料上处于占有地位的人,在生产活动中处于支配地位的人,对于劳动产品就有了占有权和分配权。这样,他们按资分配取得绝大部分的劳动产品,而没有占有权的劳动者则只获得了较少份额的劳动成果。可见,人们在生产中这样的相互关系,首先就是一种利益关系。而生产力则只适用人同自然的关系。这就是说,它同利益范畴相比,它的运用范围要窄得多。有一种意见却不同,认为生产力不是物,反映的不是人与自然的关系;生产力是一种生产关系,反映的是人与人的关系。结构主义的阿尔都塞所持的就是这一观点。"认为'生产力'不是物,而是一种生产关系。这种见解由于阿尔都塞学派的倡导而变得流行起来。这个学派认为,生产力应当被看作是生产方式内某种类型的联系,也就是对自然的真正占用,或者是'生产的技术关系'。按照这种见解,生产力并不简单地是生产中的要素,而是现实的生产过程中这些因素的关系系统。"①阿尔都塞为了强调结构主义合理性,把生产力与生产关系作为结构主义的基本范畴。因为结构的需要,所以生产力在结构中,它的决定性作用就消解了,生产力变成了一个"关系系统"概念,变成了一个结构中的关系概念。这显然是不妥的。生产力和生产关系的确有不可分割的联系。生产就是生产力与生产关系的同时展开。这种展开,一方面是生产力的作用,生产力就是表示一种"自然关系";另一方面则是生产关系的作用,生产关系则是社会关系。而且,马克思说得十分明白,生产关系,或"社会关系的含义在这里是指许多个人的共同劳动"。所以,生产力不是一种生产关系。生产力作为一种物,主要表示的是人与自然关系,而利益不仅表示人与自然关系,而且还表示人与人之间的关系。因此,它们的适用范围是不同的。

其次,利益与生产力有不可分割的联系。利益与生产力,在马克思那里,决不像形而上学者所理解的,它们是两个绝对对立的范畴。事实上,在马克思那里,利益就是指的生产力,生产力也就是指利益。马克思认为,对事物不能从直观去理解,而应从活动去理解。这就是说,对利益要从活动上去理解,即从实践去理解,而生产活动就是实践中最基本的活动。换言之,利益只有通过生产活动才能理解,没有生产活动的生产,利益只是抽象的、无根的利益。利益只有通过生产活动,才可以成为人类的利益。这就是马

---

① 〔美〕威廉姆·肖:《马克思的历史理论》,阮仁慧等译,重庆出版社 1989 年版,第 20 页。

克思与一切旧唯物主义和唯心主义不同的地方。因为旧唯物主义离开人的活动去理解利益,利益变成了产生于自私本性的需要。这当然是错误的。而唯心主义则把利益理解为一种心理联想,因而,利益成为了一种抽象的东西。

　　问题是,生产力为什么也是利益呢? 这一点似乎不可理解。但只要全面地系统地研究马克思的主要文本,这个问题也就迎刃而解了。

　　1.利益与生产力都是在经济学意义上建立起来的社会历史观的范畴。

　　柯亨认为生产力不是一种生产关系,如果仅仅从不同适用范畴,他是对的。本书也在这个意义上肯定了他的合理性。换言之,超出了这个范围,柯亨的观点是无法使人认同的。其实,他把生产力同生产关系分离,其中是别有意图的。他认为,生产力是指一种力和能力,而生产关系则是指经济结构,因而,经济结构不包括生产力。生产力不是经济学意义的范畴,生产关系才是经济学意义的范畴,换言之,利益只包括生产关系,而不包括生产力。他说:"马克思这里说经济结构(或'现实基础')是由生产关系构成的,没有说别的东西参与它的构成。我们完全可以得出这样的结论,生产关系单独足以构成经济结构。这意味着生产力不是经济结构的一部分。"①柯亨的出发点仅仅是"《政治经济学批判》序言"中马克思的一段话。马克思说:"人们在自己生活的社会生产中发生一定的、必然的、不以他们的意志为转移的关系,即同他们的物质生产力的一定发展阶段相适合的生产关系。这些生产关系的总和构成社会的经济结构,即有法律的和政治的上层建筑竖立其上并有一定的社会意识形式与之相适应的现实基础。"②这一段话,主要是指的生产关系或经济结构。但是,马克思绝没有把生产力从经济结构中排除出去。马克思特别强调的是,"即同他们的物质生产力的一定发展阶段相适合的生产关系"。这就是,生产关系总是与一定发展阶段的生产力相适合的生产关系。生产关系无论何时何地总是离不开生产力;作为分析概念,它们有不同,但作为经济范畴,它们是不可分割的,生产关系总是与一定生产力相适合的生产关系,生产力总是会有一定生产关系与之相适应的生产力。换言之,在具体的生产活动中,生产力与生产关系是不可分割的。所

---

　　① ［英］G.A.柯亨:《卡尔·马克思的历史理论——一个辩护》,岳长岭译,重庆出版社 1989 年版,第 31 页。

　　② 《马克思恩格斯文集》第 2 卷,人民出版社 2009 年版,第 591 页。

以，即便仅仅在这里，也不能说明经济结构不包括生产力，更不能说明生产力不是经济学范畴。如果从马克思主义的整个思想体系来看，生产力不仅是经济学范畴，而且从其本来的意义看，它就是一个经济学的范畴。

1842年，在莱茵省关于林木盗窃法的辩论中，马克思因经济学知识的不足而陷入困境，为了揭开物质利益的奥秘，因而决心走向政治经济学的研究。《1844年经济学哲学手稿》是他进行经济学研究取得的一个阶段性成果的标志。在他完成《神圣家族》的写作之后，1845年3月，他专门研究了弗·李斯特的经济学著作，并写出了《评弗里德里希·李斯特的著作〈政治经济学的国民体系〉》。在这篇著作中，马克思从经济学角度探讨生产力的概念。马克思认为，德国和英国比，德国资产阶级以庸人的方式暴露出它的民族弱点。他说："英国和法国的资产阶级通过他们最初的（至少是在他们统治初期的）国民经济学的学术代言人，把财富奉为神明，并在学术上也无情地把一切献给财富，献给这个摩洛赫。"①国民经济学把财富奉为神明，作为经济人追求的目的，堪称其为"工业的唯物主义"。而德国资产者是空虚的浅薄的伤感的唯心主义，他们是"古典犬儒主义"。他们全心全意追求财富，又害怕谈财富；渴求交换价值，又害怕交换价值，而谈生产力等。包括李斯特，把宗教、政权、司法都包括在生产力中，生产力被罩上一层神秘的灵光而受到他们的推崇。马克思在这里赞扬了古典经济学代表英国法国资产阶级的现实利益，在学术上把一切献给财富的增长这个目的精神。而德国资产者的脑后仍然垂着一条庸人的辫子。在哲学上，他们推行哲学道德化，调和理想与现实的冲突。在经济学上，它们不敢谈财富，只谈生产力。这些都是小市民自欺欺人的遗风。他们的理论越是执著，不仅无法推动市民社会的发展，而且将愈益加深德国的生存危机。其实，生产力是财富的原因，它与财富相比，不知重要多少倍。在资产阶级经济学家那里，财富并不是真正的合乎人类利益需要本来意义上的财富。他们谈的财富是"交换价值"，也即经过物化的超感觉世界的财富。因为，"生产力表现为一种无限高于交换价值的本质。这种力量要求具有内在本质的地位，交换价值要求具有暂时现象的地位"②。因此，交换价值作为生产的目的与生产力发展的目的本

---

① 《马克思恩格斯全集》第42卷，人民出版社1979年版，第240页。
② 《马克思恩格斯全集》第42卷，人民出版社1979年版，第261页。

质是不同的。交换价值作为财富,只是生产的外在目的,在那里"力量的超感觉世界便代替了交换价值的物质世界"①。而生产力则是一种由自身活动引起的,创造他们自己本身需要的物质生活财富的力量,即"目的本身"。换言之,生产力作为目的不是外在的,不是那种体现一定生产关系的物质财富的特定形式——交换价值、货币等。生产力作为目的是内在的,这种目的就是保证和增进人类生存发展所需要的物质生活资料或物质财富。生产力并不像李斯特说的那样神秘,生产力是一种人们在劳动过程中用以创造物质利益的现实的物质力量,是可以统计计算的生产率。马克思说:"为了破除美化'生产力'的神秘灵光,只要翻一下任何一本统计材料也就够了。那里谈到水力、蒸汽力、人力、马力。所有这些都是'生产力'。"②生产力概念从来源看,英国古典经济学家在研究财富的来源和性质时,就从经济学上提出了生产力的概念。不过他们看到的仅仅是只看到生产力中物的因素,而忽视了人的作用等。德国经济学家李斯特针对英国古典经济学的不足,从物质财富的研究,深化到创造物质财富的原因的研究,比较系统地论述了生产力在生产中的重要性,并试图对生产力的概念从经济学上作出规定,这就深化了生产力的研究。生产力的内涵,在李斯特那里,虽然被罩上了一层神秘的灵光,因为他把宗教、政权、司法都包括在生产力中;但是它包含了的合理性在于,李斯特主要还是从经济学上来规定生产力。因为他把生产力看作是创造物质财富的力量。所以,马克思从生产率和物质力量两个方面改造了李斯特的生产力概念。最后,从生产率和物质力量两个方面来规定生产力是马克思的生产力概念的基本内涵。(这一点留到下面再说。)

马克思的生产力概念的来源是研究政治经济学的成果。因而,在《德意志意识形态》中大量使用的生产力概念就是对这一成果的应用。马克思尤其对生产力概念,从质和量两个方面对其进行全面而完整的阐述,不是在其他地方,而是在经济学著作中。在《资本论》中,马克思认为,生产力主要为经济学意义上的量的规定,即劳动生产率,同时又"正是它的哲学社会意义上的质的规定在资本主义这一特定历史阶段上的具体表现,反映了资本主义生产方式的社会特征和历史地位"③。这就是说,经济学意义的生产力

---

① 《马克思恩格斯全集》第 42 卷,人民出版社 1979 年版,第 261 页。
② 《马克思恩格斯全集》第 42 卷,人民出版社 1979 年版,第 261 页。
③ 庄福龄主编:《马克思主义哲学史》第 2 卷,北京出版社 1996 年版,第 146 页。

基本是量的分析,而哲学社会意义上的生产力只是对经济学意义上生产力的一种质的规定。因而,否认生产力的经济学的基本涵义,等于把生产力抽象为一个脱离量的规定超越于经济现象的神秘概念。这正是马克思在评李斯特中所批判的东西。

2.生产力作为利益,是指自然对人的关系。

生产力不只是一种力量,而且也是一种效益和效率。生产力作为一种力量是指人对自然的关系或作用而言,生产力作为一种利益或效益是指自然对人的关系或作用而言。人们往往把生产力仅仅看作是一种能力或"力"。这就是指人对自然的作用,这样看生产力是不全面的。生产力是人们使用生产工具作用于劳动对象的一种力量,这是对的。但是,如果仅仅从这一个方面来理解生产力,那就是十分片面的。在我国哲学教科书中,就是这样来规定生产力的,认为:"生产力是人们解决社会同自然矛盾的实际能力,是人类征服和改造自然使其适应社会需要的客观物质力量。"①这样规定生产力,显然只看到人对自然的作用方面,而更重要的是忽视通过人使用手段作用于自然,自然对人的作用和意义。首先,生产力是指的人和自然的关系。但人与自然的关系,是双向互动的。一方面是指人对自然的作用,另一方面更为重要的,是指自然对人有什么样的意义。而仅仅把生产力看作是一种"力",就机械式地把生产力理解为一种单向的"力"。其次,这样理解,与马克思文本的原意是相违背的。马克思说:"生产力当然始终是有用的、具体的劳动的生产力,它事实上只决定有目的的生产活动在一定时间内的效率。"②生产力就是创造具体物质财富和具体使用价值的劳动生产力,所以,生产力就是一种劳动生产率。马克思对生产力不是单纯地去规定它的内涵,而总是从人与自然的双向互动上来规定生产力的。从人对自然的作用来看,生产力是一种人通过手段作用于对象的力量;从自然对人的关系来看,生产力就是一种劳动生产率。所以,马克思在谈到人在生产过程中的作用时,说:"人本身"就是"固定资本",是"主要生产力"。③ 人是劳动力,

---

① 李秀林等主编:《辩证唯物主义和历史唯物主义原理》,中国人民大学出版社 1995 年版,第 277 页。

② 《马克思恩格斯文集》第 5 卷,人民出版社 2009 年版,第 59 页。

③ 参见《马克思恩格斯全集》第 31 卷,人民出版社 1998 年版,第 108 页;《马克思恩格斯全集》第 30 卷,人民出版社 1995 年版,第 406 页。

这是指人对自然的作用,人在生产过程中发挥了"固定资本"的作用,这就是人作为"劳动力"对人的意义。至于劳动资料更是如此,它本身就内含双重意义:一是人对自然的意义;二是自然(劳动资料)对人的意义。所以,利益与生产力的适用范围虽然不同,但是它们又是相互联系的。利益范畴与生产力范畴都是社会历史观的基础性范畴,利益范畴既包含了它的经济学含义和社会历史观的含义,生产力范畴也是经济学范畴和社会历史观范畴。利益是生产力发展的内在驱动力,而生产力则是实现利益的手段和途径。

二、利益与生产关系

生产力是一种人与自然的利益关系,而生产关系表示的是人与人的利益关系。因此,利益在生产中主要是通过人与人之间的关系表现出来。问题是,利益是作为生产的结果表现出来,还是生产的出发点呢?按以上的说法,利益是从生产的结果表现出来的。那就是说,利益不是生产的出发点,利益并不贯穿于生产全过程。显然,这样不能自圆其说。其实,利益既是生产的出发点,也贯穿了生产的全过程。从生产活动人与人的关系来看,首先利益是人们相互结合的出发点。人们之所以要在生产中相互结合,其最初的出发点,就是这种生产有利于己。按马克思的意见,最初的社会关系是家庭,而家庭不是像黑格尔所说,只是一个伦理理念的有限领域。家庭的出现,主要是由于生产和再生产的需要。首先是生产物质生活资料的生产,即吃、穿、住。这就是人们最直接的利益。由于生产的发展,分工的结果是人类逐渐从母系社会走向父系社会。家庭是最初的社会关系,一方面主要是家庭这种社会关系纯粹是以物质财富的生产为基础建立起来的,另一方面就是人口的生产和再生产。人口的生产和再生产,不只是繁衍后一代,而且也是劳动力的生产和再生产。为生产而生产,这是生产的最初的动机,为生产而繁衍劳动力的生产,也是生产的最初动机。利益是支配人们生产的目的。亚当·斯密在《国民财富的性质和原因的研究》中,把有利于己看作是交换的出发点。利益在这里成为了一种自利或利己主义的利益,这种利益不过是市民社会利己主义的放大。这样,利益成为了一种抽象关系。黑格尔把利益看作是绝对理念运作中的自我外化的有限领域,利益仅仅成为一个与物质利益相脱离的精神。

利益不是抽象的理念,也不是利己主义的私人利益,利益是活动的出发点。利益作为出发点,更是贯穿于生产的全过程。在这一过程中,利益在所有制关系中、在人与人活动的协作关系和分配关系得到了具体表现。

1.从所有制关系来看利益,利益立刻展现为两个方面,即谁来占有、占有什么的问题。

占有什么,是人与物质对象的利益关系。谁来占有,就是人与人的利益关系。蒲鲁东从小资产阶级出发,把占有想象为"平等的占有"。马克思认为,"平等的占有"只是下面这个事实的异化表现,"对象作为为了人的存在,作为人的对象性存在,同时也就是人为了他人的定在,是他同他人的人的关系,是人同人的社会关系"①。这就是说,劳动产品既是作为劳动者的人的存在的确证,又是人对人的利益关系的表现。这种关系在生产过程中,首先就是谁来占有和占有什么的问题。谁来占有,就表示他占有了劳动产品和财富,在他那里,就体现为物质利益为他而存在,而他的存在就是他占有的实物得到了实现。相反,不能占有的,利益就是他的异在。他失去实物,他的存在就无法在对象物中得到实现。这种谁来占有、占有什么的问题,就表现为一种利益关系。所以,马克思说:"所有制是对他人劳动力的支配。"②谁占有了生产资料,谁就在生产活动中处于支配地位。这种支配地位,在一定社会关系中表现为对他人劳动力的支配。早在原始家庭中,这种支配还处在"萌芽和最初形式"。在那里,妻子是丈夫的奴隶,子女是父母的奴隶。随着生产的进步发展,尤其是当交换关系普遍化以后,劳动力成为商品,无偿占有他人劳动,成为交换关系的典型形式。所有制的意义就在于对他人劳动力的支配。

2.人与人在生产中相互交换活动的关系。

在生产活动中,人与人不只是消费资料的交换,更为重要的是生产资料的相互交换。这种交换实际上是一种活动的交换。国民生产各部类之间,这种交换更为典型,如工农业之间的交换。这种交换也是一种利益的交换,尤其是在市民社会。当生产资料为少数人所占有以后,占有者就在生产活动中始终处于支配地位。占有者就按他的利益意图来组织和管理,人们活动的交换形式就改变了。在现代社会,活动的相互交换为货币资本的相互

① 《马克思恩格斯文集》第 1 卷,人民出版社 2009 年版,第 268 页。
② 《马克思恩格斯文集》第 1 卷,人民出版社 2009 年版,第 536 页。

交换所代替,劳动者支付的首先是自己的劳动力,得到的是货币。生产资料的占有者支付的仅仅是货币,而得到的却是劳动力支付的劳动。人与人的利益关系,在这种交换关系中为物与物之间的利益关系所代替。

3.分配关系是由所有制关系和人们在生产活动中的关系所决定。

分配是对劳动产品的分配,它不是外在于生产。产品的分配,"仿佛离开生产很远,对生产是独立的"。其实决非如此。"产品的分配关系不仅'表示对产品中归个人消费的部分的各种索取权',而且首先是生产资料产品的分配关系,这种分配关系直接决定再生产中的关系,即使就消费资料的分配关系来说,其中加入劳动力再生产的部分也成了新生产的条件"①。所以,分配就是两个方面的分配:一是个人消费部分的各种索取;二是生产资料产品的分配。二者都是人们最为直接的利益。个人消费部分不只是工人的利益(谋生和抚养家庭),而且也关涉生产资料占有者的利益。因为这种消费品,它不只是使劳动者及其家庭得以繁衍,更为重要的是一种生产的再生产,即劳动力的再生产过程,也就是"加入劳动力再生产的部分也成了新生产的条件"。生活资料的这种消费虽然不加入直接生产过程,但它加入再生产过程。它是构成社会总产品实现和社会总资本再生产的物质前提。所以,利益在这里实际上包含双重意义:一是这种消费品再分配是社会总资本再生产的物质前提;二是生活资料的这种分配对于劳动力再生产来讲,具有十分重要的经济意义。它可以以少量的投入而在再生产过程中获得几倍的经济利益,而且这两个方面是一种辩证关系。因为消费品分配是社会总资本再生产的物质前提,所以,生活资料的分配对于劳动力再生产具有经济意义。反之亦然,即因为生活资料对于劳动力再生产才具有经济意义。柯亨在研究马克思的生产力和生产关系时,把生产力说成只是物质基础,不是经济基础。他说,生产力是"一切社会组织的物质基础"②。这意味着生产力不是经济结构的一部分。因此,"生产关系的特点是经济学的,而生产力却不是"③。生产关系特点是经济学的,因而生产关系不是物质关系,而生

---

① 黄楠森主编:《马克思主义哲学史》第2卷,北京出版社1996年版,第157页。

② [英]G.A.柯亨:《卡尔·马克思的历史理论——一个辩护》,岳长龄译,重庆出版社1989年版,第33页。

③ [英]G.A.柯亨:《卡尔·马克思的历史理论——一个辩护》,岳长龄译,重庆出版社1989年版,第31页。

产力是物质的,生产力不是经济学的。这样,就把利益的物质前提同利益相对立,把利益同经济学相对立,这是十分错误的。生产力既然是物质前提,不具有经济学意义,那就等于说,生产力与人们的经济利益是不相关的,这显然是对马克思的误读。再次,如果只把生产关系说成是一种经济意义,而没有看到它的物质前提作用,那就等于这种利益就是脱离物质基础的抽象。利益因为失去物质前提而毫无意义。柯亨的理解其实也不奇怪,因为把利益看作一种抽象,早在功利主义边沁、密尔那儿就开了先河,柯亨只不过把边沁、密尔的利益概念改了装以后,再从地窖中搬了出来。马克思的利益概念与生产关系在本质上是同一的。因为生产关系就是一种利益关系,生产关系的几个方面都同利益范畴的内涵是一致的;而利益范畴本质上是一种经济范畴,利益关系本质上是一种经济关系。这种经济关系不是抽象,它以生产力为物质前提。

利益与生产关系不仅有一致性,也有区别。首先,利益是一个实体范畴,虽然它的展开就是利益关系,但是它与生产关系不同。生产关系主要表示为关系范畴,生产关系总是生产活动中的一定关系,因为它是生产活动中表现出来的客观关系。从生产活动中抽象出来,可以分析为生产力和生产关系概念,但在具体的生产活动,生产力和生产关系是不可分割的,它们在生产活动中是同时表现出来的两种关系。其次,从利益范畴与生产关系范畴的形成来看,在马克思那里,利益范畴属原创性范畴,而生产关系范畴则是后发现的范畴。马克思最早是为了揭开利益的奥秘开始研究经济学的,从做《莱茵报》编辑到德法年鉴时期,首先马克思关注的是利益问题,然后通过对《黑格尔法哲学批判》,逐渐深入家庭市民社会和国家理念矛盾关系的研究,直至 1844 年《神圣家族》一书,才从费尔巴哈的"类"的迷雾中走了出来,揭示了实物(劳动产品)所隐含的"人对人的社会关系"。所以,马克思这一思想仅仅还是接近生产的社会关系。以后,在《德意志意识形态》中,马克思还没有生产关系的概念,而仅仅把"交往"、"交往方式"、"交往形式"看作是生产关系,换言之,生产关系还处在从这些概念中的脱胎过程。直到 1847 年,马克思批判蒲鲁东不是把经济范畴看作是社会关系的理论表现,反而认为现实经济关系只是睡在"无人身的人类理性"怀抱里的一些原理和范畴的化身,从而指出生产关系是人们物质生产活动的产物,它是人们在生产吃、穿、住这些物质利益活动时生产出来的。在这里,生产关系就正式被规定为人们在物质生产活动中的相互关系。

可以说,利益范畴是马克思研究唯物主义和经济学的原创性范畴,而生产关系则是马克思在揭示市民社会物质利益的奥秘以后逐步展开后发现的分析范畴。

三、利益与上层建筑

经济基础与上层建筑是人们普遍关注的一对范畴。利益与上层建筑的关系如何呢? 它很少有人涉及。其原因,一是人们不把利益看作是马克思主义的范畴,因而认为不必探索利益与上层建筑的关系;二是人们认为上层建筑总是与经济基础相互联系,上层建筑性质作用如何,主要从它对经济基础的反作用和经济基础对它的决定作用来看。其实,它们不能代替利益与上层建筑关系的研究。柯亨就把这种作用称为功能解释,即用经济基础对上层建筑的功能来解释经济基础,如鸟有空心骨,因为空心骨便于飞行。在这里,以"便于飞行"这种功能来解释空心骨。同样,因为上层建筑是由经济基础决定的,因而,上层建筑对经济基础有促进和阻碍作用,所以上层建筑对经济基础的巩固和消解有功能作用。他说:"历史唯物主义已经表现为一种功能主义的历史和社会理论,最明显的是在第六章和第八章。前者说生产关系之具有它们的性质,是因为依靠这种性质促进生产力的发展;后者说上层建筑之具有它们的性质,是因为依靠这种性质可以巩固生产关系。"①这就是说,上层建筑之具有它们的性质,就是因为它有利于经济基础的发展。这样解释的合理性在于,反作用本身是一种利益。但它的不合理性在于,抹杀了经济基础的决定作用。那么,利益究竟是什么呢? 在这种功能性的解释中,利益混合于功能之中,利益与上层建筑的关系模糊不清了。因而,只有弄清利益与上层建筑的关系,才能认识到利益是马克思主义的基础范畴,才能批判柯亨的功能性解释,深入地理解经济基础与上层建筑的关系。

1.利益与国家观念。

利益与国家理念关系是马克思最早研究的一对范畴。那么,究竟是利

---

① 　[英]G.A.柯亨:《卡尔·马克思的历史理论——一个辩护》,岳长龄译,重庆出版社1989年版,第267—268页。

益与国家观念的矛盾,还是市民社会与政治国家的关系,引导马克思走向了历史唯物主义?这在国内外研究中,持有不同见解。一般认为,马克思是从市民社会和政治国家的关系中建立历史唯物主义体系的。其实,它不符合马克思文本的原意。市民社会和政治国家的关系,是马克思 1843 年在《黑格尔法哲学批判》一文中提出的论题。这就割断了前马克思对利益的探索。其次,市民社会与政治国家的关系,虽然在《黑格尔法哲学批判》一文中,马克思把黑格尔颠倒的市民社会和国家关系颠倒过来。但是,市民社会究竟是什么?在当时还是不确定的。即使到了《德意志意识形态》时期,市民社会的内涵仍然是二重的,即有时作为历史概念,可以当作资本主义社会;有时作为分析概念,指的是一种经济关系。把后面马克思对市民社会的概念的理解塞到马克思的《黑格尔法哲学批判》时期,才似乎可以看作它们是历史唯物主义建立最早的矛盾发生地。但是,即便是这样,也不能自圆其说。因为,在历史唯物主义创立以后,马克思关于市民社会的概念还有二重含义,那么,以何为根据来确定马克思是在经济关系上来使用市民社会的呢?既然马克思的文本本身很难回答这一问题,那就凭想当然地推测当然是不科学的。马克思不是从市民社会和政治国家关系进入历史唯物主义体系创立的,而是从利益与国家观念的关系走向历史唯物主义创立的。

毋庸讳言,是利益与国家观念的矛盾最早引导马克思走向历史唯物主义。马克思走向社会,理性至上是其突出的特征,因而,由唯心主义世界观指导着他对国家与利益的理解。利益在他当时看来是非理性的,因而,为物质利益斗争是粗陋之举。而国家是理性精神的体现,法律不是植根于社会物质利益关系,它源自人的自由本性,因而,法律不是压制自由的手段。"恰恰相反,法律是肯定的、明确的、普遍的规范,在这些规范中自由获得了一种与个人无关的、理论的、不取决于个别人的任性的存在。法典就是人民自由的圣经"①。换言之,体现自由精神的法典,才是真正的法典。严酷的现实,冲击了马克思理性主义的国家观念、法的观念,从而逐渐洗刷了他的理性主义旧痕遗迹,新鲜的空气使他的血液沸腾起来。社会生活和利益明显地对他的理性主义至上观产生第一个冲击波。这个冲击波激起了他对自由理性至上的国家法的信念涟漪。第二个冲击波是关于林木盗窃法的辩

---

① 《马克思恩格斯全集》第 1 卷,人民出版社 1995 年版,第 176 页。

论,这一冲击波开始使他的理性至上的国家法的观点出现了裂缝。所谓林木盗窃法的辩论,实际是指当时贫苦农民在森林中捡枯枝、采野果引起的法律争论。当时省议会代表少数林木所有者的私人利益,认为捡枯枝是盗窃林木的行为,应予惩罚。而马克思却站在大多数贫苦农民一边,认为枯枝有如蛇脱下的皮,枯枝落地,它就失去了同活树的有机联系,因而捡枯枝不是盗窃。最后,林木所有者的私人利益在法律面前占了上风,捡枯枝被省议会认为是违法的盗窃行为。在这里,应当的国家理性同现实的物质利益对立,从几个方面凸显出来。首先,根据普遍理性的原则,法的观念和国家应当捍卫"普遍利益",即贫苦农民的利益。相反,省议会作为法的观念的代言人,捍卫的却是少数林木所有者非理性的私人的个别利益,竟把大多数农民捡枯枝当作林木盗窃者来惩罚。其次,按黑格尔的观点,普遍理性是完美的,它是衡量法律的标准。但是,现实的私人利益却成了法的标准。总之,讲求实际的林木所有者是这样来判断事物的,"某项法律规定由于对我有利,就是好的,因为我的利益就是好事"①。法律反映了林木所有者的利益。因而,普遍理性不是法的标准,它最终服从林木所有者的利益。最后,为了国家、法和普遍理性,应当牺牲私人利益。但现实却是,林木所有者为了自己的私利不惜牺牲普遍的国家理性。黑格尔的普遍理性,在现实的私人利益面前不得不低下它那高贵的头颅。在这里,它无可奈何地被贬为私人利益的工具。马克思的黑格尔理性主义的哲学信仰,在现实的物质利益面前受到了挑战。普遍理性既然是不完美的,它在现实有限的私人利益领域应当是强有力的。而普遍理性面对现实的物质利益也只好闭嘴,说明普遍理性自身的完善化值得怀疑。但是,他指责的还不是理性至上的国家观念,而是批评利益,认为利益是非理性的、盲目的、不法的。不过,最值得注意的是,关于林木盗窃辩论和此后关于摩泽尔地区的酿造葡萄酒业的农民贫苦状况的调查等,成为马克思研究经济学,解开物质利益秘密的最初动因。究竟是利益支配国家法的观念,还是国家法的观念决定利益呢? 这就是当时马克思理性至上主义开始出现的裂缝。第三个冲击波则是《黑格尔法哲学批判》。这次冲击波的一个最大特点就是,马克思一方面由于社会现实对他的冲击,没有任何事件比得上他亲自在出版自由、莱茵省关于林木盗窃法辩

① 《马克思恩格斯全集》第1卷,人民出版社1995年版,第247页。

论和对摩泽尔河沿岸贫苦的酿酒农民等现实状况对他的冲击之强烈。实践活动是动摇他理性至上主义最直接的现实原因。另一方面,不可忽视的是理论上的前提:如果他的世界观永远停留在对黑格尔唯心主义迷雾的笼罩中,那么他将永远走不出黑格尔哲学的怪圈。也就是说,马克思之所以能走出黑格尔哲学基地,那就是因为接受了费尔巴哈的唯物主义。用费尔巴哈的人本唯物主义批判黑格尔国家理性至上的唯心主义,马克思关于利益与国家法的观念才真正的颠倒过来。黑格尔认为,"国家应是一种合理性的表现,国家是精神为自己所创造的世界,因此,国家具有特定的、自在自为地存在的进程。人们观察自然界,反复提到造物之巧,但是并不因而就相信自然界是比精神界更高级的东西。国家高高地站在自然生命之上,正好比精神是高高地站在自然界之上一样。因此,人们必须崇敬国家,把它看作地上的神物"①。黑格尔把国家看作是地上的神物,国家是伦理观念的现实。国家作为现实的理念,即客观精神,它扬弃与包含了两个理想性的有限领域,即家庭的市民社会。这样一来,就完全颠倒了市民社会和国家的关系。马克思运用费尔巴哈唯物主义世界观,第一次把利益与思想、市民社会与国家关系颠倒过来。他说:"观念变成了主体,而家庭和市民社会对国家的现实的关系被理解为观念的内在想像活动。家庭和市民社会都是国家的前提,它们才是真正的活动着的;而在思辨的思维中这一切却是颠倒的。"②这里的市民社会虽然不是利益,但在马克思当时看来,市民社会就是以利益为基础的社会。

市民社会是个人私利的战场。利益是国家政治情绪的根源,这是市民爱国心的秘密。因此,市民社会对国家政治情绪的根源是什么呢? 那就是市民社会利己主义的利益。在此之前,普鲁士官员、莱茵省议会议员等他们对国家法的理性颂扬,不是为了别的,而是为了他们的利益。市民社会就是一个私人利益体系,市民是具有私人利益的人。那么,由这样一些市民组成的市民社会,就是一个私人利益体系。他们以私人利益为基础,维护的是私人利益。市民的私人利益,这些非事实性领域,不应与国家的普遍利益相对立。但是,事实是市民社会跟特殊利益相冲突,而且它们二者共同与国家的

---

① 　[德]黑格尔:《法哲学原理》,范扬等译,商务印书馆1961年版,第285页。
② 　《马克思恩格斯全集》第3卷,人民出版社2002年版,第10页。

最高观念和制度相冲突。因而黑格尔只好把行政权说成是一种特殊的单独权力，并且把市民社会的特殊利益看成是国家的自在自为的普遍物之外的利益。这显然是相互矛盾的。事实上，市民社会的国家代表的就是市民社会的特殊利益，它绝不是市民社会普遍利益的代表。它维护的就是由市民组成的特殊的私人利益体系。市民社会与国家理念的关系，第一次被倒置过来，它的主要原因，从现象上看，是马克思对市民社会的研究。而从实质上看，则是马克思对利益的基础性作用的经济学的探索。市民社会的科学是政治经济学，由于经济学的研究，马克思才真正揭示利益是国家根源的内容。这一步，最后是在《德意志意识形态》中完成的。按马克思的意见，因为物质生活资料的生产活动，因而有了分工和私有制；因为分工和私有制，因而产生个人利益和普遍利益的对立。这时，国家才以普遍利益的面貌出现。不过，在一切剥削阶级占统治地位的国家，国家只是一个虚幻的共同体，它并不真正代表普遍利益。它只代表某些特殊的私人利益体系。这样一来，国家法和利益的相互关系，才真正地建立在科学基础上，利益是国家、法的观念根源。在一切剥削阶级占统治地位的国家，它维护的是少数人的特殊利益。

2.利益与意识形态。

利益与思想意识形态，似乎远不如政治上层建筑关系复杂。其实并非如此，因为，马克思关于利益与上层建筑关系的研究，首先是从利益与国家法的观念开始的。这一点只能说明利益与政治上层建筑相互关系的重要意义。因为，国家是上层建筑的核心，国家问题是与利益基础关系较为直接的上层建筑，而意识形态同上层建筑与利益比较，是间接的上层建筑。正因为这一点，因而它与利益的关系更为复杂。马克思在《神圣家族》中就曾指出，思想不能离开利益。那就是思想要以利益为基础。思想是利益的派生物，利益是思想的决定者和产生的根源，但是，在西方一些思想家并不这样认为。比如，莱尔因在《重构历史唯物主义》一书中提到的鲍勃等就是这样一些观点。他们认为，上层建筑，尤其是意识形态并非像马克思所说，是由社会存在条件决定的。有时当观念和信仰本身所赖以存在的社会存在并不复存在时，这些观念和信仰却仍然可以保留下来。鲍勃以教训的口吻说："马克思主义者应该想一想，阿奎那的思想被认为是对中世纪社会状况的特定反映，但是，7 个世纪过后，经济基础已经发生了根本变化，为什么今天的天主教学者仍然认为他的思想是可以接受的呢?"①鲍勃认为,政治上层建筑是由经济基础决定,而认为意识形态就不同了。它并不是像马克思说的那样,是由经济基础、由利益决定的。鲍勃的批评是毫无根据的。思想由利益所决定,不是像唯物主义那样,是机械的和单一的因果关系。从归根到底的意义上来讲,意识形态是利益的产物,它是由一定社会条件决定的。比如,由于实践的活动的发展,人们逐渐产生意识和语言,然后,由于家庭和国家的出现,从而有了家庭观念和国家观念等。宗教也是一定社会历史条件的产物,最初宗教是以灵魂与肉体关系反映出来,那是由于社会生产力十分落后的结果。宗教一开始是多神教,随着社会历史条件的发展,多神教发展为一神教。这些与封建社会的历史条件分不开。阿奎那的有些观念是中世纪形成的,但是资本主义社会条件发展,早就改变了中世纪阿奎那的宗教观念。路德与加尔文的宗教改革,已经使政教合一的宗教统治降低为政教分离的狐假虎威的人的自由信仰的宗教理念。韦伯所说的新教伦理,与其说是成为了资本主义精神的根源,倒不如说是资本主义生产条件产生了新教伦理,使其成为一种资本主义精神。阿奎那的思想观念的主流已经随着社会条件变化而变化,而其非主要的一面,尽管可能相对地保留下来,但都作了新的改造、锻炼和熔铸。阿奎那也绝不是 7 个世纪以前的阿奎那。它的思想尽管由于意识形态的相对独立性,还有一些思想家们信仰。但是,一方面,保留下来的那一部分的阿奎那的思想理念也绝不再是中世纪的那种旧观念;另一方面,由于社会历史条件的变化,这种相对性也只是暂时的有条件的,它迟早会随着历史条件的变化而变化,它也绝不是单一的因果关系那样,一对一的发展,而是随着实践的发展而逐渐向前发展。

　　总之,上层建筑是由经济基础决定的,利益作为上层建筑的基础,是从最终意义来讲的。随着社会历史条件的发展,尽管上层建筑有一定的相对性,但它会随利益的发展变化而逐渐改变自己的内容和形式,适应当代人的利益。

---

① ［英］乔治·莱尔因:《重构历史唯物主义》,姜兴宏等译,中国社会科学出版社 1991年版,第 84—85 页。

第三节 马克思主义利益范畴所揭示的规律是历史唯物主义的基本规律

一、利益矛盾构成了社会的基本矛盾

利益矛盾是否构成了社会的基本矛盾呢？生产力与生产关系、经济基础与上层建筑之间的矛盾是社会的基本矛盾，而利益矛盾往往被忽视。在国内是如此，在国外也有人否认这一点。比如，弗洛姆认为："马克思认为性欲和饥饿属于'固定的'动力，但是他从来没有想把获得最高经济利益的欲望看作是一种经久不变的动力。"①按弗洛姆的意见，人的需要和欲望，人的吃、穿、住是固定的动力，而对经济利益的追求却不是经久不变的动力，它只是资本主义社会的暂时的现象。弗洛姆的误读与马克思的文本原意是完全不相符的。弗洛姆说的人对吃、穿、住等的需要，在马克思那里，首先牵涉的是生产力问题。而经济利益及其关系是关涉利益关系或生产关系的问题。弗洛姆实际把发展生产力当作了满足动物性自然需要的动力，而把经济利益看作是市民社会特有的动力。按这个逻辑，利益关系只反映生产关系，而远离生产力。因为生产力解决的是人的动物性的自然欲望，因而无利益可言。而经济利益纯粹是市民社会特有的动力，它与人的动物性自然需要无关。由此推论，原始社会就不存在利益或利益关系，因为在那里，只有生物性的自然需要，这种满足自然需要的活动就是动力。那么，在未来的共产主义社会呢？根据弗洛姆意见，也是没有利益关系的，因为人们对利益的追求只是市民社会的特有现象。从人道主义出发，把人的欲望说成是永远不变的动力，当然是错误的。但他提出的问题是，如果把利益关系"所形成"的矛盾上升为社会基本矛盾，那就是说，它务必具有普遍的意义，它不仅是指阶级社会以来的社会的利益关系，而且没有阶级的社会的利益矛盾也是社会基本矛盾。那么，在前阶级社会，人类只存在基本需要和欲望，而根本就没有利益矛盾？这与人类史发展的科学事实不符合。利益关系应包

---

① 陈学明主编：《二十世纪哲学经典文本·西方马克思主义卷》，复旦大学出版社 1999 年版，第 328 页。

括两重关系:一是人与自然(物)的利益关系;二是人与人的物质利益关系。人们仅仅把第二种关系称为利益关系,而不把第一种关系称为利益关系,是不妥的。人类最初的利益关系,主要是通过人与自然对象的关系反映出来。《周易》是一本卜筮书,其中许多直接表现出来的,都是人与自然的利益。比如,《周易·需》曰:"需。有孚。光亨。贞吉。利涉大川。"①这里的"需",指天雨、湿的意思。有孚,即获利。光亨、贞吉,有利于走过大川。这里就是指人与自然的利益关系。还有《周易·小畜》曰:"小畜。亨。"畜,《说文》畜字下重文作蓄,从田从兹。兹,益也,或曰"草木多益也"。② 这里指称的利益关系,都是人与自然的利益关系。还有中国古代的天人关系,这里的"天",它是自然的天,与西方的上帝不同。中国古代的天人关系,实质上是指人与自然的利益关系。在古希腊,色诺芬在《经济论》中,所提到的农业是财富的来源,农业为商业之母,也是指人与自然的利益。亚里士多德在《政治学》中,指人获取财富的技术分为两种:一种是为了积蓄去获取财富是不自然的,另一种即为了生活必需获取财富才是必然的、合理的。自然的获取财富之术包括家、牧、渔、猎等。在他看来,一切动物所生的之必需的食物,都是由大自然赋予的。所以,植物为动物而创造,而动物又为人而创造。这些都是指人与自然的利益关系。人与自然的利益关系,当代社会甚至作为一个十分重大的哲学问题被提了出来,那就是可持续性发展问题。过去,人们否认这种关系,不把人与自然看作是一种利益关系,利益关系仅仅是一种人与人的利益关系,无非就是人们在生产活动中由生产交换消费分配之间运动而形成的一种相互关系。其实,利益关系不只是人与人之间的关系,而应包括人与自然的利益关系。马克思关于生产力概念所包括的三个因素,有两个因素就是自然的,有一个也是半自然。生命的生产,首先就是一种自然的生产。劳动对象是自然的。而劳动工具也是以自然为基础制造的,所以叫半自然的。生产力的要素本身就体现了人与自然的结合,自然给人们提供了最基本的利益。生产力作为生产活动的展开,更表现为一种人与自然的利益关系。人在对自然的活动中,使自然物按人的目的发生了变化,人也给自然换上了新装,自然也获得了益处,自然以满足人的需

---

① 李镜池:《周易通义》,中华书局1981年版,第13页。
② 李镜池:《周易通义》,中华书局1981年版,第21页。

要给予回报。但是,如果杀鸡取卵,破坏环境和资源,那么,自然就对人带来灾害,给人以报复。自然给人的利益,当然是不可胜数的,但自然给人报复和惩罚也愈益严重。因此,在生产力中,主要表现人与自然的利益关系。既然生产力表现的是人与自然的利益关系,那么,在原始社会和未来的共产主义社会,这种利益关系仍然是最基本的利益关系。

利益矛盾是社会的基本矛盾,这是马克思的一个基本观点。在马克思那里,对这一观点的接近,经过一个相当长的时期。在第六次莱茵省议会上关于林木盗窃法的辩论中,由于莱茵省议员代表林木所有者的利益,错误地判决贫苦农民在森林中捡枯枝落叶为盗窃罪。这一事件使马克思的理性主义受到了冲击。他强烈地谴责特权者,痛斥那些不劳而获的剥削者。认为,自然界中工蜂与雄蜂的关系,在社会中被颠倒过来。在自然界是劳动的工蜂杀死不劳动的雄蜂;在人类社会,却是不劳动的雄蜂用工作去折磨死工蜂。它们的关系是一种尖锐对立的利益关系。所以,在论述到法和利益的矛盾关系时,他开始看到了私人利益关系对国家和法乃至社会的支配作用。利益决定支配了法,而不是相反。利益在社会中的作用在现实中表现出来。

在《黑格尔法哲学批判》时期,马克思从费尔巴哈的唯物主义立场出发,第一次颠倒了利益(市民社会)与国家观念的关系,认为,市民社会是国家观念的前提。但是对利益关系矛盾是社会的基本矛盾的最初论述,是恩格斯的《英国状况》一文。恩格斯就 18—19 世纪的英国、法国和德国作了对比,认为法国人站在唯物主义和经验主义一边。因而,他们的利益以普遍的形式并作为政治活动表现出来。德国人则把自己抽象的内部世界转化成了抽象的外在形式,但外在形式从来没有失掉它转化的痕迹,因而,他们始终从属于内在的思辨和唯灵论。唯独英国人不同,他们完全听从经验,在那里,他们不相信普遍利益,他们只有私人利益。政治改革不再通过强制的政治手段去实现,而应该通过利益来实现。因而,只有英国才有社会的历史。那么,也就是利益是社会决定性的基础。只有利益矛盾成为社会的决定性矛盾。在那里,利益提升为人类的纽带,人类变成一堆互相排斥的原子,因而,异化成了主要形式,"金钱,这个财产的外在化了的空洞抽象物,就成了世界的统治者。人已经不再是人的奴隶,而变成了物的奴隶;人的关系的颠倒完成了;现代生意经世界的奴役,即一种完善、发达而普遍的出卖,比封建时代的农奴制更不合乎人性、更无所不包"①。市民社会异化了利益关系，成了世界的统治者，它支配社会一切方面，甚至无所不包。那么，也就是说，利益是社会决定性基础，利益关系是世界的支配者，不过不是被异化的利益关系，而就是扬弃了异化的利益关系。在《神圣家族》中，马克思在批判鲍威尔唯心主义错误后，提出了利益决定思想的唯物主义观点。18世纪法国唯物主义对利益的唯物主义正确理解，并认为它是共产主义的逻辑基础。1845年《德意志意识形态》的发表，标志着马克思的历史唯物主义的创立。在那里，他阐述了历史唯物主义对利益关系的正确理解。以后，在1847年的《哲学的贫困》一文中，他对利益关系及矛盾在社会发展中的作用作了比较完整的论述。

1.生产中的基本矛盾是利益方式满足人的需要。

人类与任何动物一样，都有基本生存需要，首先是吃、穿、住。它们都以利益的方式出现在人与动物面前。一方是可以用来吃住的自然物；一方是人与动物。利益成了联系人与自然的桥梁，所以，动物都有趋利避害的本能。对其生存发展有利的，则热情地愉快地趋近之；对其生存有害者，则惶惶然而回避。动物(包括人)与自然关系，实质也是一种利益关系。自然物是利益的物质载体或客观对象，人就是利益的主体占有者。人与自然的矛盾关系就是一种利益矛盾关系，它是动物和人类社会最基本的关系。从动物到人，由人类童年到现代，这一矛盾关系贯穿人类社会的整个过程。这一点，往往被人们所忽视，即他们从来不把人与自然的矛盾当作利益矛盾。这显然是错误的。人与自然的关系就是一种利益关系。如果否认这种关系，人与自然实际上是无法相互联系的。在那里，人不再是人，人也没有任何生物性的社会需要，人就像石头等自然物一样地与自然对立。这正是机械唯物主义的错误。机械唯物主义就在于把人当作机器一样的东西。人与动物不同在于，人不是消极地面对自然，人可以通过自己的生产活动作用于自然，并根据自己的目的通过手段作用自然，使自然成为人所需要的对象。

2.生产活动创造了人们所需要的利益，但生产活动在生产过程中也生产了利益关系。

所谓社会关系，就是指人们在生产中形成的一种利益关系。这种利益

---

① 《马克思恩格斯文集》第1卷，人民出版社2009年版，第94—95页。

关系的最初形式是家庭。马克思说："家庭起初是唯一的社会关系，后来，当需要的增长产生了新的社会关系而人口的增多又产生了新的需要的时候，这种家庭便成为从属的关系了（德国除外）。"①因为随着分工和私有制的发展，个人利益与集体利益的矛盾，已打破了个人在家庭内部之间简单利益关系，而上升为个人与社会共同利益之间的矛盾。这样，以共同利益姿态出现的国家等整个上层建筑就产生了。在市民社会，一些人（功利主义）往往把"共同的利益"当作观念，这是错误的。共同的利益是分工的个人之间相互依存于现实之中的那种利益关系，这种利益关系不只是支配人们的观念，更为重要的是支配人们的行为方式。公共利益就以国家的姿态出现了。国家的出现带来了整个政治上层建筑的产生。而在剥削阶级国家里，国家事实上是与实际利益相脱离的一种虚幻的共同体。这种个人利益和虚幻的共同体代表的与实际利益相脱离的共同利益之间的矛盾就构成了社会的基本矛盾。一方面，由于个人追求的仅仅是自己的特殊的、对他们来说是同他们的共同利益不相符合的利益，所以他们认为，这种共同利益是"异己的"和"不依赖"于他们的，特殊的个人利益同异己的共同利益就相互对立起来。另一方面，"这些始终真正地同共同利益和虚幻的共同利益相对抗的特殊利益所进行的实际斗争，使得通过国家这种虚幻的'普遍'利益来进行实际的干涉和约束成为必要"②。这样，个人与社会、特殊利益和普遍利益、社会利益同国家利益就相互对立起来。这种"异化"的产生是由于生产力发展引起的利益矛盾而产生的。这种异化的消灭，也只有具备两个实际前提才能消灭，即异化成为一种不堪忍受的力量和大多数人变成了无产者与阶级尖锐对立。但这两个条件都必须以生产力的巨大增长和高度发展为前提。只有生产力的高度发展，人们的普遍交往才能建立起来，"地域性的个人为世界历史性的、经验上普遍的个人所代替"③，个人利益与普遍利益才会协调发展，并由此推动人与自然利益关系协调和持续发展。总之，利益矛盾构成社会基本矛盾，利益贯穿于人类社会历史的整个过程。

---

① 《马克思恩格斯文集》第 1 卷，人民出版社 2009 年版，第 532 页。
② 《马克思恩格斯文集》第 1 卷，人民出版社 2009 年版，第 537 页。
③ 《马克思恩格斯文集》第 1 卷，人民出版社 2009 年版，第 538 页。

二、利益矛盾运动规律是社会的基本规律

人们把上层建筑适合经济基础状况的规律,生产关系要适合生产力状况的规律作为社会的基本规律,从不提及利益矛盾运动的基本规律。其实,这是一种错误。

1.经济关系即生产关系实质是一种利益关系。

生产关系、经济关系和利益关系都是同等程度的概念,经济关系即生产关系。什么是经济?经济是指与一定社会生产力相适应的社会生产关系的总体或社会经济制度。什么是政治经济学?马克思在《资本论》第1卷第一版序言中说:"我要在本书研究的,是资本主义生产方式以及和它相适应的生产关系和交换关系。"政治经济学就是研究生产关系的科学。政治经济学研究的这种生产关系,就是一种经济关系。恩格斯在《卡尔·马克思〈政治经济学批判。第一分册〉》一文中说:"我们采用这种方法,是从历史上和实际上摆在我们面前的、最初的和最简单的关系出发,因而在这里是从我们所遇到的最初的经济关系出发。我们来分析这种关系。既然这是一种关系,这就表示其中包含着两个相互关联的方面。"①马克思的《资本论》是从商品开始的,也就是从产品的个人相互交换开始的。通过商品揭示了使用价值和交换价值的关系。由于价值是劳动创造的,具体劳动、个别劳动创造了使用价值,一般(社会)劳动创造了交换价值,从而由价值揭示了具体劳动和一般劳动的关系。这种个别私人劳动和社会劳动的矛盾,就成了理解市民社会生产关系矛盾的枢纽。所以,恩格斯说:"经济学研究的不是物,而是人和人之间的关系,归根到底是阶级和阶级之间的关系;可是这些关系总是同物结合着,并且作为物出现。诚然,这个或那个经济学家在个别场合也曾觉察到这种联系,而马克思第一次揭示出这种联系对于整个经济学的意义。"②利益关系是马克思的始创性范畴,而经济关系是后发性概念。马克思在1842年出版自由辩论中,就发现贵族、地主、城市小市民和农民对普鲁士出版法的态度都与他们的利益有关。以后,在《黑格尔法哲学批判》中,他对黑格尔谈到的关于市民社会是个人私利的战场,人与人之间关系就像狼与狼之间的关系等给予肯定。在《1844年经济学哲学手稿》中,他通过

---

① 《马克思恩格斯文集》第2卷,人民出版社2009年版,第603—604页。
② 《马克思恩格斯文集》第2卷,人民出版社2009年版,第604页。

研究,从异化劳动所造成的人同自然的利益关系的对立,进而深入到人与人的利益关系的对立。利益关系的这种对立,十分清楚,它是经济关系对立的结果。利益关系开始深化到经济关系层面。在《神圣家族》中,把对象(实物)与人的利益关系提升为社会关系。他说:"对象作为为了人的存在,作为人的对象性存在,同时也就是人为了他人的定在,是他同他人的人的关系,是人同人的社会关系。"①实物与人的关系是一种利益关系。"实物"是指的劳动产品,因而,也就是一种经济关系。马克思在这里把实物看作是人对人的社会关系,这就接近于提出了生产关系的概念。但是马克思在《德意志意识形态》中,并未使用生产关系的概念。在那里,他使用的主要是交往形式或交换关系,但是这种关系在他看来绝不是一种"观念",而是一种客观的利益关系。他认为,私有制不是像唯心主义者所理解的"以对物的任意支配为基础"。所有制,"对于私有者具有极为明确的经济界限,如果他不希望他的财产从而他滥用的权力转入他人之手的话;因为仅仅从私有者的意志方面来考察的物,根本不是物;物只有在交往中并且不以权利为转移时,才成为物,即成为真正的财产(一种关系,哲学家们称之为观念)。"②所有制是具有经济界限的概念,他是不以观念为转移的物,是"真正的财产"。可见,利益关系、经济关系、交往关系,这里的关系都不是"观念",而是一种"物"。唯心主义往往把利益关系、经济关系、交往关系(生产关系)理解为"观念",这是错误的。这也是马克思对生产关系的唯物主义界定。生产关系赋予物的客观内容,它奠定了生产关系在社会基本矛盾中的地位。所有制是一种物的关系,是真正的财产。这就把利益当作一种客观物的关系,利益关系不是一种观念,共同利益不是共同观念,个人利益不是个人观念,共同利益就是共同所有的物,个人利益就是指个人占有的物,它们是"真正的财产"。所有制是"真正的财产",这种经济关系表现的是一种真正的利益关系。经济关系即生产关系,即人们在生产中的相互交换活动的关系和劳动产品的分配关系,实质是一种利益关系。总之,生产关系、经济关系就是一种利益关系。

2.社会基本规律的作用通过利益关系表现出来,也只有通过利益矛盾

---

① 《马克思恩格斯文集》第 1 卷,人民出版社 2009 年版,第 268 页。

② 《马克思恩格斯文集》第 1 卷,人民出版社 2009 年版,第 585 页。

的解决才能最后解决。

　　社会基本矛盾首先表现一种决定作用。马克思说："社会关系和生产力密切相连。随着新生产力的获得，人们改变自己的生产方式，随着生产方式即谋生的方式的改变，人们也就会改变自己的一切社会关系。"①这里说的是生产力对生产关系或财产关系的决定作用。这种关系表现的是一种利益关系。在以封建主为首的社会，生产关系表现的是封建主与农民之间的利益关系。由于生产力的发展，蒸汽机的出现，工业资本家与封建社会的利益关系发生了冲突，因而，为了适应生产力的要求，改变封建主与农民的利益关系，而建立一种工业资本家与工人劳动者之间的利益关系，等等。这种由生产力决定的生产关系，就是通过利益关系的对立表现出来，并且最终以利益关系的改变而解决了生产关系与生产力之间的矛盾，使生产关系不再成为生产力发展的桎梏而适应生产力的发展。可见，正是由于生产力对生产关系所表现的利益关系的决定作用，要求一定利益关系最终与一定的生产力水平相适应。换言之，一定生产关系表现的利益关系必须与一定的生产水平相适应，一定的上层建筑要求与一定的生产关系所表现的利益关系相适应。上层建筑最根本的是适合由一定的利益关系所形成的经济制度。如果适合了，那么就使利益关系处于和谐状态，从而巩固和发展这种利益关系所制约的生产关系的发展。反之，就会对生产关系的发展带来毁灭性破坏而成为生产力发展的桎梏。封建社会在我国之所以持续的时间较长，不是像一些人所说，是因为中国地处亚洲，是一个梦幻的童年（黑格尔语），也不是因为缺乏西方那样的宗教伦理精神（马克斯·韦伯语）等。中国封建阶级不断利用上层建筑的力量调整利益关系，使其适应落后的封建生产力，如宋朝的王安石变法、明朝的一条鞭法等。欧洲资本主义社会建构，也是因为资产阶级利用国家上层建筑调整工人与资本家的利益关系，使其适应生产力的现有状况和水平，如欧洲的文艺复兴、路德的宗教改革等。而且上层建筑与经济基础、生产力与生产关系矛盾，最终要通过利益矛盾的解决才能最后解决。因为，生产关系的每一个因素的调整，首先也是对利益矛盾及其关系的调整。如私有制与公有制的转换，实质是一种利益关系的转换。私有制，无非是一部分人占有财富的制度；公有制，无非是社会占有财富的制

---

　　①　《马克思恩格斯文集》第1卷，人民出版社2009年版，第602页。

度。改变私有制,首先就要触及那部分占有者的利益;建立公有制,首先要使无产者上升为财富的共同占有者。它使一部分人获得利益,而使一部分人丧失自己的利益。只有当劳动者的利益得到合理协调,他们才有可能在活动中相互协调配合,推动生产力的发展,否则,这种利益关系就会影响生产关系而最终影响生产力而成为生产力发展的桎梏。如果上层建筑与经济基础不相适应,生产关系与生产力不相适应,不是通过上层建筑调整利益关系,那么,上层建筑与生产关系的矛盾是无法解决的。马克思在《神圣家族》中,在批判鲍威尔鼓吹理想目的至上的唯心主义错误时,说思想一旦离开利益,就一定使自己出丑。马克思以 1789 年法国大革命为例来说明这一问题。法国大革命的胜利,首先在于法国资产阶级适应生产力发展的要求,改革了中世纪遗留下来的封建宗法制度下的利益关系。1789 年,法国资产阶级革命,他们的利益获得了实际的成效。他们"胜利地征服了马拉的笔、恐怖主义者的断头台、拿破仑的剑,以及钉在十字架上的耶稣受难像和波旁王朝的纯血统"。① 法国大革命的失败,也在于他们最终没有使他们建立的利益关系适合资本主义生产力发展的要求。法国的罗伯斯庇尔、圣茹斯特等人,他们企图按奴隶制的古代民主国的榜样,去建立以资产阶级为基础的现代国家。他们的理想国家所实现的利益关系,并不是现代资产阶级的利益关系,而是已经落后于资产阶级的奴隶主阶级的利益关系。所以,他们没有通过解决封建地主与农民的利益关系而建立资产阶级的利益关系,因而不适合资产阶级的生产关系,以至于不适合生产力的发展。这就是 1789 年法国资产阶级革命最后失败的真正原因。

可见,社会基本规律的作用总是通过利益关系表现出来,也最终只有通过利益矛盾的解决才能最后解决。一言以蔽之,利益矛盾运动的这种基本规律就是社会的基本规律。

三、上层建筑的根本任务是维护和调整一定阶级的利益关系

马克思说,市民社会,"这一名称始终标志着直接从生产和交往中发展起来的社会组织,这种社会组织在一切时代都构成国家的基础以及任何其

---

① 《马克思恩格斯文集》第 1 卷,人民出版社 2009 年版,第 287 页。

他的观念的上层建筑的基础"①。上层建筑,它是建立在经济基础之上的。它包括以国家为主的政治上层建筑和思想意识形态的思想上层建筑。上层建筑同利益的关系,从这两个方面可表现出来。

1.首先是国家。

西方马克思主义者阿尔都塞,他用结构主义的方法来解释马克思主义。他反对把马克思主义作为人道主义解释,因为人道主义则仅仅是个意识形态的概念,马克思不是从这里出发,而是从一定的社会经济时期出发的。虽然阿尔都塞把马克思主义阐释为一种多元结构主义,弱化了经济利益在社会中的决定作用,但是他肯定马克思主义不是西方马克思主义所说的人道主义,是正确的。马克思对国家的论述,开始却表现出了他的人道主义立场。他曾说:"哲学要求国家是合乎人性的国家。"②但这些思想是在马克思尚未创立历史唯物主义以前的观点,因而并不能代表马克思主义的国家观念。这是对的。国家最根本的任务是什么? 国家最根本的任务是以"共同的利益"的姿态出现来保护和调整各种利益关系。这是一个规律。马克思在《法兰西内战》一文中对国家性质作了详细而具体的分析。他认为,国家都是一个阶级为了维护和巩固本阶级利益去反对另一个阶级的有力武器。封建专制主义国家总是代表封建地主的利益去反对奴隶主阶级的统治。资产阶级国家总要代表资产阶级利益去反对封建地主阶级的利益。现代资产阶级国家,"它的政治性质也随着社会的经济变化而同时改变。现代工业的进步促使资本和劳动之间的阶级对立更为发展、扩大和深化。与此同步,国家政权在性质上也越来越变成了资本借以压迫劳动的全国政权,变成了为进行社会奴役而组织起来的社会力量,变成了阶级专制的机器"③。资产阶级国家就是利用他的政权、法律维护资本主义有产者利益的有力武器。但美国西方马克思主义者胡克认为,国家通过法律保护的是全民的利益,即每一个人的利益,而不是像马克思说的,只保护少数有产者的利益。胡克说,任何法律和国家都是保护人人平等的,"任何法律和国家的任何工具都不会宣布说,人的利益是可以为了财产的权利而被牺牲的,或者更准确地

---

① 《马克思恩格斯文集》第 1 卷,人民出版社 2009 年版,第 583 页。
② 《马克思恩格斯全集》第 1 卷,人民出版社 1995 年版,第 225 页。
③ 《马克思恩格斯文集》第 3 卷,人民出版社 2009 年版,第 152 页。

说,在有各种主张之间的冲突的地方,占有生产资料的各阶级的利益,是高
于不占有生产资料的各阶级的利益的。的确,公开承认事实就是这样,那就
会构成对已表白的在法律面前人人平等这个法律原则的侵犯;在理论上,这
样一种承认,虽然是诚实的,但却全是非法的"①。他把人人平等看作绝对
的保护利益普遍性的通则,其实,由于法律代表了国家普遍利益,因而,在占
有生产资料者与非占有者之间一旦发生矛盾时,国家就是根据人人在法律
面前平等这一个原则来平衡占有者与非占有者的利益的。法律决不会站在
无产者一边,把他们的利益看作是高于不占有者的利益。法律代表着统治
阶级的意志,法律维护的是统治阶级的利益。由于以往的国家都是统治阶
级的国家,因而国家不代表全民的利益,全民的国家到目前为止,仍然是一
个理想的"应当"。正因为这样,剥削阶级的国家以公共利益的面貌出现,
但它并不代表公共利益,它只是少数有产者利益的代表。国家的作用就是
维护发展少数占有者的利益。所以,它不是真实的公共利益的代表,而是一
个虚幻的共同体。1848年,在分析二月革命时,马克思说:"构成资产阶级
共和国内容的正是资产阶级的利益,正是它的阶级统治和阶级剥削的物质
条件。"②国家的实质是维护和调整一定阶级的利益关系,现代国家是与现
代资产阶级利益相适应的,"实际上国家不外是资产者为了在国内外相互
保障各自的财产和利益所必然要采取的一种组织形式"③。在全社会各阶
级的利益实现统一的基础上,国家才会由一个政治组织,转变为一个经济组
织,即国家的消亡。

　　2.思想意识形态不仅是一定社会阶级利益的反映,而且一定社会的意
识形态总是反作用于一定社会的利益关系。

　　意识形态,包括一定社会政治思想、法律思想和哲学、宗教、伦理道德观
念等。这些思想是一定社会在经济利益上占统治地位的思想的反映,它反
过来为一定社会的经济利益服务。一定的阶级是社会上占统治地位的物质
力量,同时他又是社会的占统治地位的精神力量。为什么说统治阶级的思
想在每一个时代都是占统治地位的思想? 这是因为它们是这个社会占统治

① ［美］悉尼·胡克:《对卡尔·马克思的理解》,徐崇温译,重庆出版社1989年版,第
215页。
② 《马克思恩格斯文集》第2卷,人民出版社2009年版,第107页。
③ 《马克思恩格斯文集》第1卷,人民出版社2009年版,第584页。

地位的物质力量。这里既指出意识形态的利益性质,同时也揭示了意识形态的来源和作用。意识形态是一个比较复杂的思想体系,它们有的有阶级性,有的并不存在阶级性,如逻辑学、语言等。但马克思的意识形态一般是指那些有阶级性的意识形态。意识形态因为是一定阶级利益的反映,因而它往往通过国家、教育、家庭等途径,使其上升为统治阶级的意识形态。阿尔都塞认为,统治阶级意识形态之所以上升为统治阶级意识形态,主要是因为它通过意识形态的国家机器获得的,如学校、教会、家庭、交往媒介、文学艺术、文化和体育的组织,直至工会和政党,全都是意识形态的国家机器。这种占统治地位的意识形态也是一种再生产过程。在资本主义社会,占统治地位的意识形态国家机器是"家庭—学校";在封建社会,其意识形态方面则是通过"教会—家庭"而获得的。[①] 在这里,阿尔都塞的结构主义分析有一定的合理性。占统治地位的意识形态是统治阶级发挥国家、教会、家庭、学校等的共同作用,从而使其上升为统治阶级的意识形态。在这里,阿尔都塞的分析,也说明了占统治阶级意识的作用的实现途径,即占统治地位的意识形态对利益与利益关系的调整和反作用。这说明两个问题:第一,意识形态的反作用是为了保护和调整一定阶级的利益关系;第二,这种反作用是通过意识形态的国家机器,如学校、教会、家庭、工会和政党来实现的。一定社会的意识形态总是为一定的阶级利益关系服务的。在奴隶社会即将走向崩溃时,利欲横流,诸侯纷争,百姓涂炭,孔子代表奴隶主的利益,提出"克己复礼"的思想,以期规范诸侯的行为,维护周王朝的统治。在 19 世纪末 20 世纪初,我国民族资产阶级适应民族工业发展的需要,逐步地成长发展壮大起来。孙中山为了改变封建社会的利益统治,建构资产阶级的利益关系,从而提出了"三民主义"的主张等。这些意识形态都是为一定的利益关系服务的。同时,一定的意识形态总是通过意识形态的国家机器实现它为一定的利益关系服务的目的,如通过学校、家庭、教会、工会、政党等。在封建社会,其意识形态方面,是通过教会——家庭获得,而且通过教会和家庭反作用于封建社会的利益关系。在资本主义社会,其意识形态主要是通过家庭——学校获得,而且通过家庭和学校反作用于资本主义社会的利益关系。加尔文、马丁·路德的宗教改革,代表资产阶级利益在意识形态上的

---

① 参见徐崇温:《"西方马克思主义"论丛》,重庆出版社 1989 年版,第 421—422 页。

要求,瓦解了教会对社会利益关系的负面影响,从而推动了资本主义利益关系的发展。马克斯·韦伯从而把新教伦理上升为一种资本主义精神。它至少也说明,宗教改革以后的新教伦理是一种推动资本主义利益关系发展的精神力量。

　　总之,上层建筑两个方面既是适应一定的利益关系产生的,同时它们的主要作用也就是保护、调整和巩固一定社会的利益和利益关系。

第七章

马克思主义利益范畴与科学文明

第一节 利益与人类文明

一、人类文明的利益含义

文明(Civilization),在古汉语,它有三个含义:一是指文化(Culture),如物质文明、精神文明;二是指人类社会进步状态,它与"野蛮"相对立,李渔《闲情偶寄》曰:"辟草昧而致文明";三是指光明,有文采,《易·乾·文言》:"见龙在田,天下文明。"孔颖达疏:"天下文明者,阳气在田,始生万物,故天下有文章而光明也。"《书·舜典》:"睿哲文明。"在这里,文化与人类社会进步状态,是一个意思,因为文化也标志着一个社会的进步状态。至于"见龙在田",阳光照耀,百草萌发,天下草木繁荣,一片欣欣向荣的景象,也是社会发展的一种现象。因而,文明在中国古代,最基本的含义是表示社会开化、进步和昌盛的状态。文明,在拉丁文中,原意为公民的、社会的意思,又有开化、教化、文化等含义。它通常被用来说明存在于一定时期和一定地区的社会文化共同体。它表示社会的一种进步状态。18 世纪法国启蒙主义者伏尔泰、孟德斯鸠、卢梭在他们的著作中都使用过"文明"一词。但是以"文明"一词第一次作出科学规定的是马克思和恩格斯。在马克思那里,文明是指人类社会生产活动发展到一定阶段的产物,它是人类逐渐摆脱蒙昧、野蛮走向开化和进步的状态。"它标志人类在改造客观世界和主观世界过程中,创造的物质财富和精神财富的程度。"①

1.文明是生产活动发展到一定阶段的产物。

---

① 高清海主编:《文史哲百科辞典》,吉林大学出版社 1988 年版,第 134 页。

文明是人类创造的物质财富和精神财富,但是人们要创造,首先要生活,要吃、穿、住等。为了解决好吃、穿、住这些人类生存最基本的利益,人类首先必须从事生产物质生活资料的活动,这是创造文明的第一个前提。人类在生产物质生活资料的过程中,创造了社会的物质财富,这是一个自觉和不自觉的过程。人们为了吃、穿、住,他们要自觉地从事生产活动,这是一个自觉的过程;但是他们在生产过程,不仅创造了基本的物质资料,而且逐渐创造了满足基本的物质生活资料之外的财富,这是一个不自觉的过程。人们不仅有了食物资源的剩余,而且也有了时间的"闲暇"。由于有了闲暇,人们才可以在从事物质生活创造的同时,去从事精神财富的创造。所以,人类文明,都是生产活动发展到一定阶段的产物。汤因比在《历史研究》中,他在谈到古代埃及、苏末、米诺斯、古代中国、马雅和安第斯等世界六个母体文明产生的起源时,认为这些文明真正的起源,是生存的挑战和应战。由于早期人类自然环境的恶化,提出威胁人类的生存的挑战。人们如何去接受这个挑战呢? 如果其应战方式是正确的,那么,文明则产生了,否则文明就不可能发生。当时,这个地区,由于他们的应战方式正确,他们不是用力过猛,而是用力适当,如建造排水工程,向一些利于人类生存的森林、草原、岛屿迁徙,等等,因而,这些古老的文明就产生了。他把修建水利工程等作为人类创造文明、接受生存挑战而应战的正确方式,这是对的。这就是说,他也认同了马克思主义关于文明起源于生产活动的基本观点。汤因比的观点,对于我们了解文明的起源无疑有一定的意义。我国文明最早起源,的确与人类最早接受自然生存环境的挑战有关。如我国最早关于大禹治水的传说,无疑对黄河长江流域的文明发展有重要的作用。李冰修建的都江堰、广西桂林灵渠的修建等,都对这些地区的文明发展有着至关重要的意义。还有黄河流域的中华文明的成就,与后稷创造了粮食生产技术有关。由于面对生存挑战,人们采取以生产物质生活资料的生产活动的"应战"方式,因而带来了这些地区文明的发展。可见,文明是生产活动发展到一定阶段的产物。

但是,英国的哲学家、历史学家柯林武德则认为,一切文明史的历史都是思想史。他说:"除了思想之外,任何事物都不可能有历史。"[1]他认为,历

---

① [英]R.G.柯林武德:《历史的观念》,何兆武、张文杰译,中国社会科学出版社1986年版,第344页。

史世界无非是一个精神世界,研究文明,就是通过自己的思想重演那种文明的精神生活。"如果今天的西欧人历史地研究希腊文明,他就能掌握那种文明的精神财富并使之成为他自己文明的一个组成部分。事实上,西方文明正是由于这样做而形成自身的,由于在它自己的精神里重建希腊世界的精神,并且朝着新的方向发展那种精神财富而形成自身的。"①西方文明、希腊文明都是这样形成的,都是在自己的精神里形成和发展的精神财富。而汤因比的文明规则与此相反。"汤因比没有能看到这一点,因为他的总的历史观归根到底是自然主义的;他把一个社会生命看作是一种自然生命而不是一种精神生命,根本上是某种纯属生物学的东西而且最好是根据生物学的类比来加以理解。"②他把汤因比说成是一个自然主义者,并认为他的文明观仅仅是根据生物学的类比来加以理解,因而汤因比的文明观纯属"生物学的东西"。这里不只是对汤因比,而且也是把凡是从人的生存和发展出发来理解文明的观点,说成是生物学的观点。柯林武德认为,人类文明与自然区别的特点是人类是有目的,而自然是没有目的。自然界的生生不息是无意识的。而自然主义就是生物学中无目的的无意识的判断,移植到文明历史的判断中来。他把这种实证主义方法的错误,比作剪刀加糨糊,即把一些实证的事实摘录下来,然后把这种摘录无思想地粘贴在一起。这也等于先制造一个体系,然后再把他们的学问安排在这个体系中。这种方式也叫"鸽子笼方式"。③ 总之,他反对从经验事实出发,来界定文明的方法。

事实上,柯林武德的方法才是真正的鸽子笼方式。因为鸽子笼不是实证的多样的事实和经验,而应是先验的先天的思想假设框架。从思想出发,就是从先验的先天的理念出发,这个先验的理念,也等同先天的知识,又等于黑格尔的绝对观念。由于他的唯心史观及其方法错误,因而,他从思想出发,然后在思想基础上建构一个唯心史观的鸽子笼体系,这是十分自然的。文明是通过人类有目的的活动创造出来的。但这种"目的",绝不是像柯林

---

① [英]R.G.柯林武德:《历史的观念》,何兆武、张文杰译,中国社会科学出版社1986年版,第185页。

② [英]R.G.柯林武德:《历史的观念》,何兆武、张文杰译,中国社会科学出版社1986年版,第185页。

③ [英]R.G.柯林武德:《历史的观念》,何兆武、张文杰译,中国社会科学出版社1986年版,第298页。

武德所说,它是先天的。人类的目的,是人类在生产活动中逐渐发展起来。马克思在《资本论》中曾对人类活动的目的性进行科学的论述。他说:"蜘蛛的活动与织工的活动相似,蜜蜂建筑蜂房的本领使人间的许多建筑师感到惭愧。但是,最蹩脚的建筑师从一开始就比最灵巧的蜜蜂高明的地方,是他在用蜂蜡建筑蜂房以前,已经在自己的头脑中把它建成了。"①蜘蛛与织工同样是活动,但人的活动不同,人是有目的的,而蜘蛛等则不是。然而,这种目的不是先天的观念,也不是柯林武德讲的思想的思想。作为活动的目的,马克思认为,它"是作为规律决定着他的活动的方式和方法的"。这就是,这种目的,是人类在数百次活动中已经发现的"规律"来决定的。规律是事物的必然的内在的本质的固定的联系。这种规律首先作为客观的东西制约着人类的目的,而且使他的目的必须要服从这个规律。可见,目的绝不是柯林武德所说的,仅仅是思想的。目的的形式是思想的,可是它的来源和内容却是客观的。人类文明是人类有目的生产活动发展到一定阶段的产物。

2.文明是以利益为基础建构起来的物质财富和精神财富的统一体。

文明可以分为两种文明,即物质文明和精神文明。物质文明是人类改造自然界的物质成果的总和,它包括生产力的状况、生产的规模、社会物质财富的积累程度、人们日常物质生活条件的状况等,所以一定物质文明总是同一定的生产力水平相联系,是一定的生产力水平的现实表现。而精神文明是人类改造主观世界的精神财富的总和,它是人类精神生产的发展水平及其积极成果的体现。物质文明和精神文明都是人类改造客观世界和改造主观世界过程中创造的物质财富和精神财富。所以,物质财富和精神产品都是人化的物质生产生活基本条件。物质财富是以满足人们物质生活需要而产生的,比如劳动者素质的提高,劳动工具的创造和发明,劳动对象的改良和优化(如土地资源的改良)。精神财富则是以满足人们精神生活需要产生的,比如社会的经验、知识、信息、智慧与技能的增长和积累,科学的发展,教育的加强,文学艺术的创作,卫生体育的素质和水平的提高,以及为了这些方面所建立起来的设施和设备,如学校建设和卫生保健防疫的机构的建立、文化体育设施的提供、书刊杂志的出版等。但是,物质文明和精神文

---

① 《马克思恩格斯文集》第5卷,人民出版社2009年版,第208页。

明,都不是柯林武德所说,仅仅都是人类自己的心灵的建构物。事实上,它们都是人化的财富。这种"人化"不是心灵的外化、思想的外化,而是人化的活动。所谓人化的活动,即人们根据自己的需要在一定的客观条件下,通过自己的活动而创造出来的。这一点,心灵是永远无法建构的。心灵建构的永远是心灵的东西,以物质为基础建构起来的东西就是物质的利益。不过这种利益不是那种具体的个别利益,而是从个别利益提升出来的一般的共同的利益。但这种共同利益绝不是抽象的。马克思说:"这种共同利益不是仅仅作为一种'普遍的东西'存在于观念之中,而首先是作为彼此有了分工的个人之间的相互依存关系存在于现实之中。"①这就是说,这种共同利益实际是通过人们的具体的个别活动建构来的,即人们选择有利于自己所需要的对象,通过自己的活动建构起来的。这里的选择,就是一种利益的选择。选择的第一个约束就是人们生存发展的需要,只有符合人类生存发展需要的对象,人们才用自己的活动作用于它,使它成为人类的财富,否则就会把它排除在人类的需要之外。选择的第二约束就是使这种选择适合于手段工具的状况,只有工具达到了一定的工艺水平或工业技术水平,作为目的的选择,只有通过手段,作用外界物,最终才能实现自己选择的目的。卢卡奇在《关于社会存在的本体论》中就提到目的选择,首先是自然规定,最初只有木头才能被选做车轮,其次是社会规定,即社会本身提出的任务。②这是对的。因为,选择是以利益为基础的选择。人们在选择的基础上,通过手段(工具)作用于外界,即在改造客观世界同时改造主观世界,从而创立物质文明和精神文明。

3.文明是人民群众实践活动水平程度的标志。

文明是群众实践活动的产物,离开了群众的实践活动,文明等于零。但是,汤因比却相反。他认为,文明不是源于群众的实践,而是源于富有创造力的个人或"小社会",群众仅仅模仿少数领导者。这是十分错误的。实践是群众的实践。群众是实践的主体。只有群众的实践才是创造文明的社会力量。文明绝不是少数人创造的,群众不是模仿少数人,相反是少数人总结和概括了群众的实践成果。实践是文明的源泉。在实践的基础上形成的利

---

① 《马克思恩格斯文集》第 1 卷,人民出版社 2009 年版,第 536 页。

② 参见[匈]卢卡奇:《关于社会存在的本体论》下卷,白锡堃等译,重庆出版社 1993 年版,第 5—102 页。

益关系及其结构才是检验文明进步与落后的标志。

二、利益与人类文明发展

利益是社会的基础,它是人类文明进步和发展的内驱力。文明的产生、发展和进步经过了一个漫长过程。这个漫长过程,文明是如何产生和发展的呢?

首先,它是以利益为动力,以"控制食物生产"为目的而向上发展起来的。美国人类学家摩尔根在深入印第安等部落时,收集了人类的大量的史前史资料,他提出了史前史人类向文明过渡的三个时代的概念,即蒙昧时代、野蛮时代和文明时代。他认为:"生产上的技能,对于人类的优越程度和支配自然的程度具有决定的意义;一切生物之中,只有人类达到了几乎绝对控制食物生产的地步。人类进步的一切大的时代,是跟生活来源扩充的各时代多少直接相符合的。"①摩尔根的话有两点是值得注意的:其一是认为生产上的技能对人类向文明过渡具有决定性意义;其二是认为人类进步跟生存资源扩充直接相符合。但他认为"只有人类达到了几乎绝对控制食物生产的地步",这与史前史的事实不符合,也与他的逻辑相悖。史前史是不可能绝对控制食物生产。既然绝对控制食物生产,那也就不存在生存资源扩充的问题;如果绝对控制食物生产,那么生存资源就绝对饱和了。而他的基本观点是对的。他阐述了文明进步的决定性的基础是物质生活资料的生产的发展。这种生产充分发展了,生存资源必然扩充到能满足人类生存和发展的需要,因而,文明就产生。马克思、恩格斯肯定了摩尔根的人类学研究的成就,并基本上采用了摩尔根关于人类史前史的分期理论。马克思、恩格斯也把人类史前史分为:蒙昧时代、野蛮时代和文明时代。蒙昧时代,它是人类的童年,住在热带或亚热带森林中,他们至少部分住在树上,因为在大型猛兽横行的原始社会,只有栖息在树上才能生存。他们吃的是果实、坚果、根茎等。然后采用鱼类,这时开始使用火了。因为鱼类食物,只有用火才能做成完全可以吃的东西。这时使用工具,主要是未加磨制的或粗制的石器。他们为了求生存,不断地迁移到那些有利于生活的地方。据记载,专靠打猎的民族是难以维持生存的,以致出现了人类相互残食的现象。

---

① 《马克思恩格斯文集》第4卷,人民出版社2009年版,第32页。

"由于食物来源经常没有保证，在这个阶段上大概发生了食人之风，这种风气，此后保持颇久。即在今日，澳大利亚人和许多波利尼西亚人还是处在蒙昧时代的这个中级阶段上。"① 后来弓、箭等工具发明了，且由于定居出现了村落。由于铁器工具的产生，人类进入了野蛮时代。野蛮时代，人们学会了制陶术，"野蛮时代的特有的标志，是动物的驯养、繁殖和植物的种植"②。还有，由于灌溉的发展，人类开始栽培食用植物和建筑上使用干砖等。在这个阶段，食人之风已逐渐消灭。恩格斯说："野蛮时代是学会畜牧和农耕的时期，是学会靠人的活动来增加天然产物生产的方法的时期。文明时代是学会对天然产物进一步加工的时期，是真正的工业和艺术产生的时期。"③ 可见，文明是在人类利益基本可以满足生存需要的基础上产生的。天然产物的加工，就是工具的制造，工业和艺术不仅是物质文明的象征，而且也是精神文明的结晶，没有文字、语言和文化，就不会有真正的工业和艺术。而文化、文字、语言，都是人们在为满足基本生存需要的利益过程中产生的。文明发展的动力是满足人类基本生存需要的利益的生产活动。人们为了"控制食物的生产"，不得从事生产物质生活的活动。这种活动一开始无法控制食物的生产，人们因而就创造了石器工具，然后又创造和制造了弓箭。"弓箭对于蒙昧时代，正如铁剑对于野蛮时代和火器对于文明时代一样，乃是决定性的武器。"④ 工具的发明和创造，使食物的生产得到发展，并且有了剩余。由于有了剩余，人类从而有了可能从事创造文字、艺术、宗教、哲学等活动，文明就这样产生了。

其次，文明时代的私有制、阶级和国家的出现是利益对抗的结果。马克思通过对希腊文明的没落、罗马氏族制度文明瓦解的透视，说明了私有制、阶级和国家的形成。奴隶制何以取代原始公有制呢？他说："不管地域如何：同一氏族中的财产差别使氏族成员的利益的共同性变成了他们之间的对抗性；此外，与土地和牲畜一起，货币资本也随着奴隶制的发展而具有了决定的意义！"⑤ 财产差别使氏族成员的利益共同性变成了他们之间的对抗

---

① 《马克思恩格斯文集》第4卷，人民出版社2009年版，第33—34页。
② 《马克思恩格斯文集》第4卷，人民出版社2009年版，第35页。
③ 《马克思恩格斯文集》第4卷，人民出版社2009年版，第38页。
④ 《马克思恩格斯文集》第4卷，人民出版社2009年版，第34页。
⑤ 《马克思古代社会史笔记》，人民出版社1996年版，第317页。

性,这就是私有制、阶级和国家产生的根据。生产的发展,财产有了剩余,文明出现了。但是,文明的出现又孕育了新的"野蛮"的开始,那就是氏族成员对财产财富的占有共同性变成了他们之间的对抗性。于是新的"野蛮"开始,这就是战争和镇压。镇压和战争的结果,就是专门的镇压和专制机关的产生,这就是国家。因而,国家不是道德的产物,国家本身就是维护统治阶级利益的专门机器。道德和个性都是在利益的基础上派生的,马克思在《亨利·萨姆纳·梅恩〈古代法制史讲演录〉(1875 年伦敦版)一书摘要》中,针对梅恩把国家的产生归结为道德和个性的影响的唯心主义观点时,认为道德和个性不是国家产生的根源,道德和个性的内容是利益,国家、道德和个性都是在利益的基础上产生的。他说:"只要我们分析这种个性的内容即它的利益,它的真正性质就会显露出来。那时我们就会发现,这些利益又是一定的社会集团共同特有的利益,即阶级利益等等,所以这种个人本身就是阶级的个人等等,而它们最终全都以经济条件为基础。这种条件是国家赖以建立的基础,是它的前提。"①阶级和国家的出现都是利益对抗的结果,利益是文明发展的动力,但利益有如一把双刃剑,它的作用是二重的。利益是推动文明进步的动力,推动文明的进步发展,但是利益也刺激了一些人发财的欲望。对他们的具有决定意义的目的是财产财富,第二还是财富,不是社会的财富,而是个人的财富。为了个人财富的增长,可以不择一切手段。所以,恩格斯在谈到私有制和国家产生对文明带来的双重效应时,说:"由于文明时代的基础是一个阶级对另一个阶级的剥削,所以它的全部发展都是在经常的矛盾中进行的。生产的每一进步,同时也就是被压迫阶级即大多数人的生活状况的一个退步。"②文明就是在这样一个矛盾中发展而来。这种矛盾甚至被一些思想家看作天经地义的,是一个自然规律,即少数人要发财致富,多数人就得牺牲他们的利益。贝纳德·孟德维尔医生用《蜜蜂的寓言,或个人劣行即公共利益》来颂扬这种文明。他以蜂房暗寓当时正在兴起的资产阶级社会。生活于其中的蜜蜂在道德精神上由崇尚奢侈转向节俭的遭遇证明了他的论点。奢侈对个人是劣行,而对整个社会却是善事。蜂房(社会)开始一片富足繁荣,大批蜜蜂聚集在一起,享受着科学

---

① 《马克思古代社会史笔记》,人民出版社 1996 年版,第 510 页。
② 《马克思恩格斯文集》第 4 卷,人民出版社 2009 年版,第 196—197 页。

与产业的成果。它们有的腰缠万贯,大肆挥霍,享尽快乐。而成百万人却不得不从事繁重的劳动,累得筋疲力尽,以养家糊口。还有官僚、骗子、无赖出于私利干出种种丑事。单个来看,都是劣行。整体而论,那是天堂。大家各司其职,彼此服务,既引起对各种职业的需要,还激发人们从事劳作、发明和投机钻营的精神,如盗窃使锁匠有事可干,使穷人生活得更好些。因此,劣行加在一起倒成了公共福利。但是,一场道德革命,使原先奢侈的蜜蜂收敛了劣行,勤俭节约。德行的结果,反而是失业增加,商业萧条,经济崩溃,"蜜蜂纷纷飞离蜂房"①。孟德维尔活生生地描绘了18世纪资本主义世界生存竞争、强肉弱食的现实境况:一只蜜蜂要享乐,许多蜜蜂就得劳作;少数蜜蜂要幸福,世界上大多数蜜蜂就得贫困;这里的蜜蜂要聪明,其他蜜蜂就得更愚蠢。孟德维尔《寓言》的底蕴是:资本主义财富的积累,是以牺牲大多数雇佣工人的利益为代价的。孟德维尔的《寓言》,既是对近代工业文明的赞歌,但也是对近代文明的讽刺。文明带来了财富的极大增长;财富的增长又刺激了所有者的欲望,他们的管理又是如此巧妙,财富对人民来说,竟变成了一种无法控制的力量。正如摩尔根所说:"人类的智慧在自己的创造物面前感到迷惘而不知所措了。然而,总有一天,人类的理智一定会强健到能够支配财富,一定会规定国家对它所保护的财产的关系,以及所有者的权利的范围。社会的利益绝对地高于个人的利益,必须使这两者处于一种公正而和谐的关系之中。"②摩尔根对文明的发展的论述,不是毫无根据的梦呓,而是一种以唯物主义为基础的正确预言。人类文明发展是一种螺旋式的渐进发展过程,它有如奔腾不息的江河,有曲折迂回,有波浪式前进。尽管回还往复,但毕竟东流去,这种向前发展的趋势是必然的。所以摩尔根对人类文明发展的预期是对的。而在20世纪的当代,有的思想家也同摩尔根一样,看到了西方文明的发展中的矛盾,但对文明的预期却与摩尔根大相径庭。德国的著名哲学家、史学家斯宾格勒看到了西方文明的矛盾,但他对西方文明却完全丧失了信心。为此,他专门写作了《西方的没落》的大部头论著。他认为,自从19世纪以来进入了文明时期,这就意味着它进入了没落时期。作为西方文化象征的"浮士德精神",在无穷无尽的追求中,已耗

① 参见 Bernard Mandeville,*The fable of the Bees:or private vices*,public benefits,ed.by F. B. Kaye, 1924. 2vols. Oxford, p17。

② 《马克思恩格斯文集》第4卷,人民出版社2009年版,第198页。

尽了自己的生命力,西方文明走到了它的尽头,西方文明成了一具行将灭亡的僵尸。他用柏格森的生命哲学来解释文明,认为文明也像生命一样有一个周期。西方文明已经过了它的童年、少年、壮年,现在已进入了它的老年时期的生命历程;西方文明已处于没落死亡的周期。西方文明由它的鼎盛时代跌落尘埃,这是可能的。但是,一种文明是否会像生命那样走向死亡,却是没有根据的。人类文明是一种物质财富和精神财富的积累。一种旧的文明的连续性中断,就是一种新的文明的开始。新的文明也绝非是空地建构的海市蜃楼,它既有对旧的文明的继承,也有新的发展。文明进步仍然是未来社会的规律,随着利益增长和发展,新的文明也将在吸收一切传统文明的优秀成果的基础上逐渐生长出来。

三、利益与文明的冲突与融合

1993年,美国著名的政治学家和外交战略家S.P.亨廷顿在美国《外交杂志》上发表了战略研究论文《文明的冲突?》。该文在国际论坛引起了很大的反响。我国针对亨廷顿的战略论题,也有不少刊物发表了应战性的论文。但是这些论文大都是政治性,很少上升到哲学层面来理论,因而很难说真正触及了亨廷顿的理论内核。如何才能触及亨廷顿的理论内核呢?那就是把利益与文明联系起来,用利益来剖析文明冲突及其实质,这样就可以揭开覆盖在文明冲突意识形态上的面纱,露出其庐山真面目。在《文明的冲突?》一文中,亨廷顿认为,全球政治今后走向是一个至关重要的核心问题。他说:"在新的世界中,冲突的根源主要将是文化的而不是意识形态的和经济的。虽然民族国家仍将是世界事务中最强有力的角色,但全球政治的主要冲突将在不同文明的国家和集团之间进行。文明间的冲突将主宰全球政治,文明间的断裂带将成为未来的战线。"①在亨廷顿看来,冲突仍然存在,但根源是文化的(文明的),而不是意识形态或经济的。

什么是文化? 文化是指人类在社会实践中所形成的能力、活动方式以及所创造的物质财富和精神财富的总和。问题是,物质财富和精神财富是二元平行并列的,还是一元的呢? 如果是二元并列的,那么,物质财

---

① [美]S.P.亨廷顿:《文明的冲突?》,美国《外交杂志》1993年夏季号,转引自《现代外国哲学社会科学文摘》1994年第8期。

富和精神财富则是相互对立而井水不犯河水,并行发展。既然如此,那么,人类社会文化就不是一个实体,而是两种实体,即一个以物质财富表现出来的物质实体,一个就是以精神财富表现出来的精神实体。这样才可以把意识形态和经济基础对立起来。当然,亨廷顿不会如此解释,他把文明看作是一种文化实体,如把村落、地区、种族、集团、国籍、宗教、群体等看作是不同层面的独特文化。文明是人们的最高的文化凝聚物。文明则是由语言、历史、宗教、习俗和制度以及人们主观上的自我认同这多方面的因素共同界定的。在这里,人们主观上的自我认同是一种自我意识,而语言是意识的形式,历史是一门社会科学,宗教是一种信仰,习俗是一种伦理现象,这些都是意识形态的形式。制度则是以经济为基础的经济制度和政治制度的统一。而亨廷顿说,文明是文化的,而不是意识形态的或经济的。但当他谈到文明的界定时,又说要从意识形态和经济的两个方面来界定。因而,他的命题内涵与外延本身是矛盾的。如果说,文明又是意识的或经济的,那么他的直接后果就是二元论。但通观全文,他并非二元论,他是一个一元论者。他的文明是文化的,这种文化不是经济的,而是意识形态的。但他缄口不言"意识形态",因为"意识形态"是有阶级性的。亨廷顿的观点显然是错误的。

1.物质文化与精神文化的地位和作用不是平行的,它们的关系是一种决定与被决定的关系。

为什么一些地区的文明逐渐地蓬勃地繁荣和发展起来了? 为什么一些地区的文明逐渐地走向衰落和灭亡呢? 首先,最基本的是与它们所处的生存物质环境以及它们对生存物质环境的活动有关。在我国的大西北,曾有一个繁荣一时的楼兰古国。但是当它繁荣了几百年以后,竟悄然消失了。其根本原因,就是生存环境的恶化。那里水源的枯涸导致了人类无法继续生存下去,从而带来了那里文明的消失。还有一些地处非洲等生存环境恶劣的国家,加之生产力和科技水平的落后,有的文明只是处于部落水平,而无法走出沙漠、森林和山寨等。为什么? 结论是:人类生存的基础是物质文明。人们的道德、伦理、政治等的基础也是以自己利益为基础的物质文明。《论语·颜渊》:"子贡问政。子曰:'足食,足兵,民信之矣。'"政治的根本是什么呢? 民富国强。《管子·牧民》也说:"凡有地牧民者务在四时,守在仓廪。国多财而远者来,地辟举则民留处。仓廪实则知礼节,衣食足则知荣

辱。"治国先必富民,经济繁荣,政治才能稳定,国多财,外交也就发展。弱
国无外交,贫瘠何论文明? 因此,物质文化是精神文化的基础,精神文化仅
仅是根据物质文化所提供的现实条件,为适合物质文化发展的特点建立起
来。没有一定物质文化就不可能有一定的精神文化。可以说,物质文化是
人类文化发展的根本标志。因而,衡量社会文化程度的标准,首先是生产力
的水平。当然,精神文化不是消极的,它可以反作用于物质文明。它对物质
文明有较大的反作用,它是社会进步的一个重要标志。的确,不同民族、地
区、群体之所以能区别,主要还是因为它们有不同的精神文化特征。总之,
物质文化和精神文化之间是相互联系、不容割裂的,其中物质文明的发展是
决定的因素,没有生产力发展,没有物质文化的基础,也就不可能有如希腊
文明、中华文明、巴比伦文明等的出现。但是,这些精神文明一旦形成,又深
刻地影响了这些地区物质文明的发展。

2.文明的冲突和融合,根源不是以精神为特征的文化,而根本的还是以
物质为特征的利益。

汤因比是西方历史学界文化(文明)形态学派的奠基人之一,他认为文
明也像生物有机体一样,有自己的起源、生长、衰落和解体过程,他将世界文
明划分为 21 种,即西方文明、拜占庭东正教文明、俄罗斯东正教文明、伊朗
文明、阿拉伯文明、印度文明、中国文明、朝鲜—日本文明、古代希腊文明、叙
利亚文明、古代印度文明、古代中国文明、米诺斯文明、苏末文明、赫梯文明、
巴比伦文明、埃及文明、安第斯文明、墨西哥文明、尤卡坦文明和玛雅文明。
这里的文明,有的是生长中的文明,有的却是停滞了或衰落了的文明。但它
们的结果是自身内部的原因决定的,是由对生存的挑战和应战方式是否正
确决定的。如果对于挑战或应战是正确的,这些文明就生长和发展,否则就
会衰落。这就是说,文明的生长和衰落的原因不是外部冲突,而是由利益引
起的内部活动方式决定的。这种活动方式,在汤因比看来,不是群众的实践
而是个人和"小社会",即市民社会的原子式的个人,由于他们的活动,这个
文明就生长和发展,否则就衰落。就这一点来讲,汤因比是历史唯心主义
者。但他又是一个决定论者,而且把外部的冲突看成是第二位的,由利益引
起的内部"应战"方式才是第一位的。这是其合理的方面。但亨廷顿则不
同,他把文明的冲突看成是今后全球政治的决定性的原因。亨廷顿这种外
部冲突论显然是毫无根据的。他不同于汤因比,将世界文明划分为八种文

明,即西方文明、儒教文明、日本文明、伊斯兰文明、印度文明、斯拉夫—东正教文明、拉美文明以及可能的非洲文明。他说:"随着冷战结束,国际政治越过了自身的西方阶段,其核心部分已是西方文明和非西方文明以及非西方文明之间的相互作用。"①亨廷顿的八种文明冲突论,实际上是两种文明冲突,即西方文明和非西方文明。这两种文明冲突是世界一切冲突的根源。它们的冲突,不是意识形态的,也不是经济的,仅仅是不同宗教、文化传统、不同的心理习惯习俗、不同的国籍、不同的语言的冲突。果真如此吗?这个问题留到以后再说。首先我们需要弄清的是,文明的冲突究竟是外部的还是内部的? 马克思在《摩尔根〈古代社会〉一书摘要》中考察希腊、罗马社会文明发展形成过程以后认为,任何文明的变更和变化,利益的共同性或对抗性是冲突产生的内在原因,而其他政治的变化只是经济利益的表现。马克思说:"当文明一开始的时候,生产就开始建立在级别、等级和阶级的对抗上,最后建立在积累的劳动和直接的劳动的对抗上。没有对抗就没有进步。这是文明直到今天所遵循的规律。"②经济利益的冲突是文明冲突的内在的原因,内因是事物变化的根据,外因是事物变化的条件。文明冲突的形式是外部思想、宗教、风俗习惯等,但透过这些外部现象,它们根本的原因还是由利益来决定的。英国著名的首相麦克米伦说:"没有永恒的朋友,只有永恒的利益。"利益才是支配文明冲突的根本原因。

3.近代以来国际政治冲突都是以利益为基础展开的。

从19世纪到20世纪,世界风云此起彼伏、连绵不断。第一次世界大战以后不久,又发生了第二次世界大战;第二次世界大战以后,接踵而来的是"冷战"。"冷战"以后,又发生了苏联的解体、东欧剧变等。国际政治冲突虽然复杂,但可以归纳为三种情形:首先,同一文化的国家,今天可能聚在一起,明天就可能发动一场冲突。德国与英、法、美,按亨廷顿的划分,都可以说是西方文明。在对华侵略中,它们曾是"八国联军",因为从侵略中国中可以得到巨大的利益,它们聚合起来了,共同打开中国的国门,在中国的大地上横冲直撞。但是,因为"萨拉热窝事件",而引发了第一次世界大战。这一场战争完全是在同一文明内部发生的,究其根本原因,实际上仍然是为

---

① ［美］S.P.亨廷顿:《文明的冲突?》,美国《外交杂志》1993年夏季号,转引自《现代外国哲学社会科学文摘》1994年第8期。

② 《马克思恩格斯全集》第4卷,人民出版社1958年版,第104页。

了维护本国的利益,至于文化文明则完全是次要的。其次,不同文化国家为了共同利益,今天可能冲突,明天又可能聚合在一起。第二次世界大战的冲突,完全打破了第一次世界大战的模式,它使不同文化的国家同不同文化的国家对抗起来。德国、意大利属西方文明,日本属东方文明,它们是同英、美、法、苏联、中国敌对冲突的两大阵容。德国、意大利为的是争取整个西方文明的领导权,日本则妄想成为大东亚共荣圈的主宰国。中国因而同美、英、法、苏团结起来。其根本原因不是什么文明,而是本国的利益。尤其是当时的苏联是社会主义国家,美、英、法则是资本主义国家;苏联的意识形态是马克思主义,美、英等国家在意识形态上信仰的是基督教等。在这种不同意识形态、不同信仰的文化下,居然携起手来,为的不是什么文明,都是为了本国的利益。苏联面对德国的侵略,新生的苏维埃可能覆灭,国家可能沦为法西斯的殖民地。中国面对日本的侵略,大片国土沦陷,中华民族面临亡国灭种的危险。法国、美国、英国等都是如此,都从本国的利益出发,因而,不同文明、不同语言、不同意识形态的国家结成了同盟,发起了一场反对侵略的正义战争。最后,同一文明内部也因不同的国家利益而有时冲突,有时联合。海湾战争实际上是一场争夺中东石油资源的政治斗争。科威特、沙特阿拉伯与伊拉克之战,是阿拉伯文明的内部之间的冲突。但由于各国有不同的利益,因而分裂成两个敌对阵营。中国和日本、朝鲜与韩国、越南等,都是同一种东方儒教文明,但由于不同国家代表了不同的利益,各自表现出不同的政治倾向。日本不是西方文明国家,但它加入了西方七国;中国不是东正教俄罗斯文明,但却与俄罗斯关系较好。这些都不是为了什么语言、风俗习惯与伦理,而是为了本国的国家利益。语言可以有不同,但只要国家利益一致,就可以相互拉起手来。风俗习惯、宗教信仰尽管有异,但为了国家利益,可以相互融通,如越来越多的人学习英文,越来越多的人学习汉语等。在当今世界,越来越多的是文明的融合,而不是冲突。因为,市场经济的发展,国际贸易和交往把不同国家不同文明的人们联系在一起。世界市场的形成,为了共同的利益,因而必须有共同的市场规则和秩序,世界贸易组织(WTO)的重要性因而凸显出来。WTO 就是不同文明、不同文化国家的贸易组织。这种共同的贸易组织带来的普遍的交往和贸易,无疑会冲击那些地区的文化文明。但是,人们为了本国发展的利益,就不再顾及什么文化冲突了。十分明显,当文化与利益冲突时,人们主要选择的是利益。有的国家过去是殖民地,曾使用过殖民者的语言,这也不能证明,文化冲突是核心。这只能证明,文化语言都是为国家利益和民族利益服务的意识形式。殖民者为了殖民者的利益,才把被殖民者的语言改为殖民者的语言。而被殖民者独立以后,为了民族的利益才恢复本民族的语言。语言的冲突是形式,它们的内容是利益。

亨廷顿说:"在阶级和意识形态冲突中,关键的问题是:'你站在哪一边?'而在文明冲突中,问题变成'你是什么人?'"①亨廷顿这种提问方式,不像是理性的,而像是我国早期那些非理性的狭隘的民族主义者。什么人是好人,什么人是坏人,不管你的立场、观点,不管你所代表的利益,而只是问你是什么人就可以了。因此,亨廷顿对于21世纪提问方式,应该改为这样的:在阶级和意识形态冲突中,关键的问题不应是:你站在哪一边?而应问:你为什么站在那一边?在文明冲突中,问题不应是:你是什么人?因为你是什么人并不重要,问题的核心是,你的利益是什么人的利益?

人类文明模式的理想模式的构建是否可能呢?从利益与人类文明的关系大致可以得出这样的结论:

文明模式的建构,既不是柯林武德的从思想到思想的"鸽子笼方式"(用柯林武德的"鸽子笼方式"描述柯林武德的方式再恰当不过了),也不是汤因比的自然主义的生物生成。任何文明模式都是以利益需要为基础的不自觉和自觉的构建过程。所谓不自觉,就是物质利益的发展,具有最终决定性的作用,它总是对建构文明模式提出自己的客观要求。这是不以人们意志为转移的。所谓自觉过程,就是人们适应利益的这种客观要求,可以吸收世界先进文化和传统文化的精华,加强自己的精神文明建设。所以,总的来看,建构文明模式是一个不自觉的过程,物质文明发展到什么程度,精神文化也必然将相对地发展到什么程度,勉强建构则无济于事。计划经济条件下"文化大革命"文化模式的建构,就是一个例子。但是,精神文化模式的建构又是一个自觉的过程,因为,是否适应一定的利益和经济发展去努力建构,人们完全可以对文明模式建构发挥一定的主观能动性作用。从这个角度来看,文明模式的建构又是可能的,但起决定作用的还是要适合利益的需

①　[美]S.P.亨廷顿:《文明的冲突?》,美国《外交杂志》1993年夏季号,转引自《现代外国哲学社会科学文摘》1994年第8期。

要和要求。所以,21世纪中国有特色社会主义文明模式是否可以建成,最根本的要看中国的社会主义市场经济发展能否表现出较西方市场经济更大的优越性。其次,在于中国的文化精神建设是否适应社会主义市场经济发展的要求。如果中国社会主义市场经济与西方比较,表现出较大优越性,文化建设又顺应了社会主义市场经济发展要求,那么,在21世纪必然能建构一个具有中国特色的社会主义人类文明新模式。如果社会主义市场经济并非比西方表现出一定的优越性,而文化精神建设又是与这种经济发展轨道相悖逆,或完全沿袭西方的模式,或完全沿袭封建社会的儒教传统,或又把计划经济下的"左"的思想观念重新移植过来,用它们来指导市场经济的文明模式建构,那么,有中国特色的文明模式建构则是不可能的。

一言以蔽之,在全球化国际化浪潮中,文明冲突的实质是利益。维护和发展国家利益,是我国文明模式建构的根本出发点。各国社会制度虽然不同,意识形态和文化模式尽管有异,但是,维护国家利益是共同的。因而,坚持两个文明的建设,坚持以经济建设为中心,增强综合国力,发展生产力,这是建设中国特色的社会主义文明模式的正确途径。

第二节 利益与科学

一、科学的现代含义

科学(Science),在五四新文化运动时期又叫"赛先生",五四以来科学逐渐为人们所认识。我国古汉语中,科为禾、斗会意字。斗是一种量器,禾与斗合起来,指衡量、分别谷子的等级品类。所以,科即程度、等级之意。在中国,从文化文明的视角来观照与科学最切近的词,人们大都会以为是"科举"了。但科举的"科"字,实际是指取士的规格和等级之意。它与现代人们对科学的理解完全不同。现代科学的含义是什么呢?自19世纪以来,人们将科学厘定为系统化的实证知识。如果按这种定义来界定科学,那么,科学只有自然科学。实证主义者孔德、斯宾塞等人认为,只有有确实根据的知识才是科学的,科学即实证知识。哲学的任务在于概括和描述现象的科学知识,哲学就是科学的纲要。而唯物主义和唯心主义等形而上学,都是不能实证的,因而是不科学的。显然这是错误的。因为,科学既是系统化的知识,它也是实践证明的结果,但又不只是对现象的描述,它又是理性概括出来的知识系统。维特根斯坦从命题的意义分析入手,也认为人文科学的命题是无意义的命题,因而,在他看来,应该取消形而上学。这些观点,是多数科学哲学家如默顿、巴伯和查尔默斯等人所不能认同的。科学哲学家查尔默斯就不同意把科学视之为仅仅从经验事实推导出来的知识。相反,他把科学看成为一种复杂的社会活动。① 科学既然是一种复杂的社会活动,那么,通过这种社会活动生产的社会产品——社会知识,当然也应包括在科学中。肖前认为,"科学是在社会实践基础上探索客观世界的活动,它是以正确地反映现实及其规律为内容,并通过概念、判断、假说和推理等逻辑思维形式表现出来的知识系统,是形成为理论体系的自然知识、社会知识和思维知识的总称"②。问题是,当代科学已完全不同于牛顿力学理论的蒸汽机时代和以电磁理论为基础的电力时代,它已进入了以电子计算机为标志的信息化时代。在这样一个时代,历史唯物主义关于科学概念是否过时了呢?其实,科学技术发展并未改变历史唯物主义关于现代科学的含义。

1.科学是一种以人类利益为目的、以科学实践为主要形式来探索客观世界的活动。

在古代社会,无论是古希腊还是中国,科学原始的形式,就是人类生产活动。因为,人们为了生活,首先就要生产。在生产物质生活资料的生产中,人不得不同自然发生关系,也不得不相互之间建立联系。人类生产活动的第一个对象就是自然。但自然总是按自己的规律来运作,它不会自觉地符合人类活动的目的,游牧业、农业与季节的关系就最早凸显出来了。人们根据季节播种耕耘和收获,这就产生了最早的科学——天文学。天文学需要数学,因而开始了数学研究。几何学就是适应农业灌溉的测量土地的需要产生的。"随着城市和大型建筑物的出现以及手工业的发展,有了力学。"③当代电脑、生物工程技术(高分子合成技术和半导体工业等)、航空航天技术等发展,都是适应生产活动需要产生的。恩格斯说:"科学的产生

---

① 参见 A.F.查尔默斯:《科学究竟是什么?》,查汝强等译,商务印书馆 1982 年版,第 123 页。

② 肖前等主编:《历史唯物主义原理》,人民出版社 1991 年版,第 314 页。

③ 《马克思恩格斯文集》第 9 卷,人民出版社 2009 年版,第 427 页。

和发展一开始就是由生产决定的。"①首先,科学是一种生产活动。科学的本质是一种生产实践活动。在古代,体力、脑力劳动是融合为一体的。没有专门从事科学实验的科学家,这是不是意味着古代就没有科学呢? 这是不符合历史事实的。在古代,同样有科学。比如,人们最早对文字的创造、原始人的结绳记事、原始人对石器工具的制造和以后青铜技术的发明、中国的大禹治水、鲁班的工艺技术、后稷的农业科学、《诗经》关于"七月流火"的物候研究等,都是适应生产发展的科学。科学本来就是生产中的一种活动,它是因为生产提出了课题,人们为了解决这个课题而进行研究,从而结出的智慧之果。以前人们常说生产应归功于科学,但实际上科学应归功于生产。这是恩格斯关于科学含义一个最基本观点。总之,科学起源于生产,生产在自己发展过程中产生了科学。

从生产出发,我们立即可以看到科学的概念的利益基础。科学虽然是一种知识形态,但它产生的基础是利益。它是适应人类利益的需要而产生的,同时又为人类的利益服务。人类利益最基本的需要,首先是吃、穿、住或生活,最初生产的唯一动机就是生活。人们在满足了生活的基本需要以后,才有可能谈论其他一些东西。因此,我们可以说,生产是为了生活,科学的发展不只是一种与人无关的活动。科学主要通过利益来实现自己的价值。首先是生活。马克思说:"随着资本主义生产的扩展,科学因素第一次被有意识地和广泛地加以发展、应用并体现在生活中,其规模是以往的时代根本想象不到的。"②科学体现在生活中,实际是说,科学是一种物质生活财富,它与人类生存发展息息相关。

现代科学是否如此呢? 现代科学从本质上体现了科学的本来意义。例如,航空航天技术,其目的主要是为了认识和扩展人类自己的生活生存空间。除此,就是发展,发展是人类对未来生活目标的追求。科学还要展现人类未来发展的空间和目标,比如航空航天技术发展和人类基因研究等。总之,无论科学以什么形式出现,它都是以人类利益为基础的一种实践活动。

2.科学揭示自然和社会现实的规律。

科学包括在人类生产活动中,但并不是一切活动都是科学。科学与其

---

① 《马克思恩格斯文集》第 9 卷,人民出版社 2009 年版,第 427 页。

② 《马克思恩格斯文集》第 8 卷,人民出版社 2009 年版,第 359 页。

他活动不同,它是指那些探索和揭示自然和社会现实规律的活动。科学,事实上与人们日常生活经验不可分离。比如,孩子打寒战,父母就可能断定小孩是着凉了。还有寒暑冷热,冬去春来,日夜更替,这些日常生活现象,使人们产生了这样的经验,即"天行有常,不以尧存,不以桀亡"①。在古希腊,赫拉克利特凭日常生活经验就提出过地球转动的看法,他甚至认为地球像车轮绕着车轴转动一样绕它的中心转动。这些虽然还不是科学,因为它仅仅依据的是一些感性经验,而没有上升为普遍的规律,此其一也。其次,他们对这些现象作了一些概括,但是并未形成系统的严格的科学理论。科学不只是经验现象,它是一种探索和揭示自然和社会规律的活动。所以,科学活动首先是一种从现象经验出发来揭示规律的活动。这就界定了科学的研究与一般日常生活经历之间的区别。日常生活经历哪怕再多,也不一定能发现科学的规律,因而,科学可以营利,但是营利的决非科学。科学造福人类,科学创造了全人类的利益,如袁隆平的杂交稻研究活动,被世界誉为一次绿色革命。因为它利用杂交优势,能使粮食产量在同等面积基础上,大幅度增产。杂交水稻的科学研究,为中国初步解决人们的吃饭问题作出了贡献。科学给中国人民带来了巨大的利益。科学作为一种活动,它始终是造福于人类利益的活动。可以说,科学着眼那些造福于人类去探索和揭示自然与社会发展规律的活动。如开普勒经过长期的实验观察、实践,发现了行星运动的三定律。牛顿又以此为基础总结了万有引力定律,用物质的普遍运动的观点说明了天体的运行。问题是,社会科学是不是反映社会现象和本质的规律的知识体系,社会科学是不是造福人类的科学。其实,社会科学也是反映社会现象和规律的知识体系,既然是反映社会科学的知识体系,那么也就是造福于人类的科学。比如,自然有自己的运行法则,发现了这种法则,那么人类就可以利用和改造自然,使自然由为他之物转化为为我之物。其实社会也是这样,社会的现象虽然不像自然现象那样直接,因为社会有人的活动,人是有意志的,社会现象往往通过人们有意志的活动而折射出来,所以,它是复杂的,甚至被认为是不可定义的。但是在实践中,人们从古代开始就发现社会是有法则的,社会只有在一定的法则指导下才可以运行。古

---

① 《荀子·天论》。

希腊普卢塔克说:"法是一切人和神的主宰。"①因而,在古罗马,就有了《罗马法典》,这些法典实际上就是处理人们社会经济活动之间相互联系的一些规则。逮至近代,孟德斯鸠提出了法的概念,认为法是由万物的本性派生出来的必然关系,即规律。② 认为自然受自然法支配,而社会也有"法",社会的"法"是理性的产物,因而社会的命运受立法者的意志支配,这当然是唯心的。但是,孟德斯鸠把社会法提到自然法同等重要的地位,这不能不说是他的创新。黑格尔则不同,他从哲学上把社会科学上升为支配自然科学的科学。他认为,所谓的科学就是哲学。所以,他的《逻辑学》一开始,就提出"科学是如何开端的"? 这里的科学就是指的哲学。在那里,他把绝对观念作为哲学绝对的开端,绝对观念经过自我异化、自我完善和发展,外化为逻辑阶段。绝对观念在逻辑阶段,又经过自我异化、自我发展,外化为自然阶段,然后又从自然阶段上升到精神。在精神阶段,绝对观念表现为国家、宗教、伦理道德等,绝对观念经过逻辑阶段、自然阶段、精神阶段,最后又回到绝对观念自身。在这里,绝对观念是整个世界运动的起点,又是终点。自然和社会都是绝对观念在某一阶段的有限表现。这些就是自然和社会的规律和法则。这就把唯心主义历史观推到了极致。马克思批判了唯心主义的历史观,真正第一次揭示出社会历史的规律,他既不是从社会外部去寻找,也不是在主观意志中去寻找发现规律,而是从人们生存发展的实践(主要是生产实践和科学实践)活动中去寻找社会发展的根源,从而真正揭示社会发展的规律,标志着反映社会规律和规则的知识体系的社会科学真正产生了。社会科学也像自然科学一样,成为了真正造福人类福利的科学。比如文学、法学、经济学、社会学、道德伦理学等。有的科学可以为人类提供物质文明产品,比如经济学、社会学等;有的可以为人们提供精神文化产品,比如文学、艺术、宗教等。有的虽然不能直接提供物质文化和精神文化产品,但是,它通过规范人们的行为规则,使社会保持在一定秩序的范围内,有规则地运作,减少个人行为对他人乃至社会运行的障碍和损害,避免人与人、国家与国家之间互相残杀而破坏社会肌理,使社会在一定时期处于良性和谐的运作之中。可见,社会科学就是人们在社会交往中的科学规则。作为

①　[法]孟德斯鸠:《论法的精神》上册,张雁深译,商务印书馆1961年版,第1页。
②　[法]孟德斯鸠:《论法的精神》上册,张雁深译,商务印书馆1961年版,第1页。

知识体系,它的目的与自然科学殊途同归,它们共同造福于人类。

3.科学就是自然科学和社会科学的统一。

科学应包括社会科学,这是现代自然科学长足发展提出的问题。在古代,人们以朴素的眼光来看待知识体系,在那里,最早只有一门包罗万象的知识体系的科学,这个科学就是哲学。这一点在亚里士多德那里极为典型。亚里士多德总结了古希腊科学发展的成果,他把哲学叫作第一哲学,即所谓的形而上学,它是全部知识体系大厦的基础,它为其他各门具体科学提供总的原则和基础。他说:"有一门科学(即"第一哲学"或"形而上学"——著者注),专门研究'有'本身,以及'有'借自己的本性而具有的那些属性。这门科学跟任何其他的所谓特殊科学不同;因为在各种其他的科学中,没有一种是一般地来讨论'有'本身的。它们从'有'割取一部分,研究这个部分的属性;例如数学就是这样的。"①在亚里士多德看来,哲学这门科学,它才是科学的科学,数学、物理学和实践的政治学、伦理学、经济学以及实用的建筑学、修辞学和诗学等,都只是从"有"中割取了一部分。只有哲学,才是研究"有"的科学,也就是科学的科学。

哲学作为社会科学,它同时包含了自然科学。亚里士多德对科学的见解,一直成为欧洲思想的主流。直至近代,笛卡尔还把哲学作为科学的科学,笛卡尔把自己的哲学体系比作一棵大树,只有"形而上学"是树根,物理学只不过是由形而上学长出来的树干,而其他各门具体科学则是树上的枝叶而已。科学的哲学,在他看来,实质上是哲学的科学。哲学成为科学的科学的传统一直持续到德国古典哲学,如康德、黑格尔,直至费尔巴哈。在他们看来,其他各门具体科学,无非是对哲学这门科学的"分有"。费尔巴哈虽然是一个唯物主义者,但仍然是把哲学当作科学的科学。恩格斯在《路德维希·费尔巴哈和德国古典哲学的终结》中,批判了费尔巴哈的偏见。恩格斯说,费尔巴哈是一个杰出的哲学家,"但是,不仅哲学这一似乎凌驾于一切专门科学之上并把它们包罗在内的科学的科学,对他来说,仍然是不可逾越的屏障,不可侵犯的圣物,而且作为一个哲学家,他也停留在半路上,他下半截是唯物主义者,上半截是唯心主义者;他没有批判地克服黑格尔,

---

① 北京大学哲学系外国哲学史教研室编译:《古希腊罗马哲学》,三联书店 1957 年版,第 234 页。

而是简单地把黑格尔当作无用的东西抛在一边,同时,与黑格尔体系的百科全书式的丰富内容相比,他本人除了矫揉造作的爱的宗教和贫乏无力的道德以外,拿不出什么积极的东西"①。实际上,只有在马克思那里,才把一切具体科学从哲学的体系中分离出来。

马克思从利益入手,通过政治经济学的研究,创立了以研究社会为对象的历史唯物主义,从而建立了真正社会的科学,如政治学、经济学、伦理学、语言修辞学、逻辑学等。根据历史唯物主义原理,科学是研究自然规律、社会规律的知识体系,它无疑包括社会科学和自然科学。

可见,当代的对社会科学的偏见,实际是古代人的反面,不是什么新鲜的东西。古代人用社会科学的哲学囊括了各门具体科学,而不是否定它们。而现代却有人走到古代人的反面,又反过来否认社会科学是科学。其实,无论是社会科学还是自然科学,都是在人类利益这个土壤上长出来的两朵鲜花。她们才是这个世界文明真正的前途和方向,是她们将这个世界装扮得竟是如此艳丽,以至于使许多人几乎认不清科学的真正面目了。

二、利益是科学发展的动力

科学发展的原因和动力是一个十分复杂的问题,它也是中西比较研究中的一个重要的课题。西方科技发展为什么比中国快?中国古代的科技水平并不比西方落后,为什么近代以来中国科技掉到了西方的后头?或认为,是生产力;或认为,是中国超封建制度。中国封建制度有自己的特点,但西方也曾经过了封建社会。西方的封建社会为什么未能滞障科学的发展,而中国的封建制度却阻碍了科学发展,这显然是不能自圆其说的。那么,科学的发展是不是由于生产力的发展呢?从一般理论程式看,好像是对的。但只要深入地分析,它在逻辑上是说不通的。因为科学本身就是第一生产力。如果说生产力是科学发展的原因,那么等于说,生产力是生产力发展的原因和动力。

科学发展的原因可以从多角度、多方位来分析,但是最主要的,正如恩格斯所说,它是由生产决定的。生产的动力是什么?生产发展的内驱力是利益。利益就是科学发展的动力。在欧洲,经过中世纪漫长的黑夜之后,科

---

① 《马克思恩格斯文集》第4卷,人民出版社2009年版,第296页。

学为什么以意想不到的力量重新兴起,并以神奇的速度发展起来了?恩格斯在《自然辩证法》中,把其归功于生产。具体来说,它包括四个方面。第一,实验科学的发展。因为实验科学的发展,要有新的实验手段,这就使新的工具制造成为可能。第二,欧洲从意大利开始的文艺复兴,不仅使欧洲继承了古代的文明,而且它使整个欧洲建立了相互联系。第三,利益。恩格斯说:"地理上的发现——纯粹是为了营利,因而归根到底是为了生产而完成的——又在气象学、动物学、植物学、生理学(人体的)方面,展示了无数在此以前还见不到的材料。第四,印刷机出现了。"①在这里,第一,是指科学本身出现的新方法推动了科学发展。这是科学发展的内在条件。任何事物发展,内因是根据,外因是条件。而欧洲的相互联系,则是科学发展的外在条件。相互联系,为科学的发展提供了好的外在环境,这就是科学发展的外在条件。印刷机使出版成为可能,这样也是科学传播的一个外在条件。但是,无论外在的条件和内在根据,把它们归结为一点,就是"营利"。因为,这种实验科学方法的正确,不只是为科学发展提供了手段,而是它在实验中使人们从中获得切实可靠的具体利益。纺织发展,在于纺织生产创造了大量的利润,可满足人们生活的需要。欧洲的相互联系,在于相互对科学提出了需要,使科学很快地发展起来。恩格斯说:"社会一旦有技术上的需要,这种需要就会比十所大学更能把科学推向前进。"②科学为生产而提供了知识、方法、手段,而更重要的是,这种生产可以获得巨大的利益。所以,是利益推动了科学的发展。中西方科学发展的差距拉大的一个重要原因,就是关于"利益"的两种完全不同的观念。欧洲从中世纪的梦呓中苏醒,文艺复兴把人的正当欲望和需要作为人的自然本性从理性上予以肯定,把利益上升为正当合理性的社会观念,人们追求利益,发财致富,认为是上帝赋予他的子民的天职。他只要活在世界上,他就要把发财致富等作为"天职",而全力以赴地奋斗。正如英国社会学家丹尼尔·贝尔在《资本主义文化矛盾》中的分析,资本主义精神包含着两个相互制约的方面,即"禁欲苦行主义"和"贪婪攫取性"。禁欲苦行主义,造就了克己创业的品格,而贪婪攫取作为利益冲动力,它铸造了资产者开拓疆界、征服自然、发展科技的冒险精

---

① 《马克思恩格斯文集》第4卷,人民出版社2009年版,第428页。
② 《马克思恩格斯文集》第10卷,人民出版社2009年版,第668页。

神。丹尼尔·贝尔对所谓资本主义精神作了入木三分的比较客观的分析。尤其是对资本主义贪婪攫取性的分析,实际还是指利益是资本主义近代科学、工业和经济发展的动力。因为精神本身就是在利益基础上产生的,思想不能离开利益。利益是资本主义精神的基础,近代科学发展应归功于利益。

利益何以是科学发展的动力?

1.利益提出需要,推动科学发展。

科学技术是生产力,但它不是具体的物质生产力。科学技术是知识形态的生产力,它属于人类意识的范畴。科学技术作为生产力,它需要通过一定形式转化才能成为现实的生产力。科学技术首先通过训练和培养劳动者,直接转变为劳动者的生产经验和技能及其操作方法,物化为创造财富的生产力。同样一个人,由于教育训练的水平程度不同,他们的劳动生产率可以相差几倍、几十倍,甚至于几百倍。美国两亿人口,农业人口只占2%左右;日本在第二次世界大战以前,农业人口是60%,随着科学发展,现在只有百分之十几。我国则不同,有13亿人口,其中80%的人口是农业人口。20世纪初,人们统计,劳动生产率增长率只有10%—20%靠科学技术,而现在60%—80%甚至于更多地靠科学技术。美国国家科学技术委员会指出,美国的"技术进步是持续经济增长中最重要的决定因素。在过去的50年中,估计该因素对国家经济的长期增长的贡献达到一半。人们早就认识到,提高生产率是技术对经济增长作出贡献的基本手段之一。据统计,技术和知识的进步对总要素生产率增长的总贡献几乎达到80%"①。其次,科学技术能够物化为劳动资料,形成强大的生产力。这里的劳动资料,主要是指生产工具。从18世纪开始的世界性三次工业革命,实质上都是大的技术革命。它们都以新的科学技术为标志。第一次,牛顿力学理论的确立,发明了蒸汽机,因而引起了手工工具向机械工具的转化。第二次,以电磁理论为基础的电力为标志,使人类由蒸汽机时代进入电力时代。第三次,以电子计算机为标志,引起了当代产业革命,出现了一些新兴的工业,如电脑、生物工程技术(高分子合成技术、半导体工业等)。科学技术的发展,生产工具的现代化,形成强大的生产力。比如测绘,过去用人工对地球测量一次所花的时

---

① ［美］国家科学技术委员会:《技术与国家利益》,李正风译,科学技术文献出版社1999年版,第18页。

间无法计算。然后是用飞机,一架飞机万米高度获得一张照片,最多也只能覆盖 10—30 平方公里,如果把地球表面测量一遍,则需要几十年时间。而现在用地球卫星,覆盖面积可达 4000 平方公里以上,把地球表面测量一遍,只要 18 天时间就够了。最后,科学技术发展可能使人类广泛地有效地利用和创造劳动对象,为生产力发展创造更多的物质前提。比如,能源的开发,生产力加速了能源的开发,能源的开发和利用又促进了生产力的发展。科学技术作为知识体系的生产力,一旦转化为生产力,就能创造强大的生产率。它像魔术师的符咒一样,能把沉埋在地下的金苹果挖了出来,能把"普路里"(地府之神)连根拔起。在发财致富为天职的社会,一倍的利益就可以激发出人们以三倍热情去从事科学研究和发明;三倍的利益可以激发出十倍热情;十倍的利益,一些人会不惜一切代价去创造发明。利益是推动科学发展的内驱力。科学给人们创造了成倍的财富;科学使地球变成一个村庄;科学使人们不出家门就可以看病治病,甚至操纵工厂;科学使生活变得舒适方便、快捷和经济。科学发展是由生产引起的,而生产的内因是利益。利益是科学发展的内驱力。

2.科学发展在阶级社会受阶级利益的制约。

科学给人类社会创造了财富,科学激发了人类追求长生不老、称霸世界的欲望。科学由于不同阶级、不同国家、不同社会而会产生不同的效应,即使纯粹的自然科学,也是一柄"双刃剑":一方面科学给社会人类带来了利益,另一方面科学又可能成为摧残人类、毁灭人类的武器。爱因斯坦认为,科学是一种强有力的工具。怎样用它,究竟是给人带来幸福还是带来灾难,全取决于人自己,而不取决于工具。刀子在人类生活上是有用的,但它也能用来杀人(爱因斯坦语)。为什么呢? 科学本身是无阶级性的,可是它在不同人、不同阶级关系、不同社会那里就有不同的用途。这些阶级,这些社会,就会抱着不同目的去投入人力、物力、财力来发展它。而相反,对于那些服务于人民群众有直接利益的科学,却可以弃之于不顾。在古代,首先对人民有直接利益的科学,应该是农业生产。原始社会向奴隶社会的进步,从野蛮人向文明人的发展,经历了三次大的分工,即畜牧业与农业的大分工,手工业和农业的分工,商业同农业的大分工。三次大分工都与农业有关。农业无疑是所有产业中最早发展的产业。在古希腊,色诺芬的《经济论》所谈的就是农业家庭经济,农业无疑是最早的经济。但是,农业科学却是所有科学中发展最慢的科学。时至今日,农业仍然是一门靠天吃饭的产业。它的发展纯粹是农业实践不断摸索的渐进式的积累。从奴隶社会到封建社会,经历了上千年演变,农业仍然是一个后发展的产业。尽管沧海桑田,天翻地覆,但是农业科学仍然停滞不前,仍然是科学中最落后的。为什么?就是因为与农业利益最有关的是人民群众的利益。在统治阶级看来,农业发展不发展,对于他们是无关紧要的,统治阶级关心的不是人民大众的利益。他们关心的是这个国家的统治权,是能使自己长生不老之术。所以,武器的研究和长生不老之术的研究,成为我国古代科学最受重视的"科学"。我国古代长生不老之术,从秦朝开始就成为了最受重视的"科学"。自东汉以来,就有专门的炼丹书籍流传。所谓丹,即丹砂,无非是将朱砂等药石投入炉中烧炼,使其成为"长生丹",益寿延年。嵇康《答难养生论》曰:"故赤斧以炼丹頳发,涓子以术精久延。"不仅在中国,而且在古代埃及、阿拉伯等地也有专门的炼丹之术。直到18世纪之后,由于燃素说的出现,化学作为一门学科产生了。炼丹之术才逐渐缩小影响。这些所谓的"科学",不仅耗费财力、物力,而且更多的是影响其他科学的正常发展。这不能不说是造成东方科学落后于西方的一个重要原因。有的认为,炼丹术也促进科学发展,因为在炼丹过程中,发现了化学元素,从而影响化学的发展。这仅仅是偶然的因素,不是能成为科学发展的动力。它们相对一定阶级的对科学发展的政策性制约,那是微乎其微的。中国古代统治者由于顾及的是"活命",追求的是个人的长生,因而对科学发展产生了长期的消极的负面影响,这是阻碍中国科学发展的一个重要原因。还有武器的发展促进了科学发展。就战争而言,武器是用来杀人的工具。单从这一意蕴来理解,战争、武器都不是人类科学发展本身的意图。科学是无国境的,它属于全人类。然而,只要有阶级,那就必然有战争,作为战争,它是政治的最高形式。它在政治上调整人与人之间、国家与国家之间的利益关系失效以后,它的必然就是武力。政治是利益的反映。政治反映了不同阶级的利益关系。由于政治的利益性质,政治就区分为合理性的政治和不合理性的政治。政治决定战争有正义的战争和不正义的战争。因而,制造武器的目的就有了区别:一方面是为了杀人,而另一方面是为了防止杀人。这当然是不同的。但无论什么样的战争,它们都是促进科学发展的一个重要动力。从古代的考古资料来看,古代考古发现最早金属器具是戟、长矛、刀等。可见,古代的工具——武器是最早的最发达的科学。中国的火药和箭就是用于战争的武器。不仅在中国,而且就世界看,科学的发展也是如此。近代武器研究的科学,甚至成为走在科学前面的科学,电子计算机发展最直接的动力就是战争。在第二次世界大战以前,电子管的发明,虽然为电子计算机的发展从技术上做好了准备,但计算机迅速发展的直接动力是第二次世界大战。在第二次世界大战中,美国宾夕法尼亚大学的莫尔电工学院同阿伯丁弹道研究室共同负责,给陆军提供弹道表。但是,每一张表都要计算几百条弹道,一个熟练的计算员用台式计算机算一条飞行时间是 60 秒的弹道,就要花 20 个小时。战争一开始,阿伯丁实验室就聘请二百多名计算员从事这项工作。就是这样,有些弹道表也要计算两三个月。这种速度显然无法适应战争的需要。面对这种情况,莫尔电工学院的莫希莱在 1942 年 8 月就写了一份《高速电子管计算装置使用》的备忘录。它实际上是第一台计算机的初步方案。然后,经过几年的努力,在军方的支持下,第一台电子计算机(取名叫"电子数值积分和计算机",英文缩写是 ENIAC)终于在 1945 年制成。① 还有核武器的发明和制造等。战争推动科学,战争成了电子计算机发展的动力。战争是政治的继续,政治是利益决定的。先进的科学技术也可以成为法西斯和恐怖分子发动战争屠杀人类自身的绞肉机。比如,化学生物武器。于是,人们对科学的前景开始忧虑起来,甚至认为在当今世界,科学已经灭绝人性,它使环境污染,生态平衡恶化,能源和资源过快地消耗,它可能使人类自相残杀,最后导致自我毁灭。所以,有的主张返璞归真,不要科学。这是完全错误的。科学本身是无阶级性的,抱着什么目的去发展它、使用它,才是科学产生影响的根源。因而,人类消灭的不应是科学,而应是消除产生那些负面影响的根源。一旦这种根源被消灭,阶级利益上升为全人类的利益,从全人类的利益出发,不仅将极大地促进科学的发展,而且科学发展的任何负面影响也将减少到最小范围,控制到最低的程度。

3.科学发展的前景最终要由利益来检验。

利益是科学发展的动力,还表现在科学发展的前景,科学推广应用的范围等都要以利益为标准来检验。科学本身无法说明自己是否有其广阔前景,是否有其推广应用价值。任何科学发展都是适应人类利益需要产生的,

---

① 参见申漳:《简明科学技术史话》,中国青年出版社 1981 年版,第 390—391 页。

而它是否可以推广发展,要看它是否符合人类发展的需要,是促进人类利益发展,还是会给人类利益的发展带来损害。比如,科学带来了核武器的产生。1945 年 8 月,美国首次在日本广岛长崎投下了两颗原子弹,迫使日本军国主义宣布投降,为结束第二次世界大战作出了贡献。但是,广岛长崎的原子弹爆炸证明原子弹对人类生存的直接威胁,它几乎可以使生命在一个地区完全毁灭。它证明,原子科学如果被滥用,科学发展的前景则是十分令人可怕的,它与整个人类利益是相悖的。这样,原子弹的使用应用范围受到国际社会的一定限制。又比如,克隆技术的发展,它的前景可能会导致人类种系的自我灭亡,因而,克隆技术的应用受到了严格的限制。还比如,生物性化学类杀伤武器的制造和使用就受到严格限制。有的科学一方面被禁止,另一方面又可以使它为全人类的利益服务。比如,原子能的民用,就可能带来能源,服务于人类。又比如,原子武器虽曾一度被利用,但是一旦揭穿了原子武器的危害,这一科学的使用范围就被严格地控制起来。第二次世界大战以后,由于人类社会比较有理性地对待利益等,原子能用来发电,因而在世界上出现的核电已不是少数。而原子能之所以能产生这种积极效应,因为它是符合人民群众的利益而发展的。凡是符合人类利益的科学就会大力发展,凡是不符合人类利益发展的所谓"科学",它的前途就可能是短命的。

三、利益与科学技术决定论

利益对科学技术的作用,是对西方马克思主义者威廉姆·肖(William H.Shaw)所谓的"科学技术决定论"一个有力的批判。威廉姆·肖是美国田纳西大学哲学系教授,是"分析的马克思主义"学派的一位青年代表。他于1975 年提交以《生产力和生产关系》为题的论文,在英国伦敦大学获得博士学位。1978 年,又发表了题为《马克思的历史理论》的著作。这本著作实际上是他对马克思关于生产力与生产关系这一问题研究的继续。通过对生产力与生产关系的两个概念的详细考察,他提出了著名的"科学技术决定论"。他说:"既然生产力是历史进程的基础,可见马克思是在对这一历史进程的基础进行'技术决定论'的解释。"①威廉姆·肖的所谓"技术决定

---

① ［美］威廉姆·肖:《马克思的历史理论》,阮仁慧等译,重庆出版社 1989 年版,第 78页。

论",实际上就是生产力决定论。为了突出这一论点,他又说:"马克思的'决定论'解释家们,不管是如何地不充分,至少强调了这一事实:马克思确实把生产力的增长看作是社会发展的第一推动者。"①"第一推动者"是不是就是"决定论"者呢?这些都是不能含糊的。

1. 生产力对社会的决定论作用的含义是什么呢?

生产力的决定作用,既不是指它是"第一推动者",也不是指它是排斥生产关系的决定论者。这一点,恩格斯曾于1890年批评当时一些刚刚加入社会民主党的大学生们,如布洛赫等人时,就有过十分清楚的论述。生产力是历史过程的决定因素,但是这种决定性因素,不是指"唯一决定性的因素",它有其特定含义。这种特定含义即是"归根到底"的意思。从"归根到底"这个意义上来讲,无非是有两种意蕴:一是与其他各种因素相比较而言,如与所有制的、政治的、法律的、哲学的、宗教的相比较而言,它们都有其自己的作用,甚至这些因素在社会发展中的作用也是不可低估的。尤其是在政治上层建筑成为经济基础发展的桎梏,不砸烂旧的上层建筑,不改变旧的生产关系,就不能解放生产力,比如,在旧中国三座大山成为了中国民族工业发展的桎梏,不推翻三座大山的统治,中国就无法解放生产关系,从而发展生产力时,上层建筑的突出作用就凸显出来了。尽管如此,上层建筑中的政治的、哲学的、法律的因素的改变,虽然是十分重要的,但是它们与生产力的作用相比,生产力还是决定性因素,因为上层建筑最终还是为了适应生产力发展的要求。这就是"归根到底"的第一层含义。第二层含义就是从社会发展的根源来看,是物质派生了精神,社会存在决定社会意识,而不是精神派生物质,社会意识决定社会存在。从社会这个大系统来看,尽管社会是一个有机系统,但在这个系统中,物质和精神、社会存在和社会意识都是这个系统不可缺少的。这些因素比较而言,生产力是决定性因素。而威廉姆·肖曲解马克思的文本原意,认为马克思的生产力决定性作用虽然在他的思想中具有"关键意义",但是这种论断并非是谨慎的、科学的,相反,却是不科学的、"轻浮的、草率的"。他指责马克思"说什么物质生产是人类生存的'现实的前提';说什么人们首先必须吃、喝、住、穿,然后才能从事政

---

① [美]威廉姆·肖:《马克思的历史理论》,阮仁慧等译,重庆出版社1989年版,第79页。

治、科学、艺术、宗教活动等等。这些论据很难表现这个领域在理论解释上的首要地位，它们仅会使人深信物质生产对其他社会生活的决定作用，解释物质生产占有支配地位。"①马克思在《德意志意识形态》中的确是这样论述了社会生产在社会发展的重要性，但这种论述绝不是草率的、轻浮的，也绝不是像威廉姆·肖所说是一种不完全推理。事实上，与威廉姆·肖相反，马克思不是从"应当"出发来推理，而是相反，马克思是在批判德国唯心主义思想家如黑格尔等人从"应当"出发，把"意识"、"绝对观念"作为前提时，阐释了这样一种观点的。马克思认为，历史不能以自我意识为前提，不能以"绝对观念"为前提，更不能以一种人性的抽象假设为前提。历史的前提，完全可以从经验的实证的方式中获得。比如，人们要创造历史，首先就要吃、穿、住，从而要有生产物质生活资料的活动，然后才能从事政治、科学、艺术、宗教等活动。因此，与其说历史是以他们的生活为前提，还不如说历史应以他们生产物质生活资料的活动为前提。因而，历史的前提不是吃、穿、住，不是动物式的生活，而是生产这些物质生活资料的活动，所以，"现实的个人"的现实活动，才是历史的前提。然后，马克思又从共时性和历时性两个视角，阐述了生产物质生活资料的活动对社会带来的影响。由于这种活动，因而人们不仅在生产活动中生产了自身，而且生产了社会。因为，生产可以区分为两种生产：第一种是物质生活资料的生产，这种生产是生产了人与自然的关系；而第二种生产，是人口的生产和再生产，它生产出人与人的社会关系。由于社会关系的产生，因而有了意识等上层建筑，上层建筑又反过来作用于生产关系，并直接作用于生产力，从而推动了社会的发展。所以，生产力从共时性角度看，它决定了当代人们的交往关系；而从历时性视角看，它表现为一种"既得的力量"，即当代人的生产力都是前一代人活动的结果，即"以往的活动的产物"。在《哲学的贫困》一文中，马克思对生产力的诸要素作了较为具体深刻的论述。他认为，在生产中，劳动的人是一种"基础性作用"，无论出现任何一种生产工具，无论生产力以何种历史水平表现出来，作为直接劳动力的人都永远是生产力中最主要的最重要的基本因素。离开人，一切生产工具和劳动资料都会变成被动因素。但是，生产

---

① ［美］威廉姆·肖：《马克思的历史理论》，阮仁慧等译，重庆出版社1989年版，第57页。

工具是生产力的物质前提,生产工具的进步往往是一定时代社会形态的标志。他说:"手推磨产生的是封建主的社会,蒸汽磨产生的是工业资本家的社会。"①在《资本论》中,马克思对生产力的基础作用作了更为深入细致的分析,尤其是马克思认为,生产力决定作用绝不是把生产力看作"唯一"的决定论,因为生产力本身受利益的制约。生产力首先要受自然条件的制约,这些自然条件可以归结为人本身和人周围的自然。人本身的自然,即人口的质和量的限制。人口的质,则是指人口素质,它包括人口教育程度,人口身体素质等;人口的量,则是指人口是否适度分布。外界的自然条件,可以分为两大类,即生活资料的自然泉源和劳动资料的自然泉源等。他说:"在文化初期,第一类自然富源具有决定性的意义;在较高的发展阶段,第二类自然富源具有决定性的意义。"②生活资料的自然富源,例如土壤的肥力、渔产丰富的水等;劳动资料的自然富源,如奔腾的瀑布、可以航行的河流以及森林、金属、煤炭等。总之,人与物的因素,才是生产力中两个最原始的因素。但是不同发展阶段,它们的含义又是不同的:在文明初期,生活资料的自然富源是决定性的;在比较高的发展阶段,劳动资料的自然富源是生产力中具有决定性的因素。这里至少说明了这样一个问题。威廉姆·肖却认为,马克思把吃、穿、住作为现实前提是轻率的,是毫无根据的。马克思认为在文明不够发展阶段,尤其是在原始社会,最基本的前提,首先是吃、穿、住问题,这是第一个现实前提;而在文明发展较为高级的阶段,劳动资料的自然富源才是重要的。而威廉姆·肖把马克思所说的吃、穿、住绝对化,这是错误的。其次,生产力的决定作用只是相对生产关系而言,因为生产力本身又受生活资料的自然富源和劳动资料的自然富源制约。最后,科学技术作用论不能简单替代生产力的决定作用。因为科学技术是知识形态的生产力,它必须通过生产力诸要素,才能转化为现实的生产力,因而,简单地用一个替代另一个是错误的。

2.生产力的决定作用不是"唯一"作用。

生产力的决定作用只有通过生产关系相互作用才能表现出来。威廉姆·肖把科学技术当作"唯一"的作用,从而把生产关系的作用完全排斥。

---

① 《马克思恩格斯文集》第 1 卷,人民出版社 2009 年版,第 602 页。

② 《马克思恩格斯文集》第 5 卷,人民出版社 2009 年版,第 586 页。

这是十分错误的。威廉姆·肖专门引用了马克思《政治经济学批判·序言》中一段话，来说明马克思是如何否认生产关系、上层建筑的反作用的。马克思在论述到社会关系的变革时，从不否认上层建筑对它的反作用。他说："一种是人们借以意识到这个冲突并力求把它克服的那些法律的、政治的、宗教的、艺术的或哲学的，简言之，意识形态的形式。"①但马克思认为，我们判断这样一个变革时代，不能以它的意识为根据，相反，"这个意识必须从物质生活的矛盾中，从社会生产力和生产关系之间的现实冲突中去解释"②。这里所说的是"生产力和生产关系的现实冲突"，也即生产力和生产关系的相互作用相互矛盾。毫无疑问，这里强调的是生产力和生产关系两个因素的相互作用。但是，威廉姆·肖却把生产关系的作用完全从相互作用中排除掉，从生产力和生产关系的相互作用中剥离出来，认为马克思强调的是"生产力决定论"或"科学技术决定论"。威廉姆·肖说："虽然这些斗争领域不纯粹是经济关系的附带现象，但它们对于马克思来说——只是由于生产力的更为基本的压力，才在历史变革中发挥它们的作用。"③威廉姆·肖的阐释显然是以自己的论调去替代马克思的理论，用"生产技术论"来曲解生产力和生产关系的相互作用论。

首先，在历史唯物主义看来，生产力与生产关系是生产中两个不可分割的两个方面。现实的生产，就是生产力与生产关系的相互统一；现实的生产力是人的因素和物的因素的结合。但是，只要它们结合就体现了生产关系。换言之，它们不结合，单独的人或单独的物，就不能是现实的生产力。现实的生产力总是离不开生产关系。因而，二者事实上在现实生产中是融为一体的。它们仅仅是包含的内容不同。其次，生产力的决定作用绝不能完全取消生产关系的反作用，生产力的决定作用，只是体现了一定生产力决定了一定生产关系的性质，生产力的发展决定生产关系的变革，生产关系的变化和发展总是随着生产力的变化和发展而改变的。而生产关系不是消极的，它可反作用于生产力。当生产关系适合生产力状况时，生产关系能为生产力发展提供广阔的场所；而当生产关系不适合生产力状况时，生产关系就会

---

① 《马克思恩格斯文集》第 2 卷，人民出版社 2009 年版，第 592 页。
② 《马克思恩格斯文集》第 2 卷，人民出版社 2009 年版，第 592 页。
③ ［美］威廉姆·肖：《马克思的历史理论》，阮仁慧等译，重庆出版社 1989 年版，第 55 页。

阻碍生产力发展并成为生产力发展的桎梏。换言之,生产力的决定作用只有当生产关系与之相适应时,才是可能的,否则就是不可能的。任何一种生产力没有生产关系与之相适应,都只是一种潜在的生产力,而只有当生产关系与之相适应时,这种生产力才有可能是现实的。这样,生产关系决非可有可无的。离开生产关系,生产力就不是现实的生产力,而只是可能的生产力。另一方面,生产力的作用也不是绝对的,而是有条件的,它的作用实现的基本条件就是生产关系与自己相适合。一旦生产关系成为自己的桎梏,生产力的发展就停滞甚至受到破坏。最后,威廉姆·肖对于马克思历史唯物论的理解从常识上来讲也是错误的。在他看来,马克思所说意识形态的形成,也是由生产力来直接决定的。这是错误的。马克思历来按社会的结构区分为两大因素三个领域,一个是物的因素,一个是精神的因素。物的因素是指生产力和生产关系,它是社会的客观性基础。精神因素是上层建筑,它是社会意识形态方面。按两大因素,社会又分为生产力、生产关系(经济基础)、上层建筑三个领域。生产力并不直接作用于上层建筑,生产力的作用只有通过经济基础才能作用上层建筑。而威廉姆·肖把作为客观因素的生产关系说成是可有可无的精神因素,又认为生产力可以直接决定上层建筑,这是十分荒谬的。

3.利益与科学技术决定论。

科学技术决定论的失误,一个主要原因,就在于他们忽视以利益对科学技术的作用。威廉姆·肖的科学技术决定论的主要文本根据是马克思于1859年写作的《政治经济学批判·序言》。他说,马克思的"《政治经济学批判·序言》表述了一种为马克思毕生赞同的观点"①。的确如此,《政治经济学批判·序言》表述了一种为马克思毕生赞同的观点。但是这种观点是否就是所谓"科学技术决定论"呢?只要让我们仔细地看清楚,我们就会明白,马克思的《政治经济学批判·序言》并没有如威廉姆·肖那样简单粗糙的提炼,更没有他那种把科学技术提升为排斥生产关系和上层建筑作用的"本体论"。马克思首先十分清楚地阐述了他是从那里入手开始走向唯物史观的。他说,由于1842—1843年间,"第一次遇到要对所谓物质利益

_____

① [美]威廉姆·肖:《马克思的历史理论》,阮仁慧等译,重庆出版社1989年版,第53页。

发表意见的难事"等，这"是促使我去研究经济问题的最初动因"①。物质利益问题是马克思从事政治经济学研究的最初动机。而在《黑格尔法哲学原理批判》中又发现法的关系、国家关系都根源于物质生活关系，从而马克思找到解剖历史观的钥匙是市民社会，而不是黑格尔国家观念。而市民社会的科学就是政治经济学，通过对政治经济学的研究，从而得出了以下结论："人们在自己生活的社会生产中发生一定的、必然的、不以他们的意志为转移的关系，即同他们的物质生产力的一定发展阶段相适合的生产关系。"②这些生产关系的总和构成社会的经济结构，并有与相适应的上层建筑。总之，是物质生活制约着精神生活，因而社会物质生产力发展到一定阶段，便同在其中活动的生产关系发生矛盾，从而推动社会形态由低级向高级的运动和变革等。在这里，谈到生产力（科学技术）的基础作用，但是都是就生产关系与生产力相矛盾作用和互动而言，都没有简单排斥生产关系、上层建筑的作用。尤其是马克思一开始就强调，这些结论是以利益为起点，通过政治经济学这个途径的研究而得出的结果。利益是起点，政治经济学是手段，而这些结论只是结果。离开利益，这些结果就成为没有前提的东西。只有利益这个起点，也看不出结论的意义。把利益与结论联系起来，我们才能全面解读这些结论所包含的利益的主要内容。威廉姆·肖完全割裂了科学技术与利益的关系，科学技术决定论成为一个毫无意义的命题。

历史唯物主义认为，利益是马克思走向唯物史观的阿莉阿德尼之线。利益是历史唯物主义基础范畴，它是历史唯物主义的逻辑起点，它贯穿于历史唯物主义整个始终。离开利益就无法说明生产力和生产关系、经济基础和上层建筑的关系。所谓生产力，人们往往把它解释为一种征服和改造自然的能力。这种解释与马克思对生产力的理解大相径庭。关于生产力的研究，最早来源于德国经济学家李斯特的研究。这一点在以上论述中已经作了阐述。在这里，我要再次引述的是马克思这样一段论述。马克思在批判李斯特把生产力神秘化的错误以后说："在现代制度下，生产力不仅在于它也许使人的劳动更有效或者使自然的力量和社会的力量更富于成效，而且

---

① 《马克思恩格斯文集》第2卷，人民出版社2009年版，第588页。
② 《马克思恩格斯文集》第2卷，人民出版社2009年版，第591页。

它同样还在于使劳动更加便宜或者使劳动对工人来说生产效率更低了。"①请注意,在这里马克思认为,生产力并非是一种"能力",而是一种创造物质利益财富的"力量"。这样,生产力同利益这一被人误读的概念联系起来。同时,生产力同利益的关系,本身就展现出人们在改造世界创造物质财富中的最基本的矛盾关系。这两个方面恰好正是马克思研究经济学的问题意识。利益问题在洛克那里,是自然赋予的一种使用和占有财产的权力。而在边沁、密尔看来,仅仅是一种心理联想。重商学派认为,利益价值来源贸易和商业,重农学派认为只有农业才创造利益。亚当·斯密把价值当作利益,一方面认为这种利益是由劳动创造的,但又认为利益是资本的利润。李斯特在研究财富利益的来源时,谈到了"生产力"。李斯特虽然把生产力神秘化,但在他那里,"生产力表现为一种无限高于交换价值的本质"。这是对的。交换价值是市民社会经济学家看作财富的本质。亚当·斯密就把交换看作是市民社会获得财富的唯一手段。市民社会就是从交换开始的,一切财富都是通过交换获得的。市民社会的利益都是在平等交换中获得的效益,市民社会的利益关系就是平等交换关系。而李斯特尽管把生产力神秘化,但指出了比交换价值更为重要的是生产力。马克思批判李斯特错误,并改造了李斯特生产力的内涵,把它规定为创造财富的力量。它揭开了罩在交换价值上面的那层沉淀了许多经济学家灰尘的厚厚的面纱,从而为发现利益奥秘迈开了第一步。随后,在《德意志意识形态》中,马克思把生产力与物质生活资料、生产和再生产相联系,从而说明了生产力与利益及其利益矛盾展开的相互关系。由于生产活动发展,首先有了个人利益与公共利益的矛盾对立。为了解决这种矛盾对立,从而产生了以共同利益的姿态出现的国家和上层建筑等。生产力在创造人们所需要的物质财富的同时,也创造了新的利益关系,这种利益关系的相互矛盾就产生了国家和上层建筑。由于利益一开始就是马克思的问题意识,马克思在创立生产力范畴时,不仅阐述利益与生产力的联系,而且也揭示了利益的产生根源。因而可以说,生产力就是创造利益物质财富的力量。如果按威廉姆·肖的说法,用科学技术来代替生产力,那么,科学技术无非也就是创造利益的力量。可见,生产力、科学技术的决定作用最终还是利益提供的。离开了人类对物质生活资

---

① 《马克思恩格斯全集》第 42 卷,人民出版社 1979 年版,第 263 页。

料的基本需要,离开了人类对利益的追求,生产力就失去了内在动力,变成了缺乏内在动力的被动因素。其次,利益与生产关系的联系更是无法分割。所谓的生产关系,实质上是人们在生产活动中发生的一定的物质利益关系。利益是生产力发展的驱动力。利益驱动作用发生在两个方面:一方面是作为生产关系的主体个人的实际驱动作用。人们为了生活,不得不从事生产。这就是一种实际的个体驱动作用。但是,生产都是社会的生产,生产离不开人与人的活动的相互配合。这种相互配合的机制由利益所决定。活动的相互配合的关系,究其实质就是一种利益关系。由于生产发展引起的个人利益与社会利益对立,生产关系往往就形成一种有限的利益关系。这就是利益驱动作用表现的另一方面。这种有限的利益关系与生产力的水平是相适应的。在古代社会,人们为了某种物质利益,不得不建立在一种人与人的依赖关系上。在近代社会,生产力虽然发展了,但利益关系仍然是有限的,因为一个人虽然不再依赖另一个人,但代之而起的是物上升为统治地位,人们的利益关系就建立在物的依赖关系上。利益关系表现为一种物与物的交换关系。这种关系的发生,归根到底与生产力发展水平有关,因为生产力只在有限的范围内发展。换言之,以物为依赖性的利益仍然是以财富的不足为前提,财富"匮乏",才使一些人占有财富,另一些人因为失去财富而一无所有。这种两极分化的进一步发展,它一方面束缚了生产力的发展,另一方面,它产生了改变这种生产关系以解放生产力的要求。如果第一个方面,由一般的阻碍束缚上升为生产力发展的桎梏,那么,改变生产关系,建立新的生产关系,则成了生产方式内部矛盾运动的主要方面。比如,中世纪以来,由于大工业的发展,宗教神权封建统治严重地束缚了生产力的发展,它使资本主义与封建主义的利益矛盾上升为对抗的性质。为了适合新的生产力的要求以获得发展,新兴资产阶级不得不用革命手段或和平方式改变封建主义下所形成的利益关系,建立资本主义的利益关系。如美国的南北战争、法国 1789 年的资产阶级大革命、德国 1848 年的革命等。这些都说明生产关系不是毫无意义的,生产关系作为一种利益关系,它是生产力发展中一种客观的物质利益关系。这种利益关系在一般情况下,表现为适应生产力发展的要求,而更为值得注意的是,一旦它成为生产力发展的桎梏,一旦不改变这种利益关系就不能解放生产力时,那么,建立一种新型的利益关系,促进生产力发展就显得十分重要。而威廉姆·肖则不是这样,他甚至把生产关系看作是可有可无的,他说:"无疑马克思主张,生产力的变革引起生产关系的变更,但那是在一种彻底的历史形式中的变更:当人们的生产力发展时,他们的生产关系,社会关系不得不去适应它们。马克思所想象的是一种先于任何重大(上层)建筑质变以前的生产力对生产关系增加的压力。"①这就是说,生产关系只是消极被动地去适应生产力,上层建筑的变化都是因为生产力对生产关系增加的压力,从而完全否定了生产关系对生产力发展中的反作用。这是错误的。

威廉姆·肖错误的最主要的原因,就是他完全否认了利益和利益关系对生产力发展的推动力。他完全脱离利益和利益关系,把马克思的生产力和生产关系仅仅看作是一种纯粹的脱离利益的活动和关系。这样,科学技术决定论就被说成是一种脱离人类社会的自然力。威廉姆·肖不同于其他西方马克思主义者的地方,至此可见一斑。他没有像青年卢卡奇、葛兰西式、霍尔海默等人那样,把马克思说成是一个黑格尔主义者,而是肯定了马克思的唯物主义立场。但是另一方面,他抽去利益和利益关系在科学技术中的地位和作用,唯物史观在他那里,实际成为一个与旧唯物主义毫无区别的形而上学机械唯物主义。他最后在结论中说:"生产力决定论这个论题是经验性的;但是正如许多人所认为的,它难道不就是既不能被证明,也不能被反驳的更广泛的形而上学社会观的一部分吗?"②根据以上的论述,威廉姆·肖论述的生产技术决定论的主旨,正好适用于他的整个分析。他割裂了生产力与生产关系的相互作用和有机联系,仅仅把生产技术决定论从马克思对社会利益关系的有机联系中分割出来,从而使科学技术成为了一种形而上学的本体论基础。这就是他的方法论上的总的误读。

第三节　利益与人文科学的兴起

一、人文社会科学兴起的根源

人文社会科学是当代区别自然科学的崭新学科,比如人类学、哲学、宗

---

① [美]威廉姆·肖:《马克思的历史理论》,阮仁慧译,重庆出版社1989年版,第55页。
② [美]威廉姆·肖:《马克思的历史理论》,阮仁慧译,重庆出版社1989年版,第165—166页。

教、伦理道德学、历史学、社会学、政治学、文学艺术等。科学是人们在物质生活资料的生产活动中发展起来的,因而,科学起源于人类有目的的活动。科学是人类的专利。动物也生产,动物也有活动,可是在动物那里没有科学,因而,人与动物活动的区别在于"有目的"。人的活动是"有目的"的,而动物则没有。一方面,人与动物都处在自然中,自然客观外部世界是一个不可逾越的界限;另一方面,人与动物为了生存都有生物性的基本需要,因而,外部世界与动物的生存需要就形成了一个两极对立的矛盾。要么,或者因为外界的满足而生存,或者因为外界的匮乏而毁灭,或者因为人与外界的均衡而生存和协调。可是,外部不会自动满足动物的需要,动物的生存在自然状态下,也很难互相协调发展。要么自然支配动物,要么动物蹂躏自然。但是,人与动物不同,人能通过自己的活动有目的地作用于自然,生产出适合自己的生存发展的物质生活资料。所以,"有目的"应是人与动物活动的根本区别。这种目的不是主观先验的,不是自生的。它起源于人类的利益。人类从自己的利益出发,去从事生产活动,从而创造了能适合自己的生存发展的区别于自然的第二个世界。这个世界即物质世界和精神文化世界的统一。这种物质世界就是物质文明,这种精神世界就是精神文明。科学则包括在精神文明之中。那么,人们以自己的利益为基础,通过活动为什么会创造出科学,即自然科学和社会科学呢? 这是因为,人们的利益的外延是十分广泛的。人们的利益可以分为以下两个方面:

第一,生存的利益。生存的利益是最基本的利益。它包括生理的基本需要,如吃、穿、住和繁衍后代等。马斯洛把对食物、水、空气、睡眠、性的需要,归结为生存的生理需要或对生存的需求,有一定的合理性。但生存不只是一种心理上的"需要",它主要是生存客观的利益。第二,发展的利益。发展则包括安全、财产、交往和德识才学等。安全,即人身生命和财产受到保护,社会环境秩序良好和有法可依,健康水平能有医疗保障等。财产,即有接受教育的财产基础,有从事社会交往活动的基本物质条件等。交往,即具备交往的基本的文化素质和能力,有从事交往的良好环境,有参加社会活动的义务和权利。德识才学,更是事业发展不可缺少的因素。这里,德是品德,识即知识,才指能力,学即学养、学识等。这些都是发展的因素。人们从生存、利益出发,主要以物质生产活动为主,生产出满足自己的生存需要的物质生活条件。人们从发展的利益出发,则不得不以专门的力量来保护安全,积累财产,从事各种交往活动,以发展教育,提高德识才学水平,提高创造能力和科学文化水平。科学就是在这种基础上发展起来的。科学就是以发展的利益为主要目的的实践活动创造的精神财富。科学起源于利益,科学随着人类利益需要的发展而不断发展。科学又区分为自然科学和社会科学,但是在当代社会科学曾被一些人认为,它不是科学,而是非科学。其主要原因是十分复杂的。就科学的发生发展来看,首先有人文社会科学,然后才有自然科学。

1.科学的符号是文字语言,没有文字语言就不会有科学。

文字语言是科学产生的创造的第一个因素。符号是什么? 符号是人们同自然进行物质、信息能量交换时,用以表现思维的最基本的形式。比如,文字(数字)语言都是这种符号,它是思维与外部世界联系的中介。思维操作正如活动的展开,活动的展开要以工具为中介;人类思维动作就要以符号为中介,通过符号去探索对象,通过符号传播、反馈信息。人类在同世界的物质信息能量交换中,以符号(文字、数字、语言)形式建立科学理论体系。新康德主义马堡学派代表人物恩斯特·卡西尔把人的符号能力等同于康德式的先验的直观形式和范畴,从而具有创造世界的能力和作用。这是错误的。但是,他认为,人与动物,就是作为主体的人可以创造出各种符号系统,由此对客体进行抽象分析,建立起整个科学体系。符号就是人类理性通向科学文化的桥梁。他说:"对于理解人类文化生活形式的丰富性和多样性来说,理性是个很不充分的名称。但是,所有这些文化形式都是符号形式。因此,我们应当把人定义为符号的动物(Animal Symbolicum)来取代把人定义为理性的动物。只有这样,我们才能指明人的独特之处,也才能理解对人开放的新路——通向文化之路。"①去掉他的康德的先验论因素,他的见解是正确的。科学理论离不开实践活动,但在实践中,人的目的总是通过手段(工具)不断作用对象。这个过程,作用与反作用每时每刻都是一种互动关系。人们为了达到自己的目的,总是不断地改进工具用以发挥主体的作用去克服反作用,从而试图取得较好的效果。这就是实践——认识——再实践——再认识的过程。这里,每一次实践,都使认识进到高一级程度,从而循环往复,最后实现自己的目的。这里的认识,就是科学理论形成过程。在

----

① [德]恩斯特·卡西尔:《人论》,甘阳译,上海译文出版社 1985 年版,第 34 页。

这个过程中,人们把认识抽象出来,从而上升为科学理论,符号(文字、语言、数字)是其思维认识的外在形式。没有这种形式,就不能形成科学理论。因而,符号(文字、语言、数字)是科学理论形成过程中最基本的要素。文字、语言、数字,最早都是在人文科学中出现的。没有人文社会科学的文字、数字和语言符号,就不会有科学和科学理论。

2.哲学是出现最早的人文社会科学,自然科学最早包括在哲学之中。

在古希腊,当时只有一门科学,那就是哲学。当时所有的哲学家,包括泰勒士、赫拉克利特、阿拉克西曼德、阿拉克西美尼、德谟克利特、巴门尼德、毕达哥拉斯,他们是哲学家,但他们首先是自然科学家。比如,泰勒士就是地道的自然科学家,毕达哥拉斯是数学家。直至近代,正如上文论述的,科学还只有一门科学,那就是哲学。哲学作为人文社会科学,它是随着人类社会走向文明的产物,它是最早表现人类不同于动物特征的科学。韩民青先生在《当代哲学人类学》中,把人类称为"动物+文化"是对的。人类与动物的区别,就在于人类除开创造一个物质世界外,人还创造了不同于动物的文化世界。这个文化世界,最主要的内容就是人文社会科学。所以,如果要用古代人朴素的观点来看科学,那么科学只有一门科学,这就是人文社会科学。但是,为什么自然科学后来反而上升到咄咄逼人的地位,公开站出来指责社会科学,甚至认为社会科学不是科学呢? 产生这一现象的根本原因是什么呢?

近代社会最突出的特征就是利益的统治代替了人的统治,利益成为了社会基础,利益是人们从事各项活动的内驱力。这种活动除社会关系的活动外,主要有两种活动,即生产的活动和科学实践的活动。利益在近代社会,是科学实践的内驱力。科学以利益为基础,科学实践成为了实现利益的手段,甚至利益是科学活动的目的。这就是说,凡是获得巨大的实际的利益的,这种科学必然得到充分重视而得到发展;凡是眼前不能取得利益,而只有将来才能获得利益,那么就可能被忽视。凡是只对个人有实际利益,而对社会没有什么利益,甚至造成危害的,这种利益在以原子式为个体本位的市民社会中也有可能得到发展。实用主义的科学观,事实上就是这样一个科学观,凡是对个人有实际效用,即使它对社会利益带来危害,这种利益效用也就是善。斯宾塞就是这样一种观点。他把人与动物相类比,认为社会与动物一样,都是一种有机体。但社会与动物不同,生物有机体是个体为整体而存在。社会不同,社会是为个体而存在,社会科学就是研究整个社会如何为个人利益而存在的科学。利益成为了检验科学是否对个人有实际效用的标准。斯宾塞的社会科学观与英国边沁、密尔的功利主义和美国的詹姆士的实用主义一脉相承。由于利益在科学中的支配作用,因而在一些政治家看来,自然科学可以创造出他们个人、集团需要的利益,而社会科学只创造出对社会长远的人类所需要的利益。自然科学可以创造眼前的最需要的具体的实际利益,而社会科学一般只服务人类社会发展未来的一般利益。因而,利益既是人文社会科学产生的根源,利益也是人文社会科学兴起的原因,利益还是使人文社会科学和自然科学走向对立的动力。

二、利益与社会科学的"价值无涉"

利益是社会科学兴起的根源。利益可以区分为个人利益和社会利益,以及不同社会不同阶级集团的利益。社会科学既然是适应利益而产生的,那么,利益也就要求与自己相适应的社会科学为其服务。因而,社会科学为一定社会、阶级、集团和个人利益服务,这是利益对社会科学的客观要求。社会科学适应这种客观要求的具体表现是,不管社会科学本身如何,而价值判断则是不可避免的。社会科学不是"价值无涉",社会科学离不开价值判断。而马克斯·韦伯却认为,经验科学与价值判断应严格区分开来,经验科学研究"是"什么的问题,而价值判断追求的是"应当"怎样。经验科学"是"即"有"或"存在",无法上升为"应当"。社会科学是经验科学,它研究的是事实、存在,从而应该保存其客观性和中立性。它与"价值无涉"。他说:"研究者和描述者应当无条件地把经验事实的规定(包括他所研究的、经验的人的'有价值取向的'行为,这个行为是他所要加以说明的)与他的实际的价值判断态度,亦即在判断这些事实(包括经验的人的可能成为研究对象的'价值判断')令人愉快或令人不愉快的意义上的'鉴定'态度区分开来,因为这是两个根本不同的问题。"①

首先,存在与价值、"是"与"应当"的关系,就是利益与思想的关系。存在是一个实体范畴,在唯物主义看来,存在就是客观存在。思维则不同,思维是由存在派生的,存在第一性,思维第二性。价值不是实体范畴,价值是

---

① [德]韦伯:《社会科学方法论》,韩水法等译,中央编译出版社1999年版,第146页。

以人为主体,用以表示事物具有满足主体需要的属性、作用和意义的概念。事物的价值性体现着事物作为客体对主体的存在发展的肯定和否定的关系。价值表示的是客观事物对人的有用性。价值不是实体范畴,价值是关系范畴。它是指物对人的有用性。存在是客观的,那么,价值只是存在是否满足主体需要的意义。人们对物的需要,要由物来满足,它表现了人对物的依赖关系。但是,人们是因自己的生存发展需要,才要求物来满足的,而不是为了实现物的价值才去以物来实现物的价值的。所以,物的价值就在于满足了人的需要。满足了人的需要,人才赋予物的价值和意义。离开人的需要,物也就无所谓物的价值和意义。新康德主义弗赖堡学派的代表文德尔班却认为,哲学在古代社会是无所不包的,哲学在近代,由于各种实证主义的出现,已将其瓜分得一干二净。哲学的出路在哪里,哲学要存在下去,就得成为具有普遍意义的价值哲学。在这里,哲学中的存在、实在都被其取消了,哲学仅仅成为脱离存在实在的由思想赋予的意义。“应当”代替一切,“是”则是毫无意义的。文德尔班认为,价值只是诸事物之间的关系的总和。它不是物理的,也不是形而上学的实体。价值被看成失去客观性的一个精神或心理的过程,李连科在《价值论》中说,文德尔班“所谓的价值世界,即他所说的本体和实践的世界,也只不过是主体的一种公设。在他看来,美和有用这些价值,都是只取决于主体的情感和意志的估价、态度和目的,而与事物本身,与客观必然性没有任何联系”①。而韦伯把事实、存在与价值、是与应当的关系完全颠倒过来,价值成了脱离存在、“应当”脱离“是”、思想脱离利益的一种主观的态度。

其次,人文社会科学适应一定的利益需要产生,同时也为一定的阶级利益服务。人类社会进入阶级社会,统治阶级从维护本阶级的统治需要出发,总是把代表本阶级的利益分别以文学艺术的、政治的、法律的、宗教的等多种形式反映出来。它们综合起来就构成了人文社会科学。在这些人文社会科学中,尤其是政治的、法律的、哲学的、宗教的等社会科学,它们的每一个概念、判断和推理都有这些思想家对这些判断命题的基本的态度。比如,中国史书所说的孔子的“春秋笔法”就是这样。所谓“春秋笔法”,实际就是孔子维护周王朝正统统治,鞭挞周的诸侯不守周礼、犯上作乱的基本态度。在

---

① 李连科:《世界的意义——价值论》,人民出版社1985年版,第35页。

《论语》中,孔子的价值判断更为鲜明,如,《孔子·子路》:"樊迟请学稼。子曰:'吾不如老农。'请学为圃。曰:'吾不如老圃。'樊迟出。子曰:'小人哉,樊须也! 上好礼,则民莫敢不敬;上好义,则民莫敢不服;上好信,则民莫敢不用情。夫如是,则四方之民襁负其子而至矣,焉用稼?'"这里就体现了孔子鲜明的价值判断。司马迁修《史记》,本应是从客观的事实出发,可是在《史记》篇目安排上就表明司马迁的价值观念,还是君君、臣臣、父父、子子的所谓正统思想。《史记》篇目首先是本纪、世家、列传。"本纪",就是君,如《项羽本纪》。"世家",就是诸侯之类的臣,如《陈涉世家》。"列传",则是一般的臣,如《李将军列传》等。在西方,最早的罗马法律表达的主要就是奴隶主的意志。在罗马法典里,奴隶不被认为是法律关系的主体。最初的罗马法只适用于罗马市民,只有他们才享有罗马法所赋予的权利,因而也称"市民法"。直到帝国前期,除奴隶外,市民与臣民的差别逐渐消失,自由民普遍取得市民权而"产生了私人的平等"。恩格斯说:"这样,至少对自由民来说产生了私人的平等,在这种平等的基础上罗马法发展起来了,它是我们所知道的以私有制为基础的法的最完备形式。"[1]尤其是西方文艺复兴以后兴起的人文社会科学,它代表了新兴的资产阶级的利益,矛盾直指中世纪的封建神学统治,如但丁的《神曲》、爱拉斯谟的《疯狂颂》、拉伯雷的《巨人传》、薄伽丘的《十日谈》、斐微斯的《关于人的寓言》等,都表现了颂扬人性,贬抑神性,反对封建神学,倡导资本主义精神的价值判断。正是这种价值判断,显示了反对神学,颂扬资本主义精神的时代意义,使它们成为一个时代的伟大人文精神的象征。因而,文艺复兴表面是古希腊、罗马的文化,但它绝不在于回到古典文化的倒退,它的意义在于推陈出新,在于为资本主义的利益服务,提倡以人为本体的人文精神,并把它作为一种新文化运动的核心。如果用韦伯的"价值无涉"去观照文艺复兴,文艺复兴则将失去它的一切光辉和意义。欧洲历史要重写。事实上,文艺复兴的意义和价值已是不容改变的,马克斯·韦伯的"价值无涉"完全是一纸空谈,就连他自己在论述"价值无涉"中,凡是引用的资料都不得不与他的价值判断有关。因为选择就是一种价值判断。离开价值关联的选择本身就是一种悖论。人文社会科学就是适应一定阶级利益产生的,同时反过来为一定阶级利益服务。最

---

① 《马克思恩格斯文集》第9卷,人民出版社2009年版,第109页。

典型的欧洲宗教改革,它公开表明的是对宗教教旨教义的宣战,但它代表的是当时资产阶级摆脱教会统治,争夺政治领导权,促进市民社会走向成熟的精神。马丁·路德和加尔文宗教改革的结果,在于推翻教皇的至高无上的地位,使教徒从宗教统治下解放出来,成为一个市民。它解放了市民思想,用资本主义统治代替封建神权的统治,为资本主义发展扫清了精神障碍。

人文社会科学都是适应一定阶级利益产生的,同时反过来为一定阶级利益服务。一种先进的人文社会科学理论的产生,往往反映科学发展新趋势,代表先进阶级的利益。它的产生和传播对于现存的统治阶级的利益就是一种威胁。所以,现存的统治阶级对于这些危害自身生存发展的思想,就会想方设法贬低它的价值并对其予以压制和消灭。比如,近代布鲁诺宣传哥白尼的日心说,被教会活活烧死在罗马的鲜花广场。这是因为布鲁诺宣传的"日心说"与宗教奉行的"地心说"相悖逆。因为,宇宙是以太阳为中心,也就等于说,地球不是宇宙的中心,教会不是地球的中心,教皇教会的至高无上的地位从此动摇了。在19世纪中期,费尔巴哈在德国柏林大学讲坛上宣传无神论,就被当局取消其教职,赶出大学校门。马克思的思想因有反德国封建统治的革命倾向,竟被从德国驱逐出境。中国清朝的"文字狱"典型地说明了清朝封建统治阶级对人文社会科学的态度。人文社会科学因为是适应于一定阶级利益产生的,所以,它也反过来为一定阶级利益服务。因而,"价值关联"是正常的、合理的。相反,所谓的"价值无涉"才是不正常的、不合理的。

三、利益与人文社会科学诸形式的关系

人文社会科学因为反映一定阶级利益的需要,因而,它与价值判断相关联。在利益与人文社会科学诸形式的关系中,也充分地说明了这一基本观点。

1.利益与人类学。

人类学(Anthropology)是随着人文主义的时代的兴起而出现的一门以人类自身为专门研究对象的学科。1596年,新教人文主义者 O.卡斯曼(O.Casmann)就以"人类学"为题出版了一本著作。[①] 但作为一门科学是德国

[①] 参见[德]米夏埃尔·兰德曼:《哲学人类学》,张乐天译,上海译文出版社1988年版,第3页。

的布鲁门巴创立的。① 马克思晚期把自己的重点转向了人类学的研究。马克思 1879—1882 年对马·柯瓦列夫斯基《公社土地占有制,其解体的原因、进程和结果》、路易斯·亨·摩尔根《古代社会》、约翰·菲尔爵士《印度和锡兰的雅利安人村社》、亨利·萨姆纳·梅恩《古代法制史讲演录》、约·拉伯克《文明的起源和人的原始状态》等书进行认真阅读,并写作了读书笔记。② 马克思以历史唯物主义为基本观点考察了人类社会文明起源和家庭婚姻、国家和私有制的起源等问题,从而把人类学建立在科学的基础上,使人类学的研究逐步地成为一门真正具有科学性质的学科。19 世纪末 20 世纪初人类学蓬勃地发展起来。它既涉及人种学、考古学、语言学,又同人的体质生理学、医学、心理学以及文化、哲学、社会发展、认识等相关联,如体质人类学、医学人类学、文化人类学、社会人类学、发展人类学、认识人类学、民族人类学、都市人类学等。更不容忽视的是,还出现了不同于以经验研究为主的,而以研究人类一般本质规律的哲学人类学,如结构人类学(法国列维·斯特劳斯,瑞士语言学家索绪尔)、文化人类学(德国夏埃尔·兰德曼)、符号人类学(恩斯特·卡西尔),马克思主义经济人类学和自 20 世纪 70 年代开始与后现代主义并行产生的妇女人类学等。在这些研究当中,文化人类学把人说成是一个文化动物,符号人类学把人说成是一个使用符号的动物,结构人类学则把人说成是由文化、语言、心理等多元结构的产物。十分清楚,根据这些人类学的理论,人类学的基础和本质不是别的,而是文化、语言、符号、心理等。文化、语言、符号、心理等似乎成了人类学研究的唯一对象。

人类学的基础是什么?人类学研究的对象又是什么呢?马克思晚年为什么把即将整理出版的《资本论》第 2 卷和第 3 卷的工作搁置下来,而要专门从事人类学研究?马克思逝世以后,恩格斯就马克思的《摩尔根〈古代社会〉一书摘要》撰写了《家庭、私有制和国家的起源》一文。他说:"我们来研究一下那些在野蛮时代高级阶段已经破坏了氏族社会组织,而随着文明时代的到来又把它完全消灭的一般经济条件。在这里,马克思的《资本论》对

---

① 参见高清海主编:《文史哲百科辞典》,吉林大学出版社 1988 年版,第 18 页。
② 参见《马克思古代社会史笔记》,人民出版社 1996 年版。

我们来说是和摩尔根的著作同样必要的。"①恩格斯为什么说,马克思的关于人类学的研究与他的《资本论》一样,都是十分必要的呢?

首先,利益是人类社会发展的基础。马克思为了解开物质利益之谜,从1843年就开始了政治经济学的研究。为此,马克思在巴黎、伦敦等地专门对政治经济学的资料进行了系统研究,写作了《巴黎笔记》、《1844年经济学哲学手稿》、《布鲁塞尔笔记》、《曼彻斯特笔记》。这些笔记虽然已经包含了许多对市民社会的利益奥秘的重要认识,但都只不过是他研究政治经济学的资料准备。因为马克思的市民社会的科学——政治经济学的萌芽,一般被认为是批判小资产阶级经济学家蒲鲁东于1847年发表的《哲学的贫困》。1850年马克思被迫流亡伦敦,也就是在伦敦,他又继续开展经济学研究工作。1850年9月至1853年8月之间,他写了著名的《伦敦笔记》共24本,以极小的字体写满了1250页,其篇幅超过100印张。汤在新认为:"《伦敦笔记》不仅为《资本论》提供了必要的资料,也为马克思计划写作的全部经济学著作准备了丰富的材料。"②这是对的。《伦敦笔记》确实成为了《资本论》创作直接准备阶段。但这些仅仅是写《资本论》的准备,而不是《资本论》。马克思写《资本论》,最著名的有三大手稿,即《政治经济学批判(1857—1858年手稿)》,也叫《资本论》初稿;《政治经济学批判(1861—1863年手稿)》(《资本论》第二稿);《资本论》(1863—1865年手稿)。1867年《资本论》第1卷才正式出版面世。它标志着马克思为了探究"利益"的奥秘,终于通过市民社会科学——政治经济学研究,找到了答案。马克思几乎耗费自己一生三分之二的黄金年华。马克思在《资本论》中深刻地揭示了市民社会真正的奥秘,就是利益、物的统治上升和代替了人的统治。但是《资本论》研究的是市民社会的利益关系。也就是说,前资本主义却不是《资本论》研究的主要对象。既然古代社会不是《资本论》研究的主要对象,那么,除开资本主义之外,对于前资本主义状况仍然是一片"空地"。所谓"空地",就是对前资本主义尚缺任何经验、材料的实际证明。而摩尔根的《古代社会》用有限的篇幅,从经验上论证古代社会的起源、发展和分化,古代史从经验上用实证材料证明人类社会的最早起源就是利益。换言之,历

---

① 《马克思恩格斯文集》第4卷,人民出版社2009年版,第177页。

② 汤在新:《马克思经济学手稿研究》,武汉大学出版社1993年版,第1—2页。

史中的决定因素是生产物质生活资料的生产和再生产。这样,不仅有了猴体的解剖,而且有了人体的真正解剖。猴体解剖虽然为人体解剖提供了一把钥匙,但是当人体解剖以后,才能更加深刻地认识猴体。人类学有力地证明了人类社会的基础就是利益。

其次,利益的发展推动了人类社会的发展。人类社会发展的过程,马克思在《德意志意识形态》等著作中已进行了论证。在那里,马克思认为,人类的生产物质生活资料的活动,不仅创造了人类本身,而且创造了人类社会。这种活动的发展出现了分工。由于有了分工等,产品有了剩余,从而出现了私有制。而私有制和分工是一个问题的两个方面。因为它们都是相对活动而言。私有制说的是活动的产品,分工本身就是活动的方式。随着分工的发展,利益发展为个人利益或私人利益和共同利益。个人利益和共同利益的矛盾,它是社会一切矛盾的萌芽。因为,个人利益和共同利益的矛盾或社会矛盾的矛盾的不可调和,就产生国家。国家以公共的社会利益的姿态出现了。国家为了维护自己的统治,从而建立了军队、警察、法庭、监狱等一整套上层建筑。国家不仅建立了一整套上层建筑,同时还把社会意识上升为在经济利益上占统治地位的意识形式,从而构成了适应一定利益关系的一定的社会形态。这种社会形态所包含的利益矛盾,既是产生这种社会形态的基础,同时又是推动社会形态不断由低级向高级运动的动力。人类社会历史就是随着利益矛盾运动而不断运动,随着利益的发展而不断发展的历史。人类历史的发展过程,就是利益和利益矛盾的运动和发展的过程。到目前为止,一部人类学的历史,就是一部利益和利益关系的发展史。但是,马克思在得出这些结论中,人类学研究所提供的第一手资料还是不充分的。1859 年,达尔文出版了《物种起源》。达尔文对所到之处的地质、地理、动植物、生物类型等做了大量的考察和采集,积累了极其丰富的实证性资料,从而论证生存斗争在生物进化中的作用。人类社会虽然在本质上不同于生物,但生存仍然是一个基础的问题。问题是,人类究竟是如何生存的?这就是动物与人类的本质区别。随着历史的发展,人类学提供了新的实证资料,这些资料不是与马克思对人类社会历史的论证相悖,相反,它们进一步证明了马克思主义历史唯物主义一些基本原理是正确的。马克思之所以在晚年把《资本论》的写作搁置起来,主要还是因为人类学资料对人类学历史发展的研究提供了不可替代的完整性的第一手资料。种族、氏族、部落家

庭、私有制和国家,这些社会的利益集团和单位的发展原因是什么呢? 是
"绝对观念"、"个人意志",还是利益的发展呢? 摩尔根的《古代社会》等人
类学的研究提供的大量的实证资料证明,不是什么"绝对观念"的自我外
化,而是利益发展和推动了人类社会的发展。恩格斯就马克思的《摩尔根
〈古代社会〉一书摘要》撰写的《家庭、私有制和国家的起源》一书,对利益的
发展推动了人类的社会发展作了详尽的论述。人类社会何以可能逐渐从原
始的蒙昧时代发展为野蛮时代,然后上升为文明时代呢? 生产物质利益的
生产活动是根本的原因。因为活动,有了分工。分工经过了三次大分工。
三次大分工结果既是利益推动,又推动了利益发展。人类处在原始社会阶
段,分工是纯粹自然的,它只存在两性之间。男子作战、打猎、捕鱼、获取食
物的原料等,妇女管家、制备食物和衣服等。在这样条件下,家庭经济是共
产的,财富是共同的。活动的发展,出现了第一次大分工,即畜牧业和农业
的大分工。这次分工的直接后果是,使交换经常化,用来交换的产品如牲
畜,获得了货币的职能。这样,使一些人可以通过交换来积累财富。这次分
工还有一个突出的后果是,过去由部落和氏族的共同占有财富变为了现在
由各个家庭的家长来占有财富。利益引起了家庭革命,女系氏族向男系氏
族转变,社会分裂为两个阶级即主人和奴隶。第二次大分工引起了利益的
进一步分化。由于手工业从农业中分离出来,出现了直接以交换为目的的
生产,即商品生产。耕地也逐渐变成了私有财产,它摧毁了公社范围内进行
的共同耕作制。个体家庭开始成为了社会的经济单位。家庭与家庭财富的
争夺,逐渐发展为部落、民族、集团的战争。"邻人的财富刺激了各民族的
贪欲,在这些民族那里,获取财富已成为最重要的生活目的之一。"[1]为了争
夺财富和保护财富,从而出现了独立的统治和压迫机关。所以,恩格斯说:
"如果不是对财富的贪欲把氏族成员分裂成富人和穷人,如果不是'同一氏
族内部的财产差别把利益的一致变为氏族成员之间的对抗'(马克思语),
如果不是奴隶制的盛行已经开始使人认为用劳动获取生活资料是只有奴隶
才配做的、比掠夺更可耻的活动,那么这种情况是决不会发生的。"[2]之后,
第三次大分工出现了,商业从生产部门中脱离出来,商人阶级成为独立地从

---

[1] 《马克思恩格斯文集》第4卷,人民出版社2009年版,第183页。
[2] 《马克思恩格斯文集》第4卷,人民出版社2009年版,第184页。

事产品交换的阶级。商人阶级的出现推动了商品生产和交换,而且完全改变了财富的积累方式。人们由过去对实物积累转变为对货币的积累,货币是商品的商品,它的出现就像魔法一样,使人类社会发生了戏剧性的变化。恩格斯说:"商品的商品被发现了,这种商品以隐蔽的方式包含着其他一切商品,它是可以任意变为任何值得向往和被向往的东西的魔法手段。谁有了它,谁就统治了生产世界。"①人类创造了财富,由于"商品的商品"的出现,财富作为货币可以被少数人迅速积累起来。这样,谁积累财富,谁就成了生产世界的统治者。利益代替了人的统治。所以,恩格斯在 1894 年 1 月 25 日于伦敦致瓦·博尔吉乌斯的信中说:"我们把经济条件看做归根到底制约着历史发展的东西。而种族本身就是一种经济因素。"②种族、部落、家庭、国家、社会都是由于利益的发展、经济条件的发展而发展起来的。这是人类学提供的资料得出的科学的结论。在利益的发展和变化中,种族、部落、家庭、民族、妇女,直至市民社会、国家、社会这些人类学所研究的基本问题的发展的历史线索,具体地、客观地、历史地展现出它们的发展过程。换言之,只有从利益出发去分析历史,人类社会才有真正的历史。否则,人类社会的历史只是宗教史、道德史、自我意识的发展史。利益是建立科学人类学的基础和出发点。唯心主义之所以把人类学引向了反面,就在于它脱离了这个基本点去构造人类社会,那样,人类学必然滑向非科学性质。

2.利益与经济学。

利益与经济往往被人们看作是同等程度的概念。其实,利益比经济更根本。在我国,"利"是甲骨文时期就有的字,《周易》关于"利"与"害"、"损"与"益"已成为一对范畴。"经济"作为一个词,最早出现在唐朝。杜甫《上水遣怀》诗:"古来经济才,何事独罕有。"这里的"经济",即经世济民、治理国家的意思。《宋史·王安石传论》:"以文章节行高一世,而尤以道德经济为己任。"这里的"经济"也是经世济民的意思。色诺芬的《经济论》第一次使用了"经济"这个概念。经济(Economy)在那里讨论的是土地和房产管理,即家庭经济。在《雅典的收入》,讲的是如何增加国家收入的问题,其中也牵涉货币问题。但是,色诺芬的经济仍然如中国古代的农本商

---

① 《马克思恩格斯文集》第 4 卷,人民出版社 2009 年版,第 185 页。
② 《马克思恩格斯文集》第 10 卷,人民出版社 2009 年版,第 668 页。

末的观念。因商品交换而获利,虽然是许可的,但是对小商小贩,他却说:
"小贩带着他们的货物,他们的叫卖声,他们的鄙俗是不允许到城市的其他
部分的,以免他们的喧嚣干扰了文明者宁静的生活"。① 韩非把"商"视为
"五蠹"之一,在色诺芬看来,商人的喧嚣也是令人厌恶的。色诺芬的"经济
论"对财富给予好的评价,认为:"财富是一个人能够从中得到利益的东
西。"②然而,财富是什么呢? 财富就是"田地房产"。所谓的经济,无非是
家庭经济。财富来源何方? 在色诺芬看来,农业乃是百业之母。农业才是
提供生活的必需品的源泉。所以,"对于一个高尚的人来说,最好的职业和
最好的学问就是人们从中取得生活必需品的农业"③。农业是财富的真正
源泉。从色诺芬直至亚里士多德等,以及中国古代对经济基础的理解都大
致相同。农本商末是其主导性的经世治国的观念,经济无非是一种家庭理
财的方法。这些都不是真正的经济科学。真正的经济科学,是从市民社会
逐渐发育和成熟起来的。

　　首先,"市民社会的科学是政治经济学"。在市民社会以前,虽然也有
关于经济方面的观点,但是,那还不是系统的经济科学。因为,在那里,经济
的观点是不全面、不系统的,它们都是散见于一些政治学、伦理学、哲学甚至
宗教神学著作中。比如,栗本慎一郎就把一些宗教礼仪活动也称为经济活
动。其实,文化祭祀活动也附带经济活动,这并不奇怪。在现代,它就像人
们举办的文化旅游国际贸易洽谈会等一样。但这能不能说祭祀活动就是经
济活动? 显然不能。祭祀本身是祭祀,经济本身是经济。祭祀时有经济活
动,仍然不影响祭祀的性质,经济活动在祭祀当中进行,也不影响经济活动
的经济性质。它们只是外在的形式,而是各有各的目的。祭祀的目的是获
得神的保佑,那是一些人对天国的宗教向往;经济活动的目的是世俗世界的
利益,这是两个不同的世界,是不容混淆的。在市民社会中,经济学才是专
门系统的以研究利益为对象的专门学科,如亚当·斯密《国民财富的性质
和原因的研究》、马尔萨斯的《人口原理》、萨伊的《政治经济学概论》等。这
些都是"市民社会的科学"。市民社会的科学与市民社会的成熟密切相关。
马克思认为,16 世纪经济发展虽然为市民社会作了准备,但是,只有"在 18

---

① ［古希腊］色诺芬:《回忆苏格拉底》,吴永泉译,商务印书馆 1984 年版,第 19 页。
② ［古希腊］色诺芬:《经济论》,张伯健等译,商务印书馆 1961 年版,第 3 页。
③ ［古希腊］色诺芬:《经济论》,张伯健等译,商务印书馆 1961 年版,第 20 页。

世纪大踏步走向成熟的'市民社会'"①。市民社会的发育和成熟,因而适应市民社会发展需要,总结市民社会的运行规律的科学——政治经济学也就一起产生了。换言之,政治经济学是在17—18世纪出现的。那么,为什么说市民社会的"科学"是政治经济学呢? 我们只有了解政治经济学研究对象以后,才能理解这个问题。

其次,政治经济学是以利益和利益关系为研究对象的科学。市民社会何以可能有政治经济学? 市民社会是相对于政治社会而言的。在古代社会,市民社会和政治社会是同一的。只有在现代社会,市民社会才从政治社会中分离出来。黑格尔在《法哲学原理》中,就历史地考察了市民社会从政治社会分离的过程。黑格尔虽然把市民社会和政治社会的分离看作是一种矛盾,但是他仅仅把这种分离看作是国家理念变化的需要,从而否定这种分离正是现实关系的表现。马克思肯定了黑格尔对市民社会论述的合理的思想,同时也批判了黑格尔维护现代市民社会的保守观念,用唯物主义批判了黑格尔的唯心主义。认为,市民社会与政治社会的分离正是现代市民社会的"现实关系的实际表现,即它们的分离"②。在谈到市民社会私有财产与政治国家的关系时,马克思批判了黑格尔对政治国家和私有财产相联系的看法,是倒因为果,倒果为因,把决定因素说成了被决定因素,把被决定因素说成了决定因素。马克思说:"政治国家对私有财产的权力究竟是什么呢? 是私有财产本身的权力,是私有财产的已经得到实现的本质。同这种本质相对照,政治国家还剩下什么呢? 剩下一种幻想:政治国家是规定者,可它又是被规定者。"③十分清楚,市民社会是指一定社会的经济利益关系,而政治国家是指的上层建筑。在这里,马克思已开始接近于这样一种表述:市民社会是财产由谁来支配的经济利益及其经济利益关系,而政治国家则是指由它决定的上层建筑。后来,恩格斯在英国期间,通过最早出现的市民社会——英国的考察,认为在英国,利益才代替了人的统治。因而,英国的历史不再是哲学史、政治史和宗教史,在英国,才有真正的社会史。这就是,市民社会成熟的最主要的特征,是以人的依赖性为特征的即"人的统治"的社

---

① 《马克思恩格斯文集》第8卷,人民出版社2009年版,第5页。
② 《马克思恩格斯全集》第3卷,人民出版社2002年版,第94页。
③ 《马克思恩格斯全集》第3卷,人民出版社2002年版,第124页。

会,转变为以物的依赖性为特征的即"物的统治"的市民社会。可见,市民社会就是利益代替人的统治的社会。市民社会的利益和利益关系是政治国家的决定性的基础。适应市民社会这一特征要求而产生的,而专门以市民社会利益和利益关系为研究对象的科学就是政治经济学。政治经济学正如市民社会与政治社会的分离一样,它不是理念自我矛盾运动的结果,而是市民社会的现实利益和利益关系在理论上的实际的表现。经济学作为一种独立的科学,从古典的哲学、政治学、伦理学分离出来,只是市民社会利益和利益关系从政治国家分离出来的表现。一言以蔽之,市民社会利益和利益关系的实际发现,要求有一门以它们为研究对象的科学,这门科学就是政治经济学。

最后,政治经济学就是以市场经济为主要研究内容的科学。市民社会是随着市场经济的发展而发育和成熟的。市场经济是利益经济,市民社会之所以代替人的统治,它是随着市场经济这种利益经济的出现而出现的。在古代,在人的统治占支配地位的社会,利益还是不起眼的。如在色诺芬的《经济论》中,经商虽然可以谋利,但要受到道德的责难。亚里士多德也把为了自己必须去交换的活动说成是合理的,而把那些为了利益而不是为生活必须去从事交换的活动说成是不正当的。换言之,在那里,交换的目的好像不是为了利益而是为了生活必需。因而,这种交换还只是一种活动交换。活动的交换,它只是一般生产力所要求的交换,即在人类任何社会下的一种活动,一种相互协作,而不是生产力发展到一定阶段,一定生产关系中的以利益为目的的交换。由于古代这种交换是为了利益,所以,这种交换与近代、现代、当代的市场经济下的交换有本质的不同。当然,生活必需品也是利益,但按他们的观点,这不是为了利益。市场经济是利益经济。那么,不以利益为出发点的交换就不是市场经济。这一点,在亚当·斯密那里,就作了十分明确表述。交换,是一种"互通有无,物物交换,互相交易"的倾向。人性的假设在这里作为前提,经济人各自从利益出发,通过市场交换,利己心得到了满足。交换的功能就在于市场利益可以将利己心和利他心加以沟通和统一,使分工的个人得到需求,得到满足,获得他应得到的利益。亚当·斯密的人性假设,当然是毫无根据的,但是,他提出,市场经济就是利益经济。市场经济是以利益为出发点的、以利益为目的和结果的经济。亚当·斯密的经济学开创了市民社会经济学科学的先河。市场经济既然是利益经济,那么,市场经济的展开就是商品和货币等。商品是有价值的,价值就是利益。货币在市场经济中,它有价值,它也就是利益。可见,由于市场经济是利益经济,因而,经济学就是以利益和利益关系为主要对象的科学。人类经济学就是适应市场经济利益关系研究而建构起来的。那么,利益与经济的关系究竟如何? 利益与经济是不同的。利益是指人类物质生活基本条件,它包括了经济。而经济则不同,经济只有当利益上升为统治地位以后,经济才是市民社会的市场经济,否则,经济只是管理家庭财务的活动。因而,利益比经济更为根本和基础。而经济关系表现为利益关系,这里的经济关系无疑是生产关系。生产关系表现为利益关系,那么,是不是意味生产关系比利益关系更基本呢? 其实不然,我们可不可以这样说,利益关系就是生产关系,或生产关系本质上是一种利益关系? 生产关系和利益关系是同一层次、同等程度的概念。因为,利益最主要的是经济利益,经济利益往往也叫物质利益。在利益中,物质利益是比精神利益、政治利益更为根本的利益。政治是经济的集中表现,精神是物质长期发展的产物。政治利益实际上也是经济利益在政治上的集中表现。精神利益是物质利益在精神上的集中表现。这就是,政治、精神终归还是为了物质利益。除开物质利益、经济利益,政治上不应有也不会有其他的利益。

3.利益与政治、法律、哲学、宗教、文学、艺术等。

恩格斯说:"政治、法、哲学、宗教、文学、艺术等等的发展是以经济发展为基础的。"[①]政治、法律、哲学等,它们是人类精神之花所结的最珍贵的果实。有了精神,人类的生活才比动物更加绚丽多彩,人类的生活才是人的生活,而不是动物的生活。但是,精神又是一种使人类自身陷入迷惘的深渊。它就像"戈尔迪之结",是一个无法解决的难题。希腊文是戈耳迪俄斯 Gordios。戈尔迪,是古希腊传说中的小亚细亚弗利基亚的国王。传说他原是一个贫苦的农民,有一天当他耕地时,一只神鹰从天空飞下来,落在他的牛车的轭上,一直没有飞走。女预言者解释说,这是戈尔迪要掌握国家大权的征兆。当戈尔迪当了国王后,就把那辆牛车放在宙斯的神庙里献给宙斯。他用树皮打成最复杂的结,把车轭系在车辕上,牢固得无法解开,连结头和

---

① 《马克思恩格斯文集》第 10 卷,人民出版社 2009 年版,第 668 页。

结尾都找不出来,"戈尔迪之结"一语的典故即由此而来。① 精神的这种复杂性反而激起了人们对精神哲学的沉思。如尼采就把古希腊精神说成是两种精神:一种是酒神精神,即狄奥尼索斯精神(Dionusôs);一种是阿波罗精神(Apollon)。其实,精神本身区分是一个难题,但是,精神的"戈尔迪之结"究竟是何以可能的? 即精神之花是何以生长出来的? 精神是由精神自生的,还是精神之花所生长的土地上萌发而生长的? 在古希腊,从柏拉图开始就思考这一问题。柏拉图构造了理念说。理念先天就有,先天就有的这个理念,不仅不是从土壤中生长的,而且整个世界的万事万物都只是这个理念的分有。到了中世纪,理念精神甚至被实体化为一个"造物主"——神。神是万事万物产生的根源。市民社会大踏步地走向成熟,虽然推翻了中世纪神的统治,但精神究竟是何以可能的呢? 自然还是一个无法解开的迷团。笛卡尔以近代市民社会思想家特有的思维形式,将其二元化,他为"戈尔迪之结"的不可解雪上加霜,从而引发了独断论的形而上学的喧闹,还有不可知论者给精神世界制造的满天阴霾。精神究竟是不是可能的? 精神之花离不开它赖以生长发育的土壤。这个土壤就是一定条件下的利益与利益关系。古代,由于生产力的落后,利益的多样性无法表现出来,因而,精神之花还是比较单调的,就其形式而言,只有哲学的、伦理的、宗教的、文学的等。近代市民社会成熟,利益上升为统治地位,利益不仅需要有哲学、宗教、伦理等精神性学科为其服务,还要求有政治、法律这些直接与经济基础接触的人文社会科学为其服务。首先是政治法律的,这是市民社会要维护自己利益最直接的意识形式。近代大工业的发展,资本主义逐渐在经济基础上占据统治地位,从而产生了从政治法律上维护其利益的要求。资本主义萌芽较早的尼德兰的格劳秀斯,适应这一要求,首先对中世纪阿奎那的自然法理论作了改造。在阿奎那那里,自然法从属于神法,自然法仍然是论证上帝永恒性和教会的政治统治的法律思想。格劳秀斯则将其由神的世界降到世俗的世界,把自然法解释成世俗的"正当的理性准则"。法律既然是世俗的理性准则,那它理所当然地应当关注世俗的利益和利益关系。这就为市民社会的自然法的制定和登台制造了舆论。市民社会的自然法关注的不是神的事

---

① 参见戈宝权编:《〈马克思恩格斯选集〉中的希腊罗马神话典故》,三联书店1978年版,第202—203页。

情,市民社会关注的是市民的利益和利益关系。格劳秀斯在提出国际法原则时,阐述了利益和政治法律的关系。他说:"一国的法律,目的在于谋取一国的利益,所以国与国之间,也必然有其法律,其所谋取的非任何国家的利益,而是各国共同的利益。这种法,我们称之为国际法,以示区别于自然法。"①一国的政治法律在于维护和巩固或"谋取"一国的利益。利益是政治法律的基础。离开利益就没有政治法律。国家的法律则是一国利益的反映,法律实质上就是国民与国家之间利益关系的原则。国民之间的法律,就是规定国民之间关系的利益原则。国家与国家之间,也必须有共同法律,这种法律就在于维护国家与国家之间的共同利益。政治法律都是直接适应一定阶级的利益需要而产生的。它们一旦产生后,又反过来为一定阶级的利益服务。任何超越阶级的法律政治思想都是不存在的。那么,人文社会科学为什么在近代蓬勃发展而分为许多独立的具体学科呢? 除开一般原因外,近代资本主义出现还有其特殊性。一是生产率提高,人类相对获得了较多的"闲暇",它促进了体脑分工,它使一部分人有较多的时间去从事文学、艺术、宗教、哲学、政治、法律的研究。随着近代闲暇时间的增多,政治的、法律的、宗教的、哲学、文学艺术等相当一部分经典名作,都出现在文艺复兴以后一个时期。如斯宾诺莎的《伦理学》、霍布斯的《利维坦》、洛克的《政府论》、孟德斯鸠的《论法的精神》、卢梭的《契约论》等。二是市场经济利益多元化,促进多元的思想观念精神产品的生产。国内市场和国际市场的建立,普遍性的交往逐步建立起来,它使昔日沉浸于田园诗般的小国寡民式的小资产阶级从梦呓中苏醒过来,开阔了人们的那种画地为牢、故步自封的狭隘眼界,促进了各种文化艺术的交流。文化艺术首先打破了民族国家的界限,成为国际的精神文化产品。民族的与民族的科学艺术、国家与国家的文化哲学等相结合,繁殖出既是昔日民族的国家的艺术,还生长又似又不似民族的国家的第三种形式甚至更多形式的人文社会科学。它们之间相辅相成,共同促进,推动人文社会科学多种形式的多种结构的形成。比如,近代社会,中国文化艺术开始影响西方。黑格尔的《哲学史讲演录》,首先就介绍了中国的哲学思想。他由于缺乏对中国的深刻了解,其介绍仍然是不准确

---

① ［荷兰］格劳秀斯:《战争与和平法》,转引自《西方法律思想史资料选编》,北京大学出版社 1983 年版,第 139 页。

的和十分生硬粗糙的。在中国,由于民族资本主义的发展,清帝国也不得不在对外开放上作出一些姿态。中国一些有识之士,走出国门,实地考察研究西方文化科学,然后又将西方的哲学、政治、法学、文学艺术的思想翻译成汉文,介绍到国内。如严复就是其杰出代表。他翻译了赫胥黎的《天演论》,西方进化论的思想冲击了处在封建统治下的国民的"天不变,道亦不变"的旧观念。他还翻译了亚当·斯密的名著《原富》、斯宾塞的《群学肄言》、穆勒的《群己权界论》和《名学》、孟德斯鸠的《法意》、耶方斯(又名杰文斯)的《名学浅说》等书,比较系统地介绍了资产阶级的哲学思想、社会学思想、经济学思想、政治思想等,促进了中国资产阶级启蒙思潮的发展,影响了中国人文社会科学的形成和发展。在中国封建社会,人文社会科学实际只有一门学科,那就是以汉语言形式反映出来的儒学。因而,科举考试考的往往只是一篇理解和阐释儒学"四书"、"五经"的文章。但是,随着资产阶级启蒙运动兴起,中国的人文社会科学逐渐出现了多元纷呈的繁荣景象。中国也开始出现了各有其专门研究对象的哲学、伦理学、政治学、社会学、法学、文学、艺术等。这些学科的出现,反过来又极大地影响了中国人民的思想观念,推动了中国资产阶级的启蒙运动。资产阶级革命的领导者孙中山提出的"三民主义",即民族主义、民权主义、民生主义,就融合了美国第十六届总统林肯提出的"民有、民治、民享"的资产阶级政治思想。资产阶级推翻封建主义,加速了中国民族资本主义的发展。中国民族资本主义的发展,推动了中国人民从两千多年的封建统治的桎梏中解放出来,尽管还有其他条件影响,但是,"经济关系不管受到其他关系——政治的和意识形态的——多大影响,归根到底还是具有决定意义的,它构成一条贯穿始终的、唯一有助于理解的红线"①。

---

① 《马克思恩格斯文集》第10卷,人民出版社2009年版,第668页。

第八章

马克思主义利益范畴与西方马克思主义

第一节　卢卡奇与西方马克思主义的兴起

一、西方马克思主义的理性革命

西方马克思主义与马克思主义利益范畴所阐释的内容相反,它们走的是一条在意识领域内转圈的理性革命。马克思主义利益范畴是指物质生活条件。利益是思想的基础,利益是引起革命和变革的根源,利益的发展必然带来思想道德观念的变更。革命和改革归根到底还是由利益决定的。尽管思想道德对利益有反作用,而且在一定条件下这种作用还是十分突出的。但是,从总的趋势来看,利益对思想道德的决定作用是基本的。而西方马克思主义不同,从卢卡奇、葛兰西、柯尔施等人肇始,就开辟了一条与马克思主义思想相反的逻辑。他们提出的革命不是经济革命、利益革命或政治革命,而是意识革命。所谓意识革命,即把意识形态革命提升到革命的决定性地位。葛兰西的《狱中札记》关于意识革命是如何上升为决定性地位,作了详尽的论述。他认为,是否把意识革命放在决定性地位,它是一个政党是否成熟的标志。他认为社会集团产生的"第一和最基本的阶段",是所谓的"经济——团体阶段"。第二阶段,即伦理——政治领导权阶段。在那里,社会集团为了共同的利益确立了团体的认识,但仍限于纯粹的经济方面。葛兰西把经济决定作用看作是革命的有限性的低级阶段,而把意识革命才看作是最高的阶段,即第三阶段。第三阶段,是要求成为国家中统治集团的阶段,团体的共同利益越出了纯粹经济利益团体的范围。"政治性质并且标志着表现得很明显的由经济基础向复杂的上层建筑范围的过渡。"在这一阶段,"意识形态变成了党"。政党也就是成熟了的阶级意志。①葛兰西把那些注重经济利益作用阶段说成是十分落后的阶段,经济利益就成了不发达的初级阶段所需要重视的东西。伦理政治领导权阶段,则是高于经济利益的革命阶段。那么,成熟政党标志则是意识革命阶段,在这个阶段,党变成了意识形态的党。意识形态是革命决定性的因素,意识形态规定了党的性质、任务和目标。在他看来,革命政党不是以经济利益为基础,不在于把经济利益的革命当作党的任务和目标,革命政党应以意识形态为基础,进行文化大革命,夺取文化领导权。葛兰西的意识革命的思想开了西方马克思主义的先河。事实上,卢卡奇、柯尔施、布洛赫、列斐伏尔、霍克海默、萨特、梅洛-庞蒂、赖希、马尔库塞等,都是沿着意识革命这条中心线索前进的。卢卡奇的物化和阶级意识,与其说是物化和阶级意识,不如说是物化的阶级意识。书名"历史"和"阶级意识"这两个词,"在卢卡奇看来,这两个词实际上是一码事:历史是由阶级意识决定的"②。杜章智的意见是对的。历史是由阶级意识创造的,历史上一切革命,都是意识革命。意识革命是历史的创造者和推动者。意识的极致境界是理性,因而,无产阶级的理性革命的主题终于由马尔库塞提了出来。马尔库塞把理性革命上升为革命所遵循的必然规律,因而,他把马克思阐释为一个理性革命论者。他认为,马克思理性革命的思想传统首先源于法国大革命。法国大革命所遵循的规律恰恰只有一个,即"理性主宰世界"。法国大革命清楚地表明,理性是战胜现实的最终力量,我们这个世界的一切,都是理性思维的产物。这些都包含在黑格尔的核心论断中,即"理性主宰现实"。他认为,马克思继承了黑格尔的理性革命论的传统。在马克思看来,"革命确实需要依靠一系列客观条件:需要某些已具备的物质和文化发展条件,需要国际范围内使工人阶级有组织的意识,需要尖锐的阶级斗争。然而,只有依靠一个有意识的已在头脑中具有了社会主义目的的活动的指导,这一切方能成为革命的条件。从资本主义向社会主义的转化不存在任何一点自然的必然性或自主的必然保证"③。在这里,不是客观条件决定理性目

---

① 参见[意]安东尼奥·葛兰西:《狱中札记》,葆煦译,人民出版社 1983 年版,第 152—153 页。

② 杜章智:《关于卢卡奇和他的〈历史和阶级意识〉》,《马列主义研究资料》1983 年第 1 期。

③ [美]马尔库塞:《理性和革命》,程志民等译,重庆出版社 1993 年版,第 287 页。

的,而是理性目的创造了客观条件。因为客观条件是现实的,并非它是必然的,而是因为理性目的的参与,它才是现实的。理性创造现实,这就是马克思社会革命选择的逻辑。总之,西方马克思主义的逻辑是一条从意识革命开始逐渐上升为理性革命的逻辑。这种逻辑的产生,有其深刻的历史和现实根源。

1.从历史根源来看,它是对恩格斯批判"青年派"的误读。

所谓"青年派",是指19世纪末德国社会民主党内的由青年文学家和大学生形成的学院式的理论派别。他们对马克思主义利益概念缺乏正确的理悟,甚至自觉或不自觉地倒向了资产阶级一边。当时,莱比锡社会学家保尔·巴尔特(1858—1922)攻击马克思把经济看作是唯一的起作用的因素,把历史唯物主义说成是"技术经济史观"、"经济唯物主义"、"社会静力学"。面对这些喧嚣,青年派由于缺乏必要的理论训练和实践锻炼,不仅不能批判这些错误观点,甚至在似是而非的迷惑中,把经济因素看作是社会历史过程中唯一决定性因素。在德国出现的这种经济主义,传到俄国。19世纪90年代末,经济主义也成为俄国的一种机会主义思潮。他们贩卖第二国际伯恩施坦主义,认为工人的任务是进行反对工厂主的经济斗争,而反对沙皇专制制度的政治斗争则是自由资产阶级的事情,政治斗争的领导权应当属于自由资产阶级。1899年,经济派分子还发表了 Credo(即纲领、信条的意思),提出在俄国"阻力最小的路线"就是只搞经济斗争,反对无产阶级的政治斗争,从而割裂了经济斗争与政治斗争的关系,说什么"根据马克思和恩格斯的学说,各个阶级的经济利益在历史上起决定作用,所以,无产阶级为自己的经济利益而进行的斗争对它的阶级发展和解放斗争也应当有首要的意义"。为了捍卫马克思、恩格斯的思想,列宁针锋相对地给予了批判,他说:"根据经济利益起决定作用这一点,决不应当作出经济斗争(等于工会斗争)具有首要意义的结论,因为总的说来,各阶级最重大的、'决定性的'利益只有通过根本的政治改造来满足,具体说来,无产阶级的基本经济利益只能通过无产阶级专政代替资产阶级专政的政治革命来满足。"①恩格斯与列宁的论述,说明了几个问题。首先,经济利益因素在社会历史发展中有决定作用,它是归根到底的意思,而不是"唯一"的。把经济因素说成是

---

① 《列宁选集》第1卷,人民出版社2012年版,第333页注①。

"唯一"的因素,是错误的。其次,从经济利益的决定作用推不出经济斗争有首要意义的结论。因为,经济利益的决定作用是就社会历史发展而言的,而经济斗争只是社会革命的形式和策略。社会革命的形式和策略的提出,不能简单地从社会基本矛盾中推导出来,而应根据一定历史条件革命的主客观因素来制定。最后,经济与政治的关系是相辅相成的。政治是经济的集中表现,政治服务和服从于经济。但是,决不能因此把经济斗争看作是唯一的手段。因为经济斗争可以改善人们的劳动条件和生活条件,满足群众的目前的切身要求。但是在当时,要改变消灭穷人卖身给富人,富人任意蹂躏和压迫劳动者的社会制度,如果不首先推翻维护这种压迫的政治制度,劳动群众就不能获得经济解放。恩格斯、列宁在批判"青年派"过程中,丝毫没有否认经济、利益在社会历史发展过程中的决定性作用,丝毫没有把"意识革命"提升到可以代替经济革命的意思。但是,恩格斯、列宁对第二国际和第二国际影响下的"青年派"等的批判,成为了西方马克思主义误读的一个思想背景。

2.从现实根源来看,它产生于对苏联"十月革命"胜利的错误阐释。

苏联 1917 年的"十月革命",推翻沙俄的专制统治,建立了第一个社会主义国家。但是,社会主义胜利不是发生在科学社会主义思想产生的典型的英国的现代资本主义国家,而相反却产生在一个资本主义并不十分发达,封建统治还十分严重,且还在全国范围保存着"农村公社"的俄国。当时的俄国全国人口的五分之四,也许甚至六分之五是靠小农生产维生的。它是西方马克思主义"意识革命"理论萌发的一个把它歪曲地表现出的事件。如果利益是社会的基础,是革命最终的决定性因素,那么,"十月革命"就应该发生在英国,而不是沙俄。因为,那里大工业发展,资本主义的发达和矛盾已进入了社会主义革命的前夜。如果社会主义革命发生在经济上并不成熟的资本主义国家,那就说明了经济因素不是社会革命历史发展的决定性因素。既然俄国是一个经济上落后并在政治上封建的国家,但它却建立了第一个社会主义国家。为什么? 它使一些批判第二国际和"青年派"的"经济决定论"的思潮走向另一个极端。为适应这一思潮,产生了意大利共产党的领导人葛兰西。"十月革命"胜利后,葛兰西于 1917 年 12 月 24 日在米兰版《前进》就针对苏联社会主义革命,撰写了著名的《反对〈资本论〉的革命》。葛兰西认为,布尔什维克的"十月革命"取得了胜利,胜利后,他们"正在构造社会主义框架"。如果它在已经得到的巨大利益的基础上,没有遇到迎头的对抗,这种社会主义革命将继续平静地发展下去。葛兰西首先肯定俄国的"十月革命"是社会主义革命。按社会主义革命的要求,俄国在取得"十月革命"胜利后,建构的将是"社会主义框架"。既然如此,那么,俄国的社会主义革命应是马克思的《资本论》的胜利,因为《资本论》论述了社会主义必须是建立在像英国那样的资本主义充分发展的"巨大利益"的基础上。但是,恰好相反,俄国的"十月革命"证明,俄国的社会主义革命是反对《资本论》的革命。他说:"布尔什维克革命所包含的,与其说是种种事件,不如说是种种意识形态(所以,实际上,我们并不知道得比我们所作的来得更多)。这是反对卡尔·马克思的《资本论》的革命,马克思的《资本论》,与其说是无产阶级的书,不如说是资产阶级的书,它批判地证明了事件是怎样应当遵循一种预先规定的历程的:随着一个西方类型的文明的确立,在无产阶级甚至能从它自己的起义、它自己的阶级要求、它自己的革命的方面去思考之前,在俄国,一个资产阶级如何必须发展起来,一个资本主义时代如何必须开始。"①因为,按《资本论》的论述,利益是社会的基础。只有经济发展到一定阶段,革命才是可能的。换言之,社会革命都是适合一定利益和利益矛盾产生的。既然经济因素是社会历史发展的决定因素,那么,"在俄国,一个资产阶级如何必须发展起来,一个资本主义时代如何必须开始"。因为俄国资产阶级还来不及发展,俄国一个资本主义时代尚未开始。理论尽管是这样,但事实并非如此,因为事实毕竟是事实。"事件却克服了意识形态,事件爆破了规定俄国的历史要按历史唯物主义的规则展开的决定图式。布尔什维克拒绝了马克思,他们的明确的活动证明了历史唯物主义的规则并不像可能被想象的和已经被想象的那样僵硬。"②这里的"意识形态"是指马克思的历史唯物主义理论。事实驳倒马克思的"意识形态",事实证明,社会主义革命活动能否胜利,能否发展,它并非像《资本论》所说的那样,有其"僵硬"的经济根源,有其"僵硬"的利益基础。利益、经济的决定作用,被葛兰西理解是一块僵硬的"化石"。这块僵硬的化石,当然不能说明革命的根据。马克思主义的革命是"意识革命"。这就是葛兰西《反对

---

① [意]葛兰西:《实践哲学》,徐崇温译,重庆出版社1990年版,第170页。
② [意]葛兰西:《实践哲学》,徐崇温译,重庆出版社1990年版,第170页。

〈资本论〉的革命》的真正旨趣。

"十月革命"如一声春雷,在资本主义世界撕开了一个缺口。一个与资本主义世界相对立的社会主义世界从这个缺口里像巨人一样站立起来。她震撼了整个大地,也唤醒亿万进步思想家的心灵。卢卡奇、柯尔施就是这些进步思想家中的一员。在他们看来,既然利益决定作用不是一块僵硬的"化石",那么,什么才是最具有决定作用的东西?卢卡奇却把这种"意识革命"决定作用进一步深化,认为"意识革命",最具有典型意义的是黑格尔的辩证法。他把社会革命的决定因素归结为黑格尔的辩证法根源,黑格尔辩证法才是马克思主义思想根源中最具革命的因素。从卢卡奇到柯尔施,最后在马尔库塞等人那里,形成了西方马克思主义意识革命的思想体系。

3.西方马克思主义与西方理性主义传统一脉相承。

西方马克思主义意识革命的理论根据与西方理性主义不可分割。从柏拉图开始,理念就被提升为世界的本体,万事万物都只不过是对它的"分有"。中世纪,神是宇宙的至高无上的统治者,它是创造万物的根源。文艺复兴,推翻了神的外在统治,但神却改头换面成为一个人们内心的理性统治物。理性是完美的,理性是一种合乎自然的合乎人性的思想。理性是至善,它是衡量一切事物的尺度,一切都要放在理性审判台那里接受审判。理性是一种先天可靠的知识,它是一种不证自明的天赋知识。康德从先天综合分析的判断出发,把理性看作是先验认识的能力。黑格尔的理性上升为一个自在自为的精神实体,即绝对观念。绝对观念既是主体又是客体,绝对观念会自我外化,进入逻辑阶段,再经过自然阶段,然后发展到精神阶段,最后绝对观念又回到了自身。绝对观念是世界绝对理性,它可以外化为逻辑、自然和社会。绝对观念就是一个变了样的理性。理性是一切的创造者。在这个世界,一切都以理性为中心,"理性主宰世界"。这就是西方马克思主义理性主义的基本点。理性主义这一传统,在西方世界是无法以其他东西可以代替的。西方马克思主义是从西方思想传统中发展起来的。它们的概念范畴是理性主义的,如意识革命、理性等。他们论述问题的基本原理和理论也是理性主义的,如黑格尔关于理性能动性观点,就是他们的基本观点。总之,西方马克思主义是在欧洲大文化圈中发育和生成的,因而,他们的意识革命可以说仅仅是西方理性主义的一个支脉。

二、利益与卢卡奇的"物化意识"

物化意识,是卢卡奇物化观的核心观点。卢卡奇的《历史与阶级意识》,实际上把历史与阶级意识等同。这种阶级意识,本质上就是一种对物化的阶级意识。问题是,卢卡奇是从《资本论》进入他的物化观的。他的物化观所论的物化意识与马克思的物化观是否一致呢? 如果是一致的话,那么,马克思主义利益范畴与物化观的联系如何? 如果不一致的话,那么,它们之间的区别究竟是什么呢? 物化观是最早出现于马克思《1844 年经济学哲学手稿》中的一个重要观点。后来,由于卢卡奇《历史和阶级意识》一书的出版和西方马克思主义对马克思的解读,使其意义愈益突出。它甚至成为 20 世纪的理论热点之一。澄清马克思的物化观与卢卡奇物化观之间的联系和区别,仍然是关涉正确理解马克思早期思想,和马克思主义哲学与现代化建设接轨的一个十分重要的问题。然而把卢卡奇的物化观与马克思早期思想发展相联系是一种误读。卢卡奇是通过《资本论》进入马克思的物化观问题域的,其要害在于他完全颠倒了马克思思想发展的演进逻辑。相反,马克思物化观的问题域是:在早期不成熟阶段,异化是抽象的人的本质的异化,在那里,异化是一个作为抽象的哲学范畴;在马克思创立历史唯物主义以后,物化是指商品经济关系的物化,与之相适应,物化仅仅是作为经济分析的范畴。马克思物化观问题域的转换,展现了马克思是如何一步步地超越德国古典哲学而走向现实的历史逻辑的。

1.物化、对象化和异化。

在马克思那里,物化区分为对象化和异化。对象化,是指劳动物化在对象中。"劳动的产品是固定在某个对象中的、物化的劳动,这就是劳动的对象化。劳动的现实化就是劳动的对象化。"①劳动的对象化是人类生存永恒的基本条件。异化则不同,它与资本主义利益关系的二重对立密切相关。"异化"(Alienation),本意是让渡、疏远。它作为专门术语,起源于中世纪。但异化的思想,在古人典籍中早有论述。中国古代的老子最早提出了异化的思想。他说:"以其不自生也;故能长生"。又说:"多藏,必厚亡。"②老子的意思是,长生则轻物,重物必厚亡。财富这个东西,在一定条件下可以转

---

① 《马克思恩格斯文集》第 1 卷,人民出版社 2009 年版,第 157 页。
② 《老子》第七章、第四十四章。

化为人的对立面,祸及财富所有者的生死存亡。17世纪的欧洲,随着现代工业的发展,资本主义生产关系破坏了昔日的自然纯朴关系。它斩断了形形色色的封建羁绊,使人与人之间除了赤裸裸残酷无情的"现金交易"的利益关系之外,不再有别的关系。于是反映这种利益关系尖锐对立的异化概念,便成了霍布斯建立《利维坦》的根据。霍布斯认为,在自然状态下,人们在利欲面前都是凶恶的动物。人们为利欲、安全、名誉而竞争。人们的这种自然权利,达到无法无天的地步,以至有可能永久处于战争状态,自相残杀,同归于尽。为了"自我保存",人们不得不自觉地交出自己的天赋权力,缔结契约,并由一个反过来统治人们的外部强权的大怪物——国家来保障。利欲使人们的"自然权利"和意志异化,人们只有在"利维坦"的保障下才能取得自己的利益。在卢梭的一篇刊载于法国启蒙学派著名的《百科全书》里的文章《政治经济学》中,卢梭最早使用了异化(Alienation)这一术语,它当时指法律意义上的财产的出卖和"转让"。卢梭的异化思想虽然带有政治法权性质,但主要是对经济利益关系的说明。他认为,在自然状态,人与人的利益关系是平等而又和谐的,人们不为物所役。但文明的发展,同时意味着人性的摧残。人们从此被物、财富、金钱所异化,失去了以物养性的本真状态。"自然曾使人幸福而善良;但社会使人堕落而悲苦"①。"使人文明起来,而使人类没落下去的东西,在诗人看来是金和银,而在哲学家看来是铁和谷物。"②但这又是历史的进步,一旦外物对人性压抑达到了终极顶点,人们就会醒悟过来,采取措施,取消这种非自然的异化状态,重新进入新的"文明状态"。专门把异化(转让、让渡)作为经济学意义的概念是18世纪英国经济学家詹姆斯·斯图亚特。他在他的《政治经济学原理研究》中,把劳动创造价值称作"自身让渡"或"自身转让"。他说:"那种通过自身转让(Alienation)而创造出一般等价物(Universal Equivalent)的劳动,我称之为产业。"③亚当·斯密在他的《国富论》中,用"看不见的手"来说明市场交换中物对人的支配力量。劳动创造了财富,但在市场交换中,当经济人各自

---

① 〔法〕卢梭:《论人类不平等的起源和基础》,李常山译,商务印书馆1962年版,第120页。

② 〔法〕卢梭:《论人类不平等的起源和基础》,李常山译,商务印书馆1962年版,第121页。

③ 《马克思恩格斯全集》第31卷,人民出版社1998年版,第452页。

从利己的目的出发,将自己的劳动产品去市场销售时,结果却不受个人目的和意志支配,而是一只看不见的手在指导,去尽力达到一个并非他本想要达到的目的。总之,英国人和法国人的异化,反映了他们的现实物质利益关系。而德国哲学却用真正的绝对意识尺度去衡量英国和法国政治经济领域里异化所反映现实的物质利益关系。他们把这种意识炮制成纯粹的思想观念。

在德国,经康德的发展,费希特开始使用"异化"概念。他用异化表达产生非我,即与我相对立的异己者(他人)的事实,但这恰恰就是被他创造的"我",与他相对立的"我"。苏联的纳尔斯基说,异化(die Entfremdung)的范畴在费希特那里开始形成。"在费希特及其哲学路线的直接继承者的著作中,异化范畴意味着精神向异于精神的物质状态转化,用精神的这种异化给精神本身套上枷锁。'异化'的社会经济内容现在被神秘化了,被掩盖了"①。纳尔斯基实际上指出了同一"异化"在德国与英国、法国思想家那里的不同。德国人的异化完全掩蔽了英国、法国思想家的异化的现实经济利益基础,异化被陷落在纯思的理性王国。由于"fremd"一词有"他人的",即别人的和异己的或敌对的这双重意义,扬弃异化的方法,后来由黑格尔制定出来。黑格尔综合了斯宾诺莎的实体和费希特的自我意识,把实体表达为主体,把万物的根据实体精神化。实体是被主体化的实体,就是主宰万物的绝对精神。绝对精神不再是谢林的绝对的同一,也不是康德的二律背反,它自身就包含了差别和矛盾的内在否定性。绝对理念是万物的本质,自然、社会和精神都不过是绝对精神的异化物。绝对精神正是一个以自己的异化物为中介的自我认识、自我扬弃、由自在走向自为的同一过程。但黑格尔思辨的异化理论却表达了这样一个重要思想:"黑格尔把人的自我产生看做一个过程,把对象化看做非对象化,看做外化和这种外化的扬弃;可见,他抓住了劳动的本质,把对象性的人、现实的因而是真正的人理解为人自己的劳动的结果。"②黑格尔站在国民经济学立场上,把劳动看作人的本质,看作人的本质的自我确证。他看到了劳动的积极方面,而没有看到劳动的消极一面。费尔巴哈的人的本质异化,虽然包含了人的本质异化最终要消除而复

---

① [苏]伊·谢·纳尔斯基:《异化与劳动》,冯申译,湖南人民出版社1987年版,第5页。

② 《马克思恩格斯文集》第1卷,人民出版社2009年版,第205页。

归于人的思想,但他把这种人的本质异化限制在宗教领域,认为人将自己的类本质赋予宗教和精神而反过来成为统治人的精神力量。宗教的本质就是人的类本质,宗教意识就是人的类意识。人把自己对象化为宗教、神的本质,因而人只有在爱的宗教里,才有自己的类生活。费尔巴哈抛弃了黑格尔异化观中唯心地包含的现实经济利益因素,把异化仅仅用来解释宗教的产生和消灭。在《1844 年经济学哲学手稿》中,马克思吸收了费尔巴哈的人的类本质是真正的人的本质的思想,但他坚持以批判国民经济学私有制的合理性问题为前提,从劳动在私有财产关系下出现的消极方面来批判它的前提。按黑格尔规定,既然对象化的人,是他自己的劳动的结果,那么这种劳动就应该是实现人的本质的劳动。但是,"在国民经济的实际状况中,劳动的这种现实化表现为工人的非现实化,对象化表现为对象的丧失和被对象奴役,占有表现为异化、外化"①。这就是说,财产既是人的主体本质,而私有财产的劳动却使人失去了自己的本质。因而,只有共产主义即对私有财产的扬弃,才是人的自我异化的扬弃,通过人向人的本质的真正占有,使人的本质真正复归于人。由此可见,首先,马克思肯定了费尔巴哈的人本主义的人的本质是真正的人的类本质。但这种人的类本质,既是指一般人,那么它仍然是费尔巴哈的人的最高本质。这反映了马克思当时的历史局限性。其次,马克思《1844 年经济学哲学手稿》的异化观,已深入到经济利益关系层面。但是,马克思只把它当作财产关系,认为扬弃了私有财产关系就实现了人的真正本质。再次,亚当·斯密把财富当作人的主体本质,就像在路德那里,把宗教观念变成人的内在本质一样,这是对的。但是,以劳动为原则的国民经济学,在承认人的假象下,毋宁说不过是彻底实现对人的否定而已。由于马克思在这里仍以财产关系为前提,而不是以劳动为前提。所以,它的结论是,在私有财产下的异化劳动,就是对人的本质的否定,越是把这种劳动发挥得彻底,那么就越是"公开暴露它敌视人的性质"。可见,《1844年经济学哲学手稿》中的"异化劳动",马克思虽然由于受了费尔巴哈的影响,仍然保留了"应当"哲学视阈中的那个人本主义的人的本质,但是,其主导的理论倾向是揭示资本主义私有财产下劳动异化所造成的利益关系的二重对立。因此,从马克思的异化观这个视角,我们"看到《手稿》中确实存在

①　《马克思恩格斯文集》第 1 卷,人民出版社 2009 年版,第 157 页。

着两种截然相反的逻辑:以抽象的人的本质为出发点的思辨逻辑,和以现实的经济事实为出发点的科学逻辑。历史唯物主义只有在后一种逻辑的基础上才能逐渐产生出来"①。毋庸置疑,经济利益因素不仅是马克思异化观的现实基础,而且是历史唯物主义产生的根源。

2.卢卡奇的物化意识与黑格尔理性革命观的联系。

物化(Verdinglichung)、异化、对象化,对于卢卡奇来讲,是同一个东西。青年卢卡奇对马克思异化观的理解,曾经轰动一时。他的《历史与阶级意识》,被尊称为西方马克思主义的"圣经"。卢卡奇对马克思的"异化"的理解是错误的,这一点,他在《历史与阶级意识》的"新版序言"中已作了说明。那么,他究竟错在哪里? 对此,却是仁者见仁,智者见智,莫衷一是。一说他错在人道主义,一说错在他的唯心主义或黑格尔主义根源。其实,最根本的,是他用"物化"这个概念,通过颠倒马克思主义利益与思想的关系,颠倒了马克思的思想发展的逻辑进程。由于卢卡奇的《历史与阶级意识》问世10年后,即1932年马克思青年时代的重要著作《1844年经济学哲学手稿》才正式出版。卢卡奇说,他是于1930年在莫斯科马克思恩格斯研究院工作时,第一次阅读它。② 因而卢卡奇的物化理论的思想是来源于他对马克思的《资本论》的理解。什么是物化? 卢卡奇开篇就说:"商品结构的本质已被多次强调指出过。它的基础是,人与人之间的关系获得物的性质,并从而获得一种'幽灵般的对象性',这种对象性以其严格的、仿佛十全十美和合理的自律性(Eigengesetzlichkeit)掩盖着它的基本本质,即人与人之间关系的所有痕迹。"③按卢卡奇的规定,物化就是人与人之间的关系变成了物与物之间的关系,物的对象性变成了统治人的外在规律,而人失去了主体意识,成为历史过程的消极旁观者。卢卡奇认为,他"这里只打算以马克思经济学的分析为前提"④,其目的是"在商品关系的结构中发现资本主义社会一切对象性形式和与此相适应的一切主体性形式的原形"⑤。卢卡奇的物

---

① 孙伯鍨:《探索者道路的探索》,南京大学出版社2002年版,第177页。
② [匈]卢卡奇:《历史与阶级意识》,杜章智等译,商务印书馆1992年版,第33页。
③ [匈]卢卡奇:《历史与阶级意识》,杜章智等译,商务印书馆1992年版,第143—144页。
④ [匈]卢卡奇:《历史与阶级意识》,杜章智等译,商务印书馆1992年版,第144页。
⑤ [匈]卢卡奇:《历史与阶级意识》,杜章智等译,商务印书馆1992年版,第143页。

化思想就是沿着这一思想进程来运作的。

首先,他发现了资本主义社会的一切对象性形式。商品结构性的事实是,客观上,一个由现成的物与物之间关系构成的客观世界拔地而起;主观上,人的活动同人本身相对立地被客体化为一种商品。这就形成了商品形式的普遍性;从主客观上都制约着人类劳动的抽象。由于质上不同的商品只有形式相同,交换才有可能。这样,在主观方面必然有一种共同合理性原则来支配商品生产过程。劳动成了一种按必要劳动时间可以比较精确测量的劳动。于是,可计算性即成为了生产中的最重要的合理性原则。可计算性破坏了客体质的统一性,生产客体被分割成许多互不联系的部分。这种情况意味着主体被切成许多碎片。时间就是一切,人不算什么,数量决定一切。因此,商品物化过程,就是劳动的物化过程,商品物化带来了工人意识的物化。换言之,在资本主义社会存在着一个作为客体的物化的商品结构,与此同时,在工人意识中出现了与这个结构相应的物化意识结构。"工人必须作为他的劳动力的'所有者'把自己想象为商品"①。这样,工人就失去了自己的主体意识,而陷落为历史运动的非批判性的听任资本主义摆布的消极旁观者。于是,卢卡奇对这种在资本主义物化结构下产生的非批判性的和非创造性的物化意识的哲学根源进行深刻的剖析。从笛卡尔"我思故我在"开始对主体的认识所造成的二元对立,然后,经霍布斯、斯宾诺莎、莱布尼茨的发展,在康德那里出现了二律背反。康德虽然高扬了主体意识,但是,认识的内容仍然不能融化在形式中,因为主体只能认识对象中可以认识的那一部分内容。而对尚未认识的本质世界,仍然处在主体认识的彼岸。这样,在主体意识之外,仍然有一个与主体相对立的物化结构世界。这样的主体意识仍然不是工人的主体意识。只有在黑格尔的《精神现象学》和《逻辑学》中,主体和客体的二律背反才得到真正解决。他说:"只有当'真理不仅被把握为实体,而且被把握为主体';只有当主体(意识、思维)同时既是辩证过程的创造者又是产物;只有当主体因此在一个由它自己创造的、它本身就是其意识形式的世界中运动,而且这个世界同时以完全客观的形式把自己强加给它的时候,辩证法的问题及随之而来的主体和客体、思维和存

---

① [匈]卢卡奇:《历史与阶级意识》,杜章智等译,商务印书馆1992年版,第154页。

在、自由和必然等等对立的扬弃的问题才可以被看作是解决了。"①这就是说,无产阶级是实体,又是主体。只要无产阶级在自己的意识中明白地意识到自己的意识是已被物化的意识,因而自觉地扬弃这种意识,无产阶级就"在自己的身上找到了同一的主体——客体,行为的主体,创造的'我们'"。无产阶级一旦成为这样一个具有自我意识的主体,那么,无产阶级就不再成为物化意识的奴隶,从而获得了彻底解放。

卢卡奇的物化范畴演进的思想逻辑是:从马克思的经济分析开始,经过康德、黑格尔的思辨,在哲学解决方式中结束。他把物对人的统治说成是物化意识对人的意识的统治。认为当下的关键是抢救这种沉沦的主体意识。只要工人恢复了主体意识,工人就摆脱了物对人的统治,从而成为历史的真正主体。这样,无产阶级的解放,不是获得物质利益的解放,而是享受自我意识的精神胜利。因而,卢卡奇的异化思想事实上走了一条与马克思异化观的发展完全相反的道路。最早,在马克思那里,只是哲学异化,如伊壁鸠鲁的原子偏离,就被马克思理解为原子自由意志的自我异化的表现。在1843年《黑格尔法哲学批判》中,马克思"谴责了黑格尔的本体论异化的宿命论图式,也谴责了青年黑格尔派把现实过程变成意识的自我异化的唯意志论构想,这样,就为把普鲁士君主制度的政治举动看成是由人民的经济生活那里异化出来,也就是把政治异化看成是经济过程的结果扫清了道路"②。在1843年《论犹太人问题》一文中,马克思就是把异化作为经济利益关系本身的派生物出现的。金钱的统治,是通过物与物之间的关系的一种"人的自我异化的最高实际表现"③,即"让渡是外化的实践"。("物的异化就是人的自我异化的实践"。)④而在《1844年经济学哲学手稿》中,马克思把有财产看作既是异化劳动的结果,又是它的根据的思想说明,主要是从经济利益关系这一视角来阐释异化问题的。但由于马克思当时尚未摆脱费尔巴哈人本主义影响,加之经济知识的不足,人本主义的思想也是异化问题

①　［匈］卢卡奇:《历史与阶级意识》,杜章智等译,商务印书馆1992年版,第219—220页。

②　［苏］伊·谢·纳尔斯基:《马克思著作中的异化问题》,原载苏联《哲学问题》1978年第11期。

③　《马克思恩格斯文集》第1卷,人民出版社2009年版,第49页。

④　《马克思恩格斯文集》第1卷,人民出版社2009年版,第54页。

经济哲学解决的一个方式。经济学仍然包容在哲学之中,但从经济利益出发的现实解决的方式显然已占了上风。一旦马克思创立历史唯物论,异化作为哲学的异化就受到了马克思的批判。马克思批判了施蒂纳随意滥用异化的错误,说他"把一切现实的关系和现实的个人都预先宣布为异化的(如果暂时还用一下这个哲学术语),把这些关系和个人都变成关于异化的完全抽象的词句"①。物化,在马克思的《资本论》中,仅仅是作为经济分析的范畴。马克思在1857—1858年《政治经济学批判》中指出,物化作为经济本身的范畴是指"劳动把劳动的客观条件——因而也是把劳动本身所创造的客体性——看作是他人财产的关系:劳动的外化"②。在这里,首先,马克思把哲学仅仅是作为经济分析的方法。通过这个方法,马克思揭示了劳动异化的经济根源。由于抽象劳动从具体劳动的分离和独立而异化,因而表现了价值对使用价值、货币对商品的异化,商品本身是人类社会生产的财富,由于财产的私人占有性质,商品反而成了支配人们行为的怪物。由此,马克思发现了异化最深刻的物质利益原因,以及消除异化的现实经济途径,即生产力的高度发展。由此可见,卢卡奇的失误最根本的是颠倒了利益与思想的关系。卢卡奇的物化理论是从经济分析开始的。但他把物化意识从物质利益因素中抽取出来,然后把这种意识的统治普遍化和实体化。本是由现实的资本统治的无产阶级,结果成了被物化意识统治的阶级。这种意识的统治就是无产阶级失去主体意识的根源,因而,物化意识成了脱离现实利益基础的超越现实物质利益的统治意识。其次,马克思对物化的研究,最有生命力和深度的内容是在经济学视阈内对物质利益关系的二重性对立的发现和剖析。马克思物化思想主要根源是英国和法国经济学家对现实利益关系的经济学分析,并吸收了黑格尔批判国民经济学时用唯心的方式表达的经济利益因素。如果用一句话来概括马克思的异化观的话,那么这句话就是:马克思是作为哲学的经济学家的异化观,而不是抽象哲学的异化观。而卢卡奇不同,他把马克思的异化观植根于黑格尔的理性革命观上,然后用西美尔和马克斯·韦伯决定的方法论眼镜去观察马克思,马克思的经济异化观被卢卡奇"异化"为抽象的哲学术语。必须指出的是,卢卡奇开了西方

---

① 《马克思恩格斯全集》第3卷,人民出版社1965年版,第316—317页。
② 《马克思恩格斯全集》第30卷,人民出版社1995年版,第511页。

马克思理性批判的先河。既然物化意识的统治上升为统治资本主义世界的意识,因而必须用理性革命或"理性批判"的方式去战胜这种意识对工人的统治。革命的任务就是用理性批判的方式去唤醒无产阶级的自我意识,使工人从物化意识的统治下彻底解放出来。他把无产阶级对阶级利益的认识与无产阶级的现实经济利益的独立和解放等同起来,用理性革命的方式去战胜资本主义商品(物)对人的统治。马克思的异化范畴的最终结论是要在物质经济利益上解放无产阶级。与此相反,卢卡奇的物化范畴是要从意识自由、理性批判,即用精神胜利法去解救工人阶级。卢卡奇的理性批判传统后来为霍克海默、阿多尔诺、马尔库塞等人在内的法兰克福学派所继承。

3."物化"是资本主义利益关系的虚幻形式。

物化与马克思的物质观的关系如何? 这是马克思主义物化观一个不可回避的基础性问题。按卢卡奇的规定,既然商品的物化形成了一个普遍的物化结构,因而一个与人相对立的被物化的客观世界拔地而起。那么,这个世界是物的世界,还是在物之外有一个第二世界呢? 卢卡奇不认为物的世界之外,还有一个与物相对立的世界。但他对"自然"概念提出了新的理解,以支持他的物化理论。卢卡奇说:"自然是一个社会范畴。"①在他看来,任何特定社会,无论什么被认为是自然的,那么这种自然就是与人相关的。人所涉及的自然无论采取何种形式,都是被社会所决定的。因为人与自然的关系,是主体与客体联系的最基本形式。这就说明,在主体和客体、人与自然的辩证联系中,客体已被主体所笼罩、接纳和融化。自然为人所影响。所谓的自然,都不是独存于人的认识和活动之外的自然,而是作为人类社会主体对象的那个客体的自然。从近代以来,人们对自然概念已做过新的阐释。首先是开普勒和伽利略时代的"自然规律之和"的自然。这种自然作为一种外在必然性,是与人的感觉理性相对立的。其次是卢梭浪漫主义的自然。这种自然概念与人的主体活动相关,但这种自然概念反而变成了一个容器。因为"社会形式(物化)使人失去了他作为人的本质,他越是占有文化和文明(即资本主义和物化),他就越不可能是人"②。所以,人们希望返璞归真,仍然回归自然。再次是席勒的自然。这种自然是表示主体人性

---

① ［匈］卢卡奇:《历史与阶级意识》,杜章智等译,商务印书馆1992年版,第203页。

② ［匈］卢卡奇:《历史与阶级意识》,杜章智等译,商务印书馆1992年版,第210—211页。

真正从物化中解放出来的自然,人作为自身完善的总体。但是这样自然的形式,"它们是我们过去是的东西。它们是我们应该重新成为的那种东西"①。因此,这种自然是一个"应当"的价值概念,并不说明当下现实主体的自然。可见,这些自然概念都没有认识自然和社会的统一性。只有辩证哲学,自然才成为一个社会范畴。黑格尔的实体即主体的思想,实现了自然与社会、客体与主体的统一。不难看出,既然自然是一个社会范畴,那么,马克思的物质观就是一种社会理论。因而,物化不应该是自然物质,而应是一个物化的物质。换言之,物化就是物质观的物质。在这里,卢卡奇似乎把马克思的社会的物质利益作为社会意识的基础的观点强化了。但是,事实并非如此。物质是标志着客观实在的哲学范畴,而物化则不同,它是资本主义社会经济形式所决定的一种特有的现象。物化是指原初本不是物的东西,由于资本主义社会商品生产的特有性质,而采取了物人之间的社会的虚幻形式。它反映在人们的意识中,就叫拜物教意识。其一,物化只是掩盖着人的关系的物的假象。正如马克思在《资本论》中所分析的,任何物一旦作为商品出现,就变成了一个可感觉而超感觉的物。对于唯物主义来说,无论通过什么曲折的途径,物始终都是能够被感觉到的,而一切超感觉的东西只能是物的幻觉,而不是事实上的物。劳动生产物一旦变成商品以后,作为使用价值,它仍然是可感觉之物,而作为交换价值,它被反映成超感觉的神奇之物了。所以,超感觉的物,不是物,而是物的假象。其二,物化来源于商品的交换价值。物化这种"商品的神秘性质不是来源于商品的使用价值"。商品的使用价值,是由具体的有用劳动创造的。这种劳动赋予商品以符合人的需要的质的规定性。而商品的交换价值,则是由抽象(一般)劳动创造的。商品的物化来源于抽象劳动创造的交换价值。但交换价值只是交换过程中,不同商品借以相互比较的量,是凝结在商品中的社会必要劳动时间,它必须以使用价值为物质载体。这就是说,不进入交换过程或退出交换过程的物,就只具有使用价值而不具有交换价值,但它们却无疑地都作为物而存在。物并不因为有了交换价值而增加了什么,也不因为失去交换价值而减少什么。所以,交换价值本身不是物,而只是在商品生产条件下劳动生产物的社会性。它所表示的是在分工条件下各种私人具体劳动的社会有用性

① ［匈］卢卡奇:《历史与阶级意识》,杜章智等译,商务印书馆1992年版,第211页。

及其相互关系。所谓物化，是指这种社会关系的物化。其三，物化是"同劳动产品的物理性质以及由此产生的物的关系完全无关的"带有神秘色彩的物。马克思说，正像在宗教世界的幻境中一样，"在那里，人脑的产物表现为赋有生命的、彼此发生关系并同人发生关系的独立存在的东西。在商品世界里，人手的产物也是这样。我把这叫作拜物教"①。人脑创造了神，神反过来支配人。人手创造了物，物一旦成为商品，它便可以变成支配人的异在。商品的价值属性的这种神秘性质，只是"人手的产物"。人们把物（劳动产品）本不具有的神秘性质赋予了它。所以，物化不是物（劳动产品）本身具有的某种物理性质的东西，也不是原本只具有物理性质的物神奇般地获得了社会属性，而只是人的劳动的社会性拥有了物的外壳。一言以蔽之，物化撇开其对象化的意义不说，它指的不是真正意义上的物，而是物的外观和假象。马克思对商品拜物教的批判，主要是针对庸俗经济学家的虚假观念，这些人不是把商品的交换价值理解为生产者之间社会关系，而是把它作为使用价值的物的社会属性。在资本主义社会，商品的内在矛盾表现为物的人格化和人格的物化的矛盾。而人们只看见物，不了解它所体现的是人与人之间的利益关系，因而把这种关系神秘化。可见，物化并不是马克思物质观指称的客观实在的物，而是资本主义利益关系的虚幻形式。如果把物化说成物质，等于把物质神秘化，那么就抽去了马克思的利益观的唯物主义基础。卢卡奇在他的晚年，对其误读进行了反思。他认为，如果把社会范畴代替自然，"马克思主义世界观的最重要的现实支柱不见了，从而，这种以最激进的方式推断马克思主义根本革命内涵的尝试失去了真正的经济基础"②。卢卡奇所指的"现实支柱"就是劳动。劳动是人和自然进行物质、能量、信息交换的能动过程。劳动的第一前提就是自然（物质）。如果否认了马克思的自然理论，也就等于否认了马克思的劳动理论。一旦抽去了"现实支柱"劳动的社会理论，人类历史就失去了它的现实前提。不言而喻，社会就成了一个失去任何利益基础的与意识相关的概念。

总之，物化最终与劳动的发展相关联。它是劳动生产力发展到一定阶段与一定的利益关系相适应的特殊现象，它必将伴随劳动生产力的发展而

---

① 参见《马克思恩格斯文集》第5卷，人民出版社2009年版，第90页。
② ［匈］卢卡奇：《历史与阶级意识》，杜章智等译，商务印书馆1992年版，第11页。

逐渐消除。而卢卡奇把物化从经济因素中剥离出来,按黑格尔理性革命观的图式,将其提升为马克思主义哲学的核心概念,它无疑为一切把客观的经济利益关系当作价值事实的唯意志主义提供了理论支持。

三、利益与葛兰西的文化领导权

"文化领导权"是源于俄国社会主义运动并由葛兰西发展而提出的一个重要概念。在俄国革命时期,普列汉诺夫等人在探讨俄国工人运动领导问题时曾提出过这一概念。葛兰西被捕入狱以后,在思考西方革命的战略时,他认真比较了西方革命和俄国革命的经济、政治和文化特征,在《狱中札记》提出了文化领导权问题。葛兰西尽管身陷囹圄,病魔缠身,身体极度虚弱,但革命意志丝毫不减,创造性地写作了 3000 页的笔记,堪称为一个坚强的革命战士。他不囿于第二国际教条式地对马克思的理解,而创立了一整套适合西方发达资本主义国家的新的马克思主义理论,提出了社会革命的新策略,代表了 20 世纪以来马克思主义发展中一股最富有创新性的新潮流,甚至人们称他的学说为"葛兰西主义",影响之深远,可见一斑。葛兰西的贡献是不能否认的,但是,他的文化领导权理论是否同马克思主义利益范畴相一致呢? 这是两个不同的问题。我们要论述的就是他的文化领导权同马克思主义利益范畴的关系问题。他对文化领导权问题的观照离不开他的实践哲学。他的文化领导权理论是从他的实践哲学得出的一个必然结论。

1.葛兰西的实践哲学对马克思的利益范畴的"卡塔尔希斯"。

"卡塔尔希斯"(Katharsis)是亚里士多德在关于悲剧的学说中所使用的一个术语。Katharsis,意谓"净化"。他说:"'Katharsis'可以被用来指从纯经济的(或利己主义的—感情的)要素到伦理—道德要素的过渡,也就是从基础到人们头脑中的上层建筑的高级的同化作用。"①所谓"Katharsis",是指从经济的利益因素净化为伦理、道德、政治等意识形态等。在他看来,利益作为思想的基础,已成为机械唯物主义宿命决定论。葛兰西认为,基础可以把人压得粉碎。他说:"基础不再是把人压碎,把人吸到自身之中,使人消极的外部力量;而变成了自由的一种工具,变成创造出一种新的伦理—政治形式和新的首创精神的源泉的工具。这样,在我看来,确立'卡塔尔希

---

① ［意］葛兰西:《实践哲学》,徐崇温译,重庆出版社 1990 年版,第 52 页。

斯'要素,就变成了全部实践哲学的出发点。"①既然确立"卡塔尔希斯"要素,是全部实践哲学的出发点,那么,他通过实践哲学净化马克思主义的利益范畴,然后得出意识革命的结论,则是我们理解他的文化领导权的入口。换言之,破译这个"实践哲学"密码,则成了我们进入文化领导权殿堂的钥匙。

何谓实践哲学? 实践哲学是葛兰西对马克思主义哲学的创造性理解。1926 年 11 月 8 日葛兰西被意大利法西斯分子逮捕,1928 年他被移交罗马法庭,以"煽动内乱"等罪名判处其监禁 20 年 4 月零 5 天。从 1929 年 2 月开始,葛兰西克服病痛的折磨,开始写《狱中札记》。实践哲学则是《狱中札记》的第三部分。由于监狱的管制,葛兰西不得不用一些创造性的概念来代替马克思的专门用语。实践哲学就是葛兰西用来代替马克思主义哲学的概念。他认为,整个唯心主义其要害就是否认我们知识的"客观性"。因而,客观性问题,应是我们理解马克思主义哲学一元论的基本点。在他看来,马克思主义哲学是关于以物质利益为基础来考察世界社会历史的基本思想,在马克思《政治经济学批判·序言》(1858)中作了经典式的表述。在那里,马克思谈到他以物质利益为基础,通过对政治经济学的研究,发现了社会历史的奥秘,即马克思主义哲学建立在物质利益的一元论的客观性基础之上。那么,"一元论"、"客观性"是什么呢? 葛兰西在"认识的'客观性'"中论述了自己的观点。他说:"'一元论'此词的意思是什么? 它肯定不是唯心主义的一元论,也不是唯物主义的一元论,而倒是具体历史行为中对立面的同一性,那就是与某种被组织起来(历史化)的'物质',以及与被改造过的人的本性具体地、不可分解地联结起来的人的活动(历史—精神)中的对立的同一性。行动(实践,发展)的哲学,但不是'纯粹'行动的哲学,而倒是在最粗俗和最鄙俗的意义上的真正'不纯粹'的行动的哲学。"②葛兰西认为,马克思主义哲学就是"行动(实践,发展)的哲学",即实践的哲学。早在葛兰西之前,意大利哲学家安妮·拉布利奥拉(1843—1904)就把这个名词引入到了马克思主义。葛兰西不说这是他提出的概念,而说这个概念是拉布利奥拉早就提出的概念,显然有其政治原因。因为,一方面说实

① [意]葛兰西:《实践哲学》,徐崇温译,重庆出版社 1990 年版,第 53 页。
② [意]葛兰西:《实践哲学》,徐崇温译,重庆出版社 1990 年版,第 58 页。

践哲学是拉布利奥拉提出的,可以掩蔽法西斯分子的耳目;另一方面,葛兰西用拉布利奥拉的概念,也说明他的思想与拉布利奥拉的思想有其相通性。美国加利福尼亚大学教授马丁·杰说:"那个时代吸引他(葛兰西)的唯一人物是安东尼·拉布利奥拉,他赞美他的实践重点,他从拉布利奥拉那里借用来在《狱中札记》中作为马克思主义的委婉说法的'实践哲学',抓住了他思想中的能动主义的推动力,这意味着热切地注意到政治对于经济的相对自主性","葛兰西总是强调说,历史是自觉活动、实践意志、主观干预以及政治主动性的舞台"。① 马丁·杰的评述是对的。葛兰西正是注意到安东尼·拉布利奥拉的实践哲学就是强调了政治对经济、思想对利益的自主性。这就是实践哲学的真谛。历史是什么呢? 历史不是马克思所说的是以利益经济等客观性物质为基础的,而是以实践哲学为基础的。实践哲学是什么?它是在净化唯物主义和历史唯物主义、净化经济利益和政治、净化理论和实践基础上提出的实践一元论。葛兰西认为,实践一元论,既不是唯物主义的利益一元论,也不是唯心主义的思想一元论。实践一元论是对唯物主义一元论和唯心主义一元论的净化产生的过渡,是"从基础到人们头脑"的"意识形态"净化。

唯物主义是以物质一元论为基础的,物质在实践哲学看来,"'物质'既不应当从它在自然科学中获得的意义上来理解(物理、化学、力学等——要从其历史发展中来注意和研究的意义),也不应当从人们在各种唯物主义形而上学中发现的任何意义上来理解。应当考虑到一起构成为物质本身的各种物理(化学、机械的等等)特性(除非人们求助于康德的本体概念),但只是在它们变成一种生产的'经济要素'的范围内。所以,物质本身并不是我们的主题,成为主题的是如何为了生产而把它社会地历史地组织起来,而自然科学则应当相应地被看作是一个历史范畴,一种人类关系"②。他认为,物质绝不是把它变成一种生产的"经济要素"的范围内,物质在于我们怎样生产和"社会地组织起来"。葛兰西把物质理解为一种"生产",对于社会历史观而言,它根据于马克思关于不能从客体的直观的形式去理解感性、事物现实的观点。但是,他说,自然科学应当被看作是一个"历史范畴",一

①　马丁·杰:《马克思主义和总体性》,1984年洛杉矶加州大学版,第154—155页;转引自[意]葛兰西:《实践哲学》中译本序言,重庆出版社1990年版,第4页。
②　[意]葛兰西:《实践哲学》,徐崇温译,重庆出版社1990年版,第162页。

种"人类关系"。这里,最后亮出了他的底牌,其实不是葛兰西的,而是卢卡奇的。卢卡奇就认为,自然是一个社会范畴。既然如此,一个不依赖于人们的意识而存在的自然的物质世界就被取消了,自然也是社会的。万事万物,包括宇宙、自然都融化在人们意识中。因为它们对于人们活动而言,仍然是一个必然王国,仍然是无法关联。而只有那些与社会相关联的,才是社会的。尤其劳动是社会建立的第一块基石。一旦抽去了自然,劳动的现实支柱就不存在了。这样,劳动就成了一种失去对象的精神活动。实践哲学一元论与卢卡奇早期的思想是一脉相承的。葛兰西从净化唯物主义中得出了"社会是一个自然概念"的结论,实践一元论与马克思列宁主义实践观的内涵是不同的。实践一元论,不仅净化了唯物主义,而且还进一步净化了唯心主义。他说:"自然无非就是经济范畴,一旦清洗了它的思辨的上层建筑以后,是否可以把它变成实践哲学的名词,并被证明和那种哲学相联结,而且是那种哲学的一个发展呢?"①唯心主义缺点不在于离开经济因素的思辨,而在于它形而上学地认为,一旦清洗了经济因素,思辨的上层建筑就可以得到发展。这显然是找错了地方。在葛兰西看来,清洗了经济因素,还是远远不够的。换言之,清洗了经济因素,一元决定论是对的,问题是如何进一步发展它。葛兰西在净化"唯物主义"时,也净化掉了唯物主义"经济因素",在净化"唯心主义"时,也赞成净化掉"经济因素"。因而,净化经济因素的一元决定论这一点是葛兰西的主要目标。"经济因素"一元决定论,在葛兰西看来,它是第二国际及其青年派对马克思误读的主要观点。承认经济因素一元论决定论是错误的,要净化唯物主义和唯心主义,都得以此为共同出发点。问题是,经济因素一元论究竟是马克思的观点,还是对第二国际及其青年派的误读的误读呢?其实,葛兰西正是在后者出了问题。第二国际和青年派对马克思的误读,恩格斯说得十分清楚,不在于他们承认经济一元论,而在于他们把经济因素看作是社会发展的"唯一"因素,从而完全否认了上层建筑的能动反作用。经济一元论的含义是指上层建筑的发展,归根到底是由经济因素决定的。因而,这里有两个问题:其一,葛兰西是以批判第二国际和青年派的错误思想为出发点,但在批判的时候,连同马克思的经济因素一元论这个婴儿,像倒洗澡水一样,把他连同洗澡水一起倒掉了。其

---

① [意]葛兰西:《实践哲学》,徐崇温译,重庆出版社1990年版,第162页。

二,就是净化唯物主义和唯心主义的目的,不在别的,而在于证明其实践一元论是正确的。实践哲学并不像经济因素一元决定论那样,去"研究一架机器以便认识和确定它的材料的原子结构,或者研究它的自然的组成要素的机械属性(那是技术的精确科学的事情)"①。马克思的经济因素一元论,在葛兰西那里被说成是机械唯物主义的东西。在他看来,实践一元论才是对经济因素一元论的超越,因为它既净化了物质经济这些旧唯物主义的基础,又不同于唯心主义在清洗经济因素一元论以后,仅仅把世界看成是精神的。他认为,世界的本体论基础是实践一元论,即人的活动的一元论。一切都是"实践"的,社会是实践的,自然也是实践的,自然是一个社会概念,一切都是以人的存在为前提。因而,实践哲学是"一种历史的绝对的人道主义"(葛兰西语)。其中,葛兰西既有对马克思的独创性理解,也有为了掩蔽狱吏耳目用词的隐含。但是,对经济一元论的批判,是同马克思主义基本原理相违背的。马克思在《关于费尔巴哈的提纲》中,的确批判了一切唯物主义,包括费尔巴哈的错误是对"事物、感性、现实",只从客体的直观的形式去理解的机械唯物主义错误,从而提出,对"事物、感性、现实"要从人的感性活动、从实践去理解的观点。但马克思并没有宣称自己是实践一元论。马克思十分鲜明地提出,他是"实践的唯物主义",坚持实践的观点是他同一切旧唯物主义的分界线。但是,不论如何,他也是唯物主义。坚持物质一元论的正确观点,他同一切唯物主义基本出发点是一致的,那就是从"事物、感性、现实"出发,这是他们的共同点,也是唯物主义的基础。问题是,如何理解"事物、感性、现实"? 马克思坚持从辩证的能动的革命实践去理解"事物、感性、现实"。而相反,费尔巴哈等旧唯物主义,则不懂实践,把实践仅仅看成是一种理论活动,看作是斤斤计较、牟取私利的经商活动。这显然是十分错误的。这就是马克思对旧唯物主义的批判。而葛兰西不同,在批判旧唯物主义时,把作为一切唯物主义包括马克思主义唯物主义的前提的"物质"、"自然"、"客观世界"等一起"净化"了。通过"净化"、"清除",在他的哲学"净瓶"中剩下的只有"实践",实践成了没有物质前提的世界本体;实践是人的实践,人上升为世界本体。葛兰西所谓的实践一元论,实际上是一种历史的绝对的人道主义。

---

① 〔意〕葛兰西:《实践哲学》,徐崇温译,重庆出版社 1990 年版,第 162—163 页。

2.葛兰西的市民社会。

卡塔尔希斯的确立,何以变成了全部哲学的出发点? 卡塔尔希斯说明,实践一元论是对唯物主义一元论的"净化",清洗了"经济因素"的决定论,从而使实践哲学不再是单纯从经济因素出发,而将其视野转向上层建筑,注意意识形态领域里的斗争。这是市民社会的一个突出特征。意识形态的重要性,在市民社会中何以如此重要呢? 这与葛兰西对市民社会特殊分析相关涉。葛兰西认为,"在哲学中,统一的中心是实践,就是说,是人的意志(上层建筑)和经济基础之间的关系。在政治中,统一的中心是国家和市民社会之间的关系,就是说,是国家(集中化了的意志)教育教育者、一般的社会环境的干预(这些问题都要深入研究并以更确切的术语来表述)"①。葛兰西对"市民社会"的分析与马克思关于"市民社会"的分析不同。马克思在《黑格尔法哲学批判》中,就把市民社会作为政治国家的前提和基础,而在他创立历史唯物主义以后,市民社会则被规定为经济关系或经济结构。马克思说:"受到迄今为止一切历史阶段的生产力制约同时又反过来制约生产力的交往形式,就是市民社会。"②它"在一切时代都构成国家的基础以及任何其他的观念的上层建筑的基础"③。而葛兰西则不同,市民社会的概念被归属到上层建筑。在哲学中,统一的中心是实践,也就是人的意志(上层建筑)与经济基础之间的关系。在政治中,统一的中心是国家与市民社会的关系。在这里,即是一个与国家为主要内容的政治社会层面相关的另一个层面。市民社会与政治社会同属于上层建筑,这是一致的。但它们的主要区别是:政治社会是专政工具,暴力的象征,它同既定的经济关系保持一致,它通过法庭、监狱、军队等来控制群众。而市民社会则不同,市民社会代表舆论。市民社会是民间组织的集合体,它通过这些民间组织发挥作用,如政党、工会、教会和学校。除此之外,它还包括各种意识形态——文化的组织,如报刊、杂志和各种学术文化团体等。

市民社会既然属于上层建筑,那么,它同经济基础的关系如何呢? 从"净化"唯物主义和唯心主义中,我们已经清楚,葛兰西针对当时第二国际提出的"经济决定论",从而用实践一元论清洗了经济因素在社会中的决定

---

① [意]葛兰西:《实践哲学》,徐崇温译,重庆出版社1990年版,第91页。
② 《马克思恩格斯文集》第1卷,人民出版社2009年版,第540页。
③ 《马克思恩格斯全集》第3卷,人民出版社1960年版,第41页。

性作用,而把"实践"作为自然、社会存在和本体,从一个极端走向了另一个极端。在第二国际那里,把经济决定论庸俗化为"唯一"的经济因素。而葛兰西则将经济因素清洗干净,从而否定了经济基础对上层建筑的决定作用。这样,上层建筑的作用、市民社会对经济基础的作用就以不同于马克思的观点而凸显出来了。市民社会和上层建筑对经济基础的反作用,被提升为具有决定意义的作用。这是因为,"在西方资本主义国家中,上层建筑中的市民社会(即意识形态—文化方面)起着比政治社会更重要的作用。资产阶级的统治不光是靠军队和暴力来维持的,而在相当程度上是靠他们广为宣传,从而被人民大众普遍吸收的世界观来维持的。这就把整个市民社会,把意识形态—文化问题凸现出来了"①。把市民社会理解为上层建筑当然也未尝不可。问题是,它同经济因素关系如何,这一点同马克思主义基本思想显然相歧异。马克思、恩格斯从他们的早期、中期直到晚期,在这一点上,其基本观点都是十分清楚的。物质、利益、经济在其哲学体系中都是同等程度的概念。物质决定精神,利益决定思想,经济基础决定上层建筑,但同时也不排斥精神对物质、思想对利益、上层建筑对经济基础的能动的反作用。而葛兰西则过分地将意识形态提升为决定性作用,这一点,主要不是为了阐释马克思主义,而是为他的文化领导权理论提供前提。

3.葛兰西文化领导权的适用范围。

领导权(Hegemony)问题,是俄国革命时期普列汉诺夫等人在探讨俄国工人运动的领导问题时提出的一个概念。葛兰西把它吸收过来,并将其改造成为一种西方革命战略。他认为,在西方社会存在两种领导不同的领导权:一种是"文化的领导权"(Cultural Hegemony),一种是"政治上的领导权"(Political Hegemony)。文化上的领导权是市民社会的领导权,政治领导权是相对政治社会而言的。这两种领导权产生于不同的社会,有不同的适用范围。西方革命与东方革命的条件是不同的。在俄国,市民社会当时尚处于原始的未形成状态,在那里,国家就是一切,政治统治是那个国家统治的最主要形式,因而,针对这样的社会,革命的主要形式是进行政治革命,夺取政治领导权。而在西方就不同了,西方的市民社会已处于成熟状态。在

---

① 俞吾金、陈学明:《国外马克思主义哲学流派》,复旦大学出版社1990年版,第105页。

西方,国家不是十分重要的,政治统治已降到了次要地位,而文化统治(舆论、宣传)等意识形态则上升到其主要的方面。因为在西方,阶级统治不是建立在有形的镇压和专政上,而是建立在通过市民社会的意识形态的宣传感染,使民众普遍"同意"、默契、顺从的基础之上的。西方社会与东方社会不同。在西方社会,国家仅仅是一个堡垒的外围的壕沟,市民社会才是"强有力的堡垒和土木工程系统"。如果革命阶级仅仅夺取了国家的政治领导权,仍然是无济于事的。它只不过为攻坚的"阵地战"扫清了外壕,而真正的堡垒仍然安然无恙。在东方就不同,在国家后面没有市民社会坚固的堡垒,革命阶级夺取了政治领导权也就占领了堡垒。所以,俄国革命可以先夺取政治领导权,而西方则不同,西方革命不在于取得政治领导权,而应当首先取得文化领导权,然后才能真正地夺取政治领导权。否则,要想取得革命胜利是不太可能的。西方革命应从正面进攻的运动战转向阵地战,决不能像俄国那样,实行公开的直接攻击的运动战。这就是,用同样的革命策略来指导革命失败的原因,也是西方革命取得胜利的革命战略。

首先,葛兰西从东西方不同革命条件引出不同的革命战略,在方法上是对的。具体情况具体分析是马克思主义活的灵魂。东方革命条件与西方发达资本主义的确不同。东方政治统治是阶级统治的最重要的形式,比如,俄国和中国,都是这样。在那里,政治统治处于超强化的统治。农民处在中央集权的封建专制统治之下,而文化领导权,即意识形态还十分软弱的。而在西方却不同,文化领导权的确通过意识形态,比如教会、学校、宣传舆论、文化等途径和形式,使资产阶级的政治、法律等观念为人民大众所接受和吸收,西方政治统治建立在普遍"同意"的基础上。因而,简单地照搬是错误的。这是葛兰西在对20世纪初西方资产阶级国家的无产阶级革命失败以后的经验总结基础上,提出的不同于教条主义的新的革命战略。它无疑值得肯定。其次,西方革命是否可以不以经济因素为基础呢? 这一论点显然与马克思主义基本观点不相符合,与西方革命的现实条件相距甚远。葛兰西对这个问题理解失误,首先发生在对市民社会的规定上。在他看来,市民社会不是一种经济因素,市民社会完全成为了一种文化因素。这是不符合实际的。市民社会,在黑格尔那里,虽然被当作国家理念的有限领域,即市民社会与国家理念的关系被其颠倒,这是唯心的。但是,黑格尔对市民社会的规定却是客观的,他认为,市民社会是一个私人利益体系,在那里,是私人利益对私人利益的战场。市民社会是以利益为基础的社会。尽管市民社会是由国家理念产生的,但对市民社会本身的规定,黑格尔的论点是对的。马克思首先批判了黑格尔颠倒国家理念与市民社会的唯心主义论调,认为不是国家理念产生市民社会,事实上,家庭和市民社会才是国家的前提。更为重要的是,马克思肯定黑格尔关于把市民社会看作是私人利益体系的合理思想,并认为,历史的钥匙不在黑格尔的国家理念中,而应到黑格尔所鄙视的市民社会去寻找。显然,市民社会是社会的物质经济利益基础,而不是意识形态和文化系统。葛兰西把市民社会完全改造成为一种文化系统,这种改造本身缺乏可靠的事实根据,也与马克思主义的理论背道而驰。在西方,是否意识形态的统治就是超经济形式的呢? 这与现代社会发展的客观现实不相符合。经济是政治的集中表现,西方政治统治有其深刻的文化根源和背景,这一点不容否定。但是西方政治统治,仍然是以经济利益关系为基础的。西方政治文化最终都由经济利益关系所决定,并为其服务。罗马法典是产生于西方最早的市民社会,它的基本精神就是保护市民利益关系,也叫"市民法"。由于当时简单商品生产极为发展,它对市民利益关系,如所有权、债权、契约等作了明确的规定。市民法就是保护市民利益关系的法典。18 世纪法国资产阶级用政治革命取得的突出成果之一,就是于 1789 年制定了第一个《人和公民的权利宣言》,简称《人权宣言》。这个《人权宣言》明确规定的权利是,财产是神圣不可侵犯的权利。因而,《人权宣言》无非是保护资产阶级私人财产权利的宣言。市民法律保护的是市民的利益关系,市民的政治是市民利益的集中体现,市民文化意识是以市民利益关系为基础的。利益决定政治、法律、思想意识。谁天真地以为人们可以离开利益,追求单纯的所谓思想目的,那是十分错误的。1789 年法国的资产阶级革命就是以利益为基础的。由于利益是资产阶级革命的出发点,因而,"它'赢得了'一切,并且有过'极有影响的成效',尽管'激情'已经烟消云散,尽管这种利益用来装饰自己摇篮的'热情的'花朵也已经枯萎。这种利益是如此强大有力,以至胜利地征服了马拉的笔、恐怖主义者的断头台、拿破仑的剑,以及钉在十字架上的耶稣受难像和波旁王朝的纯血统"①。可是,后来法国的资产阶级革命家如罗伯斯庇尔、圣茹斯特等人以为他们建构的

---

① 《马克思恩格斯文集》第 1 卷,人民出版社 2009 年版,第 287 页。

文化政治上层建筑等可以仅仅是满足思想的需要就可以了,因而,离开现实的资本主义社会利益关系,企图按奴隶制度为基础的古代民主共和国样式,去建立一个以资产阶级社会为基础的现代国家。他们的理想政治国家"文化领导权"所表达的国家,结果并不是现代资产阶级的利益,而是已经落后于资产阶级的奴隶主阶级的利益。所以,"那些群众认为在政治'思想'中并没有体现关于他们的现实'利益'的思想,所以他们的真正的根本原则和这场革命的根本原则并不是一致的,他们获得解放的现实条件和资产阶级借以解放自身和社会的那些条件是根本不同的"①。一定政治的观念、文化的观念等意识形态,所表达的一定是与自己所反映的阶级利益的观念一致时,这样,才可以使这种观念成为实现本阶级利益的政治文化领导权的观念。如果一种文化领导权观念离开它所反映的阶级利益,那么,这种文化领导权也会像18世纪法国资产阶级革命者罗伯斯庇尔等人的观念一样,最终不仅不会使这种文化领导权成为指导革命的正确观念,反而会使自己因脱离实际的利益而出丑。

第二节　西方马克思主义的人学逻辑

一、存在主义——一条与马克思主义利益范畴相悖的人学逻辑

1.马克思论人的存在规定。

存在主义要把存在主义与马克思主义结合的前提是,认为马克思主义有一块没有人的存在空地。究竟马克思主义中有没有人的存在呢? 马克思认为:"全部人类历史的第一个前提无疑是有生命的个人的存在。"②在这里,马克思的手稿中删去了以下这一段话:"这些个人把自己和动物区别开来的第一个历史行动不在于他们有思想,而在于他们开始生产自己的生活资料。"③这一段话告诉我们,历史的前提是个人的存在,历史就是从个人的存在出发的。但是,一个人存在的规定性是什么呢? 是他的思想吗? 不是。个人存在不在于"他们有思想","而在于他们开始生产自己的生活资料",

---

① 《马克思恩格斯文集》第1卷,人民出版社2009年版,第287页。
② 《马克思恩格斯文集》第1卷,人民出版社2009年版,第519页。
③ 《马克思恩格斯文集》第1卷,人民出版社2009年版,第519注①页。

这种个人才是现实的个人。现实的个人是什么呢？"个人怎样表现自己的生命，他们自己就是怎样。因此，他们是什么样的，这同他们的生产是一致的——既和他们生产什么一致，又和他们怎样生产一致。因而，个人是什么样的，这取决于他们进行生产的物质条件"①。现实的个人就是指一定社会条件下，从事物质生产活动的人。个人的存在就是由一定条件下从事物质生产活动的方式决定的。在原始社会物质生产条件下，那里的个人存在就是原始人。而奴隶社会生产条件下，那里的个人是奴隶主与奴隶。在封建社会，那里的个人就是农民和地主。在资本主义物质生产条件下，那里的个人就是工人和资本家。他们从事物质生产的条件，决定了不同个人的存在形式。这里的个人存在，既不再等于古代普罗泰戈拉的感性的存在，也不同于中世纪那种神的存在，更不同于黑格尔抽象的存在和费尔巴哈自然的存在。普罗泰戈拉说："人是万物的尺度，是存在的事物存在的尺度，也是不存在的事物不存在的尺度。"②这里，普罗泰戈拉认为，知识就是感觉。说人是万物的尺度，就是说，世界的存在，万事万物，真理、规律都以人的感觉为标准。因而，说事物是存在的，就是人的感觉存在就是存在的缘故；说事物不存在，是因为人感觉到不存在的缘故。既然如此，那么，认识就无所谓真，也无所谓假了。所谓真假都因人们对它的感觉有关。当你说一件事物更真一些，还不如说这件事物是因为更好些。例如，有的食物对病人来说可能是苦的，而对健康人而言，可能是甜的。可见，苦甜是以人的感觉为转移的，事物并无真假可言，但有好坏之分，因为健康者总比病人的意见更好些。因而，在他那里，知识判断最后归结为对人是否有利的价值判断。在这里，虽然导致相对主义，但他宣扬以人的存在为衡量一切存在优劣、利害的标准。因为人的存在、人的感觉是万物的尺度，世界万物存在都以人的感觉存在为标准，一切都以人所处的环境、人的需要利益为转移。在这里，人的存在虽然导致了相对主义，但人的感觉（存在）则成了存在的存在者。人类历史从人的存在开始，但不是人的感觉的相对主义。不过，普罗泰戈拉的哲学观点表露了古希腊哲学推崇从感觉意义上对利益的理解。在中世纪，神的统治代替了一切，人是神造的，人的存在不见了。神的存在是唯一的最后的存

---

① 《马克思恩格斯文集》第 1 卷，人民出版社 2009 年版，第 520 页。
② 北京大学哲学系编译：《古希腊罗马哲学》，三联书店 1957 年版，第 138 页。

在。人的存在只是神的存在在世俗世界的推广。黑格尔把这种神的存在实体化,设立了一绝对观念。实体化为绝对精神,把客观世界化为绝对精神的异在。在自在阶段是实体的东西,在自为阶段便同时是主体。在自在自为阶段,实体上升为自我意识,即达到主客同一的绝对精神。黑格尔"用自我意识来代替人,因此,最纷繁复杂的人的现实在这里只表现为自我意识的一种特定形式,只表现为自我意识的一种规定性"①。人的存在只是自我意识的特定形式,人的存在只有在绝对精神那里才找到了自己的位置。人的存在由于绝对精神自我运动和自我发展的需要,而变成了一种自我意识的特定的形式。可见,绝对精神才是最高的存在,而人的存在只不过是一种人的自我意识。黑格尔绝对精神只不过是改了装的上帝。费尔巴哈批判了黑格尔的宗教唯心主义。费尔巴哈认为,神(上帝)只不过是人的本质的自我异化,神的本质不是神的,而是人的,是人把自己的本质赋予了神,但神一旦集中了人的本质,它反过来成为了支配和统治人们的异在力量。费尔巴哈对神的批判是深刻的,这一基本原则,适用于一切以救世主面孔出现的"上帝"、"救世主"、"神甫"、"巫师"、"邪教教主"。费尔巴哈把神的本质归还给了人,神的存在不过是人的存在的异在。但人的存在是什么呢? 他把人看成是一种脱离了社会利益关系孤独的抽象的类似生物性的自然人的存在。马克思在批判他的人的存在的观点时,说他"(1)撇开历史的进程,把宗教感情固定为独立的东西,并假定有一种抽象的——孤立的——人的个体。(2)因此,本质只能被理解为'类',理解为一种内在的、无声的、把许多个人自然地联系起来的普遍性"②。费尔巴哈的错误在于,他没有看到,"'宗教感情'本身是社会的产物,而他所分析的抽象的个人,是属于一定的社会形式的"③。

综上所述,马克思关于人的存在的观点,我们可以这样来归纳:

首先,人的存在就是人的实践的活动所规定的。费尔巴哈认为:"某物或某人的存在同时也就是某物或某人的本质;一个动物或一个人的一定生存条件、生活方式和活动,就是使这个动物或这个人的'本质'感到满意的

---

① 《马克思恩格斯文集》第 1 卷,人民出版社 2009 年版,第 357 页。
② 《马克思恩格斯文集》第 1 卷,人民出版社 2009 年版,第 501 页。
③ 《马克思恩格斯文集》第 1 卷,人民出版社 2009 年版,第 501 页。

东西。"①在费尔巴哈看来,人作为自然存在物,首先是一个对象性的存在物,他必须以自己的对象作为自己的存在条件,反过来说,如果他没有对象性的存在条件,比如环境、水等,他就不是一个存在物。同样,人作为社会存在,必须通过对象来确定自己的本质。人作为存在物,必须有自己的对象,通过对象来确定自己的本质。显然,用旧唯物主义来直观存在和本质,存在只是被动的感性物。这种消极的人道主义在于它没有看到人和人的生存条件之间所存在的矛盾,存在和本质并不是统一的。如果他的存在同他的本质完全不符合,他作为一个人,就不是一个存在物。在旧唯物主义的存在和本质观看来,他只有忍受这种条件,因为,他的存在就是他的本质。显然,这是错误的。人的存在不是被动的、消极的、无所作为的,人的存在都是通过自己的实践活动创造的。环境可以影响人,但更重要的是人可以通过自己的活动去创造一个属于人的环境,这个环境反过来更适合人的存在。因此,人的存在不是先验的,人的存在是由他的活动创造的。人的存在的本质,就是人通过自己的实践活动不断丰富和发展的。人的存在本质就是他的实践活动,是人的感性活动。

其次,人的存在与人的本质的异化只是存在的特定方式。人的存在和人的本质本应是一致的,但是人的存在和本质在市民社会却分离了,异化成为存在的特定方式。异化把人的本质异化为同存在相分割的东西。比如,"鱼的'本质'是它的'存在',即水。河鱼的'本质'是河水。但是,一旦这条河归工业支配,一旦它被染料和其他废料污染,成为轮船行驶的航道,一旦河水被引入水渠,而水渠的水只要简单地排放出去就会使鱼失去生存环境,那么这条河的水就不再是鱼的'本质'了,对鱼来说它将不再是适合生存的环境了"②。人的存在也是如此,是他的基本的吃、穿、住、行和生存条件,但是一旦像鱼一样,河水由于工业的需要被抽干,土地由于工业的需要而被利用,人们失去了存在条件,也就失去了自己的本质。这是一个方面。更有甚者,就是在一定生产关系中,人在生产中创造了自己的生活条件,这就是他的本质,但是,在一定社会条件下,他的生活条件被剥夺,他的生产条件却被异化,这种异化反过来成为统治人的存在的异化力量,从而使人的存

①　《马克思恩格斯文集》第 1 卷,人民出版社 2009 年版,第 549 页。
②　《马克思恩格斯文集》第 1 卷,人民出版社 2009 年版,第 550 页。

在失去了自己的本质。异化是同生产关系相连的,人的存在和本质由于异化而分离,但是,"在实践中,即通过革命使自己的'存在'同自己的'本质'协调一致"①。

最后,实践是实现人的存在和本质协调一致的途径。人的存在和本质本是一致的。但是,随着分工和私有制的产生,产生了个人利益和社会利益的矛盾。这种矛盾不可调和,因而,公共利益就采取国家这种与实际的单个人利益和共同利益相脱离的独立形式。一方面,每个人追求的单个人的特殊利益,因而,对他们来说,共同利益就是与他们特殊利益不相符合的利益。所以,这种共同利益对他们说来,仍旧是一种特殊的独特的普遍利益;而另一方面,由于这种特殊利益与虚幻共同体所进行的斗争,使得国家对个人的特殊利益的实际干涉和约束成为必要。由于每一个人利益和公共利益的分裂,只要分工还不是自愿的分工,那么,"人本身的活动对人来说就成为一种异己的、同他对立的力量,这种力量压迫着人,而不是人驾驭着这种力量"②。分工与私有制所表达的是同一件事,分工是就活动而言,私有制是就活动的产品而言。分工导致个人利益与社会共同利益的矛盾。这种矛盾激化,使国家出现成为可能。在私有制虚幻共同体国家里,个人利益与国家共同利益处于一种对立矛盾中,共同利益与个人特殊利益处于一种相互异化的状态。因而,人的实践活动带来了人与人的自我异化和分裂,但由于实践活动的发展,生产力的普遍提高,人们终有一天可以使存在和本质相互协调地发展,存在与本质真正地统一起来。这种统一的基础就是实践,是实践活动引起存在和本质的分裂,又是实践活动使人的存在和本质终于有一天能统一起来。这就是马克思的人学逻辑。

2.存在主义的人学逻辑。

存在主义认为,马克思主义是当代唯一不可超越的哲学。而存在主义不过是产生于这种哲学之上的"思想体系"。马克思主义作为当代唯一的有生命力的哲学应当是一种真正的人道主义,所以,它也是一种以个人的实践为基础的"人学"。这一点和存在主义是一致的。但是,马克思本人和后来的马克思主义者都有没有把这一点坚持到底,他们把"人"这个马克思主

---

① 《马克思恩格斯文集》第1卷,人民出版社2009年版,第549页。

② 《马克思恩格斯文集》第1卷,人民出版社2009年版,第537页。

义最重要的东西丢掉了。因此,马克思主义出现了一块人学的"空地"。存在主义的目的和任务,就是要用存在主义人学来填补这块"空地"。那么,存在主义是如何用它们的存在主义人学来填补马克思主义人学"空地"的呢? 存在主义认为,存在主义与马克思主义相结合是可能的,因为,马克思主义历史辩证的存在是总体性的存在,而存在主义总体化的存在也是一种辩证的存在。总体性和他的总体化都是历史辩证法的主题,因而,从这里出发,二者"结合"是可能的。那么,所谓的总体应如何理解呢? 萨特认为,"这个整体是基于这个事实,即人本身,亦即生物学上的个人,是一个整体:在既定历史条件下他的需要,劳动和享受。人们正是必须在这种实践的物质性的水平上寻找这个总体,而经济现实或生产事实的总体最后即依赖于每一个人的人的总体"①。萨特的观点把存在主义与马克思主义相结合的基本思想,在这里用素描的方法描绘出大致的轮廓。

(1)总体就是生物学上的个人。什么是总体? 总体不是指世界物质统一性,总体不是指相互联系统一的总体,总体仅仅是指"生物学上的个人"。这个"总体"就是存在主义的出发点。存在主义是从单个个人出发的。这个单个的个人,与莱布尼茨的"单子"论不同。在莱布尼茨那里,单个的个人就是一个单子,单子只是单纯的实体。他说:"我们在这里所要讲的单子,不是别的东西,只是一种组成复合物的单纯实体,单纯,就是没有部分的意思。"②单纯,就是没有部分的意思,不可能有广袤、形状、可分性。由于单子没有部分,没有广袤性,单子就是非物质的。由于单子没有部分,当然就无法按自然组合而生成、分解和消灭,它只有依赖上帝创造。由于单子没有部分,单子是封闭的、孤立的,"单子没有可供出入的窗口"。每一个单子就是一个小宇宙。在先定和谐的秩序中,作为单子个体自由自在地运作。因上帝创造了先定和谐之后,就不再干预单子生活过程。在这样的前提下,单子保持自己的自由。这个单子不是别的,它正是还处在封建统治下的市民。市民作为单个的个人,虽然未能彻底摧毁封建统治式的总体"和谐",但总体性和谐已与单子个体互不相干而成为单独的个体。在黑格尔那里则不

---

① 萨特:《科学与辩证法》,引自《外国哲学资料》第四辑,商务印书馆1978年版,第155—156页。

② [德]莱布尼茨:《单子论》,见北京大学哲学系编译:《十六——十八世纪西欧各国哲学》,商务印书馆1961年版,第292页。

同,先定的和谐已上升为绝对精神。绝对精神作为总体性并不是一个没有人性的、僵硬的先定和谐,而是将单个人的存在也看作是一个发展过程。因为,总体性的绝对精神在自我运动、自我前进的运动中,外化为自然、社会和个人。个人只是总体性中的一个有限的环节。黑格尔在总体性这个框架内,用辩证法展现了个体作为一种自我意识个体的发展过程。黑格尔"总体性"对于个体具有方法论的优越性。这一点,在卢卡奇那里表述得十分突出。卢卡奇说:"总体范畴的统治地位,是科学中的革命原则的支柱(Träger)。"①"因此,对马克思主义来说,归根结底就没有什么独立的法学、政治经济学、历史科学等等,而只有一门唯一的、统一的——历史的和辩证的——关于社会(作为总体)发展的科学。"②卢卡奇比较准确地理解了黑格尔的辩证法中总体性含义。而存在主义就不同了,这里的整体,实际就是莱布尼茨单子式的个体,莱布尼茨用单子来比喻市民社会的个人。而存在主义则揭开了莱布尼茨罩在市民身上的那块掩盖市民个人利己主义的遮丑布。他们公开宣布市民社会的总体就是个人,生物学上的个人。个人就是一个总体。既然如此,那么,功利主义的命题在这里又重新出现了,个人利益是实在的,而社会只是一个抽象。在存在主义看来,个人利益是总体,总体利益只是个人利益的简单相加。

(2)经济现实总体最后依赖于每一个人的总体。经济现实也是总体,每一个人也是一个总体,而它们的关系是,经济现实的总体最后依赖或者决定每一个人的总体。换言之,个人的总体是一切经济现实的决定者、依赖者和基础。在这里,存在主义开始触及了存在主义的实质。所谓要填补马克思主义的空地,看来,并不是"填补",而是把马克思主义"悬搁"起来以后,再把马克思主义颠倒过来,即把存在主义所说的"经济决定论的马克思主义",颠倒为个人存在总体的马克思主义。存在主义的基础、本体就是个人存在的总体,个人存在总体决定经济现实以及整个社会上层建筑。问题是,究竟是经济基础的总体决定个人的总体,还是经济的总体决定个人的总体呢?根据萨特的理解,经济总体,是指的生产关系或生产关系直接表现出来的利益关系。因为马克思在《哲学的贫困》中有一句名言:"生产关系构成

---

① [匈]卢卡奇:《历史与阶级意识》,杜章智等译,商务印书馆 1992 年版,第 76 页。
② [匈]卢卡奇:《历史与阶级意识》,杜章智等译,商务印书馆 1992 年版,第 77 页。

一个整体"。这是"打开历史辩证法的钥匙"。个人的总体则是人的本身，即"生物学上的个人"。在存在主义那里，就是人的存在。生产关系和经济基础这些都是由个人的存在本体来决定的。个人存在的总体是不是就决定了经济关系的总体？从单个人的个人存在出发，这是近代以来思想家主观设定的社会前提。它好像是最自然的，实际上并非如此。马克思曾说："每个个人和每一代所遇到的现成的东西：生产力、资金和社会交往形式的总和，是哲学家们想象为'实体'和'人的本质'的东西的现实基础，是他们加以神化并与之斗争的东西的现实基础，这种基础尽管遭到以'自我意识'和'唯一者'的身份出现的哲学家们的反抗，但它对人们的发展所起的作用和影响却丝毫也不因此而受到干扰。"①在德国思想家那里，如施特劳斯、费尔巴哈和麦克斯·施蒂纳他们都曾构想过历史的起点，如施特劳斯的"实体"，费尔巴哈的"人的本质"，施蒂纳的利己主义的个人。但他们忽视了一个最根本的东西，那就是"实体"、"人的本质"、"利己主义的个人"，首先所面临的现实的交往关系。因为，人在社会中，不可能有那种脱离社会关系的抽象的个人。他们"所分析的抽象的个人，实际上是属于一定的社会形式的"。个人既不是现成的先验的，也不是一成不变的，它们都随着物质基础的变化而变化，随着物质基础的变革而变革。但是，"如果还没有具备这些实行全面变革的物质因素"，"尽管这种变革的观念已经表述过千百次，但这对于实际发展没有任何意义"。② 这就是说，个人的存在不是以个人想象的观念为转移，个人的存在是以物质基础变化为转换。在古希腊，尽管有亚里士多德那样的百科全书式的哲学家，但是，他认为，人的存在无非是城邦的政治动物。人离不开城邦而生存。在中世纪，虽然有唯名论的杰出思想家如邓斯、司各脱等，他们宣称的有一个上帝本体存在，但又坚持承认存在实在性的个人。在资本主义社会，市民社会理论家亚当·斯密等人，就宣称市民是单个的经济人。这种个人就是社会的存在的基础，是社会历史的现实的逻辑起点。尤其在施蒂纳那里，首先以德国的市民为历史的原点，然后以这个原点为轴心划圆，整个世界就这样以利己主义的存在为存在，随着利己主义的扩展而扩展。世界的历史就是一部利己主义的存在史和发展史。

---

① 《马克思恩格斯文集》第 1 卷，人民出版社 2009 年版，第 545 页。
② 《马克思恩格斯文集》第 1 卷，人民出版社 2009 年版，第 545 页。

在利己主义之外,再也没有别的世界;在利己主义之外,再也没有别的历史。但是,人类学以大量资料证明,在原始社会,在没有私有制以前,人们既没有私有财产,也不知利己为何物。在这样一种物质条件下,利己主义是如何创造历史的呢? 显然,施蒂纳利己主义存在是没有前提的。因而,个人存在的前提,就是一个人的概念,他的个人存在就是根据人的概念建构起来的。存在主义从个人存在总体出发,正如施蒂纳一样,是没有前提的,因为不是个人总体创造了物质利益总体。而事实上,个人总体归根到底是物质利益总体的产物,是以物质总体为基础而建构起来的。在古代那里的个人存在,就是以人的统治为基础的个人;在资本主义社会,那里的个人存在,就是以物的依赖性为基础的个人;在未来社会,个人终有一天既摆脱人的统治,又摆脱物的统治,而上升为全面发展的个人。

二、利益与萨特的存在主义

存在主义主张的是以个人存在的总体去建构经济的总体,最后取消经济主义的马克思主义。而个人存在的总体最重要的是个人存在。那么,这种"存在"究竟是什么呢? 它是否可以消解马克思主义的利益概念? 在马克思主义那里,存在是与物质、利益等同等程度的概念。而观念、思维则是与存在相对的概念。存在与思维的关系问题是哲学的基本问题。这里的存在就是与物质同等程度的概念。思想不能离开利益,离开利益,思想和道德,甚至人类发展都是无法理解的。但是,存在主义的所谓的"存在"是什么呢? 存在主义既然要成为存在主义的马克思主义,那它的基本概念"存在"理所当然就应与马克思主义的存在是一致的。其实,并非如此。存在主义的存在,它是存在主义的出发点。这里的存在,是存在主义的代名词。存在是一个既年老又年轻的概念。说它年老,是因为它是从古希腊开始就有的"概念",数千年历经沧桑,久变而不衰;说它年轻,是因为在当代,尤其是在存在主义浪潮中,存在成了理解存在主义枢纽和进入存在主义"殿堂"的钥匙。

1.基尔凯郭尔的存在。

存在主义的"存在"直接根源于基尔凯郭尔。人的存在,按索伦·基尔凯郭尔(1813—1855)的意见,就是"我们内心生命的作用——被战胜和不断产生的反抗、不断更新的努力、被克服的绝望、暂时的失败和暂时的胜利——因为这种作用直接同理智的认识相对立"①。显然,根据存在主义者萨特对基尔凯郭尔的存在的理解,存在是人的一种非理性的主观的内心体验。这种体验,它与以往人们对存在"直接同理智的认识相对立"。欧洲经过中世纪非理性信仰的宗教统治,在资产阶级对理性的一片呐喊中,终于走到它的尽头。但是,理性自己逐渐上升到神的统治。理性统治不同于神的统治,神追求的是精神的崇高和理念的至善,而理性则不同,在那里,功利价值逐渐朝人们走来,端坐在高高的殿堂。在那里,人性泯灭,物欲横流,怨怒之声不绝于耳。人们当时所处的时代,就是这样一个重视理性而没有激情的时代。尤其是黑格尔,他是一个最大的理性主义者。黑格尔把哲学的对象以及世界的生成变化都归之于理性,并企图超越现实生成变化的领域去追求所谓的客观真理。更为甚者的是,黑格尔把绝对理念与个别存在对立起来,个别存在除了是绝对理念运动中的一个有限环节以外,没有什么直接意义。黑格尔把总体性看作一切,个人存在只是总体的一部分,主观被纳入客观之中。基尔凯郭尔反对黑格尔对客观真理的追求和把个人消融于总体的错误。他认为,真理只寓于主观之中,没有什么客观真理,真理都是主观的,"真理就是主观的"。真理寓自我内在精神之中。"客观反思的方式使得主体成为附属的,并因此把生存转变为某种无关紧要的东西,某种化为乌有的东西。"②基尔凯郭尔的目的就是要把生存从黑格尔"客观反思"和"总体性"的框框中走出来。在这里,生存是什么含义?它不是现实的人,不是从事物质生产活动的人,而是"一个生存的个人"。这"一个生存的个人",其主观的反思将注意力不是转向客体,而是"内转指向主体"。它不是通过外化而追求客观的真理,而是"渴望在内在性的强化中把握真理"。因而,这一个生存的个人行进方式正与黑格尔的相反。他说:"正如在客观的反思中,客观性成为存在,主观性化为乌有;而在主观的反思中,当主体的主观性达到最后的阶段,客观性便成了消隐的因素。"③基尔凯郭尔的出发点是"一个生存的个人",这就是主观反思的主体,这种主体的把握真理的途径是"渴望在内在性的强化中把握真理",行进的方式是"主观的反思"。那么,这种不是向外而是向内"渴望"的个人存在是什么呢? 就是一个个人的

①　[法]萨特:《辩证理性批判》上,林骧华等译,安徽文艺出版社1998年版,第14页。
②　熊伟主编:《存在主义哲学资料选辑》上卷,商务印书馆1997年版,第18页。
③　熊伟主编:《存在主义哲学资料选辑》上卷,商务印书馆1997年版,第21页。

非理性主观体验。基尔凯郭尔对"内在性的渴望",主观的反思,实际上是"宗教状态"的那种孤独个体的非理性的面对上帝的"内心体验"。这种内心体验,在他看来,已不是俗人那种生活状态,因为,在那里,感性、事物、物质、利益、功利、善恶、良心等难免若即若离地时刻缠绕着你的心灵。面对这些,人们不得不作出自由选择。如果依靠理性对其作出选择,或出于感受性经验对其提出的需要,这些需要和选择都是低级的生活状态的选择。而只有凭个人内心体验,抛弃审美式的感性经验物质利益的纠缠,摒弃伦理理性的选择,泯灭物欲和需要,不受外在的东西的制约,自由地选择自我存在本身,才是最高的选择。人正是通过这种选择变为基督徒的。基尔凯郭尔关于存在的理论论述,成为了存在主义的出发点。基尔凯郭尔,是丹麦神学家和哲学家,生性孤僻,人生坎坷,在失意和苦恼中度过了一生。他已开始预感到随着近代资本主义社会到来,社会矛盾和科技发展对人的存在带来的危机。当他面对这种境域,又不能摆脱它时,他只有在宗教世界去寻找他自身的存在的位置。这种存在,无非是他在宗教世界内心体验的存在的真实再现。

2.海德格尔的此在。

当历史的车轮驶进了 20 世纪,现代大工业发展起来,科学技术像一柄双刃剑,给社会产生了正负两个效应:一方面,科学技术扩大了社会普遍交往,带来了物质财富的繁荣,人们从中获得了巨大的利益;另一方面,在资本主义条件下,科学技术并未使市民社会成为天堂,相反,它给人类带来了许多负面效应。"科学并不是思维",现代科学完全功利化了。它见物不见人,漠视人的个性。科学技术的滥用,甚至威胁了人的生存。科学技术越是发展,人的存在的危机越是突出。人的"存在"问题凸显出来了,尤其是 20世纪初第一次世界大战的爆发和 1929 年发生的经济危机的冲击波以及第二次世界大战人类被迫卷进法西斯的战争的绞肉机中的残酷景象,人的存在逐渐上升为西方哲学思考的一个主题。海德格尔对存在问题的思考,实质上是资本主义上升到垄断时所面临的生存危机在哲学上的反映。他的中心概念是"此在"。"此在"是世界之本体,"此在"是本体论之根,世界是由"此在"构成的。世界之所以为世界,不仅是一个本体论的概念,而且是指在世的存在构成环节的结构。世界在本体论意义上,它是"此在"本身的一个性质。不仅世界是"此在"构成的,而且人们的社会关系或人与人之间关系都是由"此在"构成的。在这里,此在成了万物之本,此在成了世界的本源。那么,此在是什么呢？所谓"此在",是指能领会存在的存在者。在这里,只有人才能领会自己存在,而物没有办法领会自己的存在。人知道当下的存在状况,人还能发问(自己的存在),即除开存在还有向自己提问的存在(即此在)。换言之,任何一个在者有其在,而我们也可以追问任何一个在者的在。海德格尔就把这种追问在者在的独特在者为此在(Dasein),也叫"亲在"、"纯在"。这种在者,不是指一切物的存在。存在物只是现存着而非存在,如岩石现在,但并非存在。因为,存在物仅仅是静态的或固体的存在,而存在只是一个人生成的过程。这种存在就是人的存在,人才拥有存在的方式,但这种存在又不是作为客体相对应的认识主体的人的存在,也不是指人类学、生物学、心理学或社会意义上的人的存在,而是指作为在的意义的发问者和追究者的人的存在。"同其他一切存在者相比此在具有几层优先地位。第一层是存在者状态上的优先地位:这种存在者在它的存在中是通过生存得到规定的。第二层是存在论上的优先地位:此在由于以生存为其规定性,故就它本身而言就是'存在论的'。而作为生存之领悟的受托者,此在却又同样原始地包含有对一切非此在式的存在者的存在的领会。因而此在的第三层优先地位就在于它是使一切存在论在存在者暨存在论上(ontisch-ontologisch)都得以可能的条件。"①可见"此在",它不是现成的东西,没有实体论意义,而是一种可能性。"此在"是能追问自己的在,这种能追问自己的在的"此在",只能是人的存在,"此在"不仅包括了对其本身的在的领会,也包括了对一切其他在者的在的领会。"此在"打开了通向一切其他在者的在的门户。② 总之,一切其他在者本体论都是以对此在的本体论研究为基础的。"此在"作为基本本体论,它有两种存在状态:一是本真状态;一是非本真状态。作为此在的本真状态,是指人之作为可能性存在。因为"此在"总是不断地筹划、设计和选择,从而获得其自身,成为是其所不是而将要是的存在。相反,如果此在仅仅是其所是,那么它就失去了自身,沉沦为非本真的在,即不是其所是的在,这种不是其所是的非本真状态,此在与他人"共在",这就是"常人"。常人是"在世作为其在"带来的结果,即

---

①　熊伟主编:《存在主义哲学资料选辑》上卷,商务印书馆 1997 年版,第 211 页。

②　参见刘放桐:《现代西方哲学》修订本下册,人民出版社 1990 年版,第 595 页。

社会交往产生的后果。由于此在沉迷于世而与他人共在,此在就不再是其本真的存在,此在成为失去了独特个性的,成为某种中性的平均化的、无人称的、不确定的常人。人在日常生活中的存在就是指正在处于常人支配下的人的存在。常人展开了对他的独裁,常人怎样看待物质利益,他也怎样看待物质利益;常人怎样阅读和评价,他也怎样阅读和评价;常人怎样生活,他也怎样生活。常人规定了日常生活之在的方式,常人不是任何确定的人。常人的统治说明,人们把此在夺走了,此在不再是我自己,此在在这里已经失落和异化。显然,"此在"及其存在状态不仅不能与马克思主义结合,而且与其基本意蕴大相径庭。

(1)"此在"的本体论性质是难以成立的。"此在"是本体论之根,它是世界之所以成为世界的基础和逻辑起点,不是物质利益决定"此在",相反它是"此在"决定和派生世界。"此在"作为人的存在,是我们所在地球的存在主体,但是,宏观宇宙和微观世界并不能依赖于人的"此在"而存在。在还有"此在"之前的存在是否存在呢?这当然是不言而喻的。"此在"作为人类存在,一旦存在,使这个世界发生了翻天覆地的变化。动物也存在,动物的存在仍然为什么还是动物?他们之间的区别不只是"活动",因为动物也"活动",而在于人从事生产物质生活资料活动,人类活动有其独特的规定性。因为,这种活动,人才成为"此在",而与动物区别,人才成为"此在",才可能去创造、筹划和选择。如果问,世界的本体是什么?只能是物质。如果问社会的本体是什么?那主要是指生产方式。

(2)"此在"基本规定的主观性是不科学的。"此在"不是客观存在,而是意向可能性,因为"此在"作为一种可能性存在具有优先地位。作为可能性优先地位,似乎由此可以阐发出本真的存在,即不断地设置筹划、选择自己的存在。"此在"的这种意向的可能性才是存在的本真状态,即真正的存在。而人们在社会生活的"此在"却不同,它因为与人"共在",反而是一种非本真状态,不是真正的存在。这些都不是科学的。"此在",首先是一个客观存在,人之所以为人,首先在于人是人,不是别的什么东西,意识和语言都是劳动的产物,是物质发展的结果,而绝不是先有一个主观性然后才有人的客观存在。任何历史的第一个存在就是人的存在,离开人的存在,就没有由于人类而开放的精神之花,就没有人类主观性的存在。"此在"的本真状态或真正的存在应是社会生活中的此在。正是社会生活使交往普遍化,从而使人割断了血缘的自然脐带,成为社会性的人。这种人才是真正的人。相反,人一旦脱离社会,无论他怎样筹划、设置、选择,他也始终是自然人。这种存在,才是非本真状态的存在。人们的确有自己的创造个性,但更不可否认人都有正常的本真需要、欲望和基本追求。人们只有在满足了基本物质生活需求以后,才有可能创造历史。离开这些基本物质生活条件,所谓创造个性就缺少基本的前提。

(3)海德格尔关于异化及其根源的分析是错误的。马克思主义认为,异化不是根源于抽象的思辨,异化是一定利益关系中人们活动的自我分裂、自我矛盾运动的结果。马克思早期从劳动出发来分析异化的根源及其表现,在《德意志意识形态》中,已认识到不能把异化引向"哲学家们"对社会的抽象分析。马克思经过对市民社会的经济关系的剖析,在《资本论》中,把异化界定为在市民社会人与人之间关系转换成了物与物的关系,或叫"商品拜物教"。而海德格尔则不同,他不是从经济利益去寻找异化的根源,而是从"此在"自身是否是其所不是来寻找异化的起因。此在是其所是,就是异化的;此在是其所不是就不是异化。此在与"常人"不同,就不是异化的;此在受常人支配和统治就是异化的。这就是说,异化仅仅看作是一个是否是具有与常人不同的个性,如果此在具有与常人不同的个性,这个此在就是一个本真的存在,否则就是非本真的异化的存在。异化不是由于一定经济利益关系带来的结果,异化不是由财产私有制带来的结果,异化是因为受"一般人"与"常人"的追求爱好、行为方式支配和统治,异化在这里淡化为一个伦理道德概念。这就是海德格尔"此在"最后得出的必然的结论。

3.萨特的存在。

萨特在他的《辩证理性批判》中,明确提出"马克思主义和存在主义"的口号。现在要弄清的是,萨特存在主义是不是马克思主义?存在主义的中心概念是"存在"。存在在基尔凯郭尔那里是"生存",海德格尔将其提升为"此在",而萨特则把"存在"划分为两类存在:自在的存在和自为的存在。所谓自在的存在,按萨特的旨趣是指:"存在存在。存在是自在的。存在是其所是。"①这就是萨特给自在存在规定的三个特点。首先,自在是外部世界的存在。存在既不是被创造的,也不是由自身创造的。存在不是被动的,

---

① ［法］萨特:《存在与虚无》,陈宣良等译,三联书店1987年版,第27页。

也不是主动的。在神的"创世说"那里,"人们认定是上帝把存在给了世界,存在就总显得沾染上了某种被动性"①。"存在不是能动的:为了有目的和手段,就必须有存在"②。存在超乎能动与被动之外,这种存在就是一种既存的、无以言状的事实。其次,存在是自在,存在就是自己。这并不是说存在是与外物的联系的存在,也不是说存在可以被称为一种内在性的存在。存在是自身充实的,它只存在于自身之中。最后,"存在本身是不透明的,这恰恰因为它是自身充实的。更好的表达是:存在是其所是"③。自在在其存在中是孤立的,它与异于它的东西没有任何联系,"过渡、变化,以及所有那些使人能说存在还不是其所将是和它已是其所不是的东西,原则上都与它无缘"④。因为存在是生成的,因而,它超乎于生成之外;因为它是其所是,因而,它不包括任何否定。自在的存在永远既不能是可能的,也不能是不可能的。自在的存在,最后的立场是"它存在"。所谓"自为的存在"则不同,它指的是主观意识的存在,是显现自在存在的意思。自为的存在是无,是纯粹的空无所有,是纯粹的虚无之流。"自为根本不是一个自主的实体。自为作为虚无化,是凭借自在而被存在的;作为内在的否定,他通过自在而使自己显示他不是什么,并且因此显示他应是什么"⑤。自为不是一种实体,如果是一种实体,它就是是其所是。"自为除了是存在的虚无化之外,没有别的实在。他的唯一定性来自他是个别特殊的自在的虚无化而不是来自一般的存在的虚无化"⑥。自为这种虚无化,从而使自为总是不断地否定自己,自为总是是其所不是,不是其所是,总是在变化,在不断地否定、超越。所以,自己永远是一种可能性。可能性,是由于自为的缺乏和不足,自为总是要追求对这种缺乏或不足的克服。那么,自在与自为的关系如何呢?萨特认为,自为和自在相互联系,因为没有自为,自在就没有意义;而没有自在,自为就是纯粹的虚无。从这里,似乎可以说自在是事物、存在等,是存在于实体的事物。因为没有自在,自为就是纯粹的虚无。在这里,有了自在,

① 〔法〕萨特:《存在与虚无》,陈宣良等译,三联书店1987年版,第23页。
② 〔法〕萨特:《存在与虚无》,陈宣良等译,三联书店1987年版,第24页。
③ 〔法〕萨特:《存在与虚无》,陈宣良等译,三联书店1987年版,第25页。
④ 〔法〕萨特:《存在与虚无》,陈宣良等译,三联书店1987年版,第26页。
⑤ 〔法〕萨特:《存在与虚无》,陈宣良等译,三联书店1987年版,第766页。
⑥ 〔法〕萨特:《存在与虚无》,陈宣良等译,三联书店1987年版,第765—766页。

自为似乎就有了基础。其实,这样理解是完全错误的。萨特反复强调,自在根本不是一个自主的实体。自在不仅不是自为的基础;相反,自在反而要以自为为基础。他说:"自为和自在是由一个综合联系重新统一起来的,这综合联系不是别的,就是自为本身。"①自为既然是纯粹的虚无,它就不应是自为和自在统一联系的基础。因为虚无本身仍然是虚无。那么,自在可不可以成为自为的基础呢?没有自在,自为就是纯粹的虚无。那么,这是否意味着萨特的自在是唯物主义的?这就要了解萨持的存在究竟是什么。自为的存在和自在的存在都只不过是存在的两种类型。存在究竟是什么?萨特所说的存在,实际是人的主观性。萨特说:"存在主义,根据我们对这个名词的理解,是一种使人生成为可能的学说;这种学说还肯定任何真理和任何行动既包含客观环境,又包含人的主观性在内。"②这种主观性,实际上就是指现象学本体论意义上的人的纯粹意识活动,即"我思"。他说:"我们的出发点是个人的主观性,而所以这样说是根据严格的哲学理由。"那么,这个哲学理由是什么呢?就是笛卡尔的"我思故我在"。所以,"作为出发点来说,更没有什么真理能比得上我思故我在了,因为它是意识本身找到的绝对真理"③。萨特从人出发,实际是从"我思"出发,从人的我思的主观性出发。在他看来,人的本质不是通过人们的活动创造的,而是通过我思的主观性逐步自我发现、自我规定和自我实现的。所以,他的命题不是旧哲学的本质先于存在,而是存在先于本质。首先,旧哲学,尤其是基督教的共同点是本质先于存在。在那里,正如上帝造人,首先有了一个人的概念,然后再按这个人的概念创造世界上各种各样的人(亚当和夏娃)等。而存在主义不同,存在主义的命题是"存在先于本质"。"存在先于本质的意思是指什么呢?意思就是说首先有人,人碰上自己,在世界上涌现出来——然后才给自己下定义"④。人与物不同,人来到这个世界,空无所有,什么也没有。人首先是个虚无。人之所以是人,不是先天的,也不是别人赐予的。人首先存在,空无

① [法]萨特:《存在与虚无》,陈宣良等译,三联书店1987年版,第786页。
② [法]萨特:《存在主义是一种人道主义》,周煦良等译,上海译文出版社1988年版,第4页。
③ [法]萨特:《存在主义是一种人道主义》,周煦良等译,上海译文出版社1988年版,第21页。
④ [法]萨特:《存在主义是一种人道主义》,周煦良等译,上海译文出版社1988年版,第8页。

所有,人在世界上涌现出来。然后人们按照自己的计划性,自己的设置去逐渐丰富自己的本质,去给自己下定义,因而,人就是人按自己主观性的计划使自己成为人的那个东西。由此可见:

(1)存在主义"存在"与唯物主义"存在"是根本不同的。在马克思看来,个人的存在的确是人类历史的第一个前提。但是,这种存在是什么呢?这里的存在,实际是指两种存在:第一个是自然存在,第二个是社会的存在。所谓自然的存在,就是指社会存在的物质前提。所谓社会存在,就是指以人的活动为基础的生产方式。生产方式首先是指人的活动,而人的活动就表现出两种关系:一种是人与自然的关系;一种是人与人的关系。它们都是在人的活动基础上产生的,并统一于人的活动(实践)。人的存在就是以人的实践活动为基础的存在。这样的人的存在就面临两个前提:一个是自然前提,一个是社会前提。人的存在作为社会存在,它通过生产物质生活资料而逐渐建立起来。所以,马克思说:"可以根据意识、宗教或随便别的什么来区别人和动物。一当人开始生产自己的生活资料,即迈出由他们的肉体组织所决定的这一步的时候,人本身就开始把自己和动物区别开来。人们生产自己的生活资料,同时间接地生产着自己的物质生活本身。"①所以,人的存在离不开自然这一前提,但更为重要的是离不开社会前提,那就是人们生产物质生活资料的活动。这种"活动"既创造人类本身,又创造人所存在的世界,还创造人类的历史。而在存在主义那里,它是一种以人为本体的存在。这一点与人道主义是一致的。这种以人为本体的人道主义不是存在的独创,它是文艺复兴用人性、人反对中世纪的神性、神的一个传统。通过近代一些资产阶级启蒙思想家的发展,费尔巴哈创立了一个人本主义唯物主义思想体系。后来,通过麦克斯·施蒂纳的发展,人本主义被现实化为市民社会利己主义的个人,施蒂纳用晦涩的语言,揭开了市民社会从文艺复兴以来罩在人的身上的面纱。人本主义的人实质是指以市民社会利己主义为本位的个人。问题是,这个人是什么呢? 这个人不是物质活动创造的,这个人只是一些人的概念,人的意识。萨特在这里变换一个形态,用人的主观性来规定人,实际上等于一个扩大了的人的概念。

(2)人的本质是主观规定的,还是实践的活动的产物? 人的本质是社

---

① 《马克思恩格斯文集》第 1 卷,人民出版社 2009 年版,第 519 页。

会关系的总和,而社会生活本质上是实践的,人的本质是一定社会关系的实践活动的产物。人是怎么样的,不是他们自己想象的,也不是自己计划设计怎么样就会怎么样。在封建社会,人们都想成为现代人;在现代社会,人们都设计自己为未来社会全面发展的个人。但这样只是一个"应当"。人们是怎么样的,是由"是"来规定的,即由他的生产活动决定的。他是怎样生活的,他就是怎样的;他是怎样生产的,他就是怎样的。所以,他们是怎样的,同他们的生产是一致的。在原始社会,人们使用石器去生产,那么这个时代的人就是原始人;在奴隶社会,人们使用青铜器去生产,因而他们就是奴隶社会的奴隶;在封建社会,人们使用铁器去生产,因而他们就是农民;等等。他的存在和本质,既不是先天的,也不是自己主观意向性计划的结果。他的存在和本质,都是通过人的活动通过实践而逐渐获得的。他生活在社会中,这个社会就有两种关系展现在他的面前,一个是思想关系,一个是物质关系。思想关系归根是由物质利益关系决定的,他在物质活动中既创造了自身,同时也创造了这些关系。如果按萨特那样,凭借自己的主观性去自我计划、自我设计和自我实现,那么,他得到的无非仍然是一个主观的自我体验。除此以外,不会有更多的。这一点,我们留到下面再说。

(3)存在的主观性是否超越了唯物主义。在萨特看来,他的存在主义对存在的理解超越了所有的唯物主义。他认为:"只有这个理论配得上人类的尊严,它是唯一不使人成为物的理论。"①萨特所谓的"超越"十分清楚,即用存在的主观性替代了唯物主义物质的世界,从而使人成为了人,而不是"物"。这里唯物主义主要是指马克思。因而,这里有两个问题:一个是在马克思物质的世界是不是没有人的世界;另一个是如何能使人的世界才真正是人的世界,而不是物的世界。首先,马克思坚持唯物主义,但是他从来没有否认人的世界。马克思主义认为,世界统一性在于它的物质性,世界存在是物质的存在。而人的存在只是物质长期发展的结果。这一点已为达尔文的进化论所证明。那么,是不是以物质世界为前提,就否认了人的存在呢? 这一点萨特没有把马克思主义同旧唯物主义区别开来。在《关于费尔巴哈的提纲》中,马克思批评一切旧唯物主义对事物、现实、感性仅仅从

① [法]萨特:《存在主义是一种人道主义》,周煦良等译,上海译文出版社1988年版,第21页。

客体的直观形式去理解是错误,认为应该从人的感性活动、从实践去理解马克思主义。马克思主义不是旧唯物主义,他的新哲学是"实践的唯物主义",也就是从人的实践出发的唯物主义。萨特把马克思主义混同于一般唯物主义是十分错误的。其次,如何使世界成为人的世界,而不是物的世界;如何使人成为真正的人,而不是"物"呢?按萨特的主观性,显然是不可能的。主观选择,再怎么完美,仍然是主观的。主观如果仅仅局限在意向性界域之中,萨特的人的本质,仍然是胡塞尔现象学意义的"纯意识"。主观的东西只有通过实践才能证明自己的真理性,不仅如此,主观的只有通过实践才能外化为改造世界和改造人自身的客观力量。萨特的从主观性出发的逻辑与宗教仍然没有实质的差别,宗教是通过客观精神去构造世界,而存在主义则是通过主观性去构建人本身。虽然一个是外在的客观的精神,一个是主观的内在意向,但二者都是一种精神,因而,它们在本质上是一致的。同德国当时流行的各种唯心主义大同小异,即"把意识看作是有生命的个人"。所不同的是,萨特的人的主观性比德国古典哲学更为精致、更为纯粹,尤其是他以胡塞尔的现象学为前提。因而,这里的意识不是一般的意识,而是纯粹的意识,即"虚无"。其实,意识不是意识到人的意识,意识要成为意识到人的意识,那么,意识首先仅仅是人的意识。人是意识的物质主体,离开了人就没有人的意识。所以,是存在决定意识,而不是意识决定存在。萨特关于人的存在是主观性的存在,这种主观性存在才是自为的存在。而自在作为客观存在,不是以客观存在为前提,而是以自为的主观性存在为前提。这种存在在世俗的物质世界中是找不到的,它只能是在主观性的思想世界才可以发现,因而,与其说萨特填补了马克思主义的空白,倒不如说萨特存在主义的"存在"本身就是一个毫无物质内容的"空白"。这个存在除开在思想界域内转圈之外,它在社会现实面前,却是软弱无力的。这一点,已经为"五月风暴"的失败所证明。

4.《辩证理性批判》的利益如何"接近"马克思主义利益概念?

萨特关于存在的论述,仅仅是作为存在主义的著作展开了对"存在"的非马克思主义的理解,而他于1960年出版的《辩证理性批判》,才真正可以称之为存在主义向马克思主义的"位移"。换言之,也就是《辩证理性批判》终于使萨特成了存在主义的马克思主义。那么,作为存在的马克思主义,究竟在"利益"概念的理解上有多大程度是马克思主义的?在什么意义上仍然是存在主义的呢？从萨特对利益的理解上，可窥见一斑。

　　在《存在与虚无》中，萨特把人的存在植根于偶然性的主观选择中。在那里，没有决定论，一切都是可能的；没有必然性，没有前提，一切都是自由。人的存在就是他的计划性，人就是他自己筹划的自己，人就是他自己使自己成为自己的那个东西。人是自由的，而自由和选择是一个意思，人对自己的选择负责。萨特反对有神论，反对上帝造人的决定论，然而，既然是反决定论，那么也包括经济决定论者。因而，反对物质经济利益决定论，也是其命题中应有之义。萨特就是依靠主观性，依靠意向性选择，"筹划"了一个人的存在的本质。萨特的人的存在毫无疑问是一个主观性的自我筹划的存在。萨特这种"存在"，对第二次世界大战中被沦为法西斯的殖民地的法国的拿破仑的子民，在没有祖国的前提下，不做亡国奴，要对自己的选择负责的一切爱国者具有较大的感召力。但是，它最多也只是一针精神兴奋剂。因而，它不可能产生持久的功效。不过，在《辩证理性批判》中，他的理念也随着时代车轮的前进而发生了变化。在这里，人的存在、人的活动更多的是受既定的物质、利益、条件的制约。他说："利益是人在一个社会场域中同物的某种关系。在人类历史上，它可能只有在同被称为真正的所有权的事物在一起时才完全显示出来。但是，它以一种比较发达的形式存在于人们生活的一切方面，存在于使人接受自己技术的工具的一个物质整体之中。"①利益在他看来，就是社会关系中同物的某种关系。它存在于人们的生活的一切方面。这里的利益，无疑包括衣、食、住、行等生活需要。这种利益，也就是生产关系的直接表现出来的那些东西。不仅如此，它也同生产力相联系，"自己技术的工具的一个物质整体之中"，无疑包括生产力所表现出来的人同自然的、人同人的那些物质联系。不仅如此，利益甚至可能同生物机体一起出现，那就是生物机体的趋利避害的本能性反映出来的那些东西。按照这种"利益"的理解，可以等同人类生存的整个物质系统，都可以归结为"利益"概念的内涵。他说："利益的根源作为抽象的基础，是把人类机体同环境联系在一起的内在性的单义关系。"②利益表现人类机体同环境的联系，这是一种外在的关系。利益作为人的需要，是一种内在性单义关

---

①　[法]萨特：《辩证理性批判》上卷，安徽文艺出版社1998年版，第344页。
②　[法]萨特：《辩证理性批判》上卷，安徽文艺出版社1998年版，第344页。

系,利益理应表现为对人的存在和发展的决定性制约关系。但是,萨特并没有明确地表示他认同了马克思关于利益对人的存在的决定性的作用的观点。从以下的论述可以看出,他论述了这一点,但不是为了阐明马克思主义利益概念,而是拿马克思主义的利益要点去支援他的存在马克思主义的观点。因而,萨特关于利益的真实思想在以下一段论述中才展现出来。他说:"利益在经济的实践—惰性契机中显示出来,因为人在外部环境中构成为已定型材料的这种实践—惰性整体,同时在他真正的自身中置入整体的实践—惰性。"①利益是什么呢? 利益就是在实践—惰性契机中显示出来的东西。

首先,在萨特看来,他的利益不是马克思经济决定论的利益。马克思的经济决定论的利益是一个"实践—惰性"的概念。辩证法是萨特人学的核心概念,《辩证理性批判》就是阐述萨特对人学辩证法的基本思想。为此,他批判了恩格斯的自然辩证法。所以,辩证法在他那里,只是历史辩证法、人学辩证法。历史辩证法总体是奠定在人的实践基础上的,辩证法不过是实践。实践是《辩证理性批判》中最基本最常用的概念之一。那么,实践是什么呢? 实践不过是"有目的地克服物质条件的有组织的计划"。"计划"不是以反映客观规律为前提,计划仍然是其意向性主观性的计划。因而,萨特的实践与马克思所说的实践是不一样的。实践可以分为社会实践和个人实践。只有个人实践才反映最纯粹的辩证法,而社会实践是反辩证法的,因而,社会实践可被称为"惰性"。所以,个人实践才是辩证法的唯一实在,是一切东西的原动力。人类需要生存,因个人实践遇到的第一个障碍便是物质的"匮乏"。匮乏,即没有足够满足每个人需要的东西。人为了生存,不得不与匮乏进行不停的斗争。没有匮乏,便没有人的辩证法的实践。匮乏虽给人压力,但也迫使人们力图摆脱匮乏,从人类的匮乏中解放出来,因而,它也是实践的动力。匮乏迫使人结成松散的"群",也就是集体,这就出现了人与人之间非人化的异化现象。因而,匮乏使社会成为"实践—惰性"的世界。在这里,辩证法因素消失了,实践—惰性世界成为了反辩证法的世界。异化的实践则是无主体的实践,甚至是反实践。由于匮乏,人们不断结成的"群"、"集体",都是惰性实践,它们由"群"集结为"融合的集团",以推

---

① [法]萨特:《辩证理性批判》上卷,安徽文艺出版社 1998 年版,第 344 页。

翻制度的集团,如此周而复始,等等。十分清楚,实践—惰性的实践,实质是指社会实践,它是反辩证法的,而只有个人实践才是体现辩证法的。因而,社会实践、社会利益都是惰性的,唯有个人利益、个人实践才是能动的、辩证的。萨特认为,按马克思的利益区分,社会利益就是一种"实践—惰性"的东西,是反辩证法的。社会实践、社会生产都是"实践—惰性"的社会实践。相反,按萨特的思想,只有个人利益,就是实践辩证法的东西,个人实践才是能动辩证法的实践。这种个人实践不是现实的人的实践,而是主观性计划的实践。可见,萨特的所谓存在主义与马克思主义结合,其目的是用西方思想家的个人主义的主观意向来取代马克思主义唯物主义的利益概念。存在主义的利益只是个人的主观意向,存在主义的"实践"则只是个人"实践",而社会实践就是惰性"实践"。

第三节　法兰克福学派的文化批判

20 世纪 30 年代,在西方出现了一个重要的西方马克思主义流派——法兰克福学派。这个学派,是以德国法兰克福大学建立的社会研究所为基础而逐步发展起来。法兰克福学派创立了一种"社会批判"理论,企图将马克思主义和社会批判理论相结合,旨在寻找发达工业社会条件下社会变革和人类解放的途径。法兰克福学派是如何理解马克思主义利益概念,并把马克思主义和社会批判理论结合起来,然后建构他所谓的社会批判理论的呢?

一、霍克海默的文化批判

1.霍克海默论文明启蒙及其后果。

霍克海默的文化批判理论是从西方文明启蒙的反思和批判开始的。何谓启蒙? 霍克海默开篇就说:"从进步思想最广泛的意义来看,历来启蒙的目的都是使人们摆脱恐惧,成为主人。"[①]启蒙就是使人们从恐惧、神话、宗教的统治和支配下摆脱出来,用理性代替迷信,用人性代替神性,从而确立

---

① ［德］霍克海默、阿多尔诺:《启蒙辩证法》,洪佩郁译,重庆出版社 1990 年版,第 1 页。

人类对自然、社会、精神的支配权。但是,启蒙却由于其内在的自身逻辑而走向它的反面,蜕变成了一种新的迷信神话。启蒙、理性成为工具性理性,"神话变成了启蒙,自然界变成了单纯的客观是实在"。"管理万物的精神与创造万物的神相似,都是自然界的主宰,与神相像的人具有支配定在的主权,是主人,具有指挥权"。① 首先,启蒙推翻中世纪宗教所追求的创造万物的神,人们以为从此从神的统治下解放出来了,但是,前面驱逐了创造万物的神,紧随其后的是另一个神取而代之,这就是管理万物的神。这个神是人。人推翻了神,结果人自己变成了一个"与神相像的人"。人是这个世界的中心,他是这个世界的至高无上的又具有支配定在的所谓具有主权的主人。人性本应替代神性,从神的统治和支配下解放出来,成为具有独立个性、独立人格而不受那个至高无上的神所奴役。但是,结果却相反,人推翻了神以后,人并未从奴役下完全解放出来。人虽然不再受神的统治,但人在推翻神的过程中,自己把自己上升为统治这个社会最高的主宰万物的主人。这就构成了现代极权主义意识形态的基础,它成为现代法西斯主义繁衍和蘖生的根源。其次,在中世纪是神、信仰、盲从支配一切,启蒙唤醒了人们的主体意识,理性代替神的信仰与非理性的盲从。但是理性把神的信仰和非理性的盲从从神坛上驱逐出神的殿堂以后,理性自己登上了神坛。理性铲除了人类的迷信,人们对理性的推崇备至,理性自身成为人类新的迷信。理性就是一切,一切都要在理性的法庭前接受审判和裁定。理性倒退成工具性的理性,结果出现了一个工具性的与人相异己的异化世界,理性统治取代了中世纪的神。而非理性的思潮对理性的这种统治的反抗,正如理性反对神性时一样,它恰好说明理性的统治已是一个使人无法忍受的像上帝一样的神。

文艺复兴以后,现代大工业发展起来了。它像魔术的符咒,把沉睡在中世纪的神的殿堂下的自然唤醒,神奇地变成了人的财富——工厂林立,大都市从废墟中崛起,商品琳琅满目。但是,大工业发展并未给人们带来多大好处。这边财富堆积如山,那边却是饿殍遍地。工人制造了机器,机器反过来奴役工人。大都市一方面成了富人的天堂,另一方面却是穷人的荒漠。商品、货币本来是人们的活动生产的用来交换的产品,但是,"自从自由交换

---

① [德]霍克海默、阿多尔诺:《启蒙辩证法》,洪佩郁译,重庆出版社1990年版,第7页。

结束以后,商品就失去了它的经济性质,而具有了偶像崇拜性质,这种偶像崇拜的性质一成不变地渗入了社会生活的各个角落"①。昔日,人们拜倒在偶像化的神下面,现在却相反,人们受商品及货币拜物教的统治。人们虽然不再拜那个偶像的神,但现在却拜倒在商品、货币的脚下,不仅商品已经失去了全部的经济特征,它只具有拜物教特征,而且拜物教的影响已扩大到了社会生活的一切方面。启蒙的实质,就是要求从两种可能性中选择一种,并且不可避免地要选择对生产的统治权。这种选择并非真正的选择,它仍然是以一种对统治权的选择代替另一种统治权的选择,因而,选择本身就包含了新的统治权的产生。因而,人与神,理性与神性,知识与愚昧,文化与野蛮,社会与自然,等等,选择都是用一种统治权的选择代替另一种统治权的选择。如人与自然,要么是自然统治人,要么是人统治自然。这就是说,一种旧的统治推翻了,一种新的统治取而代之,它不是人与自然的平等和谐地协调发展,而总是用一种新的统治去代替旧的统治。所以,"随着资产阶级商品经济的发展,神话中朦胧的地平线,被推论出来的理性的阳光照亮了,在强烈的阳光照耀下,新野蛮状态的种子得到了发展壮大"②。启蒙理应带来自由、文明和进步,但是启蒙却恰好相反,启蒙是用"新的野蛮状态"代替旧的野蛮状态。并且在强烈的阳光照耀下,这种野蛮状态的神还在发展壮大。人性在这种情状下,已经变成了非人性的情状,它正像《奥德赛》中奥德修斯和他的船员偶遇海妖塞壬的故事。为了抗拒海妖塞壬那诱人的歌声,他自己不得不让人把自己捆在船的桅杆上。他既反对自己死亡,又反对自己幸福;既反对自己欲望增长,又反对拒绝本身的享受。这就等于启蒙越是给当代社会带来了财富、权力和知识的增长,他越坚决拒绝去享受财富,去掌握权力、知识,等等。一切都因为启蒙而走向了倒退,由旧的极权走向新的极权,由旧的统治奴役变成新的统治奴役。

霍克海默的批判,深刻地揭露了资产阶级启蒙所带来负面的消极的东西,但对启蒙的合理性却缺乏足够的中肯的评述。现代工业技术所带来的异化、工具性,这是近代社会带来的消极的因素,但是,近代资本主义与封建

---

① ［德］霍克海默、阿多尔诺:《启蒙辩证法》,洪佩郁译,重庆出版社 1990 年版,第 24 页。

② ［德］霍克海默、阿多尔诺:《启蒙辩证法》,洪佩郁译,重庆出版社 1990 年版,第 28 页。

社会相比,启蒙的伟大意义则是不容否认的。启蒙最突出的划时代性的意义,就是为推翻封建神权统治制造了舆论准备。毫无疑问,启蒙具有解放思想、强化人们的主体意识的伟大意义。启蒙推翻了中世纪神权的统治,为资本主义发展扫清了障碍。启蒙思想家适应资产阶级利益需要,针对宗教神权统治和封建社会的专制统治,提出建立资产阶级共和国的要求。启蒙的负面影响的确存在,但启蒙的负面影响,不是启蒙的罪过,而是以一定利益为基础的时代局限带来的。尽管时代进步了,而启蒙对那个时代所起的作用仍然是不可否认的。如果以现代人的标准为标准而完全否认历史,也就不会再有历史。历史唯物主义基本立场应是历史的,而不是虚无。

2.霍克海默的文化批判。

霍克海默把启蒙的批判提升为解决一切问题的妙药灵丹,提升到可以解决经济、知识、政治、理性、宗教等一切问题的总机关,其意义是什么呢?其意义不在于从旧的启蒙引出新的启蒙。旧的启蒙是文艺复兴文化的启蒙,那么,新的启蒙是什么呢? 新的启蒙就是文化批判的启蒙。因而,由对启蒙的否定,旨在从否定中生发出新的否定,最后达到否定之否定。这种新的否定物就是文化工业的出现。"文化工业"是什么? 他的标题就回答了这个问题,即"欺骗群众的启蒙精神"。所谓"欺骗"是指什么? 欺骗群众的启蒙精神有哪些呢? 欺骗群众的启蒙带来了什么样的后果?

(1)文化工业的"欺骗"是指什么? 文化本来是人类历经数千年实践活动所创造的物质财富和精神财富的总和。文化又分物质文化如物质生产力和物质生活等。但这里的"文化"都是广义的。其实,文化在大多数情况下,应是狭义的,即指精神产品,指宣传、教育、科学、文学、艺术、卫生、体育、宗教、道德等。尤其是由人类使用文字、语言符号等记载和描绘出来的留下人类智慧和劳动痕迹的不同于自然的精神产品。文化与人类发展是同步的。人类从哪里开始,文化也就从哪里发端,人类在生产物质生活资料时也就生产了人类社会的文化。文化的产生与人类实践活动不可分离,但文化毕竟是人的文化,人类除开需要吃、穿、住这些生活资料之外,为什么还需要文化? 动物也活动,动物的活动为什么不能产生文化呢? 这是因为人类的需要与动物的需要有本质区别。动物的需要是直接的、自然的,而人类的需要除了直接的自然的之外,更为重要的是间接的社会的。间接的需要除了以需要为根据提出要求之外,需要还有一种重要的尺度,那就是利益。因为它是有利于人类的生存和发展的,因而才需要;不利于人类生存和发展的,人们就会把这种需要逐渐从狭隘的需要中驱逐出去,比如,原始人,人食人就会导致人类的自我残杀和毁灭,它是不人道的。人道主义作为一种文化就产生了。还有威胁人类正常生存等犯罪现象,首先最基本的就是非人道的,对犯罪惩罚无疑是人道的,因为它维护人类正常生存和发展的根本利益。所以,文化本质上应是根源于人类的需要和利益。既然如此,那么,同样是战争,为什么有的要受到法律的惩罚,有的却还要受到赞扬呢? 因为战争被分为正义的战争和非正义的战争。正义的战争要褒奖。非正义的战争引起人类生灵涂炭,是不人道的,它引起的后果应予以追究。但什么是非正义的,什么是正义的呢? 在这里,它不只是一个文化概念,而是一个阶级概念,因为不同阶级对战争就有不同的标准。的确,利益、文化和阶级因而联系在一起。霍克海默看到了这一点,即认识到文化与阶级利益的一致性,因而把文化同资本主义政治、经济联系起来。他认为,在资本主义条件下,文化成为一种工业。工业通常与工厂机器相互联系,但是,在资本主义,文化也成为一种工业。广播事业依赖于发电工业,电影事业依赖于银行,"电影、收音机,书报杂志等是一个系统"。"从宏观和微观上所表现出来的统一性,说明了人民所代表的文化的新模式:即普遍的东西与特殊的东西之间的虚假的一致性。在垄断下的所有的群众文化都是一致的,它们的结构都是由工厂生产出来的框架结构,这一点已开始明显地表现出来"。① 文化成为了一种像"工厂生产的框架结构",因而,出现所谓"文化工业"。这种文化工业与"工厂生产的框架结构"同样成为了工业。"从利益方来看,人们是乐意把文化工业解释为工艺学的。千百万人参与了文化工业强制性的再生产过程,而这种再生产过程,又总是在无数的地方为满足相同的需要提供标准的产品。"②文化本应是艺术性,它的本质是创新。不同民族文化之所以能区别开来,就在于不同民族创造了属于自己与任何其他民族不同的新文化。这种文化由于其特质只能模仿,无法等同。不同历史时期由于不同科学技术水平,又有不同文化,比如印第安文化。由于人类的文化吸收和继

① ［德］霍克海默、阿多尔诺:《启蒙辩证法》,洪佩郁译,重庆出版社1990年版,第113页。
② ［德］霍克海默、阿多尔诺:《启蒙辩证法》,洪佩郁译,重庆出版社1990年版,第112—113页。

承了人类最优秀精神的精华，因而，文化是不可逆性，所谓返璞归真，都只是形似而不会神似。比如，今天世界文化，正是几千年世界文化精华的结晶。但是，文化工业制造的产品就不同了，它最主要的不是自身的创新，而是"一致"。因为，它同政治和经济结为一体。"技术上的合理性，就是统治上的合理性本身。"①它适应统治阶级的政治经济的需要产生，它充当现代资本主义的喉舌和传声筒，说的同一句话，唱的同一首歌，做的是一种模式的广告。文化的合理就是为了统治上的合理性。统治者则从统治出发，把文化模式化为统治的工具，为其统治上的合理性服务，为其统治的政治经济利益服务。启蒙的文化工业发展到今天，不再是群众所需要的那种启蒙精神，而变成了欺骗群众的启蒙精神。

（2）文化工业改变启蒙的本来意义，取消了文化的反叛精神。启蒙本来的意义是对中世纪封建专制、对一切违反人道人性的宗教信仰的精神统治的反叛。因为，中世纪的文化就是神的文化、宗教的文化。在这种神的文化中，只有神的意志，而缺乏人的自我意志，人的自由意志只有在神的光环照耀下才是可能的。人的自主自由自觉的本性、人的独立个性，在神的统治下都成了无关紧要的东西。启蒙的意义，在于反叛性，启蒙用人性反叛了神的意志，用资产阶级文化反叛神的文化，但这些只是一种虚假的反叛。因为由启蒙唤醒的文化工业，取消了文化的反叛性质。文化本应是现实的反叛，从而使文化创新。但是，文化工业完全违背文化的初衷，反而使人失去自己的个性，使一个人等同另一个人，使另一个人等同于另一个人，最后每个人都成为一个模式的人。文化本应培养人们的创造能力，但文化工业却反其道而行之，它成为每个人个性的抑制者。文化应激发人们的想象和自发性，但现在却使人们的想象渐渐萎缩。文化工业用一些陈词滥调，固定的模式来消除人们的创新能力，用一些无聊的毫无意义的流行的作品来占用人们有用的时间。由于这样，使社会上所有的人都接受了文化工业品的影响。"文化工业的每一个运动，都不可避免地把人们再现为整个社会所需要塑造出来的那种样子。"②机械工业生产是机器，是物的产品，文化工业却

---

① ［德］霍克海默、阿多尔诺：《启蒙辩证法》，洪佩郁译，重庆出版社1990年版，第113页。

② ［德］霍克海默、阿多尔诺：《启蒙辩证法》，洪佩郁译，重庆出版社1990年版，第118页。

不同,它生产的是人,它塑造的是人,不是具有个人个性的人,而是生产为
"整个社会所需要塑造出来的那种样子"的人。这种人只有对社会随声附
和、庸庸碌碌,遇事随风倒、随大流,因而,这种文化不再是批评、反叛现实的
文化,工业文化成为失去反叛性质的模式文化。霍克海默对文化工业对启
蒙带来的与启蒙本来意义相悖的结果,进行深刻而尖锐的批判,这是正确
的。因为,文化本来的意义是创新,而反叛则是创新的起点。反叛也是创新
的动力,文化就是在反叛中不断创新和不断前进发展的。创新是文化的灵
魂。反叛则是创新的杠杆和动力。没有反叛,创新就不会有动力。但是,反
叛也并非代替一切,因为文化还有一个重要特征,即文化的继承性。只有继
承才有发展,因而,如果把反叛看成高于一切的东西,那就等于取消文化的
继承性,这是十分错误的。

（3）文化工业的虚假性带来的后果是画饼充饥。文化工业利用电影、
电视、广告、报纸等媒体,制造一些虚假信号,不断地向人们许诺、欺骗,加之
不断地改变活动的外观,因而把人们推向了虚假性的陷阱,比如消费。"文
化工业通过不断地向消费者许愿来欺骗消费者。它不断地改变享乐的活动
和装潢,但这种许诺并没有得到实际的兑现,仅仅是让顾客画饼充饥而
已。"①文化工业不断地向人们挥舞橄榄枝,用许愿承诺来欺骗顾客,使顾客
目不暇接、晕头转向,堕入云里雾里,但最后一无所获。文化工业频频地向
人们传输一些虚假信息,使人们目瞪口呆,反应迟钝,不明方向,不辨是非,
逆来顺受。在自由时代,文化蒙昧揭露封建专制的落后、腐败、颓唐,鞭挞封
建专制野蛮、扼杀人性、违反人道的行径,唤醒人民的反封建意识,吹响了向
封建社会进攻的号角,动员社会可以动员的力量,从而使资产阶级在封建统
治下面争得一块又一块地盘,把封建神权从他们的宝座上拉了下来,动摇了
封建神权统治的基础,然后又在上层建筑建立了资本主义政权。但是,现代
"与自由时代不同,工业化的文化可以像民族文化一样,对资本主义发泄愤
怒,但不能从根本上威胁资本主义制度。这就是工业化文化的全部实
质"②。工业文化也对资本主义在发牢骚,对现实社会抱怨倍增,对当代资

---

① ［德］霍克海默、阿多尔诺:《启蒙辩证法》,洪佩郁译,重庆出版社 1990 年版,第
130—131 页。

② ［德］霍克海默、阿多尔诺:《启蒙辩证法》,洪佩郁译,重庆出版社 1990 年版,第 132
页。

本主义奋笔疾书,但是,这些都是隔靴搔痒,不能触及资本主义政治制度的要害,不能从根本上威胁资本主义制度。在霍克海默看来,这就是"工业文化的实质"。这是因为文化工业这种"对资本主义制度的愤怒",仅仅只是表面的,它只触及资本主义的皮毛,而不会伤害其筋骨。尤其是文化工业对资本主义发泄愤怒,与它对日常生活的态度是相互矛盾。霍克海默说:"文化工业又把日常生活描绘得像天堂一样。摆脱和逃避日常生活就像私奔出走一样,从一开始就决定了,一定会回到原先的出发点。享乐促进了看破红尘和听天由命的思想。"①文化工业把日常生活与资本主义制度对立起来,它只诅咒资本主义制度,而把日常生活美化如天堂一般,这样一来,对资本主义制度的诅咒变成了毫无意义的牢骚。因而,现代资本主义统治的一个特点是,它的统治不再是经济政治统治,它依靠文化工业深入到了"日常生活"各个领域。现代资本主义统治实际是日常生活统治。在日常生活娱乐、消费、享受、教育、需求等等方面,制造出满足人们需求的假象。资产阶级意识形态通过娱乐、消费、享受、教育这些渠道渗透到每一个人的血液中。这样,享乐就是一切。一切在享乐中沉沦,一切在享乐中度过。在享乐中,人们开始昏昏欲睡,本来对资本主义制度的那些牢骚从此便烟消云散了。文化工业造就了这样一些失去反叛性与当代资本主义社会认同的被奴役的异化者。

霍克海默关于文化工业的反启蒙的性质,也就是当代资本主义的弊病。霍克海默在批判文化时,实际上也是对文明的批判。霍克海默在对资本主义文明的批判中,由于缺乏严格界定,导致了在批判文化时发展为对整个文明的否认和批判,这就是霍克海默的失误。但霍克海默的文化批判,对西方马克思主义尤其是对马尔库塞和哈贝马斯产生了重要的影响。

3.文化批判理论与文化批判功能。

霍克海默文化批判理论究竟有什么积极意义?一般认为,那就是对资本主义的批判。其实,这是片面的。对资本主义的批判,仅仅是霍克海默批判理论的反面,而文化批判功能,才是他的批判理论的正面。霍克海默就是从文化批判功能开始,逐渐展开对资本主义文化工业批判的。在他看来,文

---

① [德]霍克海默、阿多尔诺:《启蒙辩证法》,洪佩郁译,重庆出版社1990年版,第133页。

化批判是走出资本主义文化工业统治,走向新的文化建设的总机关和动力。当然,文化批判的功能再强大,也不可能摆脱文化工业在资本主义的统治。但是,文化批判对文化建设的作用,尤其在我国社会主义文化建设中的作用却是不容忽视的。

首先,文化批判的功能就是辩证的否定。法兰克福派把否定辩证法看作是马克思主义辩证法的基本精神。在他们看来,事物不是肯定、否定,再到否定之否定,而是否定、否定,再到否定之否定。在那里否定是绝对否定,因为有了肯定就没有否定。所以,在霍克海默看来,文化批判功能就是否定、否定,再否定。否定被当作是医治百病的灵丹妙药,可以拯救资本主义文化危机的总机关。这当然是片面的。文化批判的基本精神应是辩证的否定。从文化建设的过程来看,文化批判的作用就是肯定、否定,再到否定之否定。在这里,肯定本身就包含否定。任何文化在最初阶段,首先是以肯定的形式出现。但任何肯定都包含了否定,而否定是扬弃。文化扬弃了自己的有限性保留了积极的合理方面,文化就进入否定之否定,完成了一个周期。文化建设就是通过文化批判,不断地从肯定、否定,再到否定之否定,螺旋式波浪式地上升和前进的。因而,没有文化批判,就没有辩证否定,就不会有文化的发展。但是,把否定看作是绝对的否定,那么,抹杀文化的继承性,又将导致文化的虚无主义。

其次,文化批判的本质是创新。霍克海默认为,文化是对现实的反叛,文化的实质就是创新。霍克海默把文化批判同现实绝对对立,旨在对资本主义的批判,仅此而已。其实,文化与现实既有同一性,又有非同一性。从同一性来看,文化产生于现实,又服务现实;产生于社会的日常生活,又服务于社会的日常生活,这是一致的。但文化与现实又有非同一性,文化具有相对稳定性,当现实生活向前发展时,文化甚至还徘徊在旧时代的基地上而停滞不前。文化批判的实质就是创新,文化批判就在于使这种旧文化从它的旧的基地上走出来,创造一种适应新时代需要的新文化。因而,创新不是重复,不是雷同;创新就是从文化的同一性走向非同一性。如何从同一性中摆脱出来而走向非同一性? 这就是文化批判的功能。黑格尔在论述文化哲学史的批判功能时认为,哲学史的实质是"通过哲学史本身去证明哲学知识的无用",哲学是在批判中发展的。他说:"一种新的哲学出现了。这哲学断言所有别的哲学都是毫无价值的。诚然,每一个哲学出现时,都自诩为:

有了它,前此的一切哲学不仅是被驳到了,而且它们的缺点也被补救了,正确的哲学最后被发现了。"①黑格尔是对的,文化就是通过文化批判不断地发现和创新。没有文化批判,就没有文化前进和发展。古希腊的文化发展是这样,我国先秦文化发展也是这样。没有先秦诸子的文化批判就没有先秦文化的繁荣。德国古典哲学更是如此,以马克思为代表对青年黑格尔派的文化批判,是马克思主义产生的一个重要原因。甚至可以说,正是由于马克思主义的批判,才出现了一批在当时并不起眼的,但在文化史上也有一席之地的思想家,如杜林、施特劳斯、施蒂纳、费尔巴哈等。所以,没有文化批判,就不可能有文化创新和大师级的文化名人出现,而继承主要是指文化的同一性。继承如果没有批判,那就是重复和雷同。我国社会主义文化建设中的繁荣,继承当然是必要的,但是当前更为重要的,主要缺少的还是文化批评。批判和颂扬,肯定和否定,是促进文化繁荣的两种动力。但是,当前文化繁荣的主要推动力是文化批判。

再次,社会主义市场经济中,文化批判功能愈益凸显出来了。由于市场经济是一柄双刃剑,因而,适应市场经济需要产生的文化,必然也是双向的:一个是正面的,一个是负面的。适应市场平等自由交换而产生的平等自由正义等观念,它是文化建设中正面的东西。但是,市场经济也对文化带来负面的影响,那就是功利化、媚俗化和平面化等倾向的产生。因而,文化批判的作用愈益重要了。文化批判一方面应像园丁一样,细心呵护那些适应市场经济而产生的正面的文化观念;另一方面,文化批判要毫不留情地扫除那些污染环境的垃圾。霍克海默把文化工业的反面消极影响揭露出来了,对这些东西进行否定,当然是绝对必要的,但是,他由此在批判文化工业时否认了一切文化,这就等于否认了文明。文明是人类智慧的结晶,而文化工业不是。它们二者是需要严格界定的。但是肯定文明又不是不要文化批判,文明本是文化批判中沉淀下来的精华。如果文明中没有文化批判,那就分不清什么是金子、什么是沙子;什么是财宝、什么是垃圾,那就没有文明的发展。尤其是那些以文化的名义为幌子而出现的伪气功、邪教和封建迷信等活动,在市场经济条件下,由于个体选择性增强,社会组织的影响力相对弱化,没有文化批判,这些东西势必在社会中迅速蔓延,危害人类的文明和进

---

① [德]黑格尔:《哲学史讲演录》第一卷,贺麟等译,商务印书馆 1959 年版,第 22 页。

步。总之,我国 21 世纪文化建设是否繁荣,有待于文化批判功能全面地有效地发挥。

二、马尔库塞的"文化大拒绝"

赫伯特·马尔库塞是当代美国著名的哲学家和政治思想家,法兰克福学派的重要代表人物。马尔库塞的主要著作有《苏联的马克思主义》、《理性与革命》、《爱欲与文明》、《单向度的人》、《反革命和造反》。他是西方马克思主义最有影响的思想家。他的著作笔锋尖利,思想深刻,内容丰富,富有哲学意蕴。他在 20 世纪 60 年代末西欧和北美出现的不满资本主义现实的"新左派"造反运动中,以十倍热情积极投入,被誉为"新左派"的"精神领袖"、"青年造反之父","发达工业社会最重要的马克思主义理论家"。有人还把他同马克思、毛泽东相提并论,称之为"三 M"(Marx、Mao、Marcuse)。尽管马尔库塞的首字母"M"同马克思、毛泽东的首字母相同,但这是形似,而"神"不同,即其思想建立的基础完全不同。马克思的思想始终建立在利益基础上,这一点从莱茵省议会关于林木盗窃法辩论时萌发,到 1844 年年底在《神圣家族》中的明确表述,最后在创立历史唯物主义以后的系统全面地论证,都说明了这一点。但是,从马尔库塞的著作中可以看出,马尔库塞与那些对马克思主义毫无研究,就对马克思主义指手画脚的人不同。从马尔库塞的文本来看,他认真阅读了马克思的主要著作,他不是用马克思主义利益基础论来阐明自己的观点,而是用马克思主义历史唯物主义来注释自己的论点。这就是马尔库塞与马克思所谓的相类和区别。这种区别尤其是在《单向度的人》(One Dimensionality)这一著作中最为典型。

1.异化与"单向度的人"。

马尔库塞"单向度的人"从某种意义上来看,实质是对马克思关于异化理论的注释。单向度是在发达工业社会,由于消费福利的改善,由于文化工业对工人意识的灌输,统治者的统治成为全面的统治,人们本应该具备的批判现代社会合理性的意识和能力已完全消失,成为顺从一切的只有一个向度的单面人。在他看来,人应该都是双向度的,即既有对社会的批判意识,又具有认同社会的顺从意识。在发达资本主义以前的社会就是一个双向度的社会。在那时,由于私人生活和公共生活的差异,个人可以不受文化工业的支配而合理地批判地考虑自己的需求。但是,今天就不同了。"今天的新特点是,通过消除高级文化中敌对的、异己的和越轨的因素(高级文化借此构成现实的另一向度),来克服文化同社会现实之间的对抗。这种对双向度文化的清洗,不是通过对'文化价值'的否定和拒绝来进行的,而是通过把它们全盘并入既定秩序,在大众规模上再生和展现它们。"①所谓高级文化,是与大众文化不同的上层建筑中的意识形态。这种文化,在大工业社会来临以前,它与现实相对立。"高级文化一直是同社会现实相矛盾的,而且只有少数特权者享受了这种文化的幸福并代表着它的理想。"②高级文化就是上层社会少数特权者专有的那种文化。它本来就是不同,它同现实相矛盾相对抗。但是,现在不同了,高级文化不是退化到大众文化,而是用现实来反对高级文化,"现实压倒了它的文化"。高级文化和现实之间的对抗就被磨平了,高级文化成为了现实的另一向度,这种"双向度文化的清洗"完成以后,单向度文化就应运而生了。那么,高级文化如何可能成为单向度文化呢?这就是因为通过消除高级文化中敌对的、异化的和越轨的因素。高级文化是异化的产物。但是,艺术、政治、宗教、音乐在当代都同广告节目混为一体,"它们就使得这些文化领域成为它们的公分母——商品形式。灵魂的音乐也是推销商品的音乐。计算的是交换价值,而不是真理价值。现状的合理性集中在这种交换价值上,而且一切异化的合理性都服从于它。"③高级文化是怎样成为了现实的另一个向度?这是因为它自己也堕落成了商品形式。政治、哲学、宗教等等都商品化了。现状的合理性都集中在交换价值上,一切异化的合理性都服从于这种交换价值。"高级文化",也就是意识形态从此丢失了自己的批判功能,成为了社会合理性现实的另一向度。这种高级文化是人的文化,这种单向度的文化,就是指的这种用文化塑造出来的人,单向度的意识造就了单向度的人。马尔库塞论述高级文化成为商品形式,从而失去了它的批判性功能,而堕落为单向度的文化,最后导致单向度的人的产生,实际是指高级文化的异化的因素、敌对的因素在当代社会成为合理的因素,它们堕落成为像商品一样的东西,为人们日常生活所接受的东西。因而,上层建筑中的异化现象烟消云散了。这里运用的主要概念实际是从马克思那里借来的异化概念。正如上文所论在马克思那

①　[美]马尔库塞:《单向度的人》,张峰等译,重庆出版社 1988 年版,第 49 页。
②　[美]马尔库塞:《单向度的人》,张峰等译,重庆出版社 1988 年版,第 49 页。
③　[美]马尔库塞:《单向度的人》,张峰等译,重庆出版社 1988 年版,第 49 页。

里,物化、异化只是资本主义社会商品交换的特殊性质带来的经济关系的异化。马尔库塞则不同,认为异化不是经济关系的异化,而是文化意识形态上层建筑的异化,而这些意识形态由于同广告节目混成一体,它们都一旦"集中在这种交换价值上",那么,"一切异化的合理性都服从于它"了。这就是说,"高级文化"本是异化的,但变成了交换价值,异化的东西反而不异化,异化的合理性都服从这种交换价值的合理性了。这样,就完全颠倒了马克思的异化观。马克思始终把异化界定在劳动关系中,界定在经济关系中。这是异化的根源。其他一切异化现象都只不过是经济异化的反映。离开了经济关系异化,文化异化、意识异化都没有了现实基础,文化意识形态的异化只不过是经济关系的一种反映形式。而马尔库塞恰恰相反,在他看来,异化是文化的本质,文化本身具有异化的因素,只是因为它成了商品,体现为一种交换价值,因而,异化的不再是不合理,异化而是合理的了,异化的合理性都服从于它。由于异化是合理的,异化所包含的肯定和否定性两个方面都是事物本身所具有的特点。比如,谈到艺术的特点时,马尔库塞认为,异化不是艺术的唯一特点,"在文明的各个时期,艺术都像是完全被合并进社会中。埃及的、希腊的和哥特的艺术是大家熟悉的例子;巴赫和莫扎特一般也被用来证明艺术的'肯定性'方面。在前技术和双向度的文化中,艺术作品的地位完全不同于在单向度文明中的地位,但异化既标志着否定性艺术的特点,也标志着肯定性艺术的特点"①。艺术等一切事物都是两个向度,既有肯定方面,又有否定方面,这是前技术社会的特点。在那里,否定社会,即是事物的。异化,它是事物的本来的特点。而技术社会,否定性方面,即异化方面成为肯定性特点,异化反而失去了它的特点。这一观点恰好与马克思的异化相反。马克思认为,异化是技术社会、现代市民社会普遍现象和特点,异化是市民社会普遍交换关系带来的特殊现象,异化同特定的市民社会生产关系不可分离。马尔库塞的异化完全不是经济关系的异化,而仅仅是一种抽象的哲学异化。经济关系的异化是一定经济关系的产物,哲学异化在马尔库塞那里仅仅是一种分析工具。因而,马尔库塞虽然使用了异化概念,而他的异化与马克思的对异化的科学规定是大相径庭的。

---

① ［美］马尔库塞:《单向度的人》,张峰等译,重庆出版社 1988 年版,第 54 页。

2.所谓"虚假意识"。

马尔库塞的《单向度的人》,其副标题是"发达工业社会意识形态研究"。这就点明马尔库塞研究的重点是工业文化或意识形态问题。在发达工业社会,意识形态不是真实反映社会的意识形态,意识形态是一种"虚假意识"。这种"虚假意识"上升为统治意识,社会就成为"虚假意识"的牺牲品,人就成为由虚假意识构成的社会中的"单面的人"。那么,意识何以可能成为虚假的呢?它产生的原因是什么呢?意识在什么意义上是真实的意识呢?虚假意识与马克思主义关于意识的虚幻性原理关系如何呢?这几个问题还须我们逐一地来分析。

首先,虚假意识是何以可能的?马尔库塞认为,这是现代工业社会出现的一个新特点。马尔库塞的分析虽没有明确直指马克思,但其意蕴十分清楚。他认为马克思关于经济决定政治、利益决定思想的观点已经过时。他说:"当代工业文明证明自己已达到了这样的阶段,即不能再用传统的经济、政治和思想自由来恰当地定义'自由社会',这并不是因为这些自由已经没有意义,而是因为它们太有意义,以致不能限定在传统的形式中。相应于社会的新的能力,需要有新的实现方式。"①为什么呢?因为这些新的方式,不能用马克思过去用的肯定的术语来揭示,而只能用否定性术语来揭示,因为它们正是对占统治地位的方式的否定。他说:"经济自由将意味着摆脱经济——摆脱经济力量和关系的控制,摆脱日常的生存斗争,摆脱谋生状况。政治自由将意味着个人从他们无力控制的政治中解放出来。同样,思想自由将意味着恢复现在被大众传播和灌输手段所同化的个人思想,清除'舆论',连同它的制造者。"②与其说是经济自由摆脱经济力量的控制,不如说经济力量、利益基础等在工业社会已经失效了,失灵了。利益决定论那是前工业文明社会才发挥作用的东西。在工业文明社会,恰好要用它的反命题或否定性命题来表述才符合实际,即利益决定论则是利益的非决定论,经济的决定论则表现为经济的非决定论。思想自由不再是经济自由的表现,而是舆论自由的反面,即"恢复现在被大众传播和灌输手段所同化的个人思想,清除'舆论',连同它的制造者"。也就是摆脱现代舆论的控制。

---

① [美]马尔库塞:《单向度的人》,张峰等译,重庆出版社1988年版,第5页。
② [美]马尔库塞:《单向度的人》,张峰等译,重庆出版社1988年版,第5页。

如果仅从马尔库塞对现代工业社会"舆论"对人民的控制来看,当然有其合理性,但把舆论意识形态完全同经济利益相割裂,把它们提升为独立自在的决定性的力量,则是错误的。因为,现代工业社会,意识形态的确以特有的方式表现出它对社会的影响力、渗透力、作用力,但这些力越是强大,越是证明它们的目的在于维护自己的经济利益。而且离开经济利益的意识形态,正如荷花图案,叶面大而茎细,是软弱无力的,最终甚至不击自溃。

虚假意识何以要以否定性命题来表示? 因为虚假意识产生虚假的需求。虚假的需求与真实的需求是相对立而言的。何谓真实的需求? 真实的需求,应该由个人来回答。因为,"只有当他们能自由地作出自己的回答时,才能这么说。只要他们不能够自主,只要他们被灌输和操纵(下降到他们的本能上),就不能认为他们对这一问题的回答是他们自己的"①。十分清楚,真实的需求是个人没有受到现代文明工业文化意识的灌输,还能自由自主提出需求时才是真实的。而现代的需求却不是真实的,而是虚假的。所谓"'虚假的'需求是指那些在个人的压抑中由特殊的社会利益强加给个人的需求:这些需求使艰辛、侵略、不幸和不公平长期存在下去"。② 这种需求是压抑的,是强加的,它的结果将是"不幸中的幸福感"。那么,虚假的需求究竟是什么呢? 马尔库塞说:"最流行的需求包括,按照广告来放松、娱乐、行动和消费,爱或恨别人所爱或恨的东西,这些都是虚假的需求。"③虚假的需求就是现代电视、电影、商品广告等意识形态支配下的那种非自由自主的需求。他们最终需求的不是自己真正的需要,而是社会广告等所需要的。他们的消费模式不是自己选择的,而是现代广告等塑造的消费模式的那种模式等。这样,由于需求是虚假的,因而,在这种虚假的需求影响下,人们失去了自己的、自由自主选择的可能性,人们由过去两面性选择,即肯定和否定的选择,仅仅变成了单面的肯定的选择。因而,单面的人、单面的社会就是由这种单面虚假的需求带来的,而虚假的需求完全是由于虚假的意识的结果。正因为这种意识的虚假性,因而,社会、个人都成了这种虚假意识的牺牲品。

不难看出,"虚假意识"是马尔库塞从马克思那里借来的概念。马克思

---

① [美]马尔库塞:《单向度的人》,张峰等译,重庆出版社 1988 年版,第 7 页。
② [美]马尔库塞:《单向度的人》,张峰等译,重庆出版社 1988 年版,第 6 页。
③ [美]马尔库塞:《单向度的人》,张峰等译,重庆出版社 1988 年版,第 6 页。

在《费尔巴哈》的"序言"中,在论述为什么要写作《德意志意识形态》时说:"迄今为止人们总是为自己造出关于自己本身、关于自己是何物或应当成为何物的种种虚假观念。他们按照自己关于神、关于标准人等等观念来建立自己的关系。"①在这里,马克思把当时德国青年黑格尔派所沉溺于神的唯心主义观念,"真正的人"的人道主义观念,这些脱离人们感性活动构建出来的观念,称为"虚假观念"或"虚假意识"。而那些由人们实践的感性活动创造的、产生于一定现实利益关系的精神意识,即反映一定社会现实利益关系的观念就是真实的意识。比如,马克思在批判康德的自由意志和边沁的功利主义观念时,就认为,康德的自由意志是完全脱离现实的虚假意识,而功利主义的观念则是反映当时资产阶级利益关系的真实观念,所以,康德所表达的虚假的观念同市民社会利益本身是相矛盾的。马克思认为,法国资产阶级的理论是以法国的现实阶段利益为基础,英国功利主义虽然把一切关系都说成是一种交换关系,但是它真实地反映资产阶级现实的利益关系。康德就不同,他把自己的理论表达与它所表达的利益割裂开来,并把法国资产阶级意志的有物质动机的规定变为"自由意志",即一种"自在和自为的意志、人类意志的纯粹自我规定"。这样一来,这种脱离的利益基础的纯粹思想概念和道德假设变成了一个虚假的观念。② 马克思提到虚假的意识,是指那些脱离利益基础,凭自己的假设前提构建的不能反映现实利益关系的意识。而马尔库塞则不同,他把虚假观念说成是受现代市场广告等文化工业误导的而产生的只是顺从意识而失去了真实批判否定意识的观念。至于这种观念同现代资本主义利益关系的关系,他认为,这个问题在当代文明社会已是无关紧要的。因为经济利益决定论则应用它的否定性命题来反映,即经济利益决定论变成了非经济利益决定论,也就是经济利益的统治已变成了意识形态的统治。文化工业的统治、经济异化转变成了文化工业的异化、意识形态的异化。

3.马尔库塞的"文化大拒绝"。

马尔库塞认为,马克思对资本主义批判只适用于"资本主义初期"。"在马克思看来,无产者即便使用机器劳动,也基本上是在劳动过程中花费

---

① 《马克思恩格斯文集》第1卷,人民出版社2009年版,第509页。
② 参见《马克思恩格斯全集》第3卷,人民出版社1960年版,第213页。

和消耗体力的体力劳动者。为了私人攫取剩余价值而以非人的条件购买和使用这种人力，引起了对非人的剥削现象的反抗。马克思的思想谴责劳动者肉体上的痛苦和悲惨状况。这是在工资奴役制和异化——古典资本主义的生理学和生物学向度——中可感触到的物质内容。"①但现代不同了，在发达资本主义国家，由于技术的发达和进步，体力的奴役已逐渐减少，体力向技术技巧和智力技巧的转变更为显著，"与其说是手的技巧，不如说是脑的，如其说是工匠的技巧，不如说是逻辑学家的；与其说是肌肉的技巧，不如说是神经的；与其说是轮机工的技巧，不如说是导航员的；与其说是操作工的技巧，不如说是维修工的"②。所以技巧的奴役代替了体力的奴役，生产性工作与非生产性工作同化了。马克思所说的过去的工厂无产者现在也被结合进被管理的民众的技术共同体中。工人与管理者的界限被磨平了，他们过去曾是他们社会的活生生的否定力量，而现在则不同了，这种否定性已非常不明显。他们由于工作条件和待遇的改善，从而使他们产生了"满足的感受"。马克思的剥削概念和贫困化概念是相互联系的。虽然当代资本主义国家仍然维持剥削，但贫困化概念已有了新的含义，即不再是物质利益贫困，而是文化方面的贫困。还有，由于"技术变化趋于废除作为个别生产工具、作为'独立单位'的机器，这种变化似乎一笔勾销了马克思的'资本有机构成'概念和关于剩余价值形成的理论"③。总之，马克思的剩余价值理论过时了，由于剩余价值理论等的过时，无产阶级由资产阶级的掘墓人变成了失去否定性力量的"纯粹工具"，人退化到物的境地。而新的革命主体是那些能够"看破技术统治的面纱"，自觉地意识到自己人性遭受摧残，同时在文化贫困的现时代又具有高度科学文化知识的"新左派"，即大学教授和大学生等知识分子。所以，"新左派运动本质"是知识分子运动。

"新左派"对当代资本主义的否定，不是暴力否定暴力，而是非暴力反抗，这种反抗的形式就是大拒绝。在消费社会，意识统治磨平了人们的否定性方面，这种统治是纯粹的统治形式。那么，"反过来，它的否定也表现为纯粹的否定形式。一切内容似乎都归结为一种抽象的结束统治的要求，这

① ［美］马尔库塞：《单向度的人》，张峰等译，重庆出版社1988年版，第22页。
② ［美］查尔斯·R.沃尔克：《走向自动化工厂》，转引自马尔库塞：《单向度的人》，张峰等译，重庆出版社1988年版，第23页。
③ ［美］马尔库塞：《单向度的人》，张峰等译，重庆出版社1988年版，第26页。

是唯一真正革命的迫切要求,是将使工业文明的成就发挥效力的事件。这种否定,面对着它的现存体系的有力对手,便表现在'绝对拒绝'这一重要政治形式上——现存体系越是发展它的生产力并减轻生活负担,这种拒绝也就越显得似乎没有理由"①。"绝对拒绝",这就是马尔库塞对现代工业所造的"单面的社会"、单面的人的社会革命抉择。这种绝对抉择是总体的,既要拒绝现代工业的经济统治,拒绝从事劳动,拒绝消费统治,拒绝政治统治,但更应拒绝文化意识形态统治。他甚至还认为,要进行文化上的大革命。因为,单面的人的实质是文化意识形态问题,恢复单面的人的否定性方面的途径,当然主要是文化大拒绝。因而,毫无疑问,大拒绝的最好形式是进行文化大革命。通过文化大革命,恢复单面的人的否定性一面,这就是革命的希望。马尔库塞最后说:"社会批判理论并不拥有能弥合现在与未来之间裂缝的概念,不做任何许诺,不显示任何成功,它只是否定。因此,它想忠实于那些毫无希望地已经献身和正在献身于大拒绝的人们。"②

马尔库塞对马克思主义理论的理解,紧密联系现代工业社会,这不能不是他的批判理论的合理性。马尔库塞提出的现代工业社会对当代社会资本主义剥削和贫困的新影响,对我们理解马克思主义利益理论提出新的启示。但是,马尔库塞的主流思想是倡导文化意识形态的革命,依靠"新左派"的"大拒绝",恢复"单面的社会"和"单面的人"的否定性方面,从而否认马克思主义利益对思想意识形态的决定作用。这无疑是片面的。尤其是,马尔库塞认为现代工业技术变化一笔勾销了马克思关于"剩余价值形成的理论",也是错误的。现代工业社会技术发展使资本有机构成的确发生了变化。所谓资本的有机构成,是指由资本技术构成决定而又反映技术构成变化的资本价值构成。而资本的技术构成,改变了生产资料数量与劳动力数量的比例。但资本的技术构成的变化,并不能"一笔勾销"马克思的剩余价值理论。它只是说明,剩余价值理论在当代有了新的特点。其实,发达工业文明的奴隶只不过是地位提高的奴隶,但仍然是奴隶。同样,发达工业文明的劳动是资本技术因素占主要因素的劳动,但仍然是劳动。因而,剩余价值的理论仍然适用当代工业文明社会。还有剩余价值理论的目标是揭示资本

---

① 〔美〕马尔库塞:《单向度的人》,张峰等译,重庆出版社 1988 年版,第 215 页。
② 〔美〕马尔库塞:《单向度的人》,张峰等译,重庆出版社 1988 年版,第 216 页。

主义剥削的秘密,对于这一点,马尔库塞是相互矛盾,难以自圆其说。按照马尔库塞"剩余价值"过时论,"剥削"这个概念已被消解了,但是他又说:"在发达资本主义国家,虽然仍维持着剥削,但日臻完善的劳动机械化改变了被剥削者的态度和境况。"①既然发达资本主义国家仍然维持着剥削,那么,剩余价值理论并未"一笔勾销",只是这种剥削以新的形式反映;既然发达工业社会一笔勾销了剩余价值理论,那么,资本主义不再维持其剥削了。马尔库塞的相互矛盾只能说明马尔库塞"新左派"理论并不是真正的马克思主义。

三、哈贝马斯的"生活世界的殖民化"及其出路

哈贝马斯(J. Habermas,1929—　)是德国哲学家、社会学家,法兰克福学派的第二代著名的代表人物,当代最有影响的西方马克思主义者。哈贝马斯知识渊博,著作颇丰,其主要著作有《理论和实践》(1963)、《认识与兴趣》(1968)、《作为"意识形态"的技术与科学》(1968)、《论历史唯物主义的重建》(1976)、《交往与社会进化》(1979)、《交往行动理论》(1981)。

1.西方马克思主义的新转向。

哈贝马斯的交往理论是西方马克思主义法兰克福学派的一次大转折。从霍克海默的批判理论开始,批判是其要旨。所谓批判,无非是"批判"资本主义。马尔库塞在尽"批判"之能事之后,加上了一个"大拒绝"和文化大革命。而哈贝马斯则不同,"批判"不再成为主旨,而是着眼于建设。哈贝马斯认为,霍克海默、阿尔多诺等人的批判资本主义走向的现代化,社会前景暗淡。这种批判理论已经"寿终正寝"。批判理论的复兴在于由一种"病理性"、畸形性的现代社会的批判转变为一种为现代社会提供一个非病理性的规范的正常的评价标准。这就是说,资本主义病理性、畸形性的现代社会批判,不应成为哈贝马斯的交往理论的目的,交往理论的目的在于为现代社会提供一个非病理性社会的合理性的规范尺度。

在哈贝马斯看来,批判理论的来源是马克思对自由资本主义的批判,而马克思对自由资本主义批判,已经不再包含现代资本主义。哈贝马斯说:"自19世纪后25年以来,在最先进的资本主义国家中出现了两种引人注目

---

① 　[美]马尔库塞:《单向度的人》,张峰等译,重庆出版社1988年版,第23页。

的发展趋势:其一,强化国家干预,这确保了制度的稳定;其二,推进科学研究与技术之间的相互依存,这使科学成了第一位的生产力。这两种趋势摧毁了作为自由资本主义主要特征的制度结构与有目的——合理的活动的子系统的特殊格局,从而,运用马克思根据自由资本主义社会正确提出的政治经济学的重要条件消失了。"①由于国家加强了对社会经济的干预,因此对经济过程作不断调整,从而起到一种抵御了那种威胁资本主义放任自流时所产生的机能失调趋势的防御机制作用。资产阶级社会成了没有统治的资产阶级,资产阶级的权力中立了。马克思曾在理论上揭露有关资本主义公平交换只是形式的,而实质是极不公平交换的基本意识形态,实际上已经破灭了。经济周期稳定,经济危机消失了。这就是说,私人资本主义利用资本的方式,只有借助于政府正确的干预才能得以维护,因而,"社会的制度结构重新政治化了"。政治不再仅仅是一种上层建筑现象,政治成为维护资本主义经济活动的制度,社会和国家不再处于马克思主义的理论所说的经济基础与上层建筑的关系之中。由于科学技术成了第一生产力,马克思的劳动价值的运用前提从此告吹了。哈贝马斯说:"当科学技术的进步已经变成了一种独立的剩余价值的来源——与这种来源相比,马克思所认定的那种剩余价值的唯一来源,即生产者的劳动力只是起着一种非常小的作用——时,在非熟练(简单)劳动力价值的基础上来计算用于研究和发展的资本投资总额,再也没有什么意义了。"②而国家干预的强化却严重地损害了人的生活世界。交往由于受到这种政治和经济的种种命令的控制和支配,人们冲突纷起,对立成了争辩,人与人之间不能达到互相谅解和信任。又因科学技术成了第一生产力,工具行为被合理化,人变成了劳动的工具,人被异化为失去了自己本质存在。人愈是被异化,人与人的交往越是不合理。在交往中,人与人之间关系异化为物与物的关系,交往行为被吸收到"工具行为",从而引起了主体间的不理解、不信任。人与人之间的矛盾尖锐化。所以,晚期资本主义冲突不是根源利益矛盾的对立和尖锐化,而是根源于"交往行为"的不合理性。因而,只要把语言作为"交往行为"杠杆,以

---

① 陈学明主编:《二十世纪哲学经典文本·西方马克思主义卷》,复旦大学出版社1999年版,第426—427页。

② 陈学明主编:《二十世纪哲学经典文本·西方马克思主义卷》,复旦大学出版社1999年版,第426—427、430页。

理解为目的,通过对话,就能达到人与人之间的理解和一致,实现交往的合理化。

哈贝马斯的逻辑实际上是一种从批判到语言再到意识形态建设的逻辑。哈贝马斯的批判不再是对资本主义的批判,而反过来是对马克思批判资本主义利益关系的批判。所以,哈贝马斯的"建设"也不是什么以物质利益为基础的社会的建设,而是以语言为媒介的社会交往的"建设",最后建构一个以语言文化对话(相互交谈而已)的相互沟通的相互交往的意识世界。这就是西方马克思主义哈贝马斯的转向。

2.工具合理性与交往合理性之权衡。

合理性是马克斯·韦伯提出的概念。他在《新教伦理与资本主义精神》中,批判唯物主义历史观的实证主义倾向,主张以康德先验主义为基础,即用先验的理性框架去构造感性世界。在社会历史分析中,他提出了所谓的人的社会行为制约于特定的行为模式或理想模式,而行为模式又是其内部的某种精神气质及普遍心态决定的。认为,资本主义绝不是什么经济发展的结果,绝不是利益的作用,而是由新教伦理的普遍心态造成的资本主义精神引发的。这个所谓的资本主义的核心就是合理性概念。资本主义是一种合理的社会,离开合理性,资本主义就无法生存。资本主义精神就是以合理的方式,追求利益的态度。资本主义与前资本主义社会不同。前资本主义社会就在于不合理地组织劳动。他说:"所谓前资本主义的,是指这样一种状况:在一个长期企业中,合乎理性地使用资本和按照资本主义方式合乎理性地组织劳动尚未成为决定经济活动的主导力量。"①资本主义就在于合理性成为决定经济活动的主导力量。其实,马克斯·韦伯的合理性只是一种形式的合理性,实质上的不合理性。这种形式的合理性是对工具理性的肯定,同时又是对价值合理性的否认。资本主义摆脱了中世纪神的统治的桎梏,但又陷入物的统治的泥沼。在形式合理性中,工人不再是劳动的主体,而沦为了工具理性的附庸,人反而成了自己的创造物的奴隶。在那里,人本身不再是目的,人成了追求利润的手段。

西方马克思主义者卢卡奇、阿尔多诺、马尔库塞等人,抓住韦伯的形式

---

① ［德］马克斯·韦伯:《新教伦理与资本主义精神》,于晓等译,三联书店1987年版,第41页。

的合理性,揭露资本主义的实质上的不合理性,认为资本主义工业发展的合理性实质上是一种打着技术理性幌子的新的统治形式。它使资本主义统治压迫罩上了一层合理的非人为的技术理性的面纱。合理性成为了万能的尺度。这种冠之以"工具化的效用"成为统治者的控制形式,人的理性成了统治的工具。这就是一种工具合理性。① 马尔库塞认为,"技术合理性"是一种新的控制形式。他说:"我们再次面临着发达工业文明的一个最令人苦恼的方面:它的不合理性的合理特点。它的生产力和效率,它增加和扩大舒适面,把浪费变成需求,把破坏变成建设的能力,它把客观世界改造成人的心身延长物的程度,这一切使得异化概念成了可怀疑的。"②这是工具理性最可怕的新的统治形式,它以合理性的虚假的意识形态出现,它掩盖了异化的真实内容,它是一种新的意识形态统治。它使人们丧失了否定批判性,而成了甘受其奴役的被动的消极的旁观者。因而,当代社会革命的目的就是对这种统治大拒绝,直到最后迫使统治者用反革命镇压来唤醒人们革命批判意识。

哈贝马斯为阐述他的交往合理性,首先对资本主义的目的的合理性或工具理性进行批判。所谓"目的论行动概念就是哲学行动理论的中心点。行动者通过选择一定状况下有效益的手段,并以适当的方式运用这种手段,而实现一种目的,或者说,促使一种所希望的状况出现"③。目的性行动因为专注于某既定目标与达到目标的手段间的联系,这种行为就可以称为工具性的。由于目的性行为总是以成功、成效、实效为其指向,因而它以合理谋划为其特征。所以,"这种行动模式经常被解释为功利主义的。按照功利主义的解释,就会认为,行动者是按照利用或者说所期待的利用这种格言的观点,来选择和考虑手段和目的的。这种行动模式是以经济学、社会学和社会心理学的决断理论和活动理论原理为基础的"④。目的合理性或工具合理性是以利益为指向,以功利为目的,以合理谋划为其特征,功利主义总

---

① 参见张一兵:《折断的理性翅膀》,南京出版社1990年版,第279页。

② [美]马尔库塞:《单向度的人》,重庆出版社1988年版,第9页。

③ [德]哈贝马斯:《交往行动理论》第一卷,洪佩郁等译,重庆出版社1994年版,第119—120页。

④ [德]哈贝马斯:《交往行动理论》第一卷,洪佩郁等译,重庆出版社1994年版,第120页。

是试图用最小的代价换取最大利益,因而,这种行为模式具有浓厚的功利主义色彩。把利益当作功利目的,这种功利主义它的缺陷是十分明显的。在那里,行为者只是行为者同客观世界的关系,行为者面对的客观世界,物成了行为者的目的。哈贝马斯批评的是 18 世纪以来的资产阶级功利主义。这种功利主义强调的是利益的目的性。行为者只是同客观世界相联系,即是说它无法达到社会中人与人的合理交往。既然人与人都以利益为唯一的媒介,因而,这种交往不是社会中的人与人的交往。哈贝马斯在这里,把西方功利主义同交往合理性联系起来,把功利主义仅仅局限于物的目的合理性,因而,它们的交往是片面的,这是对的。但是,他因此把功利主义注重利益、注重"客观世界"的唯物主义因素也被说成是错误的,当然是一种谬误。他还认为,即使那种"规范调整行为"和"剧场化行为",行为者同世界的联系也是片面的,它们要么仅仅同"社会世界"和"客观世界"相联系,要么仅仅同"主观世界"和"客观世界"相联系。他认为,行为者所面对的世界应该是三个世界:客观世界(物)、社会世界和主观世界。合理性的完美交往,行为者应该既同"客观世界"、"社会世界"相联系,同时应与人的"主观世界"相联系。这种行为,就是借助语言进行交往的行为。语言交往,是至少有以两个以上的言说与行为能力的主体而进行的交往。言说的交往以理解为指向,由于它是借语言进行的,而语言表达为了事实的呈示,表达者承担着陈述事实功能,以言行事,则是指合法人际关系的建立。表达则是指言说者主体性之揭示,从而交往过程的行为不仅要同外在的客观世界相联系,而且要同社会世界相联系,还要同他自己的主观内在世界相联系。因而,在哈贝马斯看来,交往则不是工具性的合理性交往,它是一种不受工具合理性制约的以语言为媒介的全方位交往。

3.生活世界殖民化及其出路。

哈贝马斯最后构建了"生活世界殖民化"这一概念来描绘现代社会病态。在他看来,马克思、涂尔干、韦伯等人都是对资本主义社会的病理批判,其中只有马克思的批判,是严厉而深刻的。但是马克思仅仅从经济着眼,把利益因素看作是唯一因素,甚至把一切问题还原为经济,忽视其他因素对现代人的制约,这是马克思的缺点和失误。而哈贝马斯对资本主义病理的把脉,提出的"生活世界殖民化",可以弥补马克思的缺失。生活世界是哈贝马斯在《交往行动理论》中提出的一个核心概念。"生活世界"是与"系统"

相对而言。生活世界包括文化、社会和个体三个方面。①

从文化方面看,人们依赖文化资料作为交往的媒介,在交往过程,又是一种传递和更新文化知识或文化再生产的过程;从社会视角看,交往行为调节不同的意见,而且推动社会整合,产生人类的归属感。个体,即个人通过语言交往获得的同一性,即自我的建构。这种同一性是内在的,是一种自利趋势。哈贝马斯说:"个人是通过语言中介的内部活动而获得他们的同一性的,所以他们体现个人的同一性条件以及一定个人的基本同一性标准,不仅对其他人有利,而且同时也对自己有利。"②从某个方向来看,生活世界的三个方面,实际是人们语言交往中再生产的过程三种方式和语言交往中的三个向度。文化是文化再生产过程,"如果文化提供了许多有益的知识,能够满足在一定生活世界中出现的理解要求,那么,文化再生产为了获得两种其他因素的成就一方面,通过现存机制的合法化,并且另一方面,通过为获得普遍化行动能力的有教育作用的行动模式"③。而社会交往合理性,则"社会方面十分统一了",即社会的一体化。个体,如果交往合理化,则"能通过符合规范的行动"使个性社会化。生活世界的三个结构要求,还是语言交往过程的三个向度,文化则是语言交往中通过客观获得的理解向度,社会则是语言交往中通过社会世界获得的协调向度,而个体则是语言交往中通过主观世界的相互作用获得的个人个性的内在同一性。在哈贝马斯看来,生活世界的语言交往所强调的参与者个人内在性和行为取向。它与生活世界相对的马克思、亚当·斯密、斯宾塞强调的"体系理论"不同,这种体系理论注重的是"社会",一个被理解系统。"体系理论"注重的是外在性,注重的是目的合理性,它强调的是利益。哈贝马斯引用 E.杜尔克海姆的话说,"事实上,利益是世界上最不固定的东西"。社会只是借市场交换关系联结个人的一种机制。哈贝马斯说:"市场是一种机制,这种机制使社会统一,因此是'自发地'形成的,就是说,它不是通过道德规则决定某种行动方

---

① 参见[德]哈贝马斯:《交往行动理论》第二卷,洪佩郁等译,重庆出版社 1994 年版,第194 页。

② [德]哈贝马斯:《交往行动理论》第二卷,洪佩郁等译,重庆出版社 1994 年版,第 137页。

③ [德]哈贝马斯:《交往行动理论》第二卷,洪佩郁等译,重庆出版社 1994 年版,第 193页。

向的,而是通过相互的职能联系而决定起作用的行动效果的。"①值得注意的是,市场机制虽然使社会一体化,但这种一体化是外在的、非理性的,并与法和道德,即与生活世界理性化相疏离。这样,市场机制仅仅只是一个方面,另一个方面是制度与以科层架构出现的行动机关所产生的权力组织。二者代替语言交往媒介而登上了交往世界的舞台,它们被称为"生活世界技术化"。由于生活世界技术化,不仅使个人的经济生活自主性变为了被非理性市场力量所左右的消费欲望,而且使公民成为政治生活中被动和消极的旁观者。现代社会的主要病症,就是体制控制了生活世界,即"生活世界殖民化"。由于市场与权力两种机制导致现代社会人与人的疏离,因而,拯救它们的良丹妙药就是从生活世界殖民化中解放出来,建设一种在生活世界没有任何外在制约的交往合理性的语言交往。哈贝马斯的"建设"实际上是一种"普遍语用学"的建设。在他看来,马克思从生产和生产关系的互动不定性,通过对资本主义商品交换中物化的分析和批判,来揭示生活殖民化,这是对的。但是马克思把生活殖民化仅仅看作是劳动商品化的结果,看作由利益引起的社会现象,已不适合现代社会的病理分析。只有他自己所引入的以科层机构出现的行政机关所产生的权力形态分析,才揭示了现代社会的真正病症。哈贝马斯虽然引入对交往行为的病理性原因的分析,但他无非是分析了现代资本主义经济关系发展所造成的人们交往过程中的一种相互疏离的现象。就这一现象来讲,也是资本主义病症的一个方面,但它本身并非病理。现代资本主义社会交往的病理还是根源资本主义所形成的特殊的物质利益关系。这一点,马克思在《资本论》第一卷就已经清楚地揭示了。由于商品交换,资本主义特殊的利益关系,人与人之间的关系反映成了"物与物"之间的社会关系。资本主义的交往关系就是以物为基础的交往关系。它与前资本主义不同,在前资本主义,那是以人为依赖性基础的交往关系。相对于古代社会,现代社会的交往,无疑是一种历史进步。它割断几千年来以血缘为唯一联系纽带的狭隘的地方性的联系。由于利益,一个市民社会建立起来了;为了利益,人们开辟了共同的市场。从利益出发,开始有了真正的社会史,等等。而哈贝马斯却说利益是最不固定的现象,那

---

① ［德］哈贝马斯:《交往行动理论》第二卷,洪佩郁等译,重庆出版社 1994 年版,第 160 页。

是十分错误的。事实上,语言交往才是极不固定的。语言是思维的物质外壳,语言和意识都是随人类活动一起发展起来。人们的劳动不仅创造了世界,同时也创造了人类本身。人们在生产活动中,必然要相互协作、相互配合,语言就是在这种相互交换活动过程中逐渐产生的。正如意识一样,语言也是社会存在的产物。语言一旦产生,它就具有相对独立性。它不仅有历史继承性,而且也可以反作用于社会存在。现代社会人与人之间交往关系的疏离,语言交往中的病症是一个原因,但它不是根本的起决定的作用。它最终也决定于社会存在。比如,中国文言文在新文化运动中向现代白话文的转变。它是中国资产阶级启蒙社会运动所产生的重要成果,而绝不能把资产阶级启蒙运动说成是现代白话文语言运动的结果。现代语言普遍交往的趋势,不是语言本身的作用,现代市场经济发展才是语言普遍交往的原因。还有,建立普遍语用学能否改变生活世界殖民化的困境?生活世界殖民化主要是由于市场机制和权力机制所造成的,且不说通过语言普遍交往无法改变现代市场机制,甚至可以说,普遍语用学的建立,它对权力形态的改变的影响微乎其微。当代世界的国际"对话"的基础不是"理解",而是各国的综合国力或实力。所谓"弱国无外交",就是这个意思。中国近代满清社会,曾同大大小小的帝国主义侵略者对话,但所有的对话,都没有被"理解"、"认同",所有对话的结果,都是以中国的赔款割地而告终。

总之,哈贝马斯的交往理论建设得十分细腻,但由于其颠倒存在与语言、利益与思想的关系,导致其基本理论对当代资本主义病症的治疗仍然是隔靴搔痒,无所裨益。

第 九 章

马克思主义利益范畴与中国传统义利观

第一节 中国传统义利之辨的缘起

一、先秦义利之辨的缘起

马克思主义利益范畴在中国最切近的概念就是"利"。那么,中国文化圈中的利与马克思主义利益范畴的内涵是否一致? 它们的差异究竟有多大? 在何种意义上可以相互融会为中国化的利益范畴? 这是务必予以澄明的几个问题。

在中国,"利"的内涵,自从有文字可考的典籍证明,并非就像义利之辨中的利那样,利与义是相互联系的,并赋予义利对偶的含义。在甲骨文中,利是用农具耕耘或收割庄稼。农业是远古时代人们认为能够创造物质资料的产业,农具是人们从事生产活动的工具,庄稼是人类活动生产出来的创造物。庄稼不同于人们获取现成的猎物,它是人类开始从动物生活模式的桎梏中摆脱,真正使人类生活成为人的生活的一个重要标志。因为,获取猎物,强肉弱食,它是动物的生存规律,人也不例外。更为重要的是,猎物是现成的生活资料,不具有生产的内涵。真正的生产,应是人们以工具为手段作用一定物质对象而创造出来的产品。这种创造出来的产品,不仅仅使动物活动成为了真正的人的活动,而且它才是人类繁衍和发展的前提。因为如果仅仅依靠外界现成的猎物为生,人类发展的规律就首先必须服从于生态平衡的规律。由于大自然食物链是一个难以改变的前提,任何动物都不可能摆脱这种食物链的制约。生态是一个系统。各种生物的兴衰荣枯、生存死亡、数量之多寡不完全只是由于自身繁衍能力来决定的,对它们更为重要的是,首先必须要有可以让它们繁衍和生活的食物。一种生物的多少,它依赖于有多少生物为它们提供赖以繁衍和生活的食物,这种相互依赖的关系就叫食物链。食物链既是生物相互联系的纽带,又是生态系统能量流动和物质循环的渠道。整个食物链就像一个金字塔。塔尖是人,是食物链的最后消费者。以江河湖泊为例,金字塔的底部是浮游植物(草藻类)。它们依靠光合作用吸收太阳能生长繁殖,它是食物链的基础。在底部之上的第二层是浮游动物(虾、小鱼),第一层的浮游植物为第二层的浮游动物提供食物来源。第三层是鱼,鱼以浮游动物为食。这个金字塔的最高层是人。人以鱼为食。每一次的上升,损耗与生产之比大约是十分之一,即1000公斤浮游植物能生产出100公斤的浮游动物;100公斤浮游动物产生出10公斤鱼,而10公斤鱼能补偿一个人消耗1公斤体重所需要的食物或者是增长1公斤体重所需要的食物。生物兴衰荣枯的相互联系的食物链是生物相互联系的纽带,更是生物生存死亡、兴衰荣枯的生命线。食物链说明,如果人类仅仅依赖于猎取现成的动植物为生,人类不可能迅速地繁衍和发展起来。那就可能像其他动物一样,因食物链的某一个环节中断而覆灭,就像恐龙的消失,野马等珍稀动物的濒临灭绝一样。人类真正从动物中摆脱出来,从而获得自身独立生存发展的前提是生产活动。这种生产活动首先是农业。在古人看来,农业是利益产生的根源。上古之际,人类为了获取物质生活资料,从而制造了木棍、石器之类的工具。制造这种工具,首先是猎取动物。随着人类的发展,这种方式已不能满足人类生存的需要,因而,人类开始自己生产自己所需要的生活资料,耕耘和收获就是真正意义的农业。人类从野蛮时代向文明时代的进化,经历了三次大分工。在中国,第一次分工,即农业与畜牧业分工大概发生在尧帝时代。《尚书·尧典》曰:"乃命羲和,钦若昊天,历象日月星辰,敬授人时。"尧时,农业有了一定发展,而农业的发展,促使季节的重要性突现出来了,因而,尧帝才命羲和顺从天时,观察和推算日月星辰的运行规律,制定历法节令传授给人民,以使他们适时耕耘、播种和收获。

"利"的内涵的规定,与人类最早获取生活资料方式密切相关,利不被认为是猎获动物或共同食之。这说明,在远古人看来,真正能够使人类得以生存和发展的生活资料是人们自己耕耘和用工具收获的农产品。真正的"利"是什么?古人从直觉中发现,不是别的,而是农业耕耘和收获的农业产品。农业是利益的根源。利的内涵的这种规定,一方面是当时人们朴素的唯物主义思想的反映,另一方面,这是"利"尚未达到范畴水平,利尚未与害相联系,利更未与义相对偶。"利"与"害"相互联系为一对范畴,最早出现在《周易》。在《周易》中,利既有吉利的意思,又有利益的内涵。如,"(坎下震上)解。利西南。无所往,其来复,吉。有攸往,夙吉"①。这里的"解",即为分解,按人分配食物之意。利西南,即《坤》卦说的"利西南得朋"。"朋",即朋贝。货币起先用贝,贝十枚一串为朋。夙,早也。这就是说,去西南贸易可以获得实际的利益。这里的"利"就有"利益"的意思。而如果无目的,不如仍然回来,回来比不回来"吉利"。相反,如果是有目的而往,那当然愈早愈吉利了。在《周易》,损与益是作为一对范畴出现,"损"与"害"是同等程度的概念,"利"与"益"是同等程度的概念。"损"与"益"相对,即是利"益"与损"害"的对立。把损"害"与利"益"对立起来,旨在说明它们对立转化的道理:或益或损;或损中有益,益中有损;或不益不损,这就需要具体情况具体处理。②"利益"与"损害"上升为一对范畴,说明古代人辩证思维在当时已经有了一定的发展。由于这种"上升"使"利益"由普通的社会概念提升为哲学辩证法的范畴。但是,在这里已开始改变了利益的本来含义。利益作为经济物质利益概念,与其相对立的,不是损害,而是"思想"观念。而利益与损害相对立,在这里作为工具理性的利益概念就开始上升为价值理性的概念了。利益与损害成为评价人们行为价值取向的概念,利益既然作为价值评价的一个概念,利益就由实然概念改变为应然概念,即利益已开始与"应当"相联系在一起了,利与义相对偶而出现的时间为期不远了。"义,宜也。"即为"应当"的意思。《周易》应是义利之辨形成的准备时期。利与义的相对偶而出现在春秋战国时期。张立文教授认为,在《周易》,利字屡见,无见义之字。"《尚书》义字22见(《今文尚书》15见,《古文尚书》7见),利字9见(《今文尚书》3见,《古文尚书》6见),但无义利对待概念。"③按张传开教授的意见,我国义利之辨的开端,在春秋战国时期。《左传·襄公二十七年》载:"弭兵以召诸侯。"弭,即停止之意。弭兵,即休战之意。因春秋战国时期,诸侯争雄,争名夺利,逐鹿中原,战争纷起,

---

① 李镜池:《周易通义》,中华书局1981年版,第79页。

② 李镜池:《周易通义》,中华书局1981年版,第83页。

③ 张立文:《中国哲学范畴发展史·人道篇》,中国人民大学出版社1995年版,第182页。

其中晋楚尤以为甚。宋国再次约会晋楚,旨在晋楚和解"弭兵",但楚人图谋代晋以为盟主,于是暗中裹甲赴会。伯州犁认为这是"不信",请求释甲。令尹子木拒之,曰:"晋楚无信久矣,事利而已,苟得志焉,焉用有信?"晋楚之争,只是以利益为行事的目的,"信"这个东西对他们都是毫无用处的,只要有了利益,就算得志了,那里还用得上"信"呢。利和信,在这里是相互对立的,换言之,为了利益,可以丢掉"信"。利益与"信"已达到了互不相容的两极。在这里,利与信对立,是相反的两极,它们还不足以使利与信两个概念成为一对范畴。范畴的发展,不仅有其相反的两面,更为重要的应是二者相辅相成,只有这样,二者才可以相互联系起来。晏婴的论述,把利与义相互联系,使它们成为中国伦理道德规范中的基本范畴。公元前532年,齐田氏联合鲍氏来对付栾、高氏。齐田氏为了收买人心,在废栾、高氏的同时,扶持原被栾、高氏排挤的贵族,让"利"于原被栾、高氏排挤的贵族。《左传·昭公十年》,晏婴说:"让,德之主也,让之谓懿德,凡有血气,皆有争心,故利不可强,思义为愈,义,利之本也。蕴利生孽,姑使无蕴乎? 可以滋长。"晏婴在这里,把德与利、义与利联系起来,对什么是德,什么是义,什么是利,初步作出了较为明确的界定。因而,义与利之辨真正开始形成。

1."德"与利的相互关联。

《广雅·释诂三》:"德,得也。"商代卜辞与先秦文献,"德"与"得"相通。德者,得也,二字可以互训。从商至春秋战国时期,德都是得利,即获得和占有财产、财富之意。如《墨子·节用上》:"是故用财不费,民德不劳,其兴利多矣。"占有财产都是人们以劳动为代价的结果,以及人们节用保有财富都是"德"。德与人们的行为相联系,逐渐有了"道德"的意思。[①] 从德的本意,它标志中国经济伦理最早萌芽。这比马克斯·韦伯在《宗教伦理与资本主义精神》所提到的经济伦理的产生早了二千来年。国外有的思想家认为中国没有经济伦理思想,其实毫无根据。中国的"德",其主要内涵就是"得"或利的意思。那么,究竟人们以怎样的行为方式去"得"呢? 这样,德就与"应当"联系起来,德有了道德的含义。反之,道德正因为与"得"有关,道德就是对人们得利的行为规范的一种规定。道德的这种经济伦理思想因此而表现出来。晏婴谈到的"让"与德的关系,正表现德的经济伦理意

---

① 参见张传开、汪传发:《义利之间》,南京大学出版社1997年版,第15页。

蕴。"让",即利益的转让,这是"德"的主要内容。这种"让",因而,可称为美德。因而,诸侯德的真正要求就是把利益转"让"给他人,不可独占独自保有。《尚书·盘庚上》记载了盘庚的"重我民"(重民)的思想。重民的一个重要途径就是"施实德于民"。王曰:"非予自荒兹德,惟汝含德,不惕予一人,予若观火。"这里的"实德",既不是精神奖励,也不是以仁义之心去教育启发,而是已经掌握和得到的财富。在当时,主要是指已占有田产土地和奴隶等。而且这种"得"或利益决不能给予一人,即由寡家一人而独占。在我看来,那样的话,其形势就会像火一样,因而,"无有远迩,用罪伐厥死,用德彰厥善。邦之臧,惟汝众;邦之不臧,惟予一人有佚罚。"不论亲疏,都应用刑罚去处置那些坏人,而用"德",即已"得"的财富,如土地与奴隶去奖赏那些好人。那些对财货欲望特别强的人,必定会独占财富而不"让",这种人我不会重用他,而那些以生为人的人,即为了生活必需而通过勤勉劳作而获得财富的人才是我重用的贤人。所以,王曰:"朕不肩好货,敢恭生生。"总之,我的意思是"无总于货宝,生生自庸。式敷民德,永肩一心!"①"德"的主要含义是"让""利"于民,以生为生,不是为了聚敛财货,独自占有财富,而是以生为生自立功劳。广泛以"得"布施于民,才能担负共同一心的责任。德的含义从商代卜辞到先秦文献,并非像现代人所误读的那样,就是"仁"德或"道德"。在那里,德的主要含义是把得利让给别人。德、得与利,实际既是一致的,但它们又有不同。从一致来看,德都是利益,"得",都是来之不易的。正如盘庚所言:"古我先王暨乃祖乃父,胥及逸勤,予敢动用非罚?世选尔劳,予不掩尔善。兹予大享于先王,尔祖其从与享之。作福作灾,予亦不敢动用非德。"②纣亡周兴,周之所以能代殷而有天下,就是因为其有"德"。周人自诩,他们的始祖后稷的"德",就是因为勤于农耕,以致"天下得其利"。后稷的子孙公刘、古公亶父、王季,尤其是王季之子文王姬昌,遵从祖先之教训,"勤劳稼穑",才"先知稼穑之艰难"。所以,不再挥霍浪费,纵酒逸乐。这些都是周之"懿德"。"德"是获得财货、占有财货、保有财货,即"得"之意。但因为得到保有财货,有一个如何对待的"人事"问题,"得"由"利"的内涵引申出"道德"的意思。这就是德与利不一致的地方。

---

① 《尚书·盘庚下》。
② 《尚书·盘庚下》。

因为,德的"利"的含义,只是一个实然判断,而后来引申出的"德",则成为了应然判断了。按德的本来意义,得即是广义上的利,这种"德"应是后面道德的本体,而道德只是由"利"派生出来的观念。但是,"德"的发展,不仅没有进一步对其进行不同的界定区分,相反,最后完全背离了其本来的内涵,而成为一个道德的"应当"。

2.义与利之辨的肇始。

义与利,按晏婴的意思,利的根本不是别的,而是义。《释名》曰:"义,宜也。制裁事物使合宜也。"利的根本就是"得"之合宜,即得之应当的意思。义与"利"相关联,在公元前 722 年的《郑伯克段於鄢》篇中就有了记载。郑伯与其弟段相争,郑伯即位为郑庄公,由于其弟段受其母姜氏之宠爱,分封的地盘超出了"先王之制"的规定,因而,郑庄公的大夫祭仲就认为段地"都城过百雉,国之害也",应该早早制止,"无所滋蔓,蔓难图也。蔓草犹不可除,况君之宠弟乎?"庄公则老谋深算,等待时机,曰:"多行不义必自毙,子姑待之。"后来,段叔继续扩张。郑庄公的臣子子封曰:"可矣,厚将得众。"郑庄公曰:"不义不昵,厚将崩。"后来,等时机一到,郑庄公一举击败其弟,使段叔出逃于共。[①] 在这里,利与义就已作为两极对立起来。厚,有重、多之意。《唐韵·厚韵》:"厚,广也。"厚,还有财富的意思。《韩非子·有度》:"毁国之厚,以利其家,臣不谓智。"段叔如果占地广了,财富多了,必将人多势众。但郑庄公却认为,段叔如果不义,他所占有的利益太多了,必然会自取灭亡。利与义,在这里事实上已经相互对立起来。然后,为什么厚将崩呢? 义与厚(利)究竟关系如何呢? 郑庄公并未说明。而晏婴不仅明确地将二者对立起来,而且还论述了二者的关系。晏婴说:"凡有血气,皆有争心,故利不可强,思义为愈"。人都是有血气,争名夺利是其本性,但是,对待利益不可以过分强求争斗。在利益到来之时,你还是把利与义联系起来思考思考为好。利与义就这样相互联系起来了。为什么呢? 利与义有不同。因为,"义"是"利"之根本。人们认为,利益就是人们争斗中所获得的财富,其实不然。利的根本,不在其利之多厚,利之根本看你所得之利是否是合宜或应当。"义者,宜也。"宜,即应当的意思。如果不义,则"蕴利生孽",必然会引出是非,带来极大危害,甚至灾祸。利,不可不思义。利与

---

① 参见《左传·隐公元年》。

义,因而相互对立起来。晏婴对义与利关系的论述,主要是就应如何规范人们对利的行为方式着眼的,因而,利在这里由原来的经济物质利益的内涵,转化成为了一个伦理层面的概念。这是对中国经济伦理思想一个贡献。因而,它对中国义利之辨朝伦理规范方向发展的影响是显而易见的。但是,更为重要的一个问题是,利的真正来源和利的发展动力和目标是什么呢?利在社会历史发展中的作用和内容是什么?这些社会历史观中的主要问题就因而被遮蔽了。利的工具理性的内涵由此而被消解,而利的价值理性都因此而被凸显出来。这些既是生产力落后的反映,同时利义之辨这种趋向,又作用于社会生产力的发展,成为影响中国生产力的发展的一个消极因素。它使"利"的概念逐渐消解物质经济利益的本来意义,使利义之辨成为了伦理思想界域中的一对重要概念。

二、"利"的内涵之嬗变及其发展

我国远古利益概念的缘起,事实是包含了两个方面的含义:一个是社会历史观的概念,这是利的概念的主要内涵。利作为社会历史观的概念,是用工具去收获庄稼等。在这里,工具手段是生产力的一个重要因素,使用工具离不开劳动者,庄稼就是劳动对象。因而,利是一种物质生活条件。可惜,远古的利益概念,由于当时客观条件等制约,未能很好地展开。这是朴素唯物主义一种经验和直观。利的概念这种局限性,不可能对人类社会历史发展产生持久的影响。利的另一方面含义,是利应以义为本。利在这里,成为一个伦理道德的"应当"。这一含义在公元前七百多年以前,就开始萌芽,然后通过晏婴的论述而正式发端。利与义相互联系而成为价值判断的基本概念。利的这两个方面,都可以看作是利的含义的不同展开。问题是,在以后的发展中,利究竟沿着什么样的理路来展开的呢?在我国,人们大都只注重一个方面的理路,似乎利就是沿着义利之辨的理路来展开的。其实这是片面的。它反映中国传统在人们心理中的积淀。事实上,中国利的理路不只是从一个方面来展开的,而是从两个方面来展开,只是从总的来看,一个方面愈来愈强化,另一方面却被逐渐弱化而遮蔽起来。

1.利者,义之和也。

"利"是儒家伦理道德哲学的基本概念。孔子是儒学的创始人,通古博今,《庄子·天运》曰:孔子言治"六经"(《诗》、《书》、《礼》、《乐》、《易》、《春秋》)。《史记·孔子世家》曰:"孔子晚而喜《易》,序《彖》、《系》、《象》、《说卦》、《文言》。"孔子从大量古籍中深刻地领会了"利"的内涵。在孔子那里,"利"具有两种基本含义:一种"利"是社会历史观的基本概念(这一点留到以后再说);第二种"利"是应当的意思。《文言》相传为孔子所作。《文言》曰:"元者,善之长也;亨者,嘉之会也;利者,义之和也;贞者,事之干也。"在这里,"利者,义之和也",还不能完全肯定是孔子对"利"的规定,但是,孔子《论语》中对"利"的理解,说明这一规定符合孔子的思想。孔子把利与义对立起来,作为划分君子与小人的标准。《论语·里仁》曰:"君子喻于义,小人喻于利。"因而,一再强调要"见利思义"①,"见得思义"②,"不义而富且贵,于我如浮云"③。在孔子看来,义是衡量利的标准,符合义的利是正当的,可以富且贵;不符合义的利则是不正当的,因而则视之"如浮云"。孔子把义作为利的标准,无疑是文明的一大进步。但是,由于孔子以后的儒学家们从传道的需要出发,片面地把以义制利提升为以义去利,因而把义和利的关系推向了极端。走这一极端的肇始人首先是孟子。孟子深谙"利"的范畴在孔学中的重要性。因而,《孟子·梁惠王上》一开篇,通过与梁惠王的对话,首先就取消了"利"这个范畴。孟子见梁惠王,王曰:"叟!不远千里而来,亦将有以利吾国乎?"孟子对曰:"王何必曰利?亦有仁义而已矣。"接着又说:"王曰:'何以利吾国?'大夫曰:'何以利吾家?'士庶人曰:'何以利吾身?'上下交征利而国危矣。"孟子极陈言利祸国亡家害身的谬论,义和利似乎是水火之间互不相容、两极对立的关系。这一论旨,事实上是他去墨归杨、去杨归儒、独尊儒家的理论前提。孟子的偏激,为汉时大儒董仲舒"废黜百家,独尊儒术"提供了理论根据。董仲舒则把只言义不言利提升为仁者的行为标准。他说:"夫仁人者,正其谊(义)不谋其利,明其道不计其功。"④以义去利的理论,在董仲舒那里从此成了儒学一种可操作的行为规范。宋明理学在义和利的关系上更加背离了孔子的论旨。朱熹曰:"仁义根于人心之固有,天理之公也;利心生于物我之相形,人欲之私也。

---

① 《论语·宪问》。
② 《论语·季氏》。
③ 《论语·述而》。
④ 《汉书·董仲舒传》。

循天理,则不求利而自无不利,殉人欲,则求利未得而害已随之。"①因此,仁义的根本就是要存天理,灭人欲,不言利。从此,孔子以义制利的正确论见变成了以义去利的偏激理论。由于儒学在中国文化史上的特殊地位,儒家伦理哲学上升为中国文化的主流。而义利之辨作为这种主流的一条主线,贯穿中华文化上下数千年的历史。这种以义去利的伦理思想对于约束中国人民的利欲之心,规范人们的礼义行为,发挥了不可替代的作用。但是,按马克思关于人的生存方式三个阶段的理论来理解,前资本主义都是属于以人的依赖关系为基础的社会,而资本主义社会则是建立以物的依赖关系为基础的社会,只有共产主义社会才能既摆脱人的统治、又摆脱物的统治的个人个性全面自由发展的社会。那么,前资本主义社会仅仅是人类社会历史发展的蒙昧和野蛮时代。这个时代只是人类社会的童年。这个童年时代,人类的本真实然的一面尚未充分发展,而行为规范的"应当"却过度早熟,对整个中国社会历史进步,当然不可避免地产生负面的影响。儒家"义利之辨",可以说是强化古代封建社会统治的一个重要原因,也可以看作是阻碍中国社会资本主义萌芽的一个不能忽视的因素。

2.利是物质生活条件。

在孔子那里,利其实首先是作为社会历史观的基本概念而出现的。孔子是儒学的创始人。儒家素来以倡仁义为宗旨,说其言利,皆以为不可也。在这里,孔子似乎成了不食人间烟火的圣人。说孔子的儒学,在养育了数万万人民的世界东方土地上的经久生命力,是因为他把一切理想化,这当然是难以立论的。譬如一棵参天大树,倘若不植根于现实的土壤,它势必枯萎凋谢。这种与现实相联系的土壤就是利,比如农桑、工商、人事之利等。其实无论是义决定利,还是利决定义,义利自然地联系在一起,都只说明一个问题,即义离不开利。孔子是圣人,对此,他所懂的绝不会比后人少。孔子的《论语》,反映了孔子的整个思想面貌。《论语》的基本概念,概而言之,其实只有三个,即利、命、仁。《论语·子罕》曰:"子罕言利与命与仁"。对这,历来存在两种解读。一曰:罕者,少也。孔子很少谈到利、天命和仁德。二曰:此句于"利"字处断句,与,赞与也,是说孔子很少谈到利,却赞成天命与仁

---

① 朱熹:《四书集注》。

德。① 此其第二种说法,不过是"六经注我",显然曲解了原意。第一种解读是正确的,孔子少言利与天命与仁。但这仅仅只是"是也"、"非也"的实然判断。问题应当是:为什么少言? 它无非有两种可能:一是不重要,因而不必多言;二是因为重要,至言而少言。人们大都被"少"字搞混淆,并由此推出它们是不重要的概念。甚至说,"仁"的概念被发挥是因为孔子的弟子努力的结果。其实,恰恰相反,孔子少言,不是不重要,而是因为它们重要。在中国哲学研究中,"命"与"仁"事实已被作为重要的哲学范畴,任继愈先生的《中国哲学史》辟专题作了阐释。② 此文不再赘述。那么"利"呢? 如果利很重要,利者,至言也。至言而少言,这里不仅有其历史原因,而且也有其现实原因。墨子学儒家之业,利的阐述的基本倾向是社会历史观。《淮南子·要略》云:"墨子学儒者之业,受孔子之术,以为其礼繁扰而不说,厚葬靡财而贫民,服伤生而害事,故背周道而用夏政。"周尚文,夏尚质,似乎墨子质朴,是因为背周道而用夏政。其实重质,仅仅是墨子开源节流思想中的仅没有背周道,相反,他正是循周道,以兴利除害为出发点。孟子说:"墨子兼爱。"③"兼相爱,交相利"是墨子的基本观点,其出发点就是兴利除害。墨子曰:"圣人以治天下为事者也,必知乱之所自起。"这里的"乱",实际是当今之世的害。害之所起的原因是什么?"起不相爱"。君臣父子诸侯国家均因不相爱而自爱,以致亏人而自利,自利是害的最后根源。因而,"仁人之所以为事者,必兴天下之利,除去天下之害"。禹之治,周之兴,均皆如此。所以,"仁人之事者,必务求兴天下之利,除天下之害"。当今之时,天下之利孰为大? 兼为大。交兼生天下之利,"别"生天下之大害。兴利除害就是以交兼易"别"。兴利除害是"兼爱"的出发点,其实也是墨子的出发点。由此,可以进一步领会墨子的旨趣。《尚同》认为,古者圣王,《周易》占筮,明天鬼之所欲,而避天鬼所憎,旨在兴天下之利,除天下之害,解决利害之间的矛盾。"古者上帝鬼神之建设国都,立正长也,非高其爵,厚其禄,富贵佚而错之也,将以为万民兴利除害,富贵贫寡,安危治乱也。"④至于人事也是如此,建设国都立正长,厚禄丰利,出发点也是兴利除害,墨子的十大政

---

① 参见北京大学《中国哲学史教学资料选辑》上册,中华书局 1981 年版,第 23 页。
② 参见任继愈:《中国哲学史》第一册,人民出版社 1964 年版,第 69—78 页。
③ 《孟子·尽心》。
④ 《墨子·尚同》。

纲,尚贤、尚同、兼爱、非攻、节用、节葬、非乐、天志、明鬼、非命等,均以兴利除害为出发点。兴利与除害,兴利(开源)是重点。《尚贤》的目的在于兴利,即去贫致富,"是故国有贤良之士众,则国家之治厚;贤良之士寡,则国家之治薄"。《尚同》是去千人千义,而使千人尚同一义,即尚同爱利家国者。出现爱利家国者,上闻之,发布命令,赏之誉之,通过这样的价值导向,众皆尚同爱利家国者。反之,有贼国贼家者,上闻则罚之,众闻皆非之,于是害不再起,利则兴,国必治矣。如果尚贤、尚同、兼爱是直接的兴利或开源,那么,非攻、节用、节葬、非乐则是间接的,即通过节流来达到兴利的目的,而天志、明鬼等无非是借鬼的意志来强化兴利这一论旨。总之,攻、用、葬、乐都应以"兴利"为原则,"上利于天,中利于鬼,下利于人"①。

及至汉朝,继承发挥先秦"利"是物质生活条件思想传统的是王充。王充是汉代唯物主义主要代表人物,他甚至把利上升到提高"国力"的高度来认识。王充针对韩非兴"法治"、去"德治"的看法,提出"养德、养力"并重的观点。他说:"治国之道,所养有二:一曰养德,二曰养力。养德者,养名高之人以示能敬贤;养力者,养气力之士以明能用兵,此所谓文武张设,德力且(具)足者也。"②这里的"力",即"国力"的意思,提高"国力"在人,因而,要"养气力之士"。力,从"国力"来理解,它是利的重要内容。"养力",只有发展生产力方可达到其目的。离开发展生产力,"养"就成为无源之水,无米之炊。因此,养的根源可以看作是发展生产。只有这样,才可以国富力强。但王充"养力"的目的是"用武",这既反映当时匈奴对汉边之患的实际,又体现了王充对"力"的理解的一种时代局限性。事实上,王充的关于"养力"的观点,与董仲舒"义利两养"的看法有联系。董仲舒也认为:"天之生人也,使之生义与利。利以养其体,义以养其心。心不得义不能乐,体不得利不能安。"③董仲舒的观点十分明了,他认为,义属于精神修养道德概念,因为利是养其体的物质生活资料,身体如果缺乏这种基本物质生活条件,那么,人们则无法得以生存了。利在这里,是作为事实判断出现的,而不是"应然"判断。"利"作为社会历史观的概念,在汉朝,由于王充与董仲舒的贡献,推进到"养力"的经济哲学层面。而且"利"与"益"在后汉时,正式

---

① 《墨子·天志》。
② 王充:《论衡·非韩篇》。
③ 董仲舒:《春秋繁露·身之养重于义》。

合成为了一个词出现了。《后汉书·循史列传》:"勤令养蚕织屦,民得利益焉。"这里的"利益",就是指物质生活条件。作为社会历史观的利益概念发展到汉代,进入了一个新的阶段。

在唐代,韩愈从人类生存发展需要出发,认为利益与礼义在人类发展史上有不同的适用范围。他说:"古之时,人之害多矣。有圣人者立,然后教之以相生养之道。为之君,为之师,驱其虫蛇禽兽而处之中土。寒,然后为之衣。饥,然后为之食。木处而颠,土处而病也,然后为之宫室。为之工以赡其器用,为之贾以通其有无,为之医药以济其夭死,为之葬埋祭祀以长其恩爱,为之礼以次其先后,为之乐以宣其湮郁,为之政以率其怠倦,为之刑以锄其强梗。"①君师的产生不是什么天生圣贤,他们都是在为人类社会生存发展过程中逐步涌现出来的。其中,寒而衣之,饥而食之,商而通之,等等,都是人类生存发展的基本条件,而在这些基本生活条件解决以后,才建构政治道德观念。这里虽然未明确提出"利益"概念,但它指出是吃、喝、穿、住等,它是人类社会生存的基本条件,即利益。后来,北宋李觏十分尖锐地批判了去利扬义的偏激倾向。他说:"利可言乎? 曰,人非利不生,曷为不可言? 欲可言乎? 曰,欲者人之情,曷为不可言? 言而不以礼,是贪与淫,罪矣。不贪不淫而曰不可言,无乃贼人之生,反人之情,世俗之不喜儒以此。孟子谓:'何必曰利',激也。焉有仁义而不利者乎?"②物质基础是人类生存的基础,"盖城郭宫室,非财不完;羞服车马,非财不具;百官群吏,非财不养;军旅征戍,非财不给;郊社宗庙,非财不事;兄弟婚媾,非财不亲;诸侯四夷朝觐聘问,非财不接;矜寡孤独,凶荒札瘥,非财不恤。礼以是举,政以是成,爱以是立,威以是行。舍是而克为治者,未之有也"③。仁义是离不开利益的,"生民之道食为大,……食不足,心不常,虽有礼义,民不可得而教也"④。"民不富,食廪不实,衣食不足,而欲教以礼节,使之趋荣而避辱,学者皆知其难也。"⑤李觏从富国的这一视角提出了利在国富中的基础地位,显然有别于其他儒生在"应当"范围中的"义利之辨"。李觏的重财利的观

---

① 韩愈:《原道》。
② 李觏:《盱江文集·原文》。
③ 李觏:《盱江文集·富国策》第一。
④ 李觏:《盱江文集·平土书》。
⑤ 李觏:《盱江文集·国用》第十六。

点,后来却受到程颐的攻击。程颐说:"孟子拔本塞源,不肯言利。其不信孟子者,却道不合非利,李觏是也。……且譬如倚(椅)子,人坐此便安,是利也。如求安不已,又要褥子,以求温暖,无所不为,然后夺之于君,夺之于父,此是趋利之弊也。"①宋朝理学的浅薄和偏见,令人啼笑皆非。把人们不断发展的生活需求同"无所不为"的政治野心联系起来。陈亮把利益与"道"联系,他从朴素的唯物主义出发,认为,一切事物与道联系。他在一定程度领悟到了事物存在一定的规律性。这种"道"在哪里? 他说:"夫道非出于形气之表,而常行于事物之间者也。"②道不是存在形气之外的东西,它存在于"形气事物"现象之中,"常存在事物之间",它离不开社会生活"日用之间"的日行百用,直至国计民生。既然日常百用,国计民生也有道的规律,那么,日常百用、国计民生、农工商贾利欲都是正当的。"昔者尧、舜、禹、汤、文、武汲汲,仲尼皇皇。彼皆大圣人也,安行利行,何所不可,又复何求于天地之间而若此其切哉!"③而重农抑商之举是非道之举,他说:"古者官民一家也,农商一事也。上下相恤,有无相通,民病则求之官,国病则资诸民。商藉农而立,农赖商而行,求以相辅,而非求以相病,则良法美意、何尝一日不行于天下哉!"④农商都是国计民生之道。叶适也持同样看法,他说:"《春秋》'通商惠工',皆以国家之力扶持商贾,流通货币,……夫四民(按:士、农、工、商)交致其用,而后治化兴。抑末厚本,非正论也。"⑤在陈亮、叶适看来,古往今来,即便圣人,"安行利行,何所不可",都是正当的。这里,安,不是什么"安静而行",而是追求"安居"而行动;这里的"利"不是"贪其利益",而应是追求利益而行动。只要"得其正则为道",都是正当的。利欲的区别是"得其正则为道,失其正则为欲"。⑥ 所以,理财,不是积财,而是发"天下之遗利",为天下人"得而用之";也不是"取诸民而供上用",而是"以天下之财与天下共理之者"也。利益是国计民生的基础,它应是社会历史观的重要范畴。在叶适看来,国计民生利益的来源不是别的,而是发展生

---

① 程颐:《二程全书·遗书》卷十八。
② 《陈亮集·勉强行道大有功》,中华书局 1974 年版,第 97 页。
③ 《陈亮集·勉强行道大有功》,中华书局 1974 年版,第 97 页。
④ 《陈亮集·四弊》,中华书局 1974 年版,第 127 页。
⑤ 叶适:《习学记言·史记一》,中华书局 1977 年版,第 273 页。
⑥ 《陈亮集·勉强行道大有功》,中华书局 1974 年版,第 97 页。

产。他说："以臣计之，有民必使之辟地，辟地则增税，故其居则可以为役，出则可以为兵。而今也不然，使之穷苦憔悴，无地以自业。"①在这里，利益已经接近走出义利之辨的伦理框架。这些表现了叶适的唯物主义基本立场。但是叶适并未将利益内涵规定为国计民生等物质生活条件。这些都是时代的限制。

在中国古代利益观思想史上，有两种倾向值得注意：第一，是用"应当"伦理价值问题来替代社会历史观中利益观的实然判断，即用义利之辨伦理问题替代社会历史观的利益概念；第二，是反过来用社会历史观的事实判断去替代伦理道德的应然判断。前一种成为中国义利之辨的主流，从而把义利之辨的伦理问题变成中国文化思想的主流，使作为社会历史观的利益范畴一直未得到很好的研究，甚至已接近取消利益的社会历史观含义，而津津乐道地浮在"应当"视阈内大谈"道德意志"，有如康德。而在明清之际，李贽则似乎意识到中国义利之辨的软弱无力，从而片面强调物质利益的实然判断，并用事实判断来替代一切伦理判断，这就有可能取消伦理道德。他在《焚书·答邓明府》中说，人心本来是自私的，所以，"趋利避害，人人同心，是谓天成，是谓众巧"。趋利避害是人的本性（童心），所以，人心的一切动机和由此发动的行为，只不过是为人们自己的穿衣吃饭问题。李贽说："穿衣吃饭，即是人伦物理；除却穿衣吃饭，无伦物矣。世间种种，皆衣与饭类耳。故举衣与饭而世间种种自然在其中，非衣饭之外更有所谓种种绝与百姓不相同者也。"②这里，穿衣吃饭物质生活问题都是伦理道德，这就等于用物质实然判断取消道德判断。他说："富贵利达，所以厚吾天生之五官，其势然也。是故圣人顺之，顺之则安之矣。是故贪财者与之以禄，趋势者与之以爵，强有力者与之以权，能者称事而官，懦者夹持而使。有德者隆之虚位，但取具瞻；高才者处以重任，不问出入。"③这就是说，追求利益的人，是大势所趋。顺之者成，要么得"禄"，要么得"爵"和"权"。而"德"者是毫无用处的，这就取消了道德。这是李贽矫枉过正之处。但李贽从社会历史观角度对利益的理解，可以看作是利益走出伦理义利之辨的帷幕，使利益概念回归本真实然状态的最初，是对儒家筑起的伦理义利之辨的堡垒的一次小小的

---

① 叶适：《叶适集·进卷·民事中》，中华书局1961年版。
② 李贽：《焚书·答邓石阳》。
③ 李贽：《焚书·答耿中丞》。

冲击,虽然不可能产生什么大的影响。明末清初的黄宗羲胸怀反清复明的
壮志,思考社会兴衰荣枯之道,意识到利益对社会历史发展的重要性,利益
与每一个人的生存不可分离,从而提出"人各自私,人各自利"的观点。利
益是社会不可缺少的,这种满足天下的利益就叫"公利"。他在《明夷待访
录·原君》中说:"有生之初,人各自私也,人各自利也;天下有公利而莫或
兴之,有公害而莫或除之。有人者出,不以一己之利为利,而使天下受其利;
不以一己之害为害,而使天下释其害;此其人之勤劳必千万于天下之人。"
故"天下为主,君为客"。而现代却相反,颠倒为天下为客,君为主。天下变
成了"君"、"皇"一人之私利。所以,他认为:"天下之大害者,君而已矣。向
使无君,人各得自私也,人各得自利也。"黄宗羲把利益同反对封建专制统
治联系起来,这就意味"利"摆脱伦理义利之辨的框架,回归为社会历史观
的基本概念。近代资本主义萌芽,人们逐渐意识到中国传统伦理原则脱离
现实生活的消极影响,从而开始对义利相互对立的儒学进行了批判。如薛
福成在《庸庵文别集·论公司不举之损》中说,儒家"凡一言及利,不问其为
公为私,概斥之为言利小人",造成了"利国利民之术,废而不讲久矣"。这
就是说,不论利益,则不明国强民富的办法和手段;理论利益,则明国强民富
的途径。薛福成意识到,利益在社会发展中的重要性。近代资产阶级改良
派对利益有了新的理解,利益在他们看来,西方是重利的社会,根据西方经
验,利就是西方列强式的先进科学技术和社会政治制度。① 因而,他们的富
国强兵之利就是要"船坚炮利"和"藏富于民",推行帝制下的所谓"新政"。
在近代资产阶级启蒙学家中,严复关于利的理解具有典型意义和代表性。
严复关于利与义、德之间关系的论述,算是马克思主义利益观在中国传播前
的一种新水平。严复研究了西方资本主义社会的经济思想,提出强国保种
社会进化都遵循"物竞天择,适者生存"的这一共同规律的思想。严复在
《原强》中说:"意谓民物于世,樊然并生,同食天地自然之利矣。然与接为
构,民民物物,各争有以自存。其始也种与种争,群与群争,弱者常为强肉,
愚者常为智役。及其有以自存而遗种也,则必强忍魁桀,矫健巧慧,而与其
一时之天时地利人事最其相宜者也。"这里的利益,首先是自然的利益。本
来自然提供给人的利益都是平等的。它是人类赖以生存的东西。但是,自

---

① 参见张传开、汪传发:《义利之间》,南京大学出版社 1997 年版,第 166 页。

然遵循着弱肉强食、适者生存的规律,因而,与天时、地利、人事相宜者生存下来而发展强大了;相反,则走向衰落和灭亡。可见,生存的利益是第一位的,所以,"人欲图存,必用其才力心思,以与是妨生者为斗,负者日退,而胜者日昌"①。那么,德义与利益孰先孰后,什么是基本的,什么是非基本的呢? 在严复看来,生存的利益是基本的,而义、德、仁只是生存"天择"之后才有的事情。他说:"赫胥黎保群之论可谓弁矣。然其谓群道由人心善相感而立,则有倒果为因之病,又不可不知也。盖人之由散入群,原为安利,其始正与禽兽下生等耳,初非由感通而立也。夫既以群为安,则天演之事,将使能群者存,不群者灭,善群者存,不善群者灭。善群者何? 善相感通者是。然则善相感通之德,乃天择以后之事,非其始即如是也。"②"物竞天择,适者生存"是人类社会进化的规则,人类为了个人生存发展的"安利",方才"由散入群",结成社会。而道德仁义等则是人们结群之后"善相感通"而形成的,所以,道德仁义不是先验于人类生存的东西,"乃天择以后之事"。在他看来,生存发展的利益是基本的第一位的,而道德仁义是由人求生存结群而后才有的事情。遗憾的是,严复的思想并没有顺着他的理解而深化,建立中国化的社会历史观的利益理论。相反,他的晚年,他甚至宣称孔孟之道"真量同天地,泽被寰区",并认为"时久无弊"的"尚是孔子之书"。③ 尽管如此,严复的利益的理论,仍然可以说是中国步入20世纪门槛前,对利益概念的社会历史观带有现代意蕴的理解。

第二节 我国两种利益思想的分歧与走向

一、中国古代社会利益思想嬗变的原因

利益,在中国古代社会,并非像一些人所理解的,一开始就是道德伦理学概念。事实上,它一开始是以社会历史观概念而出现的,那么,为什么会一度演变成一个义利之辨中的伦理道德学概念? 利益的这种一而二,即一个词两种甚至多种含义的现象,其原因是十分复杂的。

---

① 严复:《天演论·导言》按语。
② 严复:《天演论·导言·制私》按语。
③ 严复:《与熊纯如书扎》第49函、1918年,第45函、1917年。

1.中国古代经济的发展,是利益概念作为社会历史观概念的主要原因。

利益的最早内涵,是用工具去收获庄稼,利益的本意与人们解决必需的生活资料相关。农业是人类生存最早的解决和获取食物的主要来源,利益就是农业生产出的生活资料。我国古籍中,关于农业记载是最多的。《尚书·尧典》认为,我国农业的始祖是后稷,曰:"黎民阻饥,汝后稷,播时百谷。"百姓为饥饿所困,这是人类是否能生存的第一个难题,"播时百谷",则解决了这一个问题。《诗经·七月》描述了农夫耕田、播种、收割、晒谷的全过程,记载了当时的"稼穑之艰难"。在生产力水平低下的古代,"民以食为天",吃、穿、住是生存发展的前提。而另一方面,阶级矛盾十分突出和尖锐起来。《诗经·伐檀》记载了当时统治者不劳而获的情况,曰:"不稼不穑,胡取禾三百囷兮?不狩不猎,胡瞻尔庭有县鹑兮?"这证明,生产有一定的剩余,一些人聚敛财富而丰富起来。于是,交换也就发展起来了。但当时稼穑艰难,商旅也十分艰苦。西周私人商业逐渐出现,周公允许商的遗民经商。《尚书·酒诰》曰:"肇牵车牛,远服贾",让其"孝养厥父母"。《周易·蹇卦》认为,商人是在极端困难下获利的。曰:"大蹇,朋来。"蹇,即跛足艰难行走之意。朋,贝也,即货币。商人就是在经历千辛万苦以后,方才得利的。但是,到了春秋战国时期,商业才真正发展起来。这种发展的标志就是"市"的出现。《左传·昭公三年》记载,公元前539年,在论及晏婴之美贤时,为我们了解当时"市"的真实面貌提供了第一手资料。"初,景公欲更晏子之宅,曰:'子之宅近市,湫隘嚣尘,不可以居,请更诸爽垲者。'辞曰:'君之先臣容焉,臣不足以嗣之,于臣侈矣。且小人近市,朝夕得所求,小人之利也。敢烦里旅?'公笑曰:'子近市,识贵贱乎?'对曰:'既利之,敢不识乎?'公曰:'何贵何贱?'于是景公繁于刑,有鬻踊者。故对曰:'踊贵屦贱。'既已告于君,故与叔向语而称之。景公为是省于刑。君子曰:'仁人之言,其利博哉。'"晏子的住宅靠近"市"。这里"市"就是指的集市。但因为地势低洼潮湿,景公想叫他搬迁。而晏子认为,靠近集市,买东西十分方便,并且了解市场行情,能从中得利,因而不愿搬迁。景公认为晏子贪小便宜,但又不好直说,因而笑着说,你靠近"市",知道货物的贵贱吗?晏子说,能得利益,哪能不知道呢?那么,什么东西贵,什么东西贱呢?当时由于景公酷刑多,尤其是刖刑,即砍去犯人的腿。从此犯人不能再穿鞋(屦),而只能用"踊"包上伤口在地上行走。由于砍腿的人多,"踊"的需求量竟大于鞋的需求量,因而出现了"踊贵鞋贱"的怪现象。晏婴的市场调查报告,深深地感动了景公,"景公为是省于刑"。这里记载的事实,说明了当时市场繁荣的实况,即市场需要什么,就有人生产什么,市场供求水平发展到了一定程度。还有,从市场交换中获利,并不是什么可耻的事,连士大夫也从中谋取"利益"。这里的"利益",就是经济利益。除此之外,还包括政治利益,如"景公省于刑"。因而,"其利博哉"。利益的内涵应是十分丰富的。春秋战国时期,我国社会经济已发展到一定程度,农、工、商、虞的作用凸显出来。《史记·货殖列传》记载:"《周书》曰:'农不出则乏其食,工不出则乏其事,商不出则三宝绝,虞不出则财匮少。'"因为"商而通之"。《易·系辞下》曰:"日中为市,致天下之民,聚天下之货,交易而退,各得其所。"商的作用就是相互交换,互通有无,各得其所。在西方,亚当·斯密的《国富论》才第一次对商业的真正作用概括为"通"的意思。我国当时就对商的作用抽象为"通",这说明我国先秦时期经济发展的较高水平。作为交换者,参与市场的目的是什么呢?《史记·货殖列传》曰:"天下熙熙,皆为利来;天下攘攘,皆为利往。"人们交往的目的就是一个字,即"利"。子贡为孔子高徒,而又货殖。子贡问孔子:"有美玉于斯,韫椟而藏诸? 求善贾而沽诸?"子曰:"沽之哉!沽之哉! 我待贾者也。"①显然,以利为先的商贾之道,先秦也被视为正常的、自然的。墨子甚至把士与商贾者相比,认为对利的重要性,士不如商贾者。墨子说:"商人之四方,市贾信徒,虽有关梁之难,盗贼之危,必为之。今士坐而言义,无关梁之难,盗贼之危,此为信徒,不可胜计,然而不为。则士之计利,不若商人之察也。"②这里的"利",就是经济利益。而在古希腊,略晚于孔子、杨朱、墨子的亚里士多德《政治学》中有关致富术的描写,仍把那些以谋利为目的的而不是供直接使用的货殖交换视为反自然的、不合理的;只有那些不以谋利为目的的仅供直接使用的物品交换才是符合自然的、合理的。毫无疑问,中国先秦商品交换的观念,与古希腊相比,更为发展和先进。这些观念同现代市场观念相比,它显得十分原始、朴素、单调。但它们就是现代市场利益观的最早胚芽。中国进入封建社会以后,社会进入了超稳定的长期缓慢发展之中。但是,进步的思想家都把发展生产放在第一

---

① 《论语·子罕》。
② 《墨子·贵义》。

位,强调以农为本的思想。比如,唐初,面对佛道寺院经济的畸形发展,韩愈在《原道》中说:"古之为民者四(指士、农、工、商),今之为民者六(指士、农、工、商、佛、道)。"接着又说:"农之家一,而食粟之家六;工之家一,而用器之家六;贾家之一,而资焉之家六;奈之何民不穷且盗也?"及至宋元明清时期,我国江浙沿海一带工商业有了一定的发展,从而出现了陈亮(浙江永康人)、叶适(浙江永嘉人)、李贽(福建晋江人)、黄宗羲(浙江余姚人)、严复(福建福州人)等一批思想家。他们适应工商业发展的需要,从人的欲望需要,从物质经济角度来阐述利益的内涵。

2.中国古代政治发展不同特点是义利之辨强化的主要原因。

周灭纣,一统天下,分封诸侯,君君、臣臣、父父、子子的宗族血缘关系逐渐难以为继,同室操戈,诸侯因利争雄,正如晏婴所说"凡有血气,皆有争心",士大夫唯利是从,也是理所当然的事情。春秋乱,利欲横流,昔日有序的君臣父子的利益关系,如今呈现出一片无序的利的重新分配争夺、重新占据、重新保有的混乱局面。孔子面对这种情势,而曰:"放于利而行,多怨。"①孔子认为,君君、臣臣、父父、子子的关系,是不可以变易的。在奴隶社会,所谓的不平等,其实比平等重要得多。因而,政治之根本是什么? 就是维护那种君臣有分、父子有别的不平等的等级关系。《左传·成公二年》上所记载的公元前589年的"齐晋鞌之战"就证明这一观点。齐卫相遇而战,卫师败绩。卫国邑地新筑人仲叔于奚救了卫帅孙桓子。卫人赏之以邑,仲叔于奚辞之不受,并请求准许以诸侯君臣的礼节朝见君主。在因利争雄的春秋战国,那是难能可贵的。仲尼闻之曰:"惜也,不如多与之邑。唯器与名,不可以假人,君之所司也。名以出信,信以守器,器以藏礼,礼以行义,义以生利,利以平民,政之大节也。若以假人,与人政也。政亡,则国家从之,弗可止也已。"②什么样的名分,得多大邑地,坐什么样的车马,用什么样的马饰。这些礼的规定是不可以变易的。礼的作用就是广施仁义,而义的合宜就产生"利"了,利合义就可以治理臣民,义利相宜,这就是治理国家的"政"之"大节"或关键所在。政治的关键就是用礼来平衡和协调义利之间的关系。义利之间的这种关系正是适应"政治"需要而逐渐强化的一种伦

---

① 《论语·里仁》。

② 《左传·成公二年》。

理关系。孔子中庸,因为衡量利的标准是宜,即"恰当"或"应当",因而提出了"义然后取"的行为准则。"不义而富且贵,于我如浮云。"①但是,当论及政治与利益的关系时,孔子甚至认为,利益问题与政治不可分裂。《论语·子路》曰:"子夏为莒文宰,问政。子曰:'无欲速,无见小利。欲速则不达,见小利则大事不成。'"为政之道,不必计较小利,而应追求大利。在孔子那里,义利之辨得出的结论,是利并不是什么可怕的,衡量利的标准是宜与适当,即以义制利。而把义利之辨推向极端,即由以义制利过渡为以义去利的是孟子。孟子为了游说诸侯,维护当时政局,往往走向极端,从而使以义制利走向以义去利。《孟子·梁惠王上》一章典型地再现了孟子的观点。孟子当时的观点是:王要治理国家,就不要言利,"亦有仁义而已矣"。因为言利,就会导致犯上作乱,篡国弑君。如果说孟子是以义去利的过渡性人物,那么汉朝董仲舒的儒学标志着以义去利的正式提出和形成。汉武帝为了强化中央集权的统治,因而接受董仲舒建议,"罢黜百家,独尊儒术"。董仲舒则把以义去利提升为仁者的行为标准。此后中央封建社会统治的几千年里,封建统治与儒家思想紧密地融会在一起,封建专制需要儒家思想,儒家思想因为封建专制而上升为占统治地位的观念形态。以义去利作为儒家思想中一个重要行为准则,调节人们同专制君主统治的利益关系,即使国计民生之利停滞缓慢发展,但义的至上崇高却是不可动摇的。尽管中间有许多有识之士批评反对,但任何社会统治阶级的观念仍然是这个社会占统治地位的观念。所以,儒家以义去利的要旨,一直是义利之辨的主旋律。

总之,中国古代经济政治和儒家为"尊"的文化传统,是使利益概念出现"二重"不同含义的根源。利益的一种含义是人们物质生活条件,这就是从远古"利"的概念本义发展起来的含义,人类吃穿住、物与"器"、财与货,甚至综合国力、经济与功利、政治利益等都是广义的利益。利的另一种含义,是从春秋义利之辨中出现的"利"。《周易·文言》明白规定:"利者,义之和也。"义是"宜"的意思,即"应当",利益是适宜、适当、应当的意思。利在这里就不是物质利益意义上的"实然"概念,而成为一个伦理价值观中的"应然"概念。《墨子·经说下》曰:"仁,爱也;义,利也。爱、利,此也;所爱、所利,彼也。爱、利不相为内外;所爱、所利亦不相为外内。"在这里,爱与利

---

① 《论语·述而》。

是同等程度概念,爱与利都是一种主观的内心感情和愿望,因而谓之"此也"。这种主观感情愿望外化,才涉及外在对象。这种关系是十分重要而不能相互错位的。在古代伦理义利之辨中,由于从汉至近代,以义制利,以义去利上升为义利之辨的主流。因而,义利之辨中的"利"实际主要是一种含义,即利者,义也。利不是物质和经济利益,而是一种主观道义上的要求和愿望。义利之辨最终目的是要把这一种含义逐渐明朗化,强化为绝对的自律,从而避免"利"滑落为一种"他律",即作为物质经济社会历史观中的利益之利,如果那样的话,它就会反过来支配人们的行为,动摇儒学的统治地位,动摇封建专制统治的根基,从而出现以物的统治依赖关系为基础的社会。在资本主义社会,利益的统治代替人的统治,人与人的关系被颠倒过来反映成了物与物的关系。这无疑是一个历史进步。它割断了由奴隶封建制度遗留下来根深蒂固的宗法关系,推动了生产力的极大发展。西方资本主义利益思想冲击着中国古代传统义利观。中国古代的义利观是中国古代文化的积淀,它如何摆脱封建社会的消极影响,而成为现时代精神的新理念,在 20 世纪初,它成为新民主主义革命理论探索的一个重要问题。

二、辛亥革命前后资产阶级利益思想对封建社会利益思想的疏离与反叛

辛亥革命前后,是中国封建专制帝制行将走向土崩瓦解的急剧变动时期。资产阶级列强用大炮炸开了中国的大门。中国的有识之士从睡梦中惊醒,面对中国亡国变种的危险,一批宣传资本主义利益思想的启蒙思想家产生了。资本主义的利益是什么? 他们认为,所谓利益,就是西方科学技术和政治制度。中国人只有向西方人学习,才可以找到自己的道路。严复等人,从西方留学回国,首先最重要的就是要介绍西方的政治思想和科学技术等。因而,他们翻译了西方的一批经济、政治文典,比如严复翻译了《原富》、《天演论》、《法意》等。这些文典中的利益思想使国民感到耳目一新。但是,这些利益思想仅仅只在中国这块封建经济基础顽固的土壤上下了几滴毛毛雨。它们一落地就被这块土壤无情地吞没了。随着民族资本主义的发展,当历史敲响 20 世纪的钟声时,资本主义利益思想生长的土壤逐渐有所变换,人们才真正意识到,在清扫资本主义的障碍的同时,还务必清除生长在这块土地上的旧的思想残余。这个清扫工作,首先是从代表资产阶级维新

论者梁启超那里开始的。梁启超接受了资产阶级的利益思想,大胆地开始了对中国古代"利"的思想的怀疑。在古代,作为与儒家以义制利思想的真正对立思想家是杨朱。杨朱历来就是儒家"利"的思想的反面。反之,扬杨则抑儒。《孟子·滕文公》曰:"圣王不作,诸侯放恣,处士横议,杨朱墨翟之言盈天下。天下之言,不归杨则归墨。"孟子旨趣十分清楚,在利益问题上,只有抑杨墨,方可扬孔学,这是儒学的戒律。二者不可移易。反之,如果扬杨朱,则势必辟儒学。近代梁启超则在"利益"概念理解上,首先对尊孔抑杨提出了质疑。他认为,杨朱的宗旨是"人人不拔一毫,人人不利天下,天下治矣"。这一点使梁启超产生了怀疑。在他看来,看看西方诸国哲学大家著作,他们阐释的利益含义与杨朱关于"利"的思想吻合者,真是大有人在。这种理论之完备,实在"足以助人群之发达,进国民之文明者"。为什么?他说:"盖西国政治之基础在于民权,而民权之巩固由于国民竞争权利寸步不肯稍让,即以人人不拔一毫之心,以自利者利天下。观于此,然后知中国人号称利己心重者,实则非真利己也。苟其真利己,何以他人剥夺己之权利,握制己之生命,而恬然安之,恬然让之,曾不以为意也。故今日不独发明墨翟之学足以救中国,即发明杨朱之学亦足以救中国。"①这里有几点值得注意:其一,梁启超利的思想,实际是企图把资本主义利益的概念中国化,以西学中对利的观点来观照中国杨墨关于利的思想,从而提出扬杨墨的主张。其二,把利益与民权相联系。利益是民权的重要内容,重民权则重民之利益,不重民权则置人民之利益于不顾。中国就是因为没有把利益当作民权的重要内容,因而,中国人的利己,不是真正的利己,只有资产阶级私有财产是不可侵犯的神圣权利,这是真正的利己的利益。其三,因为人们共处于一群之中,像伴侣一样共营生存,因而,人们不能独享利益,就是说在利己过程中,必能利他。"故善能利己者,必先利其群,而后己之利亦从而进焉。"②这些,实际上是亚当·斯密关于利己的经济人的基本思想。

如何看待杨朱?这是第一个问题。在对待杨朱的分析上,梁启超的观点虽然把儒与杨对立,但其基本倾向是对的。杨朱何许人也?必曰:乃拔一

---

① 梁启超:《十种德性相反相成义》,见张枬等编:《辛亥革命前十年间时论选集》第一卷上,三联书店1960年版,第14页。

② 梁启超:《十种德性相反相成义》,见张枬等编:《辛亥革命前十年间时论选集》第一卷上,三联书店1960年版,第14页。

毛利天下之不为的极端利己主义者,如此市侩小人,何足道之。果真如此,
与现代市场观念也是不相容的。但在先秦诸子典籍中,有的问题很难自圆
其说。比如,孟子,他是辟杨朱最尖锐的人,当人们问他为什么如此好辩时,
他说:"圣王不作,诸侯放恣,处士横议,杨朱墨翟之言盈天下。天下之言,
不归杨则归墨。"①孟子旨在辟杨墨,扬孔学。可是,杨朱之言既然如此荒
谬,为什么会有那样好的社会基础呢?它不仅没有说明杨朱之荒谬,反而暗
示对杨朱其人不能漫画式地理解。杨朱之言盈天下,必有盈天下之道理。
杨朱的著作失传于世。《列子·杨朱》虽疑为魏晋人所撰揖,但它所揭示的
杨朱思想源流,可以通过先秦其他典籍得到证明。《列子·杨朱》记叙了禽
子与孟孙阳的对话。孟孙阳同意杨朱"拔一毛利天下之不为"的主张,而禽
子反对,二人争持不下。"禽子曰,吾不能所以答子。然则以子之言问老聃
关尹,则子言当矣;以吾言问大禹墨翟,则吾言当矣。"这里揭示了老子和墨
子对杨朱思想的两种不同态度。老聃说,孟孙阳之言是对的,因为老子赞成
杨朱重生轻物的思想。墨子说,禽子的意见正确,因为墨子同意禽子忘己济
物的见地。这说明,杨朱与老子重生轻物的思想有其一致性。老子说:"以
其不自生,故能长生。"②又说:"多藏必厚亡。"③老子的思想是长生则轻物,
重物则刚愎自用而厚亡。可见,杨朱"拔一毛而利天下之不为",仅仅是对
其重生轻物思想的具体阐发。重生轻物才是杨朱思想的主旨。春秋奴隶社
会末期,一方面奴隶被当作物,奴隶主可以任意宰杀买卖奴隶、役使奴隶。
更为惨无人道的是,奴隶陪葬之恶习仍然存在。另一方面,由于社会生产力
的发展,奴隶社会的瓦解,坑杀奴隶、奴隶陪葬等非人道的重物轻生的思想,
首先受到一些先进的士君子的谴责。重生轻物的理论就是适应这种情势的
发展而产生的。据《论语·乡党》记载:"厩焚,子退朝,曰:'伤人乎?'不问
马。"孔子虽未明言,但这里暗含孔子重人轻物的思想。孔子明白,重生轻
物有违周礼。重生轻物,等于说人的价值高于物的价值;而重物轻生,等于
说物的价值高于人的价值。因而,杨朱鲜明地以重生轻物为主旨,无疑代表
着一种先进的思想潮流。他是文明和进步的呼唤者。这种影响和效果,从
韩子辟杨的一段话中足可以证明。韩非曰:"夫上所以陈良田大宅、设爵

---

① 《孟子·滕文公》。
② 《老子》第七章。
③ 《老子》第四十四章。

禄,所以易民死命也。今上尊贵轻物重生之士、而索民之出死而重殉上事,不可得也。"①韩非是法家,直言不讳,认为统治者对下惠之以利,旨在"易民死命",今尊杨朱重生轻物的理论,其结果是"索民之出死而重殉上事"就再也行不通了。其实,上尊重生轻物的杨朱,绝非仅仅是没有想到这些。而现实是,杨朱重生轻物的理论具有广泛的社会基础,因为它代表了人类进步的思想潮流。

重生轻物所包含的内容,主要是全性全生,首先是全性。杨子的主张是"全性保真,不以物累形"。② 这里的"性",是指自然之性。"夫水之性清,土者抇之,故不得清;人之性寿,物者抇之,故不得寿。"③人的自然之性就是"寿"或性命,不为外物所累,就做到了全性。但全性是针对不能全性而言的。不能全性的原因,主要是为外物所累。因而,全性就要处理好物与性的关系。按杨朱的意思,处理这种关系的基本原则是"物也者,所以养性也,非所以性养也"④。当今之世,是以性养物,还是以物养性,这是对待物的两种不同态度。如果以物养性,"资物为养",则役物、支配物,"不以物累形";如果以性养物,则为物所役,或以物累形。所谓"物累形"的"物",主要是指名和利。不为名所累,就是行贤去自贤之心。《韩非子·说林上》曰:"杨子过宋于东之逆旅,有妾二人,其恶者贵,美者贱。杨子问其故,逆旅之父答曰:'美者自美,吾不知其美也;恶者自恶,吾不知其恶也。'杨子谓弟子曰:'行贤而去自贤之心,焉往而不美。'"而这里的物,实际就是利。重生轻物,就是重生轻利。詹子曰:"重生,重生则轻利。"在杨朱看来,世道衰微,事物被颠倒了,本应以物养性,而今恰好相反,反而是以性养物。《吕氏春秋·本生》曰:"今世之人,惑者多以性养物,则不知轻重也。不知轻重,则重者为轻,轻者为重矣。若此,则每动无不败。以此为君,悖;以此为臣,乱;以此为子,狂。三者国有一焉,无幸必亡。"如何才能做到以物养性,而不是以性养物?《吕氏春秋·本生》曰:"是故圣人之于声色滋味也,利于性则取之,害于性则舍之,此全性之道也。"全性的途径,就是以性为标准,取舍得当。所以,圣人取万物,目的在于全性或"全其天"。"天全,则神和矣,目明矣,

---

① 《韩非子·显学》。
② 《淮南子·氾论训》。
③ 《吕氏春秋·本生》。
④ 《吕氏春秋·本生》。

耳聪矣,鼻臭矣,口敏矣,三百六十节皆通利矣。"如果富贵而不懂全性之
道,则足以成为祸患。"出则以车,入则以辇,务以自佚,命之曰'招蹙之
机'。肥肉厚酒,务以自强,命之曰'烂肠之食'。靡曼皓齿,郑卫之音,务以
自乐,命之曰'伐性之斧'。"①

　　重生的另一个内容就是全生。"所谓全生者,六欲皆得其宜也。"②六
欲,指生、死及耳、目、口、鼻的欲望。杨朱的思想发挥者子华子在这里认为,
人们最好的是全生,其次是亏生,再次是死,最下一等的是"迫生"。全生要
求全身,即肢体俱全。人的肌体是最重要的。"倕,至巧也。人不爱倕之
指,而爱己之指,有之利故也。"所以,吾生吾身之为我有,而利我亦大矣。
因此,"论其贵贱,爵为天子,不足以比焉;论其轻重,富有天下,不可以易
之;论其安危,一曙失之,终身不复得。此三者,有道者之所慎也。"③可见,
重生要求的是全生全身。全生全身的处世哲学,必然就是明哲保身。这样
一来,杨朱的思想不仅与孟子等人的入世思想相冲突,而且也与重耕战的法
家的主张完全不同。因此,韩非说:"今有人于此,义不入危城,不处军旅,
不以天下大利易其胫一毛,世主必从而礼之,贵其智而高其行,以为轻物重
生之士也。"④韩非辟杨朱,无意中揭示了杨朱拔一毛利天下之不为的真正
内涵。全生全身,"不拔一毛",这是杨朱重生轻物的必然结论。但为什么
"利天下之不为"呢? 首先要弄清"利天下"的真正含义。这里的"天下",
决非指万民的那个天下,而是指诸侯争霸的"国"与"家"。春秋无义战,在
杨朱看来,无论韩、魏、赵,还是秦、楚、齐,都是为了利,无所谓入危城为义,
也无所谓处军旅为义,所以,如果人人拔一毛利天下之不为,义不入危城,不
处军旅,则战祸止,天下治矣。在乱世纷争的角逐中,杨朱中立,这才是"不
利天下"的真正内涵。相反,倘若杨朱附炎趋世,或助齐反秦,或说楚攻赵,
为齐所喜,必为秦恨;为楚所是,必为赵非。而杨朱不干世乱,不拔一毛,不
为所用,洁身自好,是以人皆贵其智而高其行,"世主从而礼之"。杨朱重生
轻物的理论,果然在当时产生了意想不到的社会效果。

　　杨朱的利益倾向本来有对的一面,但由于儒学一统天下,因而长期受到

---

①　《吕氏春秋·本生》。

②　《吕氏春秋·贵生》。

③　《吕氏春秋·重己》。

④　《韩非子·显学》。

了儒学的压制和批判。梁启超在利益思想上,大胆地扬杨朱,辟儒学,无疑是资产阶级利益的思想给予他的知识、胆量和勇气。他虽然在观照"民权"思想同中国人的利益思想的关系时,开了一个新的视角。但是,民权与利益孰重孰轻,他还不十分理解这些问题。是因为有了资产阶级利益基础然后才有民权,还是因为先有民权而后才有资产阶级利益呢?梁启超甚至认为,民权是基本的,有了民权才有利益;没有民权,所以没有利益。其实恰好相反,资产阶级民权正是保护资产阶级利益的民事权利,利益才是这个社会民权的真正根源。最后,关于利己经济人在营利时,首先利己然后势必利他。斯密经济学的这些论述以商品的相互交换为前提,而梁启超的论述的前提是社会观,而不是经济学问题。梁启超企图把资本主义利益思想中国化,其目的是十分明显的。但是,由于他对资本主义利益概念理解不得要领,对中国国情缺乏科学认识,以他为代表的资产阶级利益概念中国化的过程,却因缺乏实际的效果无所作为而逐渐被人们淡忘了。

第三节　马克思主义利益观与新民主主义革命的胜利

一、列宁主义利益思想及其特点

20世纪初,俄国形成的列宁主义是马克思主义发展史上石破天惊的伟大事件。它的特点是把马克思主义同俄国革命实际相结合,推翻沙俄帝国和大资产阶级的统治,指导工人阶级建立了第一个社会主义国家。如果说马克思的社会主义理论在此之前,还仅仅停留在理论层面,而俄国十月革命的胜利,就已经把这种理论付诸实践,并用实践证明马克思主义的正确。因而,马克思的利益范畴,主要表现为历史唯物主义的创新。而列宁则把马克思的利益范畴基本思想应用于实践,形成了马克思主义列宁主义的利益观。列宁主义的利益理论主要表现为实践性,即实践证明了马克思主义利益观的真理性,并在实践中捍卫和发展了马克思主义的利益观。

1.批判各种非马克思主义,阐述了马克思主义的利益观。

俄国在19世纪还是一个封建军事制国家,沙皇是俄国最大的农奴主。由于俄国资本主义的经济发展,沙皇不得不于1861年宣布废除农奴制。俄国经济比西欧落后,但由于俄国特殊的地理位置和俄罗斯民族的民主革命精神,马克思主义较早地就开始了在俄国的传播。1846 年 11 月 1 日,俄国作家安年科夫就给马克思写过信。马克思于 1846 年 12 月 28 日在布鲁塞尔还专门给安年科夫回信,并说:"如果不是我的书商拖到上星期才把蒲鲁东先生的著作《贫困的哲学》给我寄来,那您早就接到我对您 11 月 1 日来信的回信了。"①"但马克思主义真正传入俄国,还是在六七十年代。第一国际在俄国已建立了支部,支部委员是吴亭。马克思在 1876 年曾亲自送过一本《哲学的贫困》1847 年法文版给他的妻子吴亭娜"。② 1869 年巴枯宁翻译出版了《共产党宣言》俄文版第一版,1876 年马克思《资本论》第一卷出版以后的第六年,即 1872 年,在俄国就出版了第一个俄文版,它是《资本论》的第一个外文版。马克思主义在俄国的传播,对俄国的民主主义革命产生了深刻的影响。但是,俄国的国情毕竟不同于马克思主义产生的现实基地——资本主义发达的西欧。马克思主义是否也适合于俄国的国情呢? 如何把马克思主义利益观同俄国的具体实际相结合呢? 这就是俄国民主主义革命首先要解决的前提。列宁主义利益理论产生,实际上是适应这一前提的解决而产生的。换言之,如果没有一个马克思主义利益观同俄国具体实际相结合的问题,那就没有在俄国土地上生长出来的列宁主义的利益理论。马克思主义利益观同俄国革命实际相结合,为列宁主义利益理论产生创造了前提,同时也体现了列宁主义利益理论的主要特色。列宁主义利益理论就是在要不要"结合"、如何"结合"这些问题的探索和实践中逐步发展起来的。19 世纪末下半叶,对俄国革命运动产生影响的是民粹主义,然后又有1883 年由普列汉诺夫等创建的劳动解放社,然后又在 1903 年俄国社会民主工党第二次代表大会产生的以列宁为代表的布尔什维克和孟什维克派等。它们的分歧实质上都是在如何把马克思主义利益观付诸俄国具体实践上展开的。第一个问题,就是如何理解马克思主义。民粹派代表米海洛夫斯基把马克思主义称作为"经济唯物主义"。列宁首先予以批判,他说:"读了米海洛夫斯基先生的上述那一大段话,会以为这全部力量不过是用于最狭义的'经济理论'而已。"③所谓最狭义的"经济理论",就是由米海洛夫斯基等编辑的民粹派机关刊物《俄国财富》上的经济学家的观点。他们用财

① 《马克思恩格斯文集》第 10 卷,人民出版社 2009 年版,第 41 页。
② 黄楠森等主编:《马克思主义哲学史》第 4 卷,北京出版社 1996 年版,第 16 页。
③ 《列宁选集》第 1 卷,人民出版社 2012 年版,第 3 页。

富的生产规律来代替社会发展规律,把马克思唯物主义说成是狭义上的"经济"(财富)意义的唯物主义,这当然是错误的。普列汉诺夫对此进行尖锐批判,认为仅仅承认经济因素在社会生活中的决定作用还是不够的,经济因素本身就是由生产力决定的。现代唯物主义,按恩格斯的意见,它是辩证唯物主义。这一世界观,"既包括自然界,也包括历史。无论是在自然界或是在历史方面,这种世界观'都是本质上辩证性的'。但因为辩证唯物主义涉及历史,所以恩格斯有时将它叫作历史的"①。现代唯物主义不只是"经济唯物主义",它是辩证唯物主义和历史唯物主义的统一,显然用经济来限制现代唯物主义的科学内涵是不够的。所以,列宁给予普列汉诺夫高度评价,认为他对马克思主义宣传,"培养了整整一代俄国马克思主义者"②。如果没有普列汉诺夫阐明现代唯物主义原理及其反对民粹派的意义,俄国马克思主义是不可能形成的。19 世纪末在俄国社会民主党内出现了一个机会主义派别,即经济派。经济派把经济说成是社会历史发展的唯一因素,从而否认政治斗争在社会革命中的作用。他们说,由于"各个阶级的经济利益在历史上起决定作用,所以,无产阶级为自己的经济利益而进行的斗争对它的阶级发展和解放斗争也应当有首要的意义"。列宁对此进行了批判,他说:"'所以'二字是用得完全不恰当的。根据经济利益起决定作用这一点,决不应当作出经济斗争(等于工会斗争)具有首要意义的结论,因为总的说来,各阶级最重大的、'决定性的'利益只有通过根本的政治改造来满足,具体说来,无产阶级的基本经济利益只能通过无产阶级专政代替资产阶级专政的政治革命来满足。"③在这里,列宁首先肯定了经济利益的决定作用,经济利益是社会革命中起决定作用的因素,但它不是"唯一"的。"决定"是"归根到底"的意思,它是指在社会历史发展总的过程中,虽然有经济的、政治的、思想的等各种因素的影响,但是经济利益作为必然的东西,会通过无穷无尽的偶然事件推动社会向前运动发展。至于某一个时期,上层建筑和经济基础的相互作用,由于上层建筑严重地束缚了生产力的发展,不改变旧的上层建筑就不能建立新的经济基础,从而不能推动社会革命的发展,那么,这个时期,政治革命的作用就凸显出来了。但是,从历史运动发展总

① 《普列汉诺夫哲学著作选集》第 2 卷,三联书店 1961 年版,第 311 页。
② 《列宁全集》第 19 卷,人民出版社 1989 年版,第 308 页注①。
③ 《列宁选集》第 1 卷,人民出版社 2012 年版,第 333 页注①。

的过程来看,它们是平行四边形的各种因素形成的合力。然而,不论如何,其中经济利益的作用从总的过程来看,仍然是起决定作用的因素。什么时期,革命采取什么样的策略,它不能简单地一概而论,而必须根据不同的经济政治形势来确定。当一个时期,一种旧的生产关系成为生产力的桎梏,不推翻保护这种旧的生产关系的上层建筑,就不能解放生产力时,在这种情势下,政治革命就是主要的。但是当一种新的生产关系适应新的生产力建立起来以后,那么,发展生产力又是主要的。而"经济派",则把经济利益决定作用庸俗化为"唯一的"因素,从而把整个社会结构中其他因素的相互辩证作用抹杀了。列宁辩证地阐明了马克思主义利益观,并把它们具体运用到俄国的社会革命实践中,对以后的中国社会革命如何辩证认识利益与思想、经济利益与政治思想的作用产生深远影响。列宁深刻地领会利益在马克思主义中的重要作用,第一次提出:物质利益问题是马克思主义整个世界观的基础。① 马克思的利益的内涵,在列宁看来,主要是指的物质利益。这是对的。物质利益是马克思主义利益概念的核心内容,所以,普列汉诺夫在论述人的生产物质生活资料的活动时,认为地理环境也是物质生活条件的重要内容。所以,"周围自然地理环境的性质,决定着人的生产活动、生产资料的性质。生产资料则决定着人们在生产过程中的相互关系"②。因而,他对地理环境在人类的利益中的地位和对发展人类利益的作用作了全面论述,并将地理环境作为社会物质生活条件之一,从而丰富了马克思的利益概念。

　　列宁特别强调了马克思的关于经济形态发展的自然历史过程的基本思想。问题是,马克思究竟是怎样得出这个基本思想的呢?列宁说:"他做到这一点所用的方法,就是从社会生活的各种领域中划分出经济领域,从一切社会关系中划分出生产关系,即决定其余一切关系的基本的原始的关系。"③在列宁看来,马克思的世界观基础是物质利益,当社会生活各个领域呈现在我们面前时,马克思把经济领域看作是基础。当一切社会关系相互比较时,马克思把生产关系看作一切社会关系的基础。所以,物质利益是马克思全部世界观的基础。

　　2.深刻分析国内外经济政治发展特征,提出了社会主义可能在少数或

---

① 　参见《列宁全集》第 34 卷,人民出版社 1985 年版,第 306 页。
② 　《普列汉诺夫著作选集》第 2 卷,三联书店 1961 年版,第 168 页。
③ 　《列宁选集》第 1 卷,人民出版社 2012 年版,第 6 页。

者甚至在单独一个资本主义国家内获得胜利的理论。

列宁所处的时代,正是资本主义由自由竞争向集中垄断过渡的阶段。按照马克思《德意志意识形态》的论述,共产主义一般只有作为"世界历史性的"存在才有可能实现。因为共产主义实现最终要以生产力的巨大增长和高度发展为前提的。如果没有这种前提,"那就只会有贫穷、极端贫困的普遍化;而在极端贫困的情况下,必须重新开始争取必需品的斗争,全部陈腐污浊的东西又要死灰复燃"①。马克思论述了共产主义实现的前提条件和一般实现形式。就前提条件而言,首先是物质前提,那就是生产力的高度发展。没有生产力高度发展所提供的物质利益基础,共产主义只能建立在贫困的基础上。因为贫困基础下的共产主义,首先就是争取"生活必需品的斗争"。所以,没有物质利益为前提,共产主义的实现是不可能的。其次,共产主义是世界历史性的,那也就是共产主义不是地域性的、民族的,因为共产主义要以生产力的普遍发展和与此有关的世界交往的普遍发展为前提。共产主义是建立世界性的普遍交往之上的。离开世界性的普遍性交往,那么,某一地域、某一国家的共产主义就不是共产主义。因而,共产主义就不可能首先在一国建成。那么,社会主义作为共产主义的初级阶段呢,能否首先在一国先获得胜利呢? 马克思没有专门的论述。列宁发展了马克思主义理论,提出了社会主义可能首先在少数或者甚至在单独一个资本主义国家内获得胜利的理论。列宁说:"资本主义的发展在各个国家是极不平衡的。而且在商品生产下也只能是这样。由此得出一个必然的结论:社会主义不能在所有国家内同时获得胜利。它将首先在一个或者几个国家内获得胜利,而其余的国家在一段时间内将仍然是资产阶级的或者资产阶级以前的国家。"②列宁的结论,是他以物质利益为世界观基础去辩证分析当代资本主义经济政治特点的结果。资本主义的生产其实就是商品生产。恩格斯说:"根据唯物主义观点,历史中的决定性因素,归根结底是直接生活的生产和再生产。"③生产的发展引起了分工,分工推动了社会由蒙昧时代、野蛮时代上升为文明时代。"文明时代所由以开始的商品生产阶段,在经济上有下列特征:(1)出现了金属货币,从而出现了货币资本、利息和高利贷;

---

① 《马克思恩格斯文集》第 1 卷,人民出版社 2009 年版,第 538 页。
② 《列宁选集》第 2 卷,人民出版社 2012 年版,第 722 页。
③ 《马克思恩格斯文集》第 4 卷,人民出版社 2009 年版,第 15 页。

（2）出现了作为生产者之间的中间阶级的商人；（3）出现了土地私有制和抵押；（4）出现了作为占统治地位的生产形式的奴隶劳动。"①这里的文明时代就是指资本主义时代，资本主义时代所由以开始的就是商品生产。资本主义经济就是市场经济。商品生产的目的是为了交换。在斯密看来，"交换的功能就在于能将利己心和利他心加以沟通和统一，使处于分工条件下的个人的需求得以满足"②。商品生产的目的就是为了获得最大的利益。因而，货币成为了财富的象征。商品生产的目的改变了人类生产的意义，生产不再是为生产生活必需品的生产，生产成为了获得剩余价值的生产。为此，竞争成为不可避免。竞争使世界财富迅速地集中到少数人的手上，从而必然造成贫富不均。竞争逐渐走向垄断。垄断不仅是国内市场的垄断，而且是国际市场的垄断，直至瓜分世界。所以列宁说："资本家瓜分世界，并不是因为他们的心肠特别狠毒，而是因为集中已经达到这样的阶段，使他们不得不走上这条获取利润的道路；而且他们是'按资本'、'按实力'来瓜分世界的，在商品生产和资本主义制度下也不可能有其他的瓜分方法。"③资本家瓜分世界，其标准是"按资本"、"按实力"来瓜分。由于各国家的实力、资本有强有弱，有大有小，这就引起国内资本家发展的不平衡。尤其是实力，是随着经济发展进程变化的，"在资本主义制度下，各个经济部门和各个国家在经济上是不可能平衡发展的"④。经济的不平衡，必然引起政治上的不平衡；政治上不平衡的最高形式，就是战争。战争加重了人民的负担和苦难，战争也给社会主义革命提供了机会。所以，列宁说："经济和政治发展的不平衡是资本主义的绝对规律。由此就应得出结论：社会主义可能首先在少数甚至在单独一个资本主义国家内获得胜利。这个国家的获得胜利的无产阶级既然剥夺了资本家并在本国组织了社会主义生产，就会奋起同其余的资本主义世界抗衡，把其他国家的被压迫阶级吸引到自己方面来，在这些国家中发动反对资本家的起义，必要时甚至用武力去反对各剥削阶级及其国家。"⑤列宁的论述发展了马克思主义利益理论，在实践上，为世界社

---

① 《马克思恩格斯文集》第4卷，人民出版社2009年版，第195页。
② 晏智杰主编：《西方市场经济理论史》，商务印书馆1999年版，第138页。
③ 《列宁选集》第2卷，人民出版社2012年版，第638页。
④ 《列宁选集》第2卷，人民出版社2012年版，第553页。
⑤ 《列宁选集》第2卷，人民出版社2012年版，第554页。

会主义革命提供了指导性原则。

3.列宁首次运用马克思主义利益观,论述了社会主义建设中的利益实现途径。

俄国十月革命胜利以后,在世界上建立起了第一个社会主义制度的国家。列宁关于社会主义可能首先在少数或者甚至在一个资本主义国家内获得胜利的理论在实践上得到了证明。但是,社会主义革命胜利并不代表社会主义的"建立",更不能代表"建成"。建立是指社会主义诞生,建成则是指社会主义建设和成熟,即由过渡时期的初级社会主义最后进入高级社会主义。俄国于1917年推翻资产阶级临时政府以后,首先建立了社会主义制度,但是,经济形势却是始料未及的。首先,就是面临生活日需品严重匮乏,在彼得格勒出现了"极端严重的饥荒",在许多工业省份,粮食问题同样尖锐,工人和一般贫民也同样濒临于痛苦饥饿线上。"机器的粮食即燃料也极端缺乏,如果不集中全力来严格无情地节省消费和实行合理分配,那么铁路和工厂就会停顿,全国人民就会遭受失业和饥荒的危害。灾祸就在眼前,已经非常逼近了。在非常艰苦的5月之后,还有更艰苦的6月、7月和8月。"①这里的5月,即1918年5月,它是十月革命胜利后的第一年。由于俄国生产力水平发展程度不高,先进的社会主义制度与落后的生产力水平,立即表现出尖锐的冲突和矛盾。正如上文马克思所说的,没有生产力的巨大增长和高度发展,共产主义的地域性的建立,财产的公有化,无非就是贫穷的普遍化。它导致的后果是极端贫困。苏联实践证明,社会主义革命首先可能在一国或少数资本主义国家胜利的结论并不等于社会主义制度的最后实现。所以,列宁在批判"左派"幼稚病和小资产阶级性时说:"苏维埃共和国这个名称是表明苏维埃政权有决心实现向社会主义的过渡,而决不是表明新的经济制度就是社会主义的制度。"②苏维埃政权的性质与新的经济制度总的来看是一致的,那就是它表明"苏维埃政权有决心实现向社会主义的过渡"。利益决定思想,经济基础决定上层建筑。这里的"决定"指归根到底的意思,而不是"唯一"的意思。事实上,上层建筑与经济基础二者不能"等于"。因为,二者的关系,是内容和形式的关系,政权具有相对稳定

---

① 《列宁全集》第34卷,人民出版社1985年版,第336页。
② 《列宁选集》第3卷,人民出版社2012年版,第521页。

性,一定政权总的来看是适应一定的经济基础产生的。但是,政权由于是形式,它可以超前或落后于经济基础。在一定条件,经济基础作为内容,早已发生了变化,但是,政权仍然顽固地维护旧的经济基础而不愿退出历史的舞台。如资本主义国家君主立宪制,其中君主制就是封建专制上的统治形式。在一定条件下,经济基础作为内容还不完全具备建立适合新的政权的新的基础,但是代表这个新的政权形式已建立起来了,如古希腊奴隶社会的民主共和制。换言之,苏维埃共和国这个名称只是表明它有决心实现社会主义过渡。而"左派"幼稚病和小资产阶级性则把二者等同起来,显然是错误的。其次,苏维埃政权并不表明新的经济制度是社会主义制度,它只是表明有决心实现向社会主义的过渡。这就是在资本主义和社会主义之间有一个"过渡"时期。那么,"过渡"时期是什么意思? 过渡时期就是"在这个制度内既有资本主义的也有社会主义的成分、部分和因素"①。为什么? 这是由这个时期的经济结构决定的。在这个时期的经济结构怎样? 列宁作了列举分析,他认为,这个时期的经济成分有五种:"(1)宗法式的,即在很大程度上属于自然经济的农民经济;(2)小商品生产(这里包括大多数出卖粮食的农民);(3)私人资本主义;(4)国家资本主义;(5)社会主义。"②由于经济结构的错综复杂,因而,实行"国家资本主义将是一个巨大的进步。哪怕(我故意用这样的数字作例子,是为了更明显地说明这点)我们付出的代价要比现在大,因为'为了学习'是值得付出代价的,因为这对工人有好处,因为消除无秩序、经济破坏和松懈现象比什么都重要,因为让小私有者的无政府状态继续下去就是最大、最严重的危险,它无疑会葬送我们(如果我们不战胜它的话),而付给国家资本主义较多的贡献,不仅不会葬送我们,反会使我们通过最可靠的道路走向社会主义"③。不难看出,列宁的思想值得重视的有以下几个方面:

首先,国家资本主义是一个巨大的进步。20世纪初,俄国工业总产值在国民经济中只占41%,俄国仍然是小农占优势的国家。列宁说:"在一个小农国家内,占优势而且不能不占优势的是小资产阶级自发势力;大多数甚

---

① 《列宁选集》第3卷,人民出版社2012年版,第521页。
② 《列宁选集》第3卷,人民出版社2012年版,第522页。
③ 《列宁选集》第3卷,人民出版社2012年版,第524—525页。

至绝大多数耕作者都是小商品生产者。"①在五种经济成分中,在列宁看来,国家资本主义是仅次于社会主义的经济成分,因而,国家资本主义与小农经济比较,与小商品生产和私人资本主义比较,就是最进步的一种经济。为了抑制小农经济的肆虐和泛滥,最后消灭小农经济,实行国家资本主义就是一个巨大进步。发展国家资本主义,就是一条消灭小农经济走向社会主义的可靠途径。

其次,是不是对工人带来实际利益,是检验一种新的经济制度是否优越的标准。生产力是物质利益生产的最终根源,而物质利益的分配是由经济制度即一定生产关系决定的。所以,恩格斯认为,利益是经济关系的直接表现。什么样的经济制度,就会造就什么样的利益分配关系。在一个多层次经济成分的经济结构中,与小农经济等比较,国家资本主义仅次于"社会主义"的经济成分。国家资本主义虽还不像社会主义那样,能造成大多数的实际的物质利益,但是它比与小农经济成分等最能给工人带来实际利益的经济成分。后来列宁1922年3月27日在俄共(布)第十一次代表大会上的俄共(布)中央委员会政治报告中说:"我们可以而且应当将之纳入一定范围的资本主义,因为这种资本主义是广大农民和私人资本所需要的,而私人资本做买卖应能满足农民的需要。必须让资本主义经济和资本主义流转能够像通常那样运行,因为这是人民所需要的,少了它就不能生活。"②如果上面论述的是"新经济政策"提出的理论根据的话,那么,从人民的生活需要的利益出发,从社会主义前途目标出发,就是"新经济政策"提出的现实根据。

最后,"代价"就是成本。列宁认为,发展经济是要有代价的,代价是不可避免的。因为,国家资本主义与社会主义目标是有区别的,在俄国实行"国家资本主义"对当时建立起来的社会主义制度而言,实质是一种"退却"。新经济政策是相对先前的经济而言的。俄国十月革命的胜利,苏维埃政权曾设想过经济政策,即"旧的俄国经济将直接过渡到国家按共产主义原则进行生产和分配"③。列宁说:"在经济战线上,由于我们企图过渡到

---

① 《列宁选集》第3卷,人民出版社2012年版,第522页。
② 《列宁选集》第4卷,人民出版社2012年版,第671页。
③ 《列宁选集》第4卷,人民出版社2012年版,第573页。

共产主义,到 1921 年春天我们就遭到了严重的失败,这次失败比高尔察克、邓尼金或皮尔苏茨基使我们遭到的任何一次失败都严重得多,重大得多,危险得多。这次失败表现在:我们上层制定的经济政策同下层脱节,它没有促成生产力的提高,而提高生产力本是我们党纲规定的紧迫的基本任务。"①从先前企图过渡到共产主义的经济政策上退却下来,这就是"代价"。这种代价正如战争一样,既有进攻,又有退却和防御,因而代价是不可避免的。在左派幼稚病看来,任何时候,都应前进,向国家资本主义退却,就是"背叛社会主义",那是错误的。这是一方面。在这里,列宁论述了另一方面问题,即第一次对社会主义建设代价论作了科学规定。"代价"是什么呢? 代价就是破费,即"成本"。社会主义建设,在一些人看来,似乎可以避免"代价",这是错误的。社会主义建设,也需要"学习"。为了"学习"是值得"付出代价"的。代价观是马克思主义利益观的一个重要内容,列宁在这里创造性地发展了马克思的代价理论。马克思在分析李嘉图的经济理论时,曾首先论述过生产力发展中的代价问题。马克思认为,在李嘉图那里,发展生产力的要求是评价经济现象的基本原则。而李嘉图的感伤主义的反对者却断言,生产不是目的本身。马克思说:"那就忘记了,为生产而生产无非就是发展人类的生产力,也就是发展人类天性的财富这种目的本身。如果像西斯蒙第那样,把个人的福利同这个目的对立起来,那就是主张,为了保证个人的福利,全人类的发展应该受到阻碍"。② 在李嘉图看来,发展生产力就是一切,哪怕牺牲工人阶级的利益和地主阶级的利益也在所不惜。李嘉图的观点,隐含了这样一个命题,在工业资产阶级那里,生产力的发展与全人类的利益之间存在对立。西斯蒙第反对李嘉图为生产而生产的论点,认为人们用自己的劳动来创造财富的目的,是为了满足自身的需要,而不是为财富而创造财富。如果单纯地为了财富,那么势必忽视人们的享受而导致贫富向两极发展,即财富增加了而人民却贫困了。他说:"大家请看,英国所积累的如此巨大的财富究竟带来了什么结果呢? 除了给各个阶级带来忧虑、困苦和完全破产的危险以外,另外还有什么呢? 为了物而忘记人的英国不是为了手段而牺牲目的吗?"③所以,他主张政治经济学应以财富的分配

---

① 《列宁选集》第 4 卷,人民出版社 2012 年版,第 575—576 页。

② 《马克思恩格斯全集》第 26 卷第二册,人民出版社 1973 年版,第 124 页。

③ [瑞士]西斯蒙第:《政治经济学新原理》,何钦译,商务印书馆 1964 年版,第 9 页。

作为其研究中心,这正好反映了当时英国小市民的善良愿望。

李嘉图的命题已看出他在科学上的诚实。但问题是,生产力的发展是不是一定要用代价来换取? 这里出现了两种绝然不同的代价论:一种认为,社会生产力的发展就是要以牺牲一部分人的利益为代价;另一种认为,生产力的发展,同全人类的利益本是一致的,代价只是一定历史阶段的产物。显然,马克思批判了第一种代价观,而肯定了第二种代价观,认为生产力的发展,它同全人类利益是一致的,因而,这种代价只是相对的,它是一定历史阶段的产物。因为,生产力发展最终必然给全人类带来实际的利益,代价只是一种必要的物质成本。这同李嘉图为了少数工业资产阶级的发财致富,而以牺牲大多数工人阶级的利益为代价有性质的区别。但是,代价作为人类行为结果的评估,在方法论上已为人们所公认。问题是代价能否引入目的设定。代价并非与目的不相容。代价引入生产的目的性设定是常见的。如果生产一吨钢,就得准备燃料、原料和设备等。这种成本消耗,虽在生产过程中,但在目的设定中,代价意识是不可缺少的。正因为实践的生产活动是有目的活动,从目的出发去评估效果,才产生了代价观念。目的和效果是统一的,代价在结果评价中是普遍的,那么,在目的设定中也是普遍的。这里需要界定的是,目的设定中的代价作为事物因果制约性的观念,它是以"应当如此"的观念出现的,还是以"不得不如此"的观念出现的呢? 因为,"应当如此"产生的代价,无疑就是应当的;而"不得不如此"则不同,由它产生的代价,就是不应当的。从前者出发,人们理当自觉地去减少代价,但不必彻底消解代价。从后者出发则绝然相反,人们理当务必自觉地去消解和避免一切代价。毋庸讳言,在生产力的发展中,对物的代价应选择的是前一种代价观。李嘉图把两种"代价"混淆起来,显然是错误的。列宁的"新政策理论"的目的是人民的物质生活需要、工人的利益、发展生产力,并把小农经济通过国家资本主义引向社会主义的道路。列宁的"代价论"发展了马克思利益观中关于"代价论"的理论。列宁的新经济政策的理论,推动了俄国社会主义经济的发展,克服了新生的苏维埃政权饥荒的危机,为俄国社会主义事业发展奠定了物质基础。列宁的新经济政策创造性地把马克思主义利益观同俄国社会主义建设的具体实际相结合,对中国社会主义改造和改革开放产生了深远的影响。

二、中国新民主主义利益理论的探索和建构

马克思主义的利益范畴是历史唯物主义的基础范畴,以马克思主义利益范畴为基础的理论观点,及其运用这些观念对社会经济政治所形成的系统看法,就是马克思主义利益理论。中国地处亚洲,与苏联毗邻,俄国十月革命的影响是一种最为现实的感召力。"中国的先进分子是在俄国十月革命的影响和鼓舞下找到马克思列宁主义的。但由于历史、地理、交通、语言等多种因素,他们首先不是通过俄国而是通过东邻日本的渠道了解、接受马克思主义。"①除此之外,就是法国、德国和英国,尤其是留法勤工俭学一批青年学子很快地接触了马克思主义,并将自己学习马克思主义的体会心得等寄回祖国,从而对国内马克思主义的传播起到一种桥梁作用。如蔡和森,1919 年 12 月离开中国去法国,由于他与毛泽东联系密切,"他把自己学习、研究所得及时写信告诉国内的毛泽东和其他新民学会会员"②。中国当时还不可能从理论上去系统地研究马克思主义理论,对马克思主义利益范畴的含义不可能作系统研究,中国新民主主义革命最为需要的,是能从理论上给予指导的思想武器,即唯物史观。而从日本传入的马克思主义和从法国传入的马克思主义正好适应这一要求,日本著名马克思主义理论工作者河上肇的主要研究领域就是马克思的唯物史观。他对唯物史观的介绍,对中国五四时期马克思主义唯物史观的传播产生了一定影响。1919 年 5 月李大钊在《新青年》第 6 卷第 5 号出版的《马克思主义研究专号》,其中就刊登了由顾兆熊翻译的日本河上肇著的《马克思的唯物史观》,还有他本人写作的其中 2 至 6 部分大都取材于河上肇的《马克思社会主义之理论的体系》一书的"我的马克思主义观"。利益范畴是唯物史观的基础,虽然当时没有条件去系统地研究马克思主义的利益范畴,但是由马克思主义利益范畴而形成的对各种社会问题的利益观的基本思想,能够通过唯物史观的介绍和传播得到理解。这一现实前提,既为准确理解马克思主义利益观增添了难度,但也为马克思主义利益范畴及其基本观点中国化提供了条件。因为,马克思主义利益观的核心就是利益,尤其是物质经济利益是社会的基础,在社会中是起决定作用的因素,运用这一原理去理解中国的社会,最重要的是把

---

① 　许全兴等:《中国现代哲学史》,北京大学出版社 1998 年版,第 102 页。
② 　许全兴等:《中国现代哲学史》,北京大学出版社 1998 年版,第 102 页。

它同中国的社会实际相结合,而不在于可以用什么教条化的公式将其表述出来。如果有人企图把其用教条化的公式表述出来,企图去像学术研究那样穷根究底,那反而会脱离中国的国情,无法解决中国的实际问题。相反,只要抓住了马克思主义利益观的基本精神,不受任何条条框框先入为主的限制,而实事求是地从中国实际出发,那么,反而可以由此探索一条马克思主义利益观中国化的现实途径。

毛泽东是在第二种意义理解了马克思主义利益观基本精神,找到了一条把马克思主义利益观中国化的正确途径。而陈独秀,首先是王明等人,由于固守在马克思主义利益观的条条框框上,结果反而走向了反面。

1.毛泽东运用马克思主义利益观分析中国社会各阶级,找到了中国新民主主义革命的依靠力量。

毛泽东早年学习于湖南第一师范,深受其老师杨昌济先生影响。杨昌济先生乃是从英国回来的留学生,是唯心主义者。杨昌济先生给学生讲授伦理学,毛泽东在其启发下,专门读了由蔡元培翻译的德国新康德主义包尔生的《伦理学原理》,并写下了12100字的批语,阐释了自己的唯心主义二元论世界观和伦理救国的宗旨。他在"批注"中说:"一人生死之言,本精神不灭、物质不灭为基础(精神物质非绝对相离之二物,其实即一物也,二者乃共存者也)。"①毛泽东这种心物二元论,显然是受了康德思想的影响,因为康德哲学在当时的中国是最为流行的哲学思想。但毛泽东始终立足于中国文化的基地上,因而,他把这种二元论同中国传统哲学关于生死乃气之"聚散"的观点结合起来,说:"且吾人之死,未死也,解散而已。凡自然物不灭,吾人固不灭也。不仅死为未死,即生亦系未生,团聚而已矣。由精神与物质之团聚而为人,及其衰老而遂解散之,有何可惧哉。"②以这种世界观认识个人与社会的关系,在他看来,利他是手段,利己才是目的。他说:"人类生活之本意,仍在发达其个体也。"③"是故,吾人有时兼利他之手段者,仍以达到自利之目的也。"④既然,人类生活之本意在于发达个体,因而,中国当前的最为重要的是,用伦理学来塑造成人的思想,塑造一大批有大气量的

① 《毛泽东早期文稿》(1912·6—1920·11),湖南出版社1990年版,第199页。
② 《毛泽东早期文稿》(1912·6—1920·11),湖南出版社1990年版,第194页。
③ 《毛泽东早期文稿》(1912·6—1920·11),湖南出版社1990年版,第240页。
④ 《毛泽东早期文稿》(1912·6—1920·11),湖南出版社1990年版,第241页。

人。他说："当今之世,宜有大气量人,从哲学、伦理学入手,改造哲学,改造伦理学,根本上变换全国之思想。"①俄国十月革命胜利后,马克思主义在中国得到了迅速传播,1918 年 8 月 15 日毛泽东离开湖南第一师范去了北京。经杨昌济先生介绍,在李大钊为主任的北京大学图书馆任助理。这对毛泽东的马克思主义世界观的形成产生了重要影响。他在那里,读到了李大钊的《庶民的胜利》《布尔什维克的胜利》等文章,还参加了北京大学哲学研究会,广泛地接触了各种新思潮和马克思主义。1919 年 3 月又随勤工俭学赴法的青年离开北京去了上海。1919 年 4 月由上海回到长沙。经过五四运动等革命实践,毛泽东观察社会世界问题的方法,才开始明显地发生转换。在学生时代,他把"应当"置放于社会基础上,要用"伦理学"的"应当"去改造人和社会。现在他立足点已从"应当"转向现实。在他看来,利益是社会中最具有决定性的基础。1919 年 7 月 14 日,他主编的湖南学生联合会会刊《湘江评论》创刊号出版。在这个创刊号,他第一次提出,"自文艺复兴,思想解放,'人类应如何生活'成了一个绝大的问题。"②人类要创造历史,首先就是要生活。人类应如何生活? 这是马克思的利益概念最基本的内涵。离开生活,也就没有人类,没有人类的历史等。因而,"世界什么问题最大? 吃饭问题最大。什么力量最强? 民众联合的力量最强"③。吃饭是个人获得力量的物质利益基础,而民众联合则是社会获得物质力量的源泉。世界最大的问题是吃、穿、住问题。社会力量最大的源泉,那就是调动民众的力量。当然,这里与马克思论述的利益内涵还有十分遥远的距离。因为,在马克思那里的利益内涵不只是吃、穿、住,而且还揭示物质利益是生产活动创造的真正根源,而毛泽东只是朴素地领会吃、穿、住问题是人类世界"最大"的问题。其次,这里的"民众",也还不是从生产活动即社会实践的主体来揭示的,而只是广义上的人民大众。但是,这里已表明,毛泽东已开始从唯心主义向唯物主义转变。而毛泽东真正从一般唯物主义向唯物史观的转变的标志,是他的《中国社会各阶级的分析》和《湖南农民运动考察报告》等文的发表。中国共产党成立以后,又经过第一次大革命的实践,毛泽东的立场、观点都发生了根本的变化。这种变化不只是停留在对马克思

---

① 《毛泽东早期文稿》(1912·6—1920·11),湖南出版社 1990 年版,第 86 页。
② 《毛泽东早期文稿》,湖南出版社 1990 年版,第 292 页。
③ 《毛泽东早期文稿》,湖南出版社 1990 年版,第 292 页。

历史唯物论的理论理解上,而是他能运用马克思主义利益观去分析中国社会问题,分析中国社会各阶级的状况,从而把马克思主义利益观同中国的具体实际相结合,发现了中国新民主主义革命的依靠力量。

马克思主义利益观中国化是关系中国革命能否胜利的根本问题。马克思主义利益观的基本原理具有普遍性,但它在各国推广应用都有一个与本国具体实际相结合的问题。所谓中国化,就是一个把马克思主义利益观同中国革命和建设的具体实际相结合的过程。在中国共产党成立以后,它就十分尖锐地摆在中国共产党的面前。

首先,在中国革命的依靠力量上,当时就出现两种不同的倾向。一种是以陈独秀为代表的资本主义阶段论,认为民主主义革命是资产阶级革命。按马克思的思想,人类社会发展的"次第"是原始社会、奴隶社会、封建社会、资本主义社会,然后才是社会主义社会。而陈独秀认为,由于这种"进化的历程恒次第不爽"①,就中国当时的情势,自然应由资产阶级去掌握政权,依靠资产阶级进行资产阶级革命,然后再由资本主义进入社会主义。他说:"我们不是乌托邦的社会主义者,决不幻想不经过资本主义,而可以由半封建的社会一跳便到社会主义社会。"②因而,他主张国共合作,不必发动农民。第二种就是以张国焘为代表的"左"倾机会主义,他走向另一个极端,把中国农民抛在一边,只注意工人运动。为了寻求正确的渠道,毛泽东运用了马克思主义利益观的基本原理,以中国社会各阶级的经济地位为基础,具体地分析了他们基于各自的经济利益而生发的对革命的态度,并且还走向社会,从"是"出发,考察了湖南农民运动,从而得出了合乎中国国情的正确结论。他认为:"在经济落后的半殖民地的中国,地主阶级和买办阶级完全是国际资产阶级的附庸,其生存和发展,是附属于帝国主义的。这些阶级代表中国最落后的和最反动的生产关系,阻碍中国生产力的发展。"③"中产阶级。这个阶级代表中国城乡资本主义的生产关系。"④这就是民族资产阶级,由于特殊经济利益,他们是一个处于动摇的阶级,在革命高潮时可能

---

① 参见陈独秀:《资产阶级革命与革命的资产阶级》,转引自《中共党史教学参考资料》(一),人民出版社1957年版,第13页。

② 《陈独秀文章选编》下,三联书店1984年版,第264页。

③ 《毛泽东选集》第一卷,人民出版社1991年版,第3—4页。

④ 《毛泽东选集》第一卷,人民出版社1991年版,第4页。

分化,其右翼可能将跑到帝国主义方面去。这一点被1927年所发生的事变的事实所证明。小资产阶级,他们虽然同处于小资产阶级经济地位,但又有三个不同部分:第一部分是有余钱剩米的,发财观念极重,对赵公元帅礼拜最勤,虽不想发大财,但总想爬上中产阶级的地位。"他们看见那些受人尊敬的小财东,往往垂着一尺长的涎水。"①他们比较接近中产阶级,对革命取怀疑的态度,是小资产阶级的右翼,这是极少数。第二部分是经济上大体可以自给的。他们对革命持中立态度,但绝不反对革命,他们占小资产阶级的一半。第三部分是生活下降的。他们在革命运动中颇要紧,数量不少,是中小资产阶级的左翼。在革命高潮时,小资产阶级左、中派亦可参加革命,就是右派也会"附和着革命"。半无产阶级,即绝大部分半自耕农、贫农、小手工业者、店员、小贩等。"绝大部分半自耕农和贫农是农村中一个数量极大的群众。所谓农民问题,主要就是他们的问题。"②他们由于经济地位低下,或生活拮据,债务丛集,如牛负重;或由于"家庭负担之重,工资和生活费用之不相称,时有贫困的压迫和失业的恐慌";或作小贩,"本小利微,吃着不够"。他们具有优于小资产阶级的革命性。"无产阶级。现代工业无产阶级约二百万人。中国因经济落后,故现代工业无产阶级人数不多。"③但是,由于他们"集中","经济地位低下",因而,他们受帝国主义、官僚资本主义、封建主义压迫最深,他们"人数虽不多,却是中国新的生产力的代表者,是近代中国最进步的阶级,做了革命运动的领导力量"④。所以,"一切勾结帝国主义的军阀、官僚、买办阶级、大地主阶级以及附属于他们的一部分反动知识界,是我们的敌人。工业无产阶级是我们革命的领导力量。一切半无产阶级、小资产阶级,是我们最接近的朋友。那动摇不定的中产阶级,其右翼可能是我们的敌人,其左翼可能是我们的朋友——但我们要时常提防他们,不要让他们扰乱了我们的阵线"⑤。毛泽东运用马克思主义利益观的基本观点分析了中国各阶级的经济状况,从而找到新民主主义革命的领导力量和同盟军,他们就是新民主主义革命中实践马克思主义利益观的物质

① 《毛泽东选集》第一卷,人民出版社1991年版,第5页。
② 《毛泽东选集》第一卷,人民出版社1991年版,第6页。
③ 《毛泽东选集》第一卷,人民出版社1991年版,第7页。
④ 《毛泽东选集》第一卷,人民出版社1991年版,第8页。
⑤ 《毛泽东选集》第一卷,人民出版社1991年版,第9页。

力量。

2.毛泽东运用马克思主义利益观认识中国的国情,从而确立中国新民主主义革命的正确道路。

俄国十月革命是以现代产业工人为主体,通过城市暴动的方式夺取政权的。我国新民主主义的革命道路应该怎样呢?实践证明,陈独秀等人的右倾主义是错误的,在经历了第一次国内大革命失败以后,已失去了市场。而李立三的"左"倾错误就适应这种形势产生了。他教条式地理解俄国的经验,从而主张以城市暴动的方式夺取政权,即城市中心论。李立三的"城市中心论"在实践中很快地遭到失败。

中国革命的道路在哪里?毛泽东在实践中进行探索和研究,还积极地总结了全国各根据地斗争实践经验,然后以马克思主义利益观为理论基础,提出了中国新民主主义革命的道路的理论。毛泽东认为,中国经济、政治不同于俄国的特点,决定中国新民主主义革命应走农村包围城市的道路。所谓农村包围城市,就是先在敌人统治比较薄弱的农村,建立一小块或若干小块红色政权,逐步扩大,从农村包围城市,最后完全夺取城市,解放全中国,而不是相反。中国革命道路与俄国十月革命道路正好是相逆的两个方向。为什么?这主要是由于中国经济和政治方面的特征决定的。毛泽东说,农村包围城市这种现象产生的原因有两种,"即地方的农业经济(不是统一的资本主义经济)和帝国主义划分势力范围的分裂剥削政策"①。

首先是中国经济发展的不平衡。中国不像西方,也不同于俄国。在西方发达国家都形成了统一的资本主义经济。19世纪末到20世纪初,自由竞争逐渐上升为垄断的资本主义。垄断的资本主义就是统一的资本主义经济。这里的"统一",不是指"计划"意义上的"统一",而是指的资本主义一统天下。垄断资本主义通过托拉斯、卡特尔、辛迪加等垄断组织形式的垄断,不仅垄断了生产和市场,而且还垄断了金融资本;不仅垄断了城市,而且垄断了农村。在这种资本主义一统天下的西欧,城市是资本主义经济的命脉,在那里的革命,不会发生农村包围城市的现象。俄国虽然是小农占优势的国家,但垄断资本主义也逐渐有了发展。在俄国,垄断组织的主要形式是辛迪加。20世纪初,全国已有垄断组织30多个,"1902年成立的金属销售

---

① 《毛泽东选集》第一卷,人民出版社1991年版,第49页。

辛迪加拥有的资本达全国冶金工业资本的 70%,1904 年成立的顿涅茨煤炭销售辛迪加控制南部煤产量的 75%。20 世纪初俄国形成了八大银行,它们控制了全国银行资本的 55.7%,冶金工业投资的 50% 和煤矿投资的 60% 在它们的控制之中"[①]。俄国工业总产值在国民经济中已占 41%。十月革命前的俄国,已是世界帝国主义体系的一部分。俄国帝国主义具有一般帝国主义的基本特征。19 世纪 90 年代的经济高涨和 1900—1903 年的经济危机促使许多新的垄断组织形成并巩固起来。"银行资本也开始集中,到 20 世纪初,八大银行控制着全国银行资本的 55.7%。这些银行投资在冶金工业中的资本占全部冶金工业资本的 50%。俄国还向巴尔干各国、土耳其、伊朗和中国输出资本。"[②]1905 年革命前夕,俄国产业工人就已达 300 万,而且有一半是工厂工人。"俄国工业生产高度集中,1905 年,1/3 以上的工人集中在拥有一千工人以上的大企业中做工。"[③]而中国却不同。中国在鸦片战争以前,是一个封建的农业国,鸦片战争以后,中国陷入了半封建半殖民地。中国的工业在国民经济中所占比例悬殊。中国现代化建设的工业经济大约只有 10% 左右,但是"中国还有大约百分之九十左右的分散的个体的农业经济和手工业经济,这是落后的,这是和古代没有多大区别的,我们还有百分之九十左右的经济生活停留在古代"[④]。而且由于中国的半殖民地性质,限制了中国的民族工业发展,因而,还没有也不可能出现西方那样"统一"的资本主义经济。

其次是政治发展不平衡。由于经济上发展不平衡,从而决定中国政治统治的不平衡。正如毛泽东在《中国革命战争的战略问题》一书所指出的:"中国政治经济发展不平衡——微弱的资本主义经济和严重的半封建经济同时存在,近代式的若干工商业都市和停滞着的广大农村同时存在,几百万产业工人和几万万旧制度统治下的农民和手工业工人同时存在,管理中央政府的大军阀和管理各省的小军阀同时存在,反动军队中有隶属蒋介石的所谓中央军和隶属各省军阀的所谓杂牌军这样两部分军队同时存在,若干的铁路航路汽车路和普遍的独轮车路、只能用脚走的路和用脚还不好走的

---

① 黄楠森主编:《马克思主义哲学史》第 4 卷,北京出版社 1996 年版,第 11—12 页。
② 周一良:《世界通史》近代部分·下册,人民出版社 1972 年版,第 218 页。
③ 周一良:《世界通史》近代部分·下册,人民出版社 1972 年版,第 221 页。
④ 《毛泽东选集》第四卷,人民出版社 1991 年版,第 1430 页。

路同时存在。"①由于中国仍然是自给自足的自然经济占优势,中国没有统一的资产阶级经济,广大农村可以不依赖城市而独立存在。由经济上的不统一,决定中国政治统治的不统一,大小军阀并存,白色政权封建割据严重,帝国主义相互竞雄,角逐和划分中国的势力范围。封建军阀和帝国主义的这种角逐、瓜分、分裂和连绵不断的战争,因而造成了一个有利条件,那就是使共产党领导下的小块红色区域能够"在四围白色政权包围的中间发生和坚持下来"。

毛泽东用马克思主义利益观探索的中国新民主主义革命的道路,通过新民主主义革命实践检验,是十分正确的。

3.毛泽东以马克思主义利益观为基础,阐述了中国革命的前途。

随着新民主主义不断深入,新民主主义何处去的问题提出来了。有人提出了"二次革命论",那就是在新民主主义革命和社会主义革命之间,建立"欧美式的资本主义社会"。毛泽东认为,反帝反封建的革命,扫除了资本主义发展的障碍物,资本主义经济在中国社会中会有一个相当程度的发展。"但这只是中国革命的一方面的结果,不是它的全部结果。中国革命的全部结果是:一方面有资本主义因素的发展,又一方面有社会主义因素的发展。这种社会主义因素是什么呢? 就是无产阶级和共产党在全国政治势力中的比重的增长,就是农民、知识分子和城市小资产阶级或者已经或者可能承认无产阶级和共产党的领导权,就是民主共和国的国营经济和劳动人民的合作经济。所有这一切,都是社会主义的因素。加以国际环境的有利,便使中国资产阶级民主革命的最后结果,避免资本主义的前途,实现社会主义的前途,不能不具有极大的可能性了。"②中国的半封建半殖民地性质,使中国的资本主义经济向两个层面发展:一个是官僚资本主义;另一个是民族资本主义。官僚资本主义是帝国主义的附庸,历来是中国革命的对象。民族资本主义又十分软弱,具有两面性,缺乏建立资产阶级共和国的阶级基础。帝国主义侵略中国的目的,也绝不是要把封建的中国建设成为一个独立的资本主义中国,它们的目的,就是永远把中国沦为一个殖民地和半殖民地。自鸦片战争以后,洪秀全、康有为、孙中山等先驱,都曾拜西方资本主义

---

① 《毛泽东选集》第一卷,人民出版社1991年版,第188页。
② 《毛泽东选集》第二卷,人民出版社1991年版,第650页。

为师,但终遭挫折,反受其害。帝国主义列强的基本利益,只有侵略、掠夺、蚕食和瓜分中国。它们绝不会让一个资本主义中国从它们压迫下独自站立起来,与它们平起平坐。而另一方面,由于世界资本主义走向垄断的特点,十月革命的胜利,世界进入了一个帝国主义和社会主义革命的时代,中国革命已成为了世界革命的一部分。因而,中国新民主主义革命的前途不是资本主义,而是社会主义。"中国革命不能不做两步走,第一步是新民主主义,第二步才是社会主义。"①新民主主义是社会主义的准备阶段,而社会主义是新民主主义发展的必然结果。毛泽东没有也不可能来系统地研究马克思的文本中关于利益的范畴及其理论体系,但是,毛泽东把握住了马克思主义利益观中关于利益决定思想、经济决定政治等最基本原理。他运用这个普遍性原理,同中国的实际相结合,探索和发现了中国新民主主义革命的依靠力量,探明了革命胜利的途径和新民主主义革命前途等重要问题。毛泽东思想活的灵魂,是贯穿于它的各个组成部分的立场、观点和方法,它有三个方面,即实事求是、群众路线和独立自主。但就新民主主义革命,毛泽东把马克思主义同中国革命相结合的基本方面,就是他运用马克思主义利益观分析和把握了中国国情,从而发现新民主主义革命的物质力量,探索了一条争取新民主主义革命胜利的道路,指出了新民主主义革命发展的前途。

---

① 《毛泽东选集》第二卷,人民出版社 1991 年版,第 683—684 页。

第 十 章

当代马克思主义利益观的中国化

第一节　社会主义社会利益疑难

一、社会主义社会的利益矛盾

中华人民共和国的成立,标志着中国进入了一个伟大的历史时代。新民主主义革命的必然结果是社会主义,可是新民主主义如何才能进入社会主义,这就提出社会主义过渡时期的理论。1953年8月,毛泽东说:"从中华人民共和国成立,到社会主义改造基本完成,这是一个过渡时期。党在这个过渡时期的总路线和总任务,是要在一个相当长的时期内,逐步实现国家的社会主义工业化,并逐步实现对农业、手工业和资本主义工商业的社会主义改造。"①毛泽东在这里提出了"过渡时期"的概念。按这里的"过渡时期"的规定,它是指中华人民共和国成立到社会主义三大改造基本完成,即对农业、手工业和资本主义工商业的改造。这里,"过渡时期"的概念,显然是一个经济概念。这里的"总路线"就是"一化三改",即对农业、手工业和资本主义工商业实行社会主义改造,从而实现国家工业化。这条总路线的实质,是为了实现国家工业化还是为了改变生产关系,这是完全两条不同的思路。毛泽东说:"总路线就是逐步改变生产关系。斯大林说,生产关系的基础就是所有制。这一点同志们必须弄清楚。现在,私有制和社会主义公有制都是合法的,但是私有制要逐步变为不合法。在三亩地上'确保私有',搞'四大自由',结果就是发展少数富农,走资本主义的路。"②总路线

---

① 《毛泽东文集》第六卷,人民出版社1999年版,第316页。
② 《毛泽东文集》第六卷,人民出版社1999年版,第305页。

就是逐步改变生产关系。显然,毛泽东所说明的是第二条思路。为什么?

首先,毛泽东认为,社会主义就是单一的公有制。生产关系的基础是所有制,那么社会主义的生产关系的基础,就是社会主义公有制。因而,它同私有制就是对立的,可是,在当时却存在"国家资本主义"等私有经济。社会主义改造的目的就是要变当时多种经济成分为单一的公有制,使私有制由合法变为不合法。这就等于消灭私有制,而使公有制成为唯一的合法的经济。

其次,针对社会主义改造中表现的各种利益矛盾,毛泽东认为这些矛盾的根源是生产关系,只要把生产关系改造成为社会主义生产关系,那么,也就等于消除了各种利益矛盾的根源。在农村之所以还有"确保私有"、"四大自由"这些资本主义思想和行为,就是因为在所有制上,还让他们保留"三亩地"为私有财产。如果没有了"三亩地",也就会没有"确保私有"的观念,也就不会有社会主义与资本主义之间的利益矛盾。

显然,在毛泽东看来,生产关系问题是总路线的"纲",抓住这个问题,就抓住了解决利益矛盾的龙头,就达到了"纲举目张"的目的。所谓生产关系,主要是解决社会主义与资本主义的矛盾和利益关系。但是,1954年毛泽东在《关于中华人民共和国宪法草案》一文中说:"我们的总目标,是为建设一个伟大的社会主义国家而奋斗。我们是一个六亿人口的大国,要实现社会主义工业化,要实现农业的社会主义化、机械化,要建成一个伟大的社会主义国家。"①在这里,毛泽东提出了社会主义现代化的目标。那么,如何来实现这种现代化呢?是通过发展生产力,还是通过调整生产关系?毛泽东当时主要强调的还是生产关系。1955年9月12日,毛泽东就"中国农村的社会主义高潮"写了124篇按语。这些"按语"反映了毛泽东当时对于中国农村从互助组到初级社,再从初级社上升为高级社这种社会主义高潮的基本思想。1958年毛泽东在编辑《中国农村社会主义高潮》一书时,又写了一个说明,他认为,社会主义改造完成仅仅标志的是在生产关系所有制方面取得的胜利,而思想战线却仍然"还没有完全胜利"。这揭示了社会主义改造的实质,就是建立社会主义生产关系。但他把思想战线也当作生产关系。既然它也被当作生产关系,那么,改变思想政治问题也就是改变生产关系。

---

① 《毛泽东文集》第六卷,人民出版社1999年版,第329页。

生产关系是毛泽东在社会主义改造中十分注意的一个难题。为什么？"因为初级形式的合作社保存了半私有制，到了一定的时候，这种半私有制就束缚了生产力的发展，人们就要求改变这种制度，使合作社成为生产资料完全公有化的集体经营的经济团体。生产力一经进一步解放，生产就会有更大的发展。"①改变生产关系，就解放了生产力，生产就会有更大的发展。1956年他写作的《论十大关系》和1957年写作的《关于正确处理人民内部矛盾的问题》的主题不是生产力，而是调整生产关系。在《论十大关系》中，第一、二种关系，即"重工业和轻工业、农业的关系"和"沿海工业和内地工业的关系"，谈到了经济建设问题，也就是产业内部投资与积累的关系，这就是资源的调整与分配，所以，它牵涉生产力发展，但就其本身，仍然是一种生产关系，而不是生产力。在第三、四、五、六、十种关系，既是指经济利益，也是指政治利益，如经济建设和国防建设，实质是物质利益与政治利益关系。国防建设是政治上层建筑的重要部分，国防建设主要是指政治利益。第五、六、十种关系，是指国家、集体和个人，中央和地方，汉族和少数民族的关系及国家与国家的关系。这些关系既有物质利益、经济利益之间的关系，也有政治利益关系。而第七、八、九种关系，党和非党的关系、革命和反革命的关系、是非关系，则主要是指政治利益之间关系。《论十大关系》总的看来，仍然是为了改革生产关系。所以，毛泽东在"结尾"时说："这十种关系，都是矛盾。"什么矛盾？实质是指社会主义的利益矛盾，这种利益矛盾处理好了，才可能调动全国人民的积极性。1957年毛泽东写作《关于正确处理人民内部矛盾的问题》，这种人民内部矛盾不是别的，而是人民内部之间利益关系及其矛盾。人民内部矛盾是与敌我矛盾相比较而言。什么是人民内部的矛盾？简言之，那就是在人民利益根本一致的基础上的矛盾。毛泽东说："这种矛盾包括国家利益、集体利益同个人利益之间的矛盾，民主同集中的矛盾，领导同被领导之间的矛盾，国家机关某些工作人员的官僚主义作风同群众之间的矛盾。这种矛盾也是人民内部的一个矛盾。一般说来，人民内部的矛盾，是在人民利益根本一致的基础上的矛盾。"②1957年，毛泽东在论述现在的主要矛盾是什么时说："现在的主要矛盾是什么呢？现在是社

① 《建国以来重要文献选编》第七册，中央文献出版社1993年版，第211页。
② 《毛泽东文集》第七卷，人民出版社1999年版，第205页。

会主义革命,革命的锋芒是对着资产阶级,同时变更小生产制度即实现合作化,主要矛盾就是社会主义和资本主义,集体主义和个人主义,概括地说,就是社会主义和资本主义两条道路的矛盾。'八大'的决议没有提这个问题。'八大'决议上有那么一段,讲主要矛盾是先进的社会主义制度同落后的社会生产力之间的矛盾。这种提法是不对的。"①那么,什么是主要矛盾? 他认为,"全国胜利以后,国内主要矛盾是工人阶级和资产阶级的矛盾,国外是中国和帝国主义的矛盾"②。由此可见:

(1)社会主义改造时期,毛泽东十分重视生产关系的改造,认为总路线就是逐渐改变生产关系。因而在农村,由 1951 年的互助组到 1952 年年初级农业生产合作社,1953 年全国农业普遍出现办初级农业社的高潮,至1956 年 6 月底,全国入社农户达 11000 多万户,占农户总数的 91.9%,其中加入高级社的农户,占入社农户总数的 63%,接着,就出现了一个办高级社的热潮。到 1956 年年底,全国建立了 75.6 万个农业合作社,入社农户达11782.9 万户,占农户总数 96.3%,其中加入高级社的农户 10742.2 万户,占农户总数 87.8%。从互助组到初级社用了五年多,而初级社尚未巩固,又很快进入了高级社。而高级社刚刚建立,到 1958 年,很快地又建立了人民公社。1958 年,毛泽东在山东视察时说:"还是办人民公社好。它的好处是可以把工、农、商、学、兵合在一起,便于领导。"③人民公社的优势就是"便于领导"。所谓"便于领导",实际是统一计划,统一指挥,统一行动,生产管理组织上升为政治的军事化的团体组织。

(2)社会主义改造完成以后,毛泽东的基本观点仍然是把改造生产关系看作社会主义革命和社会主义建设的主要任务。因而,把社会主义与资本主义矛盾上升为社会主义建设中的主要矛盾。

(3)在生产力和生产关系这对矛盾中,矛盾的主要方面是改造生产关系。它比发展生产力更为重要。只有改造了生产关系,就可以解放生产力。不改造生产关系,生产力不可能得到发展的。

---

① 《建国以来重要文献选编》第十册,中央文献出版社 1994 年版,第 607 页。
② 《建国以来重要文献选编》第十册,中央文献出版社 1994 年版,第 607 页。
③ 《人民日报》1958 年 8 月 13 日。

二、社会主义社会利益的本质内容是什么

资本主义社会,利益上升为统治地位,人与人之间的关系异化为物与物之间的关系。利益的本质内容是金钱、货币、物质财富、经济利益。市民社会的人,不再是政治人,而是经济人。在那里,人与人之间的关系都变成赤裸裸的金钱关系。商品是资本主义经济的细胞,剩余价值的生产和再生产就是资本主义的经济规律。资本主义的危机就是经济危机,资本主义本身就是一个经济概念。马克思早期的利益疑难使马克思开始注意经济利益问题。他在批判黑格尔法哲学原理时,终于找到了理解人类历史的钥匙,即不是在黑格尔的理性国家观念中,而是在黑格尔所鄙视的市民社会。马克思用大半生的精力从事经济学研究,创作了具有世界影响的名著——《资本论》。可见,他始终把经济利益作为资本主义的利益的本质内容。问题是,社会主义社会呢? 社会主义社会利益的本质内容还是经济利益吗? 尤其是,中国在新民主主义革命胜利以后,首先进行社会主义的三大改造。三大改造改变了社会的基本利益关系,即用社会主义社会的利益关系代替旧中国的殖民地、半殖民地和半封建社会的利益关系。于是,社会主义社会的基本矛盾,即上层建筑和经济基础、生产关系与生产力之间的矛盾凸显出来了。首先是上层建筑与经济基础之间的矛盾,或政治与经济之间的矛盾十分尖锐地摆在人们面前。社会主义要不要讲利益? 社会主义利益的本质内容是什么? 是经济利益还是政治利益?《中国共产党第八次全国代表大会关于政治报告的决议》认为,我国社会主义改造完成以后,我国的无产阶级同资产阶级之间的矛盾已经基本上解决。因此,"我们国内的主要矛盾,已经是人民对于建立先进的工业国的要求同落后的农业国的现实之间的矛盾,已经是人民对于经济文化迅速发展的需要同当前经济文化不能满足人民需要的状况之间的矛盾。这一矛盾的实质,在我国社会主义制度已经建立的情况下,也就是先进的社会主义制度同落后的社会生产力之间的矛盾。"八大决议表述得十分清楚,经济利益是社会主义社会利益的本质,经济建设应成为党的工作重心。经济利益是社会历史决定性的基础。这是马克思利益观的最基本原理。党的八大把经济利益放在决定性地位,把经济利益概括为社会主义利益的本质内容,这是十分正确的。但是,八大的路线没有很好地贯彻执行,它直接表现为"左"的思潮的影响,其深层原因还是错误地理解了社会主义利益的本质内容。恩格斯说:"土地占有制和资产

阶级之间的斗争,正如资产阶级和无产阶级之间的斗争一样,首先是为了经济利益而进行的,政治权力不过是用来实现经济利益的手段。"①所以,新民主主义革命的本质是为了推翻帝国主义、封建主义在中国的经济基础,变帝国主义殖民统治的经济利益关系和封建主义土地占有制为社会主义所有制,而反对帝国主义、封建主义的政治斗争(战争是政治集团之最高的斗争形式),只是用来实现经济利益的手段。新民主主义革命的胜利,首先是推翻了国民党的政治统治,建立了人民民主专政的共和国。然后,又进行了社会主义的三大改造,建立了社会主义的经济利益关系。因此,资产阶级的政治权力及其赖以生存的经济基础都不再存在了。如果还把资本主义和社会主义道路的斗争当作主要矛盾,那就等于把资本主义和社会主义道路之间的斗争说成是一个缺乏现实经济内容为基础的政治思想问题。换言之,社会主义利益的本质内容不是经济利益,而是要解决一个政治思想问题。政治上升为主要矛盾,党的工作重心就放到了政治思想斗争上。如1959年的"反右"斗争扩大化,然后又是"反修防修",直至发动了一场"文化大革命"。政治上升为起决定性作用的东西。政治与经济比,政治是目的,经济利益成了手段;政治与生产比,政治第一,生产第二,"抓革命、促生产";政治与业务比,"政治是主要的,是第一位的",利益被认为是资本主义的习语,讲经济利益变成了修正主义。"左"的思想,最根本的是完全颠倒了政治与经济、政治权力与经济利益之间的正确关系。

首先,"利益"是不是资本主义的专门概念。利益是人类学的最一般的范畴。人类从原始社会开始,就有趋利避害的本能。劳动创造了语言。利和害、损和益,是最早反映人们趋利避害本能活动的概念。在奴隶社会,利益概念是有史记载的典籍中使用频率最多的概念之一。在古希腊哲学家如色诺芬的《经济论》、柏拉图的《理想国》、亚里士多德的《政治学》等中,"利益"概念是用得较多的概念之一。在中国先秦时期,"利"是最早的典籍《周易》的中心概念。在《墨子》、《论语》、《孟子》、《吕氏春秋》、《列子》等典籍中,"利"都是使用频率较多的概念之一。"利益"不是资本主义的习语与专门概念。把"利益"说成资本主义的专门概念,等于把人类学的一般规律说成是资本主义的特殊规律。它把个别代替一般,在逻辑上都是错误的。尤

---

① 《马克思恩格斯文集》第4卷,人民出版社2009年版,第305页。

其是在马克思那里,"利益"是与社会存在、物质、经济基础同一系列的概念。"利益"在历史唯物主义中,是说明社会生存发展基础的范畴。马克思认为,18世纪法国唯物主义的利益学说是共产主义的逻辑基础。对利益的正确理解是唯物主义通向社会主义的桥梁。马克思站在实践的唯物主义的立场上,揭示出无产阶级利益概念的内涵,并指明了超越和克服资本主义狭隘的利益偏见,最终实现全人类利益的途径。"利益"作为人类社会的基本范畴,它在不同社会,人们对它作出了不同的规定。在古代,人是政治动物,利益主要是指政治利益。随着市民社会的发展,利益上升为统治地位,利益主要是指以交换价值为基础的经济利益。虽然社会主义利益的实质内容仍然是经济利益,但它是指人们为了满足需要由自己的活动创造的在一定社会关系中占有和支配的物质生活条件,交换价值只是实现社会主义利益的一种手段,而不是社会主义利益的目的。

其次,政治与经济、政治权力与经济利益之间,经济是决定性的因素,经济是第一位的。政治和政治权力都是适应经济利益的需要而产生的,都是实现经济利益的手段和工具,最终为经济利益服务的。政治属于上层建筑。上层建筑分为政治上层建筑和思想上层建筑。政治上层建筑既有国家和法律等制度,又有法庭、军队、警察、政府部门等与之相适应的一套组织。这些就是政治权力。它们看上去是一些有形的实体,但它们都是根据一定的思想政治观念建立起来的。它们只是物质的附属物,因而,它们都属于思想社会关系。而一定的思想政治观念的产生,不是偶然地凭空地产生的,它总是一定的经济利益需要和要求发展到一定阶段的产物。比如,随着资本主义市场经济的发展,契约关系提升到重要地位,因而,霍布斯、卢梭等人就提出了社会契约论等观念。资产阶级为了保护它们的经济利益,把这种观念上升为国家的政治法律制度等。政治和政治权力适应一定的经济利益要求而产生,同时,政治和政治权力又可以反作用于一定经济利益。这种反作用,可以分为促进推动作用和阻碍破坏作用两个方面。当一定政治和政治权力适应一定的经济利益要求时,就对一定的经济利益的发展起到了推动和促进作用。比如,契约法律制度有效地推动了资本主义的平等竞争,保证了市场的正常秩序,对发展资本主义的经济利益,发挥了不可替代的重要作用。相反,政治和政治权力如果不适合经济利益的要求,则势必阻碍和破坏经济利益的发展,比如18世纪末19世纪初的德国封建割据,严重地阻碍了德国市场经济的发展。在欧洲,德国资产阶级不仅缺乏与英、法两国资本主义竞争的能力,而且还要受小小荷兰的贸易侵略。这就大大损害了德国资产阶级的经济利益。我国在社会主义改造基本完成以后,把政治提高到不适当的地位,在很大程度上阻碍了我国经济利益的发展。

三、社会主义社会利益实现途径偏向的原因

社会可以划分为三个系统[生产力、生产关系(经济基础)和上层建筑],两大领域(物质和精神领域)。凡是以实物形式表现出来又能满足一定对象的实际要求的利益,是物质利益;反之,是精神利益。但是,现代社会的物质利益,除开阳光和空气之外,所有的物质利益都与生产活动相关联,都必须通过生产、分配、交换和消费等经济活动得以实现。经济是社会存在的基础。社会存在的客观内容就是经济利益。那么,实现经济利益的途径是什么呢? 党的八大认为,"在我国社会主义制度已经建立的情况下,也就是先进的社会主义制度同落后的社会生产力之间的矛盾",社会主义社会的主要任务就是发展生产力。这样,在社会主义"三大"改造完成以后,明确地提出党的工作重心从政治斗争向经济建设转移。遗憾的是八大的思想未得到切实地贯彻和执行。从马克思的利益观这一视角来考察,产生这种偏向的主要原因是什么呢?

1.新中国成立初期,我国迫切需要马克思主义政治经济学的理论指导,但恰巧又缺乏这方面的理论准备。

马克思的利益观是马克思主义世界观中最基本的观点,马克思利益观之谜的最后答案不在哲学等思想领域,不在政治国家里,更不在"应当"的理想价值目标王国,而是在政治经济学之中。如果缺乏对马克思政治经济学的研究,就不能找到理解资本主义社会利益问题之谜的钥匙,也就无法开启社会主义社会利益之门。马克思以毕生的精力去潜心研究,为的是揭示出资本主义利益的秘密,资本主义的产生、存在和发展,直至它的灭亡,都是生产力发展的结果。生产力发展是社会发展的最终决定力量,是否推动生产力的发展,是衡量一种社会制度是否优于另一种社会制度的标准。但是,生产力的发展是一种似自然的过程,它是客观的,有其自身的客观规律,不是由人们的主观意志任意决定和改变的。总之,从经济学研究中揭示物质利益之谜,就是马克思从法律转向哲学,又从哲学转向经济学研究的最初动

因。马克思的研究成果,最重要的不是哲学和科学社会主义,而是政治经济学。马克思在 1859 年《政治经济学批判·序言》中说:"我所得到的,并且一经得到就用于指导我的研究工作的总的结果,可以简要地表述如下:……社会的物质生产力发展到一定阶段,便同它们一直在其中运动的现存生产关系或财产关系(这只是生产关系的法律用语)发生矛盾。于是这些关系便由生产力的发展形式变成生产力的桎梏。那时社会革命的时代就到来了。随着经济基础的变更,全部庞大的上层建筑也或慢或快地发生变革。"①这里所说的"总的结果",是指经济学研究的结果,而不是哲学、科学社会主义研究所得的总的结果。哲学只是一种用来揭示经济学本质规律的方法,科学社会主义只是把经济学研究"总的结果"去用于指导社会改革的实践或行动的制度模式。所以,哲学如果没有经济学作基础,就不可能有揭示社会发展一般规律的历史唯物主义;社会主义如果没有政治经济学,社会主义就不是科学的。但是,对于政治经济学在马克思主义中的地位作用,由于中国共产党建党初期以及新中国成立初期所处的历史环境和所面临的历史任务,却被忽视了。中国共产党建党初期,由于帝国主义的侵略,民族矛盾上升为中国的主要矛盾。中国共产党面临的主要任务就是反帝反封和反对买办资产阶级。因而,武装斗争成为完成反帝反封的主要手段。为了适应武装斗争的需要,战略战术等问题就成为每一个指战员首先要学习和研究的课题。适应这种需要,哲学、政治学和军事学等理论的学习和研究提高到一个新的层次,因此,产生了毛泽东的《实践论》、《矛盾论》,艾思奇的《大众哲学》,李达的《社会学大纲》等哲学著作。而研究政治经济学的著作却寥寥无几。新中国成立初期,由于政治斗争、军事斗争和经济斗争交织在一起,因而,人们往往沿用在战争年代对政治斗争、军事斗争形成的思维惯性来思考经济问题,如"大跃进"就是一个运用战争年代的人民战争思想来解决经济问题的典型。

2.苏联社会主义经济建设理论的影响。

苏联是第一个社会主义国家。苏联社会主义经济建设理论成为我国构建社会主义建设理论最直接的参照系。所谓苏联社会主义经济建设经验,即斯大林的《苏联社会主义经济问题》。1951 年 11 月苏联政治经济学教科

---

① 《马克思恩格斯文集》第 2 卷,人民出版社 2009 年版,第 591—592 页。

书未定稿而举行经济问题讨论会,斯大林就有关经济问题的意见,撰写了《苏联社会主义经济问题》一书。我国于 1952 年 11 月将其翻译成汉文并出版发行。1952 年 11 月 30 日《人民日报》以《斯大林关于社会主义经济问题伟大论著给我们以新的思想武装》为题发表了社论,并指出:"斯大林同志在他的论著中破天荒第一次地指出了社会主义过渡到共产主义的基本先决条件。这些条件简单地说来就是:一、全部社会生产的不断增长,而生产资料生产的增长要占优先地位;二、用逐渐过渡的办法把集体农庄的所有制提高到全民所有制的水平,也用逐渐过渡的办法使产品交换制来代替商品流通制;三、使社会达到这样高度的文化发展,保证社会一切成员全面发展他们的体力和智力。"这里的理论的直接来源是斯大林的《苏联社会主义经济问题》。当时,苏联经济学家尔·德·雅罗申柯就社会主义经济问题对斯大林的观点提出一些不同意见,并于 1952 年 3 月 20 日写信给联共(布)中央政治局各委员。斯大林针对他的观点写了《关于尔·德·雅罗申柯同志的错误》一文,认为雅罗申柯的主要错误是"他在生产力和生产关系在社会发展中的作用这个问题上,离开了马克思主义,过分夸大了生产力的作用,同时还过分缩小了生产关系的作用,竟至宣布社会主义制度下的生产关系是生产力的一部分"。雅罗申柯认为,"共产主义就是社会生产中生产力的最高科学组织"[①]。那么,共产主义究竟是什么呢? 斯大林在批判了雅罗申柯的错误之后认为,过渡到共产主义,至少必须实现三个基本的先决条件:"1.必须切实保证的,不是生产力的神话般的'合理组织',而是整个社会生产的不断增长,而生产资料生产的增长要占优先地位。""2.必须用有利于集体农庄因而也有利于整个社会的逐渐过渡的办法,把集体农庄所有制提高到全民所有制的水平,并且也用逐渐过渡的办法使产品交换制来代替商品流通,使中央政权或别的什么社会经济中心能够掌握社会生产的全部产品以利于社会。""3.必须把社会的文化发展到足以保证社会一切成员全面发展他们的体力和智力,使社会成员都能获得足以成为社会发展中的积极活动分子的教育,都能自由地选择职业,不致由于现存的分工而终身束缚于某一职业。"[②]斯大林的经济学理论,成了当时我国一大批刚刚脱下戎装

---

① 斯大林:《苏联社会主义经济问题》,人民出版社 1961 年版,第 46 页。
② 斯大林:《苏联社会主义经济问题》,人民出版社 1961 年版,第 48 页。

的干部经济理论学习的启蒙教科书。毛泽东 1956 年写作的《论十大关系》,主要是改造和吸收了苏联的社会主义经济建设的经验。关于《论十大关系》中的第一大关系,即重工业和轻工业、农业的关系,毛泽东说:"重工业是我国建设的重点。必须优先发展生产资料的生产,这是已经定了的。"①后来,在 1958 年 11 月的郑州会议上,毛泽东再次强调:"我们要参考《苏联社会主义经济问题》,研究公社的性质、交换,社会主义向共产主义过渡、集体所有制向全民所有制过渡。"②斯大林《苏联社会主义经济问题》1952 年在我国出了第 1 版,1956 年出了第 2 版,1958 年出了第 3 版,1961 年出了第 4 版。斯大林《苏联社会主义经济问题》总结了第一个社会主义国家经济建设的经验教训,对于指导中国的社会主义经济建设的理论探索,对于指导中国的社会主义经济建设,都发挥了不可替代的重要作用。但是,在经济建设方面,斯大林"左"的思想主流,却从来没有人批评过,直到"文化大革命"以后,甚至还把它当作正确的东西加以推广执行。斯大林"左"的错误,就是过分强调人们对经济规律的主观能动性,而对社会主义经济规律的客观制约性则一笔带过。斯大林一开头就把经济规律理解为"不以人们的意志为转移的客观过程的反映"。他说:"人们能发现这些规律,认识它们,研究它们,在自己的行动中考虑到它们,利用它们以利于社会,但是人们不能改变或废除这些规律,尤其不能制定或创造新的科学规律。"③但是,社会在经济规律面前是不是无能为力的呢?"社会在规律面前并不是无能为力的,社会认识了经济规律以后,依靠它们,就能限制它们发生作用的范围,利用它们以利于社会,并'驾驭'它们。"④至于规律有什么客观制约性,则只字不提。斯大林的意思十分明白:苏联社会主义经济建设,始终是人们发挥主观能动性去认识、发现和利用经济规律的结果。苏联社会主义经济建设,没有制定什么新的规律,苏联"仅仅是因为它依靠了生产关系一定要适合生产力性质这个经济规律"。这是苏联社会主义经济建设的前提。苏联根据这个前提,"把生产资料公有化,使它成为全体人民的财产,因而消

---

① 《毛泽东文集》第七卷,人民出版社 1999 年版,第 24 页。

② 薄一波:《若干重大决策与事件的回顾》(下),中共中央党校出版社 1993 年版,第 809 页。

③ 斯大林:《苏联社会主义经济问题》,人民出版社 1961 年版,第 53、54 页。

④ 斯大林:《苏联社会主义经济问题》,人民出版社 1961 年版,第 2、4 页。

灭了剥削制度,创造了社会主义的经济形式。如果没有这个规律,不依靠这个规律,苏维埃政权是不能完成自己的任务的。"生产关系一定要适合生产力的规律,强调的是"一定要适合",即生产力对生产关系的客观制约性。而斯大林却不同,突出强调的是主观能动性,即苏维埃政权有能力创造社会主义的经济形式。因为,社会的经济规律与自然规律不同,"在经济学领域中,发现和应用那些触犯社会衰朽力量的利益的新规律,却要遇到这些力量的极强烈的反抗。因此,就需要有能够克服这种反抗的力量,社会力量"①。生产关系一定要适合生产力性质的规律,首先触犯了社会衰朽力量的利益,因而会遇到这些力量的反抗。苏维埃政权就是有了克服这种反抗的社会力量,粉碎了旧的社会力量,从而把生产资料公有化,"创造了社会主义的经济形式"。所以,生产关系一定要适合生产力性质这个经济规律在"我国获得了充分发生作用的广阔场所"②。在这里,"一定要适合"变成了"能够让其适合"。它完全违背了生产关系一定要适合生产力性质这一规律的客观规定性。所谓生产关系一定要适合生产力性质的规律,它所包含的客观内容是:第一,生产关系的性质最终是由生产力的性质决定的。生产力对生产关系的客观制约性是第一位的,而生产关系对生产力的反作用则是第二位的。"一定要适合",突出强调的就是生产力对生产关系的客观制约性,而不是主观能动性。第二,生产关系是否应当变革的方向和形式,归根取决于生产力的状况和要求。因此,衡量生产关系是否适合生产力的标准,不是生产关系的所有制性质,而是看其是否推动生产力的发展。第三,生产关系是否适合生产力性质,对生产力起着促进或阻碍作用。生产关系适合了生产力的性质,则促进生产力的发展,生产关系不适合生产力的性质,势必阻碍生产力的发展。可见,斯大林"能够让其适合"的思想,不仅忽视了生产力对生产关系的客观制约性,而且把生产关系的所有制性质作为是否适合的标准,它为我国经济建设中"左"的错误产生提供了直接理论前提。按斯大林的逻辑,苏维埃使生产关系一定要适合生产力性质的规律发挥作用,主要是通过政权的力量,镇压了那些代表衰朽力量利益的阶级的反抗。因此,要使生产关系一定要适合生产力性质,首先就是要镇压那些代表衰朽力量利

---

① 斯大林:《苏联社会主义经济问题》,人民出版社 1961 年版,第 5 页。
② 《斯大林文集》,人民出版社 1985 年版,第 602 页。

益而抗拒生产关系一定要适合生产力性质的规律发生作用的阶级。这样一来,实现生产关系一定要适合生产力性质规律的社会途径就变成了阶级斗争。斯大林不仅把阶级斗争作为解决政治问题的途径,而且作为解决经济问题的途径,阶级斗争成了解决一切问题的总纲。《苏联社会主义经济问题》中一些"左"的理论,成为了中国社会主义经济建设过程中最初的理论胚芽,并在一段时期产生了不良影响。

　　3.受极"左"思潮的干扰。

　　党的八大明确地规定,实现社会主义经济利益的途径是发展生产力,而后来,阶级斗争却变成了解决政治、经济问题的总纲,它除开当时国际共产主义运动和苏联社会主义经济建设中的经验教训的影响之外,其内在原因还是党内极"左"思潮的泛滥。在革命战争年代,陈独秀的右倾机会主义是以投降的面孔出现的。而李立三、王明的"左"的错误虽然也受到了批判,但在战争年代,敌我是非是衡量错误性质的重要标准,"投降"则是敌我是非问题,而"左"的错误似乎只是方法上激进了些,因此,它给人们一种虚假的印象是:"左"比右好。新中国成立以后,一方面在经济建设方面理论准备不足,经验缺乏;另一方面,来不及对"左"的错误进行再认识。由于缺乏"经验",就难免出现急于求成的思想情绪,如"大跃进",就属于这种情形。由于对"左"的错误缺乏再认识,就可能出现宁"左"勿右的错误念头。再加之个别野心家如"四人帮"等,为了捞取政治资本而推波助澜。这些因素结合在一起,从而导致了极"左"思潮的泛滥。极"左"思潮为了完全否认八大的正确路线,从而开始了一场批判"唯生产力论"的运动。认为,坚持发展生产力,集中主要力量搞生产,就是右倾保守、资本主义和修正主义,就是"唯生产力论"。而以阶级斗争为纲,才是马克思主义、历史唯物主义。为了唬人,还说这一理论是恩格斯批判过的德国青年派的观点。其实,正如上文分析的,恩格斯的观点十分清楚。首先,生产力决定生产关系,经济因素决定社会历史的全过程,这是从"归根到底"的意义上来说的。历史唯物主义是一元决定论者,社会存在决定社会意识,生产力决定生产关系,这是历史唯物主义的基本原理。其次,生产力决定生产关系,经济因素决定社会历史发展过程,并不否认生产关系在历史发展过程中对生产力发展的反作用。因为"决定"是从归根到底的意义说的,它不仅不排斥,而且它本身就内在地包含了它们对生产力发展的反作用。最后,恩格斯一针见血地指出,把经济因素说成是"唯一"决定性的因素是十分错误的。唯物史观的"唯",不是"唯一"的意思,"唯生产力论"中的"唯"也不是"唯一"的意思。这里的"唯"都是指本源、决定的东西。王锐生说:"唯生产力论就是把生产力看成是一切历史发展的最终的动力,是一切历史现象本源的东西,这是对的。历史唯物论正是认为生产力归根到底是历史发展的本源,是决定的东西。'唯生产力论'这个名词是没有错的,它是历史唯物论中的一个最基本的观点。"①王锐生的意见是正确的。如果把生产力、经济因素等说成是"唯一"的东西,那么,正如恩格斯指出的,这个命题就变成了毫无内容的、抽象的、荒诞无稽的空话。就是这种荒诞无稽的言论,也被"四人帮"等作为批判"唯生产力论"的理论根据,可谓荒诞之极。坚持马克思的利益观,发展生产力受到了批判,而违背马克思利益观基本原则的阶级斗争决定论却被说成是历史唯物论。于是党和国家的工作重心由发展生产力转向了以阶级斗争为纲。"文化大革命"使以阶级斗争为纲从理论走向了实践,全国成为了一个阶级斗争的大战场,工厂停产,农民进城闹革命,学生罢课等,使工业生产大幅度下降。"1967 年工业总产值比上年减少 13.8%,1968 年又比上年续减 5%。1967 年财政出现 22.5 亿元赤字。就当年各地生产、流通、分配秩序混乱的情况来看,说'文化大革命'把国民经济推向崩溃的边缘,并不过分。"②

四、利益关系的价值分析

　　马克思关于物质利益的最初研究动因,推动他从事政治经济学研究。在批判黑格尔的国家理性时,发现了理解人类历史的钥匙在市民社会。市民社会的科学是政治经济学。而政治经济学的研究对象就是生产关系或以生产关系为社会基础的利益关系。政治经济学实质是市民社会利益关系的科学。货币是货币,但它只有在资本主义社会才成为资本。资本是一种利益关系。商品、交换价值、工厂制度等都反映了人们之间的利益关系。资本主义的基本矛盾就是人们之间的利益冲突。社会革命和改革归根到底在于

---

　　①　王锐生:《历史唯物主义的几个问题》,见《马克思主义哲学的几个重要问题》,辽宁人民出版社 1981 年版,第 254—255 页。
　　②　薄一波:《若干重大决策与事件的回顾》(下),中共中央党校出版社 1993 年版,第1213 页。

调整人们之间的利益关系。在资本主义社会,人与人之间的关系都变成了赤裸裸的利益关系。推翻资本主义,也就是为了建立一种新型的以利益关系为基础的人与人之间的关系。利益关系是整个社会关系的最基本的关系。利益和利益关系的研究,贯穿于马克思全部文本的始终。利益关系的价值究竟有多大呢?能否说,只要改变一种旧的生产关系,建立一种新的利益关系,就是所谓的"终极关怀"?利益关系是一种受因果律制约的客观的物质关系。它由生产力发动起来,它的价值在于是否能动地促进生产力的发展。康德否认利益关系的能动作用。他认为,在市民社会,人们过着两种生活:一种是世俗的市民生活,另一种是伦理道德生活。世俗生活是纯粹理性发挥作用的领域。在那里,利益关系是一种自然因果律,它同人的活动无关。人们既不能干预它,也不能支配它,原来是怎样就是怎样。人们最多只能认识它,它与人的意志无关。它永远存在于人的意志的彼岸。所以,在市民社会,人们只能服从利益关系支配,人变成"经济人"、"经济动物"。利益关系靠盲目必然性发挥作用,它不存在于能动作用活动的空间。既然利益关系的能动作用只有通过人的活动来实现,那么在康德看来,这种能动作用仅当限制在道德生活领域。在那里,自律就是一切。一切都由自由意志、绝对命令来决定。康德哲学的这种软弱无力是德国市民社会不够发达的反映,但康德也看到了市民社会利益关系的自发性。第二国际深受康德的影响,干脆提出:回到康德那里去。他们认为,市民社会利益关系是一种无法动摇的自然因果律。他们否认它自身的能动作用。如果说利益关系自身有能动作用,那不是现实的利益关系,而只是黑格尔辩证法中理性的狡黠。

马克思肯定生产关系自身的能动性。这一能动作用,主要表现在两个方面:首先,当生产关系适合生产力时,它有效地调节人们对物质财富占有关系和分配关系,使生产力中的物的因素和人的因素有效地结合,从而促进生产力的发展。它通过活动的交换,促进了人们在生产活动中的相互协作,实现了劳动和资源的有效配置。它把必要劳动时间作为交换价值的尺度,提高了劳动生产率,从而促进了生产力的发展。其次,生产关系在一定条件可以成为生产力发展的绊脚石。这也是它的"能动性"的一个突出表现。当生产关系滞后于生产力时,它的狭隘形式就会将财富的占有关系和分配关系限制在狭窄的范围内。这时,交换活动的环节就会失灵,产品无法在市场实现自己的价值,劳动和资源无法有效配置。这样就出现财富相对过剩,经济危机不可避免,对生产力发展造成破坏。当生产关系超越生产力时,它用人为的广泛的形式来替代还不发达的财富的占有关系和分配关系,用人为尺度来替代必要劳动时间作为衡量劳动产品价值的标准。相互交换名存实亡,那么劳动和资源的配置完全依靠人为计划来实现。这样,势必挫伤劳动者积极性,造成劳动和资源闲置,阻碍生产力发展。从生产关系能动性的两个方面的作用比较,可以看到,生产关系既是生产力发动起来的作为生产力创造人类财富的手段,但是,生产力创造的财富并非就是劳动者的利益。只有当生产关系适合生产力时,它才能促进生产力的发展,并且保证由生产力创造的财富成为人类的利益。因此,生产关系和利益关系的价值突出表现为它是否适合生产力的发展。人类社会所经历的原始社会、奴隶社会、封建社会、资本主义社会、社会主义社会的利益关系,都是为了适合和促进生产力的发展,包括人类自身天性能力的发展。这种发展为人类创造更多的财富,并使这些财富成为人类自己的利益。生产关系是一种客观的物质关系。如果把生产关系本身当作一种价值,那么革命就会导致无穷的制度革命,阶级斗争就可能被提升为至高无上的地位。既然如此,那么,生产关系的价值是否只是表现在适合并推动生产力的发展呢? 其实不然,它的价值还在于它对上层建筑的基础作用。上层建筑不是人们凭空虚构的,它是适应一定经济制度的需要产生的。恩格斯说:"在现代历史中,国家的意志总的说来是由市民社会的不断变化的需要,是由某个阶级的优势地位,归根到底,是由生产力和交换关系的发展决定的。"①国家是适应一定生产力水平的生产关系需要而建立起来的,它是将某种利益关系控制在一定秩序内的力量。意识形态也是由一定生产关系决定的,并反过来为它的利益关系辩护。比如,功利主义把市民社会各式各样的人类的相互关系都归结为唯一的功利关系。尽管在市民社会"功利关系具有十分明确的意义,即我是通过我使别人受到损失的办法来为我自己取得利益[exploitation de l'homme par l'homme(人剥削人)]"②。但是,功利主义的辩护推动市民社会利益关系的发展。

因此,首先,利益关系的价值最根本的是要推动生产力的发展。生产力

① 《马克思恩格斯文集》第4卷,人民出版社2009年版,第306页。
② 《马克思恩格斯全集》第3卷,人民出版社1960年版,第479页。

具有全人类的意义,才是真正的合类性。在卢卡奇看来,只有劳动才使人从无声的类上升为有声的类,从自在的类上升为自为的类。劳动的价值意义就在于合类性。在劳动中,人"在自己同自然界的能动的、有意识的和符合类的相互作用关系中不断前进,直到这种类生活被对象化。随着对象化的产生,同时也产生了社会存在这个客观基本范畴"①。劳动的发展、人类的进步都体现在生产力的发展中。生产力所创造的一切都具有合类性,具有全人类的意义。人类的进步和发展都是由于生产力的最终发展而达到的。其次,利益关系的价值是通过建立一种理想制度来体现。理想的制度保证生产力创造的财富逐步发展为社会的利益。最后,利益关系的价值还在于为在生产力与生产关系相适合的基础上形成的意识形态提供物质支持,使这种意识形态反过来为自己辩护。概而言之,利益关系的价值实质是上层建筑适合经济基础,生产关系适合生产力状况显现出来的意义,它并非是外在主观意志的一种附加。

第二节 邓小平的利益观

《邓小平文选》贯穿一根红线,那就是邓小平彻底唯物主义的利益观。它是邓小平观察分析问题的基本观点和立场。邓小平把这种观点立场应用于中国革命和建设实际,在制定党的路线、方针、政策和处理国内外重大问题过程中,提出了具有中国特色的社会主义利益观理论。邓小平的利益观理论,是我党理论宝库中的重要财富。它是建设有中国特色的社会主义理论体系中一个基本的理论原理。

一、实现四个现代化是我国人民的最大利益

"文化大革命"结束以后,纠正了被"四人帮"搞乱的政治路线。于是,邓小平就提出了党的工作重心转移到实现四个现代化上来的思想。对什么是政治,作出了新的解释。他说,经济建设有关国计民生,"这就是今后主

① [匈]卢卡奇:《关于社会存在的本体论》(下),白锡堃等译,重庆出版社1993年版,第434页。

要的政治。离开这个主要的内容,政治就变成空头政治,就离开了党和人民最大利益"①。

马克思主义认为,政治是经济的集中表现。一切政治活动归根结底都是为了经济利益而进行的。"正确的政治领导的成果,归根结底要表现在社会生产力的发展上,人民物质文化生活的改善上。如果在一个很长的历史时期内,社会主义国家生产力发展的速度比资本主义国家慢,还谈什么优越性? 我们要想一想,我们给人民究竟做了多少事情呢? 我们一定要根据现在的有利条件加速发展生产力,使人民的物质生活好一些,使人民的文化生活、精神面貌好一些。"②一切为人民利益着想,这就是邓小平把实现四个现代化归结为中国人民最大利益的根本立足点。党的八大就提出:"社会主义改造基本完成以后,我国所要解决的主要矛盾,是人民日益增长的物质文化需要同落后的社会生产之间的矛盾。""今后的主要任务是搞建设",发展生产力,提高满足人民群众物质文化生活需要的能力,提高生活水平,提高综合国力,协调解决社会主义的主要矛盾。中国近代被帝国主义侵略、蚕食和掠夺的历史告诉人们:落后就要挨打,社会主义就会夭折。实现四个现代化,关系到国家的前途和民族的命运。因此,党的一切都要服从和服务于实现四化这个最大的利益。

坚持四项基本原则,是实现四化的政治保证。而有的人却把它同十一届三中全会的路线对立起来。邓小平认为,说"三中全会是放,四项基本原则是收,这完全是歪曲"。"四项基本原则首先要求坚持社会主义,难道我们能够不坚持社会主义吗? 不坚持社会主义,还有什么安定团结,还有什么社会主义的四个现代化? 三中全会就要求安定团结,就要求在安定团结的基础上进行社会主义现代化建设。这是全国人民的最大利益。"③所以,四项基本原则同三中全会的路线是一致的。四项基本原则就是为有步骤、分阶段实现四个现代化提供一个稳定发展的政治基础。

实现四个现代化的目标是美好的,但它又是分阶段、有步骤的。邓小平提出了分三步走的战略步骤。第一步,解决温饱问题。这是中国人民的近期利益。第二步,翻两番,达到小康水平。它是中国人民的中期利益。第三

① 《邓小平文选》第二卷,人民出版社 1994 年版,第 150 页。
② 《邓小平文选》第二卷,人民出版社 1994 年版,第 128 页。
③ 《邓小平文选》第二卷,人民出版社 1994 年版,第 256 页。

步,到下世纪中叶,基本实现四个现代化,那是远期利益。对此,中国人民满怀希望,充满信心。正如邓小平说的,只要中国稳定,实现这样一个目标,应该是能够做到的。我们完全可以说,在我国,所谓稳定,就是从政治上保证,在实现四个现代化这个中国人民的最大利益中,各民族、各社会团体党派、各行各业的人们的利益协调、平衡、稳定地上升和发展。"中国的问题,压倒一切的是需要稳定。没有稳定的环境,什么都搞不成,已经取得的成果也会失掉。"①因此,坚持四项基本原则,营造一个稳定的政治局面,才能分阶段、有步骤的实现中国人民的最大利益。这已是中国人民的共识。

二、人民的利益是党制定路线、方针、政策和一切行动的最后根据

邓小平说:"共产党——这是工人阶级和劳动人民中先进分子的集合体,它对于人民群众的伟大的领导作用,是不容怀疑的。但是,它之所以成为先进部队,它之所以能够领导人民群众,正因为,而且仅仅因为,它是人民群众的全心全意的服务者,它反映人民群众的利益和意志,并且努力帮助人民群众组织起来,为自己的利益和意志而斗争。"②党的利益和人民群众利益是一致的。党的正确领导,就在于党的路线、方针、政策要"反映人民群众的利益和意志",以人民群众的利益为自己的一切行动的最后根据。党的方针、政策要以人民利益为最后根据,首先必须反对主观主义,坚持"从群众中来"。邓小平根据中国革命和建设不同时期的特点,"从群众中来",他提出了具体的方针;"到群众中去",他总结概括了一些具体的检验方法。对敌斗争,敌强我弱,党的政策要建立在"保护人民利益"的基础上,要以人民拥护不拥护为检验标准。他在《五年来对敌斗争的概略总结》中说:"在敌占区、游击区采取简单生硬的办法,是必然失败的,而必须照顾那里的环境,一切为保护人民利益打算,提出恰当的对敌斗争方法,才会得到人民拥护,也才能取得胜利。"③进城前后,根据形势的变化,他提出:"适当满足贫雇农的经济要求",要以"是否代表了百分之九十的人的利益"为标准。他反对当时所谓的"贫雇农路线",批判了把地主富农同样对待,侵犯中农、工商业政策等"左"的倾向,提出了"保护城市、保护工商业的政策",强调指

---

① 《邓小平文选》第三卷,人民出版社 1993 年版,第 284 页。
② 《邓小平文选》第一卷,人民出版社 1994 年版,第 218 页。
③ 《邓小平文选》第一卷,人民出版社 1994 年版,第 41 页。

出,对少数民族,要"严格执行纪律,不侵犯他们一丝一毫的利益"。他认为,"正确的路线应该是依靠贫雇农,巩固地联合中农,消灭封建制度"①。党执政了,"今后的主要任务是搞建设"②。邓小平阐明了党的经济政策就是实现人民群众一般利益的思想。邓小平认为,我们在建设方面的指导思想,一要"面对国家的现实"③,反对教条主义,防止党的经济政策脱离实际。二要"面对群众的需要"④。这就是要反映群众的利益和意志,防止"左"的倾向。1965 年,他在接见外宾时说,由于"左"的错误,一些地方"在农村不做充分的调查研究,不仔细地研究农村的阶级状况,也就不可能真正了解贫农和一般农民的要求,不了解什么政策才适合于农民阶级的利益"⑤。这就是说,党在农村的经济政策就是要实现农民阶级的一般利益。

党的十一届三中全会以后,邓小平把经济建设、改革开放和坚持四项基本原则,从理论上概括为基本路线,使其成为建设有中国特色的社会主义理论的重要内容。这条基本路线是否反映了人民的根本利益?他坚持要把人民拥护不拥护,人民是否看到政策带来的实在的好处,政策是否有利于提高人民的生活水平,等等,作为检验标准进行反复检验。东欧、苏联剧变之后,他在总结中国之所以能稳定的原因时说:"最根本的因素,还是经济增长速度,而且要体现在人民的生活逐步地好起来。人民看到稳定带来的实在的好处,看到现行制度、政策的好处,这样才能真正稳定下来。"⑥

三、必须正确处理国家、集体、个人利益及其关系

人民是一个集合概念。在我国,人民作为社会的利益主体,又可以区分为国家、集体和个人。如何正确处理它们之间的关系?这是社会主义条件下一个新的问题。过去由于"左"的影响,平均主义,大锅饭,不讲劳动者个人的物质利益。因此,邓小平说:"坚持按劳分配原则。这在社会主义建设中始终是一个很大的问题,大家都要动脑筋想一想。"⑦"如果不管贡献大

①　《邓小平文选》第一卷,人民出版社 1994 年版,第 105 页。
②　《邓小平文选》第一卷,人民出版社 1994 年版,第 261 页。
③　《邓小平文选》第一卷,人民出版社 1994 年版,第 267、页。
④　《邓小平文选》第一卷,人民出版社 1994 年版,第 268 页。
⑤　《邓小平文选》第一卷,人民出版社 1994 年版,第 341—342 页。
⑥　《邓小平文选》第三卷,人民出版社 1993 年版,第 355 页。
⑦　《邓小平文选》第二卷,人民出版社 1994 年版,第 30 页。

小、技术高低、能力强弱、劳动轻重,工资都是四五十块钱,表面上看来似乎大家是平等,但实际上是不符合按劳分配原则的,这怎么能调动人们的积极性?"①生产决定分配,但分配可以反作用于生产。劳动者是生产力的首要因素,发展生产力,首先要调动劳动者个人的积极性。要调动积极性,一靠革命精神,二靠物质利益驱动。"为国家创造财富多,个人的收入就应该多一些,集体福利就应该搞得好一些。不讲多劳多得,不重视物质利益,对少数先进分子可以,对广大群众不行,一段时间可以,长期不行。革命精神是非常宝贵的,没有革命精神就没有革命行动。但是,革命是在物质利益的基础上产生的,如果只讲牺牲精神,不讲物质利益,那就是唯心论。"②在这里,邓小平阐明了物质和精神、理想与现实、国家、集体和个人之间的辩证关系。我国还处在社会主义初级阶段,为了适应生产力多层次结构需要,还存在以公有制为主体的多种经济成分,还不可能实现以社会为唯一的利益主体,国家、集体和个人作为不同的利益主体的相对利益仍有一定的差异。所以,改革的主要内容就是要取消大锅饭,正确处理国家、集体和个人利益之间的关系。纵观改革全过程,对它们之间利益关系的调整,大致可以划分为三个阶段。

第一步是"包产到户"。所谓"包产到户",又名家庭"联产承包责任制",即在完成国家、集体任务的前提下,盈亏归个人负责的方法。它的最大优点,就是个人付出的劳动同个人利益紧密结合,多劳多得,少劳少得。"有的同志担心,这样搞会不会影响集体经济。我看这种担心是不必要的。我们总的方向是发展集体经济。"③不难看出,这种担心隐含的命题是:个人利益和集体利益是对立的。邓小平运用历史辩证法阐述了实行"包产到户",调动个人积极性,发展生产的意义。他说:"可以肯定,只要生产发展了,农村的社会分工和商品经济发展了,低水平的集体化就会发展到高水平的集体化,集体经济不巩固的也会巩固起来。关键是发展生产力,要在这方面为集体化的进一步发展创造条件。"④我国改革选择的正确性很快被实践证明。由于劳动者个人积极性调动起来,几年工夫就见效了,农村面貌很快

---

① 《邓小平文选》第二卷,人民出版社 1994 年版,第 30—31 页。
② 《邓小平文选》第二卷,人民出版社 1994 年版,第 146 页。
③ 《邓小平文选》第二卷,人民出版社 1994 年版,第 315 页。
④ 《邓小平文选》第二卷,人民出版社 1994 年版,第 315 页。

焕然一新。农村改革推动了全国的改革进程,于是改革逐渐由农村转到城市,这是第二步。城市与农村的做法不同,但改革总的精神是,打破铁饭碗,多劳多得,实现责、权、利的统一,调动劳动者个人的积极性。第三步是邓小平提出了市场经济理论,它标志国家、集体和个人之间利益关系的调整,面临一次广泛而深刻的改革。利益,在社会主义经济政策中真正成为一个重要原则。过去,平均主义,大锅饭,最为突出的问题是,在成果分配上,不同经济主体的不同经济利益不能在收益上得到体现,因而,责、权、利无法在劳动者个人那儿达到内在统一。市场经济中,国家、集体和个人进入市场之后,它们都是独立经济主体,各自的利益在实现过程中的矛盾,只有通过平等竞争的市场机制来解决。不仅如此,由于把国有(集体)企业推向市场,责、权、利在每一个劳动者那里实现了有机统一。

改革中,有的一度产生错误思想,鼓吹极端个人主义。邓小平在批判这些错误时,全面地阐述了正确处理国家、集体和个人利益关系的基本原则。他说:"每个人都应该有他一定的物质利益,但是这绝不是提倡各人抛开国家、集体和别人,专门为自己的物质利益奋斗,绝不是提倡各人都向'钱'看。要是那样,社会主义和资本主义还有什么区别? 我们从来主张,在社会主义社会中,国家、集体和个人的利益在根本上是一致的,如果有矛盾,个人的利益要服从国家和集体的利益。为了国家和集体的利益,为了人民大众的利益,一切有革命觉悟的先进分子必要时都应当牺牲自己的利益。"①

四、国家利益是处理国际地区关系的最高准则

20 世纪 80 年代以后,邓小平从中国和世界人民的根本利益出发,提出了和平与发展是当今世界两大主题的科学论断。它是党和国家正确处理国际地区关系一个战略指导思想。邓小平说:"加紧社会主义现代化建设,争取实现包括台湾在内的祖国统一,反对霸权主义、维护世界和平,是我国人民在八十年代的三大任务。这三大任务中,核心是经济建设,它是解决国际国内问题的基础。"②"弱国无外交",关键是增强综合国力,这是我国人民的国家利益。邓小平以国家利益为最高原则,大胆创新,提出了解决国际地

① 《邓小平文选》第二卷,人民出版社 1994 年版,第 377 页。
② 《邓小平文选》第三卷,人民出版社 1993 年版,第 3 页。

区关系的具体方针。

1.坚持独立自主、自力更生为立足点。

对外开放,国外有人指望中国做他们的附庸。但邓小平说:"独立自主,自力更生,无论过去、现在和将来,都是我们的立足点。中国人民珍惜同其他国家和人民的友谊和合作,更加珍惜自己经过长期奋斗而得来的独立自主权利。任何外国不要指望中国做他们的附庸,不要指望中国会吞下损害我国利益的苦果。"①中国人民热爱自己的祖国。中国的发展离不开世界。中国需要吸收外国的资金和技术来帮助发展,但帮助是平等互利的,是相互的。中国这样大,只有自力更生才能解决问题。

2.主张不计较社会制度和社会意识形态的差别,不计较历史恩怨,一切从国家利益出发。

首先,邓小平在处理香港、台湾等地区问题时,提出了"一国两制"的构想。所谓"一国",即坚持国家主权只能统一和回归中华人民共和国的原则。这是国家根本利益。邓小平这一创造,也为我国正确处理国际问题提出了一般指导原则。如果过分强调社会制度和意识形态,在当今世界,不利于发展国家利益。马克思主义认为,社会制度是在一定历史条件下形成的经济、政治、文化体系。它以经济制度为基础。经济制度则是一定经济关系中人们实现其经济利益的方式。因此,社会制度本质上是一种利益制度。它的社会功能就在于维护、保障和促进人民利益和国家利益的实现和发展。反映一定社会制度的意识形态,更是这样,最终都是为国家利益服务的。所以,社会制度有不同,意识形态有异,但维护国家利益这一点是一致的。因而"考虑国与国之间的关系主要应该从国家自身的战略利益出发。着眼于自身长远的战略利益,同时也尊重对方的利益,而不去计较历史的恩怨,不去计较社会制度和意识形态的差别,并且国家不分大小强弱都相互尊重,平等相待。这样,什么问题都可以妥善解决"②。

3.为国家利益着想,冷静观察,稳住阵脚,沉着应付,把中国的事情办好。

20世纪90年代初,国际局势动荡复杂,稍有不慎,将有损于国家利益。

---

① 《邓小平文选》第三卷,人民出版社1993年版,第3页。

② 《邓小平文选》第三卷,人民出版社1993年版,第330页。

一方面是西方七国联合制裁中国;另一方面是苏联、东欧剧变。许多国家和友人把国际共产主义运动的希望寄托在中国人民身上,期望中国当头。中国目前最需要的是一心一意搞建设。邓小平说:"我们千万不要当头,这是一个根本国策。"①中国发展了,在国际事务中就会发挥更大的作用,但是中国永远不称霸,永远不当头。

以国家利益为最高原则,邓小平成功地处理和解决了国际和地区之间一些棘手的重大问题。他努力为中国人民一心搞建设去营造一个相对稳定的国际国内环境的良苦用心,反映了中国人民的共同心愿。

五、实践彻底的唯物主义的利益观立场

利益观是一定社会人们认识社会历史现象最基本的立场和观点。作为世界观,它可以决定人生理想、目的和价值取向。马克思之伟大,就在于他树立和实践了他的无产阶级利益观立场。利益观不仅是马克思研究经济学、创造剩余价值理论的最早动机,也是马克思研究社会历史规律、创立历史唯物主义的发源地。无产阶级利益观成为了马克思伟大一生的精神支柱。为了探索真理,他把自己的一生无私地献给了无产阶级。他忍受了常人难以忍受的生活拮据,贫病交加的困苦;他忍受了三个儿女在童年因营养不足、缺吃少医而夭折的精神折磨;他实践了青年时代立定的信念,就是要维护无产阶级的利益。

马克思的利益观,是我们理解伟大的马克思主义者邓小平的利益观的钥匙。

1.从《共产党宣言》入门,逐步树立无产阶级的利益观立场。

在法国勤工俭学时,邓小平就开始接触马克思主义。《共产党宣言》和《共产主义 ABC》是指导他树立为共产主义理想而奋斗的启蒙老师。1926年,他到了苏联,较为系统地学习了马克思主义。他说:"我来莫的时候,便已打定主意更坚决地把我的身子交给我们的党,交给本阶级,从此以后,我愿意绝对地受党的训练,听党的指挥,始终为无产阶级的利益而斗争。"②革命战争年代,他把人民当作母亲,一切为保护人民利益打算。执政以后,他

---

① 《邓小平文选》第三卷,人民出版社 1993 年版,第 363 页。
② 毛毛:《我的父亲邓小平》上卷,中央文献出版社 1993 年版,第 151 页。

把发展生产力,实现四个现代化,当作中国人民的最大利益。他用十分简洁的语言解释了共产党员的含意,他说:"中国共产党员的含意或任务,如果用概括的语言来说,只有两句话:全心全意为人民服务,一切以人民利益作为每一个党员的最高准绳。"①

2.实事求是,探索马克思主义基本原则同中国相结合的道路。

邓小平曾说,我是实事求是派。我就是相信毛主席的实事求是。实事求是,在他的一生实践中,就是一切从中国人民的根本利益出发,把马克思主义基本原则同中国实际相结合,探索一条适合中国实际的革命和建设的道路。在江西瑞金,为了实事求是,他坚持毛泽东的正确路线,反对"左"倾冒险主义,被打成"毛派分子"。社会主义三大改造完成以后,他始终坚持八大的正确路线。"文化大革命"复出,他大胆抓"整顿",不怕抓辫子,不怕再次被打倒。改革开放前后,他带头批判"两个凡是",坚持实践检验真理的唯一标准,他把马克思主义普遍真理同中国具体实际相结合,创立了建设有中国特色的社会主义的理论。

3.为了人民利益,不计个人得失,不以个人感情用事。

改革开放,中国进入了经济建设的最好时期。但是,人民关注邓小平对毛泽东、对"文化大革命"的评价。这个问题处理不好,将影响安定团结,影响四个现代化建设。邓小平不计个人在"文化大革命"中的得失,没有感情用事,他以党和人民利益为重,提出了评价人物和历史总的原则。他曾说,评价人物和历史,都要提倡全面的科学的观点,防止片面性和感情用事,这才符合马克思主义,也才符合全国人民的利益和愿望。根据邓小平的指导思想起草的《关于建国以来党的若干历史问题的决议》,统一了全国人民的思想。

4.反对腐败,提倡清廉。

邓小平"三落三起"、"三下三上",打而不倒,决非他有什么特别之处。因为他坚持的是代表党和人民利益的正确路线;他心中唯一的信念,就是一切为了人民的利益。他说:"我相信,凡是符合最大多数人的根本利益,受到广大人民拥护的事情,不论前进的道路上还有多少困难,一定会得到成

---

① 《邓小平文选》第一卷,人民出版社 1994 年版,第 257 页。

功。"①对外,他多次强调要抓紧惩治腐败;对内,他曾说,我还经常查我家里有没有违法乱纪的事。改革中,有的人拉山头,搞宗派,任人唯亲,从个人私利出发,形成自己的势力范围,破坏了党的光荣传统。对这种政治上腐败,邓小平给予了严厉的批判。他说:"党内无论如何不能形成小派、小圈子。"②"过去我调任这样那样的工作,就是一个人,连勤务员都不带。小圈子那个东西害死人呐! 很多失误就从这里出来,错误就从这里犯起。"③

改革中,邓小平带头建立干部退休制,解决了干部终身制的问题。为了完成第二代领导集体向第三代领导集体的过渡,他有意缩小个人作用在领导层中的影响,希望自己从政治舞台上慢慢消失。邓小平无私的政治风格,功在当代,利在千秋。

邓小平不仅创立了有中国特色的社会主义利益观理论,而且实践了他为无产阶级的利益而奋斗,一切为了人民的利益的利益观立场。二者辩证统一,这就是他的彻底唯物主义的利益观。

第三节　21 世纪马克思主义利益范畴新内涵

21 世纪马克思利益观面临的课题是,如何对待由于社会主义市场经济利益关系变化而出现的新特征。面对 21 世纪,马克思的"社会化的人类"观点,不仅是新唯物主义的立脚点,而且是 21 世纪可持续性发展的真正前提。

一、社会主义市场经济利益关系变化新特点

邓小平的利益观论述了社会主义初级阶段正确处理各种利益和利益关系的一些基本原则。但是,世纪之交,对我国利益关系变化影响最大的是市场经济。它的运行,使我国利益和利益关系的变化出现了一些新的特点。

---

① 《邓小平文选》第三卷,人民出版社 1993 年版,第 142 页。
② 《邓小平文选》第三卷,人民出版社 1993 年版,第 300 页。
③ 《邓小平文选》第三卷,人民出版社 1993 年版,第 301 页。

1.利益是市场利益主体经济行为的内在驱动力。

市场经济是利益经济。多元利益主体是市场化的前提。多元利益主体的经济行为准则就是自利。我国社会主义初级阶段,市场经济利益交换原则与市民社会不同,它的利益主体不只是个人,而是多样化的,即国家、集体和个人。按亚当·斯密,市场交换原则是:请给我们(国家或集体)和我以我们和我所要的东西吧,你们(国家和集体)和你也可以获得你们和你所要的利益。这也就是社会主义初级阶段市场交换的通义。可见,利益主体虽然发生变化,但利益原则仍然相同。有利于自己,不仅是个人市场交换行为的出发点,也是国家、集体交换行为的出发点。在这样一个利益原则面前,不同利益主体只有通过平等竞争才能实现各自的利益。而平等竞争的直接后果是优胜劣汰。优胜劣汰将每个人都置于生存发展的边沿状态,最大程度地激发出人的生物潜能,它无疑是不同利益主体经济行为的内在驱动力。但是,优胜劣汰的内涵就是不同利益主体既有繁荣、发展、上升的机会,又有破产、倒闭、衰败的危险。这样一来,在平等竞争中获得发展机会者,就可以得到较高收入而逐渐走向富裕阶层;而破产倒闭者就有可能收入低微甚至陷落于贫困之中。据有关资料统计,1995 年我国城市居民中,贫富状况就开始出现了逐渐拉大的趋势。例如,用国际上通用的基尼系数测定我国 1995 年城市居民利益差距,我国城市居民收入的基尼系数是 0.31;2008 年、2009 年上升到 0.49;2012 年是 0.47。① 基尼系数在 0—1 之间。基尼系数为 0 表示绝对平均,即人人收益相等;基尼系数为 1 表示绝对不平等,即全社会的收入集中到一个人手中;通常在市场经济国家中,基尼系数在 0.2 以下表示绝对平均;0.2—0.3 表示比较平均;0.3—0.4 表示较为合理;0.4—0.5 表示差距较大;0.5 以上说明差距悬殊。② 可见,市场经济完全改变了计划经济下利益关系合理性的内涵,它本身就是以不同利益主体的一定差距为基础。因此,从负面影响来看,贫富悬殊是市场经济直接带来的必然的结果。

2.市场经济利益关系的变化把偶然性提升到十分突出的位置。

在自然经济条件下,劳动者总是同劳动的客观条件(土地、原料、生活

---

① 参见张翼:《2012 年中国账本透露什么》,《光明日报》2013 年 1 月 19 日。

② 参见李学增、程学斌:《中国城市各阶层的利益差距》,《中国社会科学》1997 年第 6 期。

资料、劳动工具或货币)结合在一起,呈现出一幅有计划、有权威地组织社会劳动的图画。资本主义市场经济的发展,一方面使劳动者成为自由的劳动力,与劳动的客观条件分离,同时也使劳动的客观条件从先前的那种联系中游离出来。这样,就出现了自由的劳动者同劳动的客观条件(资本)的对立,其中的每一个因素同另一个因素都处在否定关系中。一方面是自由的工人(可能性的工人),另一方面是资本(可能性的资本)。这样自由的工人被推到了偶然性的边沿。在那里,偶然性表现为对个性的支配。未来社会,只有实现了单一的利益主体按计划、有比例地调节劳动与资本之间的配置,才能真正实现个人对偶然性的统治。与社会主义市场经济的多元利益主体相伴随,劳动者与劳动的客观条件相应地存在结合、半结合、半分离和分离等多层面状况。但在市场经济体制下,由于资本与劳动力的合理配置都要通过市场体制来实现,劳动力仍然是可能性的劳动力,资本也仍然是可能性的资本。二者一旦不能结合,国家、集体和个人的利益都是无法实现的。因此,企业和个人都将同样被推向偶然性的边沿。偶然性的突出作用,首先在于它破除了计划经济下"等、靠、要"的陈旧观念,使劳动者提高自我素质以增强竞争力,实现劳动力与资源的优化配置。其次,偶然性的突出作用,也为一切投机分子捞取暴利提供了机会,他们制造伪劣产品,非法投机证券市场,用虚假的资本与劳动力的结合来实现其利益等。

3.市场经济利益需要行政减少对经济的直接干预。

在封建社会,皇帝拥有天下的财富,"溥天之下,莫非王臣,率土之滨,莫非王臣"。在那里,市民社会与政治社会合二为一,权力与财富合为一体,有钱不如有权,有权就有钱,钱靠权力支配,取得金钱的前提就是获得权力,攫取了权力就获得了财富。黑格尔在《法哲学原理》曾认为,资本主义社会与封建社会不同,政治社会开始从市民社会分离出来。马克思充分肯定了黑格尔思想的敏锐性,并肯定了黑格尔观点的合理性。相对封建社会,资本主义社会政治权力开始从市场经济中独立出来,政治权力成了一个与市场经济利益不同的独立领域,这是一个伟大的历史进步。

过去,我国把行政干预经济,政治社会与经济生活合二为一看作是社会主义优越性的表现,这是一种误解。在马克思看来,政治社会从经济生活独立出来,是一种历史的进步。因为在未来理想社会,国家会逐渐萎缩其功能而消亡,社会需要的仅仅只是一种生产管理组织。

我国还处在社会主义初级阶段,它不可避免地带有市民社会的某些痕迹,利益仍然是人们相互联系的纽带之一,它支配着经济生活的全过程。在社会主义政治国家,人民当家做主,人是目的,不是手段。而在市场经济中,政治生活与经济生活分离,政府不再直接干预企业经营活动。这是培育市场主体、提高竞争力的前提。进入市场经济之后,国家、集体和个人都是作为自主经营、自负盈亏的利益主体在活动。它们要实现自己的目的,不得不把对方看作工具,自己也就降为工具,从而使自己成为外力支配的对象。显然,市场经济的利益不仅把社会生活区分为两种生活——政治生活和经济生活,而且使同一个人过着两种生活,即社会主义的政治生活和社会主义市场经济中等价交换的经济生活。从前者看,政府不再直接干预经济生活,国家的功能受到限制,它对国家消亡是有利的。从后者来看,人类从一切政治共同体中摆脱出来,是实现人的全面发展的前提条件之一。问题是,在生产力尚未充分发达的条件下,经济生活完全游离国家干预之外,常常有可能自我膨胀,反过来破坏生产力的发展,比如经济危机。这是否可以说明行政直接干预市场经济的必要性?其实,这一点很难证明行政干预市场是合理的。因为经济领域可以区分为宏观领域与微观领域。市场经济相对经济领域,市场经济属于经济的一个微观领域。经济作为与社会相对的领域,它包括国家的经济制度、经济政策、经济管理、经济运行机制等领域,市场经济只是经济运行机制的具体的微观领域。政治从经济领域独立出来,主要是指政府不再直接干预市场经济具体的微观领域。政府可以通过制度设计、政策实施,影响市场带来的财富收入分配差距悬殊问题,以及通过金融、税收等政策更好地服务于市场经济,而不是直接成为一个享有特权的市场主体。市场经济作为独立的经济领域,遵循市场经济运动的规律,如果政府成为一个享有特殊权力的市场主体,必然影响市场公平、公正与效率。其次,行政直接干预市场经济,市场经济生活中的等价交换原则,必将对政治生活产生不容忽视的负面影响。因为,等价交换是市场经济的通行规则,在市场经济中,一切产品、活动关系都可以同第三者交换,同物的东西相交换,而第三者又可以无差别地同一切相交换。这样,贿赂、收买不仅出现在经济生活中,也同样可以渗透到政治生活领域。在市场发育不成熟的情况下,经济人为了取得较大利益,以收买、贿赂国家工作人员作为实现自己利益目标的手段,而个别国家工作人员,因抵挡不了利益的诱惑,适应市场权力"寻租"的需要,以权谋私,权钱交易,情愿将自己变成别人实现目的的手段。于是,腐败便在这里滋生。换言之,市场经济运作中的以权谋私,是因为权力本身拥有用来交换的财富含量。行政直接干预市场经济,不能不说是我国腐败现象难以有效遏制的一个重要原因。因此,政府的宏观调控的必要性,并不能证明政府对市场经济直接干预的合理性。

4.利益对社会主义精神文明建设的影响。

市场经济利益关系的变化对精神文明建设的影响,表现为普遍的功利化倾向。依照中国人的心理,功利似乎是造成社会主义精神文明消极影响的一个信号。其实并非如此。马克思认为,市民社会用物的联系代替人对人的依赖性关系是伟大的历史进步。他说:"毫无疑问,这种物的联系比单个人之间没有联系要好,或者比只是以自然血缘关系和统治从属关系为基础的地方性联系要好。"①由于封建社会的影响,建立在对人的依赖性关系基础上的宗法、特权等级、官本位、个人迷信等观念已渗透到每一个人的毛孔中。而功利观念像高效洗涤剂一样再次渗透进去,就可以将它们彻底地清洗出来。市场经济离不开功利,但把功利普遍化就会对精神文明建设产生负面影响。在功利主义那里,"实际需要和自私自利的神就是钱"。功利化倾向的极致是拜金主义。拜金主义使教育、文学、艺术等,都可能拜倒在金钱脚下,改变它们为全人类利益服务的方向。拜金主义使人们内心道德自律失范,出卖良心,出卖人格尊严。拜金主义使家庭关系松弛,夫妻关系畸变,社会问题增多。这些,在莎士比亚《雅典的提蒙》第四幕第三场就作了形象的描写。他说:"金子,只要一点儿,就可以使黑变成白,丑变成美,错变成对,卑贱变成高贵,懦夫变成勇士,老朽的变成朝气蓬!啊!这个闪闪发光的骗子手……它使人拜倒于多年不愈的脓疮之前;它使年老色衰的媸妇得到丈夫;那身染毒疮的人,连医院也感到讨厌而要把他逐出门,但它能使他散发芬芳,像三春天气一样的娇艳!……你,我们看得见的神,你可使性格全异的人接近,使他们接吻!……"②拜金主义可以将人伦道德规范颠倒、使精神文化产品扭曲变形。市场经济又是一个普遍物化的经济。资本作为下金蛋的母鸡,带来了普遍的物化与世俗化。物化导致了精神世界

---

① 《马克思恩格斯文集》第8卷,人民出版社2009年版,第56页。
② 《马克思恩格斯全集》第3卷,人民出版社1960年版,第254—255页。

的感性化,牵引和驱使人们在一个平面的边缘追逐,跟着感觉走,赏心悦目的东西价位倍增,而标明族群记忆、价值底蕴深厚的民族文化反而遭到冷漠。现实的人平面化、同质化和过度感性化而陷入一种"无根"、"被抛"的生存困境,甚至出现了马克思在《1844年经济学哲学手稿》和《资本论》中所揭示的劳动者与他的劳动创造物相对立,即一些现代化发达国家的发展过程难以摆脱的物的价值增殖与人的价值贬值的矛盾问题。

二、全球化与马克思主义利益观

当代突出的哲学问题是全球化问题,如全球化与马克思主义、全球化与社会主义、全球化与资本文义、全球化与当代历史观价值观等。全球化问题似乎已成为了当代社会的总问题。值得注意的是,国外一些思想家、政治家所热心的那个全球化问题,绝非是一个纯学术性问题。十分明显,他们的旨趣在于把我国社会主义现代化建设纳入其所谓的全球化总问题体系。他们的全球化问题,实质是资本主义全球化的"陷阱"。因而,我们绝不能盲目地亦步亦趋地跟随所谓的全球化问题而大谈全球化问题。问题是,面向新世纪,当代哲学社会科学的总问题究竟是什么?其实,马克思提出的"社会化的人类",才是当代社会发展取向的总问题,而全球化只不过是"社会化的人类"引发的一种现象。社会化的人类是全球化的前提,离开了"社会化的人类",全球化就是不可能的。在"社会化的人类"这个总问题中,全球化问题、可持续性发展问题以及当代社会历史观、价值观等才能实现科学的建构。

1."社会化的人类"是对市民社会的超越。

黑格尔在《法哲学原理》中,对市民社会作了深刻的剖析。他虽然把市民社会当作绝对观念社会化发展过程中的有限领域,但是他却用唯心思辨的方式淋漓尽致地揭示了市民社会利益关系的矛盾和对立。

首先,在市民社会,私人利益与社会利益尖锐对立。市民社会既然是私人利益体系,因而私人利益具有实质性的意义。市民社会由于利益上升为统治地位,人与人之间的关系被异化为物与物之间的利益关系。在这样一种尖锐的利益关系冲突中,人与人的关系有如霍布斯所说,成为了狼与狼之间的关系。市民社会是一切人反对一切人的战场。这是合理的。但是,黑格尔在《法哲学原理》中把社会利益从私人利益中抽象出来,把国家从每一个个人中抽象出来,这是片面的。所以,马克思说:"黑格尔应当确认,'市民社会'和'家庭'是国家的每一个个体的规定,从而也应当确认,晚近各种'国家特质'是国家一般个体的规定。"①②

其次,在市民社会,需要的个别性与劳动的社会性的对立。市民社会的首要环节是"通过个人的劳动以及通过其他一切人的劳动与需要的满足,使需要得到中介,个人得到满足——即需要的体系"③。需要是主观需要,它需要通过两种手段才能达到它的客观性:一是通过外在物,这种外在物同样也是别人需要的所有物和产品;二是通过活动和劳动。但满足需要手段是活动和劳动。它是使需要的主观性通过手段而达到满足客观性的中介。这里就包含了特殊性和普遍性的矛盾。需要的目的是满足主观的特殊性,而这种满足完全是偶然的。"普遍性就在这种满足跟别人的需要和自由任性的关系中,肯定了自己。"④国民经济学是从需要的劳动出发的。个人主观需要的个别性,如何通过劳动手段产生出普遍性? 黑格尔肯定了亚当·斯密的经济人个人需要的原则。同时,把劳动的社会性作为由个别需要上升为普遍需要的中介,因为"需要和手段,作为实在的定在,就成为一种为他人的存在,而他人的需要和劳动就是大家彼此满足的条件"⑤。换一句话说,"我必须配合着别人而行动,普遍性的形式就是由此而来的。我既从别人那里取得满足的手段,我就得接受别人的意见,而同时我也不得不生产满足别人的手段。于是彼此配合,相互联系,一切各别的东西就这样地成为社会的"⑥。其实,黑格尔用思辨的方法不仅不能消解需要的个别性和劳动的社会性之间的矛盾,而且恰好相反,他用思辨的方式提示了市民社会需要的个别性与劳动的社会性之间的尖锐对立。

再次,在市民社会,市民社会和政治社会的对立。在古代,按亚里士多德的意见,人是名副其实的政治动物。市民社会淹没在政治社会中。中世纪,市民社会和政治社会是同一的,市民社会就是政治社会,市民社会的有

---

①　《马克思恩格斯全集》第3卷,人民出版社1960年版,第254—255页。

②　《马克思恩格斯全集》第3卷,人民出版社2002年版,第54页。

③　[德]黑格尔:《法哲学原理》,范扬等译,商务印书馆1961年版,第203页。

④　[德]黑格尔:《法哲学原理》,范扬等译,商务印书馆1961年版,第204页。

⑤　[德]黑格尔:《法哲学原理》,范扬等译,商务印书馆1961年版,第207页。

⑥　[德]黑格尔:《法哲学原理》,范扬等译,商务印书馆1961年版,第207页。

机原则就是国家的有机原则。随着近代工商业的发展,18世纪市民社会开始从政治社会中独立出来。一些思想家也逐渐认识到政治国家与社会的区别。托马斯·藩恩甚至认为,社会先于政府存在,"即使政府的那一套被取消了,它还会存在下去。人与人之间的互赖互利,以及文明社会各个部分相互依存,构成了把整个社会联结在一起的大链条"①。社会是根本的,而政府是社会文明还不够发达时,去解决社会和文明所不能解决的少量事务。"凡是交给政府去做的事,社会几乎都可以自己来做。"②黑格尔理性地审视了近代市民社会发展的特点,明确地将市民社会与政治社会区分开来,马克思说:"黑格尔觉得市民社会和政治社会的分离是一种矛盾,这是他的著作中比较深刻的地方。"③但是,他仅仅把这种分离想象为理念的必然环节,理念的绝对真理。他把国家的自在自为的普遍性同市民社会的特殊的利益和要求对立起来。对于这些矛盾和对立,他又企图在君主立宪制的国家制度内加以解决,以便使国家所代表的普遍利益和市民社会的私人利益最终统一起来。这些与黑格尔的保守性是一致的。黑格尔虽然用思辨的形式辩证地表述了市民社会利益关系的矛盾和对立,但由于他企图在君主立宪制范围内将其统一,因而他对市民社会利益关系分析的革命因素竟被其唯心主义保守性所窒息。费尔巴哈用唯物主义原则批判了黑格尔的唯心主义。但由于他的直观的唯物主义局限性,他看不到市民社会私人利益与社会利益、需要的个别性与劳动的社会性、市民社会同政治社会的矛盾和对立。他看不到市民社会的经济意义,尤其是看不到市民社会工商业实践活动的意义,而把现代社会的市民当作单个的鲁滨逊式的孤单的个体。费尔巴哈缺乏黑格尔市民社会利益关系辩证分析的革命因素,他的旧唯物主义不能成为"社会化的人类"的哲学基础,因为它们停留在原来的基地上。"旧唯物主义的立脚点是市民社会,新唯物主义的立脚点则是人类社会或社会的人类"④,从而实现了对旧唯物主义的超越。同时,马克思为了解剖市民社会,从1844年开始转向了政治经济学的研究。尤其是在1845年创立了历史唯物主义以后,从历史和现实结合上,批判了亚当·斯密到李斯特的国民政治

---

① 《潘恩选集》,马清槐等译,商务印书馆1981年版,第229页。
② 《潘恩选集》,马清槐等译,商务印书馆1981年版,第299页。
③ 《马克思恩格斯全集》第3卷,人民出版社2002年版,第94页。
④ 《马克思恩格斯文集》第1卷,人民出版社2009年版,第502页。

经济学,批判了从黑格尔基地出发的费尔巴哈的旧唯物主义和施蒂纳的市民社会利己主义唯心主义历史观,得出了以下重要结论:

(1)新唯物主义从感性的人的活动、实践、主体方面去理解对象和现实,从而发现个人利益与社会利益的对立,都是生产力和交往发展到一定阶段的结果。旧唯物主义对对象、现实、感性,由于只是从客体的或者直观的形式去理解,因而,抽象的单个的利己主义行为被看作市民社会发展的历史起点。在黑格尔的"现象学"里,"功利论被说成是启蒙的最终结果。把所有各式各样的人类的相互关系都归结为唯一的功利关系,看起来是很愚蠢的。这种看起来是形而上学的抽象之所以产生,是因为在现代资产阶级社会中,一切关系实际上仅仅服从于一种抽象的金钱盘剥关系"①。后来尽管现代政治经济的发展,功利关系相对于经济关系本应是从属的关系,但是边沁等一些市民社会的思想家仍把功利关系作为一切关系的唯一内容。费尔巴哈由于继承了边沁功利主义传统,因而,其功利主义行为仍然具有本体论性质。施蒂纳把自我一致的利己主义者作为历史原点,把整个社会历史和社会都说成是自我一致的利己主义的善良意志的产物,从而对直观的唯物主义进行嘲笑。马克思从人的感性活动、实践出发,从而发现了历史的前提。认为,人类历史的第一个活动就是满足生产人们吃、穿、住等需要的生活资料。这种感性的实践活动,不仅满足了人类第一个需要本身,而且因为这种满足需要的活动,又创造了满足生产需要用的工具等,随即又引起了新的需要,从而引起了人类自身的生产和再生产。然后,又随着这种活动的发展而产生了语言、意识形态,以致整个上层建筑,从而产生了社会。社会不是利己主义个人自我实现的社会。相反,利己主义也只不过是随着这种社会的产生而产生。社会不是整个费尔巴哈旧唯物主义利己主义的市民社会,也不是由蒲鲁东式的人类无人身的理性产生和类似"两个男人"组成的抽象物。所以,马克思说:"社会——不管其形式如何——是什么呢?是人们交互活动的产物。人们能否自由选择某一社会形式呢?决不能。在人们的生产力发展的一定状况下,就会有一定的交换(commerce)和消费形式。在生产、交换和消费发展的一定阶段上,就会有相应的社会制度形式、相应

---

① 《马克思恩格斯全集》第3卷,人民出版社1965年版,第478—479页。

的家庭、等级或阶级组织，一句话，就会有相应的市民社会。"①可见，不是利己主义创造了市民社会，市民社会、利己主义都是生产力发展到一定阶段的产物。个人利益与社会利益的矛盾和对立，利己主义与社会主义共产主义的矛盾和对立，它们都不以利己主义的善良意志为转移，也用不着用思辨的方式去领会它们的对立。新唯物主义的旨趣在于，它揭示出了这种对立的物质根源，随着物质根源的消失，这种对立就会自然而然消灭。在生产力高度发达的"社会化的人类"，个人利益和社会利益才能实现辩证的统一。

（2）从需要的个别性和劳动的活动的社会性的内在矛盾中，发现了消除市民社会的自我分裂、自我异化，以及建构世界性普遍交往的途径。黑格尔用思辨的形式揭露了市民社会的需要的个别性和劳动活动的社会性的对立。实际上，他用唯心主义辩证法表述了市民社会自我分裂、自我异化的思想。费尔巴哈仅仅完成了对宗教的批判，认为神只不过是人的本质的自我异化。同时，他把宗教世界归结于它的世俗基础。他做了旧唯物主义范围内应做的工作，然而他主要的事情还没有做。"但是，世俗基础使自己从自身中分离出去，并在云霄中固定为一个独立王国，这只能用这个世俗基础的自我分裂和自我矛盾来说明。因此，对于这个世俗基础本身应当在自身中、从它的矛盾中去理解，并且在实践中使之发生革命。"②把宗教异化归结为人的本质的自我异化，这仅仅是市民社会对人的本质的狭隘理解。事实上，人的本质的自我异化归根应从市民社会这一世俗基础的自我分裂和自我矛盾去说明。为了满足需要，人们不得不从事生产物质生活资料的活动，这一活动带来了分工和私有制的产生。分工和私有制的发展，产生了个人利益与所有互相交往的共同利益之间的这种矛盾，"正是由于特殊利益和共同利益之间的这种矛盾，共同利益才采取国家这种与实际的单个利益和全体利益相脱离的独立形式，同时采取虚幻的共同体的形式"③。因为个人追求的是自己的特殊利益，所谓的共同体就是与他们的活动不一致的异己的普遍的利益。在特殊利益与共同利益分裂的状况下，"人本身的活动对人来说就成为一种异己的、同他对立的力量，这种力量压迫着人，而不是人驾驭

---

① 《马克思恩格斯文集》第10卷，人民出版社2009年版，第42—43页。
② 《马克思恩格斯文集》第1卷，人民出版社2009年版，第500页。
③ 《马克思恩格斯文集》第1卷，人民出版社2009年版，第536页。

着这种力量"①。在这里,对异化的根源,马克思从私有制所带来的私人利益与公共利益的对立来揭示,从人们的活动的自我分裂和自我矛盾来揭示。在《资本论》中,马克思把异化界定在商品经济领域,异化归根于劳动活动的社会化与需要的个别性、生产的社会化与生产资料私人占有之间的内在矛盾和对立,并通过商品拜物教现象表现出来。换言之,马克思从商品拜物教现象,透视出异化产生的经济根源,并指出消除异化的经济条件,是生产资料的社会化与生产劳动活动社会化的统一。从这一前提出发,经济的全球化就不再受到狭隘的私人利益关系的限制,人们之间建立了普遍的交往,"地域性的个人为世界历史性的、经验上普遍的个人所代替"②。

（3）从市民社会决定政治社会,揭示政治国家产生、发展和自我消亡的规律,从而发现社会化的人类未来的社会组织形式。市民社会与政治社会分离,它表现了现代社会的矛盾对立原则。但是,在黑格尔那里,国家"观念变成了主体,而家庭和市民社会对国家的现实的关系被理解为观念的内在想像活动。家庭和市民社会都是国家的前提,它们才是真正活动着的;而在思辨的思维中这一切却是颠倒的"。③ 在马克思看来,国家不是从来就有的,国家既不是最高的伦理理念,也不是费尔巴哈的人的本质的最后实现。"国家不外是资产者为了在国内外相互保障各自的财产和利益所必然要采取的一种组织形式"④。现代国家的自然基础是市民社会,把现代市民社会原子式的成员相互联系起来的不是国家,而是利益,是利益使拥有不同物质手段的个人之间建立起必然联系。"法国、英国和美国的一些近代著作家都一致认为,国家只是为了私有制才存在的,可见,这种思想也渗入日常的意识了。"⑤私有制本是随着原始共同体的解体而产生的。由于生产发展,它在市民社会获得了长足的发展,为了保护私有财产的实现,市民社会的私法随着一起产生。比如罗马私法等。后来,16世纪法国等开始建立的保护私有财产的法律,即现存的所有制关系是作为普遍意志的结果来表达的。所以,国家不仅随着市民社会的现实的财产关系的产生而产生,而且它保护

---

① 《马克思恩格斯文集》第1卷,人民出版社2009年版,第537页。
② 《马克思恩格斯文集》第1卷,人民出版社2009年版,第538页。
③ 《马克思恩格斯全集》第3卷,人民出版社2002年版,第10页。
④ 《马克思恩格斯文集》第1卷,人民出版社2009年版,第584页。
⑤ 《马克思恩格斯文集》第1卷,人民出版社2009年版,第584页。

的是现实财产的关系。这种关系绝不是靠哲学家们的观念去建构,事实上,他们的关系是他们的现实生活过程的关系。社会就是这样现实的物质交往关系的总和,而国家只是这些物质交往关系发展到一定阶段的产物。既然它是为了保护私有财产和财产所有制才存在,那么当国家产生的这些社会基础一旦消亡,民族主权国家也必将自行消亡。只有到那时,社会的决定作用才同它的内涵实质相统一。国家被一种生产协调管理组织所替代。社会实现了自我超越。市民社会的利益对立和冲突,将随着它的物质根源的消灭而消灭。社会由市民社会提升为"社会化的人类"。可见,社会化的人类是指由于生产力的高度发达,以生产的社会化与生产资料占有的社会化相统一为基础而建立起来的世界性的普遍交往。当代市民社会的发展,已使人们萌发了全球化的预感。但当代西方许多思想家描述的全球化并非真正的全球化。"社会化的人类"才是真实的实现了的全球化。比如,20 世纪80 年代后期,欧洲委员会有关项目负责人里卡多·佩特雷拉教授倡议建立的由葡萄牙、比利时、意大利、美国、日本、加拿大、法国、瑞士等国的专家学者组成的里斯本小组认为:"全球化涉及的是组成今天世界体系的众多国家和社会之间各种联系的多样性。它描述的是这样一个过程,在这个世界部分地区所发生的事件,所作出的决策和行动,可以对于遥远的世界其他地区的个人和团体产生具大意义的后果。"[1]还认为,全球化仅仅是现代生活的一个众所周知的特征。但它不意味着这个世界在政治上已经实现了统一,经济上已经实现了一体化,文化上已经实现了同质化。一言以蔽之,各种利益的矛盾和对立并未消除和解构,利益冲突的根源仍然存在。里斯本小组所提供的全球化的事实,正好是市民社会向"社会化的人类"提升过程中的一个特征。

2."社会化的人类"是当代社会的总问题。

经济一体化已经以无可辩驳的事实证明,我们已跨进了一个社会化的人类的社会。社会化的人类成为 21 世纪社会的总问题。而全球化概念则不同,它不可能成为当代社会的总问题。因为全球化是相对民族、国家、地区而提出的一个地缘学概念。根据康德关于综合判断和分析判断的规定,

---

[1]　转引自《全球化时代的资本主义·前言》,张世鹏等编译,中央编辑局出版社 1998 年版,第 4 页。

它虽然综合了一些民族、国家、地区发展中的某些现象,但它不具有普遍性的意义,从这一概念不能分析出具有普遍性知识的命题,如全球化的民族、全球化的国家等。因为按全球化内涵,全球化的民族已不再是民族;全球化的国家已不再是国家。全球化只是社会化的一种现象,它是社会化的人类发展到一定阶段上呈现出来的外部特征,社会化的人类才是全球化的实质。社会化的人类是人类社会历史发展过程中,尤其是近代社会发展的一种必然趋势。所以,不仅从洛克开始,到法国的卢梭、霍尔巴赫、爱尔维修、边沁、亚当·斯密、大卫·李嘉图、欧文、傅立叶、圣西门等都开始意识到"社会化的人类"的来临,就是当代一些西方思想家也始终把"社会化的人类"作为自己的思想的出发点,如美国社会学家罗伯逊在他的《社会学》中就认为,"社会化是使人们获得个性并学习其所在社会的生活方式的社会相互作用的过程"①。罗伯逊虽然谈到社会化对个体社会化的影响,但并没有揭示出社会化对个体产生的真正原因。还有美国彼得·德鲁克,他的《后资本主义社会》基本出发点就是"社会化"的社会。尽管他不承认马克思关于"社会化"的社会含义,但他不得不承认我们进入了一个社会化的社会。不过,只是那不是马克思论述的社会化的社会,而是一个资本主义社会化的社会。他说,在过去 250 年的发展中,"资本主义作为一个大写的专用名词变成个社会,而不再是像早期的资本主义那样只是社会的一因素"②。既然资本主义走向社会化的社会,即大写的社会,那么就不再是资本主义的社会了。把资本主义说成是社会化的社会的唯一因素,本身就是一个逻辑悖论。早在一百多年前,人们从马克思著作中早已十分清楚地明确,资本主义发展的确预示了社会化的人类,即大写的社会的到来。社会化的人类既是社会历史发展的结果,也是未来社会发展的必然趋势和萌芽。社会化的人类作为未来社发展的萌芽,它具有广泛的普遍性,它从全方位、多角度展现未来社会发展的方向。社会化的人类,我们按社会的基本结构,可以分为三个方面,即物的社会化、人的社会化和观念的社会化。前两个方面属于社会物质基础方面,后一个方面属于社会精神方面。

　　(1)物的社会化。从社会存在决定社会意识原理出发,首先是物的社

---

　　①　[美]罗伯逊:《社会学》(上),黄育馥译;商务印书馆 1990 年版,第 138 页。
　　②　[美]彼得·德鲁克:《后资本主义社会》,张星岩译,上海译文出版社 1998 年版,第22 页。

会化。在当代,物的社会化出路,首先是生产的社会化。生产社会化是生产力发展从近代工业实践开始出现的一个显著的特点。在知识经济时代和信息经济时代,生产社会化仍然是最基本的社会化。知识的社会化、信息的社会化只是生产社会化发展到一定阶段的不同形式。从全球来看,生产的社会化对于发达国家,已是现实的,但对于第三世界发展中国家,仍然只是一种潜在的可能性。从可能到现实,其距离还是遥远的。其次是占有的社会化。在这里,生产的社会化是根本的。因为占有以财富不足为前提。一旦生产高度发达,社会财富大量涌现和剩余,占有也就成了多余。所谓占有的社会化。即共同的社会生产能力成为他们的社会财富。占有的社会化,就是指对生产力总和的占有。生产力总和是指劳动力、劳动工具与劳动对象的统一。因而,对生产力总和的社会占有,首先是对劳动力的社会占有。劳动力是生产力的首要的因素。劳动力由社会占有,就是劳动力从资本的统治下解放出来,不再成为资本的奴隶。在社会主义初级阶段,由于实行以公有制为主体的制度,劳动力已由社会占有。劳动力是社会的财富,资本对劳动力资源的配置只是手段,但劳动力不是资本的所有物和奴隶。劳动者的劳动权益受社会主义劳动法的保护。这就使劳动力向社会占有迈出了第一步。但是,就全球来看,由于受生产的社会化发展程度的限制,社会化的生产资料在一些部门行业是现实的,而在大多数国家、地区行业仍然是一种潜在的可能性。随着生产社会化的来临。它们必将逐渐转变为现实。一个不容忽视的事实是,当代社会,发展成了不同社会制度国家的共同目标。各国从自己的生产力水平,或从本国的社会制度出发,它们实行的物的所有制模式虽然不尽相同,但是,从近代社会到当代社会的历史证明,世界各国之间,或者各国内部不同阶级集团之间发生的战争与纠纷,都是围绕着领土主权资源、财产的占有权而展开的。当代经济发展全球化趋势表明,随着生产力的世界性发展,不仅需要建构世界市场,开展世界贸易与交流,而且要求资源共享等物的社会化与之相适应。这些充分证明了马克思提出的生产的社会化要求生产资料占有的社会化与之相适应的规律是正确的。总之,无论当代社会物的社会化程度如何,但是随着生产力的社会化发展,物的社会化程度将随着生产力的这种发展而发展。一旦物的社会化成为可能,不仅各国的共同发展是可能的,而且世界的可持续性发展也是可能的。

（2）人的社会化。人的社会化,主要是指交往活动的社会化。人"是一切社会关系的总和"①。"社会关系的含义在这里是指许多个人的共同的活动"②。生产的社会化,经济的一体化,人与人之间的关系逐渐超出狭隘的地区、民族、国家封闭式的交往合作,人们直接面对的是一个全球开放式的社会化交往体系。这就对人的社会交往协作活动提出了新的更高的要求。它首先要求当代人必须具备社会化的交往素质。因为,从事社会化交往活动的人,应当是全面发展的个人,即具有全面发展的思想道德素质,全面发展的文化知识结构,全方位的信息系统,从而使每一个人的自由个性都得到充分发展,成为能从事创造性活动的个人。这种个人既不再是受人的依赖性关系支配的亚里士多德式"政治动物",也不再是莱布尼茨、边沁、爱尔维修、亚当·斯密所主张受物的统治关系支配的原子式利己的狭隘的个人。其次是必须具备社会化的交往能力。社会化的交往素质是培养社会化交往能力的前提。但它不等于社会化的交往能力。交往是许多个人的共同合作和活动。社会化把社会化为一个大系统,每一个人就是这个系统中的一个因素,社会化的社会功能就是每一因素功能的有机整合。面对社会化人类的大趋势,人们必须超越市民社会的狭隘民族、地区、国家的利益限制,因而每个人必须具有将社会化的理论知识转变成实际技术的能力,正确地表达自己的活动意图和理解对方活动意图的能力,实现相互交换活动和协作的能力等。再次是社会化的交往水平。当代,尽管人的社会化成为交流,但是当前的国际环境、人的统治和物的统治的限制,各自从本地区、本国乃至本人利己利益出发的狭隘的利益交往仍然使社会化的交往程度受到严格的限制,社会化的交往还仅仅是在有限的范围内进行。但是随着生产社会化的发展,人的社会化素质和能力的提高,人们的交往将逐渐摆脱人和物的限制,而上升为世界性普遍的交往。

　　(3)观念的社会化。物的社会化和人的社会化是观念社会化的基础,但是观念由于具有相对独立性,传统的非社会化的观念一旦形成,就成为了当代"社会化的人类"的主要障碍。因而,以"社会化的人类"为总问题,破除一切非社会化的观念,建构社会主义社会的世界观、人生观、价值观是社会的主要任务。那么,从"社会化的人类"总观念出发,应该改变哪些非社

---

① 《马克思恩格斯文集》第1卷,人民出版社2009年版,第501页。
② 《马克思恩格斯文集》第1卷,人民出版社2009年版,第532页。

会化的观念呢?

第一,要变原子式个体为社会本位的社会观念,建构以现实个人的活动为出发点的社会化人类观念。从 18 世纪开始,欧洲开始大踏步地走向成熟的市民社会。在市场经济条件下,一方面,每个人都是从自己出发的,个体自主性的原则凸显出来了,市民社会的个人被分裂为许多原子式的个体;另一方面,交往普遍性充分发展,世界市场的开辟,人类日渐趋向一个社会化的人类。那么,社会究竟是建构一个原子式的个体的社会,还是建构一个人的社会化的社会化人类的社会?这个问题是世界不同文化冲突的一个双峰对峙的中心问题。当代国际市场经济,虽然可以大致分为美国的自由主义的市场经济、德国的社会的市场经济、日本的社团市场经济和我国的社会主义的市场经济等模式,但其基本共同点都是围绕个人与社会在市场经济中的地位和作用究竟如何来展开的。市民社会的思想家,如霍布斯、洛克、爱尔维修、边沁、密尔、莱布尼茨、亚当·斯密、穆勒、黑格尔、孔德、斯宾塞、施蒂纳、尼采、布拉德雷等,在他们的思想体系中都十分现实地展现了这些问题。黑格尔、孔德、布拉德雷看到了社会人的原子个体化潜在的危机,从而倾向于抑制个体化,有限地主张社会化,如黑格尔的国家理念论,孔德的社会的有机整体论等。而更多的则是,直接从市民社会的利益出发,维护市民社会现实的利益原则和格局,主张社会的原子个体化,如爱尔维修、边沁的利己主义,莱布尼兹的单子论,亚当·斯密的利己的经济人理论,穆勒的理性个人主义,施蒂纳自我实现自我完善的唯一的利己主义,尼采的超人等。

社会究竟是以原子式的个体为前提,还是以社会为前提,这是市民社会引出的话题。在古希脂,人天生是城邦的动物,就不存在这一问题。因而任何观念的建构都不具有永恒的绝对的意义。历史唯物主义认为,社会既不是以个人为前提,也不是以意识为前提,而是以现实的个人的活动为前提。现实的个人的活动,即生产物质生活资料的活动是人类存在的第一个前提,是人类社会生产活动创造了社会,而不是相反。这一点连当代对马克思主义横加指责的美国经济学家彼得·德鲁克也不得不承认,是人类生产技术的实践活动,使资本主义才演变为资本主义社会。他说:"德国社会学家马克斯·韦伯(1864—1920 年)在 20 世纪初阐述的最著名的理论——资本主义是新教伦理的产物——已基本上被推翻。这方面确实没有足够的依据。

支持卡尔·马克思早期论点的依据也只是稍许多一点。"①因而,由于现实的个人的生产活动的发展,人类才有了意识、语言和观念。又是由于这种活动的自我发展,从而出现个人利益和社会利益的观念对立。最后,还是由于这种活动的充分发展,人类个人利益和社会利益的观念将逐渐地由对立走向和谐统一。当代的经济一体化观念,社会化的人类的观念就是适应这种活动的社会化进程而产生的。所以,社会化的人类的观念既不会用"社会"的观念去反对以原子个体式为本位的社会观念,那么原子个体的社会观念也不应以道德家面孔来反对社会化人类的观念,最根本的在于揭示这种观念产生的物质根源,"随着物质根源的消失,这种对立自然而然也就消灭"②。一言以蔽之,当代人类活动的发展,既然已为国际所公认,进入了一个社会化的人类的社会。那么,人们的观念也理当适应这种发展的现实需要,建构"社会化的人类"的观念。"社会化的人类"观念不仅可能而且现实地成为当代社会的总问题。因而,当代世界观、人生观、价值观还包括当代的发展观等,都应以这一总问题为出发点。

第二,要变市民社会功利实用主义的发展观为马克思主义的社会的发展观。功利主义信条的基本立脚点是个人利益,功利主义的发展观只是个人发展观。功利主义与实用主义相结合,使这种发展观更加完善。因此,实用主义以对人的实际效果作为判定事物真理的标准。在这里的"人",不是社会化的人,而是指的"个人"。毋庸讳言,对人的实际效果就是对个人的实际效果。凡是对个人发生实际有用的效果的就是善,否则就是恶。把这一规则上升为人们的行为准则,那就等于说,只要满足个人利益的实际需要,无论是对社会造成什么样的不良后果,如自然环境的破坏、短期行为、掠夺性生产与经营,都是无关紧要的。一言以蔽之,以功利主义实用主义为思想前提,可持续性发展是不可能的。从社会的发展观出发,人类才可以走向可持续性发展的正确途径。社会的发展观认为,社会利益与个人利益是相辅相成辩证统一的。一方面,社会是个人存在的前提,个人只有在社会中才能得到发展。所以,个人利益离不开社会利益。另一方面,个人是社会存在的基础,社会离不开个人。社会利益的发展依赖每一个人利益的充分发展。

① ［美］彼得·德鲁克:《后资本主义社会》,张星岩译,上海译文出版社1998年版,第27—28页。
② 《马克思恩格斯全集》第3卷,人民出版社1960年版,第275页。

社会是实在的,个人是社会的细胞,而社会则是由每一个个人组成的有机体。社会利益绝不是虚构的无,社会利益是完全可以经验感觉的客观实在,如社会对财产的占有、社会的生产消费分配交换、金融的控制调节等,或者环境污染、资源破坏对社会发展构成的威胁等。与社会利益的发展相一致的个人利益应该受到法律的保护;与个人利益发展相一致的社会利益,同样应该上升为法律意志。功利主义片面地强调个人利益,其结果必然是推动个人利益的极端发展,从而损害或抑制社会利益的发展。这种畸形的变态发展,与社会的可持续性发展要求完全相背离。社会的发展观绝不是不讲效果。它主张目的和结果、动机和效果相统一。认为,一种实际效果,是不是真正的善,并非以个人的主观满意度为标准,而要看它是否与社会发展的要求相一致。这种效果,符合个人的实际需要,也符合整个人类社会可持续性发展要求,那么这种效果就是善。如果这种效果,只符合个人的实际需要,而损害人类社会可持续性发展全局的和长远的利益,那么这种实际效果就不是善的,而是恶。总之,社会绝不是像施蒂纳、杜威等人所说的,社会是一个字眼,社会是某种不定型的可以随便解释的无。社会是物质关系的总和,是人们实践交往的产物,是人类赖以生存和发展的共同家园。社会主义发展观就是从这些基本前提出发的,它们是可持续发展的基本前提。

第三,要变利己主义的发展观为集体主义自我奉献的发展观。利己主义认为,利己是人类一种不可变易的自然的本性。按照利己主义的逻辑,既然发展是一种博弈、游戏,因而一方的得利总是以另一方的损失为前提。这样,社会可持续性发展完全是不可能的,它最终必然陷入"囚徒困境"。马克思主义认为,人类利己观念不是自然天生的。在原始社会,就没有利己观念。利己观念是由于分工发展,个人利益与社会利益的对立而产生的,个人利己主义在古希腊城邦还不是社会主导观念。在那里,利己主义还是不显眼的。随着市民社会发展尤其是近代资本主义的发展,利益上升为统治地位,利己主义才被说成是与生俱有的自然的不可变易的永恒观念。其实,把利己主义说成是与生俱有的自然本性,这是毫无根据的。原始社会,生产力不发达,财产公有,人们不知道利己为何物。一旦财产出现了私人占有,适应这种占有的利己观念也就伴随而生了。尤其是在市民社会,财产的私人占有成为了市民社会的经济基础,利己主义也就上升为统治人们思想的观念。利己主义既然是同私有制的产生而产生的,那么它也必然随着它赖以生存的私有制的消亡而自我消亡。换言之,社会一旦实现了共同占有,代替利己主义观念的就是社会主义的集体主义。

首先,社会主义的集体,是在生产社会化和由社会占有生产资料之后建立起来的真实联合体。这种联合体,在当今社会既是一个理想的价值目标,更是一个现实的实践原则。我国现实存在的集体,虽然还不是马克思所说的"真实的联合体",但它是向未来社会"真实的联合体"接近的初级形式。所以,把这种初级形式同"真实的联合体"相割裂,是错误的。但把这种初级形式的联合体同未来社会真实联合体相混淆,也是十分错误的,那会导致极"左"思潮的产生。世界经济全球化的趋势,将有利于未来真实的联合体的建立,但世界全球化绝不等于现代世界就可以立即形成一个真实的联合体,世界全球性的利益与各国的利益,国家与国家,尤其是发达国家与发展中国家的利益之间的矛盾和冲突,仍然是当今世界的主要问题。所以,这就有一个如何正确处理世界、地区和国家之间利益关系问题。地区和国家的利益无疑要服从全人类利益的发展。在地区和国家的利益与全人类的利益发生冲突时,应牺牲地区和国家的利益,保证全人类的利益的发展。但是,全人类利益的发展,是以地区和国家的利益的发展为基础。因此,地区的正当利益和国家的正当利益,都须得到应有保证和尊重。所以,任何借全球化发展趋势而取消个别国家的利益,或以个别国家、地区的利益替代全球的利益,都是十分危险的。

其次,在集体中,权利与义务是互相统一的。我有发展集体利益的义务,我才有享受集体社会利益的权利。我不履行社会发展的义务,也就等于丧失了获得社会利益集体利益的权利。因而,作为社会的一般原则,首先应倡导对集体自我牺牲、自我奉献的精神,但同时也要强调集体应为每个人、每个地区、每个国家的发展提供必要的条件和保证。这就要反对极端利己主义的发展观。在极端利己主义看来,"我"是集体的中心、世界的中心,集体(国家、社会、世界)都是我获得个人私利的手段和工具。如施蒂纳就认为,社会仅仅是我从中得到好处的工具。因而,为了"我"的利益或小集体利益或个别地区国家的利益,就可以肆无忌惮地吞噬、掠夺和侵害集体,乃至整个社会和全人类的利益。这是十分错误的。集体绝不是个人捞取好处的工具,集体是通过人们共同活动、共同交往建构起来的联合体。在一个真实的联合体中,每一个人的自由发展是一切人自由发展的条件。

再次,在世界未能建立"真实的联合体",在一个国家尚未实现建立"真实的联合体"的目标之前,必须以集体主义为原则,共同确定一个反映全人类共同利益的或反映广大人民群众根本利益的一般规则。在国际事务中,要实现世界的可持续性发展,必须发挥联合国的作用。通过联合国,制定一些反映全人类共同需要的保护环境、能源、生态的一般规则。在我国国内,因为我国是社会主义制度,因而集体主义是我国精神文明建设中的主旋律。但是,又由于我国还处在社会主义的初级阶段,因而极端利己主义、小集团地方主义和小生产落后意识仍然十分严重。更为值得重视的是,由于封建观念和资产阶级利己主义的影响,少数腐败分子以"集体主义"为幌子,以致非法侵占国家利益。还有极"左"思想,不考虑我国现阶段的实际情况,片面强调集体、全局利益,完全取消个人正当利益,也是十分错误的。因此,在我国社会主义初级阶段,国家必须制定出反映人民根本利益的法制法规,明确公民的权利和义务,规范公民的行为,保护和维持市场公平竞争秩序,并按照集体主义规定的基本要求,协调个人与集体、利己与利他、局部与全局、现在与将来等之间的关系,以真正实现社会可持续发展的目标。

最后,变依附性被动式的发展观为独立自主创造性的发展观。社会化的人类目标是朝着以每一个人的自由发展作为一切人自由发展的条件方向迈进的。"每一个人的自由"是社会化的人类的出发点。换言之,社会的发展离不开每一个人的自由发展。全球的发展离不开每一个国家的自由发展。所以,全球实现社会化人类的目标就是以每一个国家的自由发展作为其他一切国家自由发展的条件。在这里,每一个国家的自由发展是其前提。可见,如果每一个人的自由发展是一切人自由发展的条件,如果每一个国家的自由发展是一切国家自由发展的条件,那么,社会的可持续发展就是可能的。反之,如果每一个人的自由发展成为一切人自由发展的障碍,每一个国家的自由发展成为一切国家自由发展的障碍,那么,社会可持续发展则是不可能的。发展问题,最根本的是一个利益问题。各国在发展中首先必须选择适合本国特点的发展模式,而不是依附于别国的发展。尤其是中国的发展,必须改变一部分人心中存在依附性被动式的发展观念,牢固树立独立自主创造性的发展观念。中国社会化发展模式不仅是在当今世界科技突飞猛进的条件下形成的,而且主要还是对我国国情、现状、理想和命运的深刻认识中产生的。鉴于当今世界科学技术的飞速发展,人类进入一个信息化时代,因而中国的发展离不开世界,只有投身于世界科技发展的大潮,中国才不至于落后于时代。因而,中国必须实现改革开放,主动地挑战于世界科技前沿,主动参与国际市场竞争。但是,中国是一个13亿人口的大国,人多地广,资源不足,底子薄,加之中国古代封建社会延续的时间长,资本主义因素的萌芽和发展滞后于世界发达国家,中国的社会主义制度是在一个经过改造的半封建半殖民地的基础上建立起来的。中国的过去,除了贫穷落后,就是挨打和被侵略。当今,中国人民站起来并逐渐富裕起来了。中国的问题只有靠中国人民的独立自主才能解决。世界上任何一个国家的外援,都救不了中国。历史证明,中国走依赖性被动式发展道路,是行不通的。发展不是重复,发展是创造。没有创造的发展,不仅是重复,在当今科技飞速发展的情势下,更是一种实质上的落后。毛泽东说:"我们是主张自力更生的。我们希望有外援,但是我们不能依赖它,我们依靠自己的努力,依靠全体军民的创造力。"①有中国特色的社会主义发展模式,就是一种创造性的发展观念。按照有中国特色的社会主义发展观念发展,社会的可持续发展不仅是可能的,而且是现实的。

　　总之,社会化的人类就是人的社会化、物的社会化和观念社会化的有机统一体。社会化的人类是新世纪哲学社会科学的总问题。社会化的人类不仅代表人类当前的共同利益,而且也代表人类未来的共同利益。

三、新世纪马克思主义利益范畴的政策含义

1.政策工具选择的基础是利益。

　　所谓利益范畴的政策含义,是指马克思主义利益范畴所包含的基本思想如何通过政策工具的选择来实现。它是一个马克思主义利益观中国化过程。马克思主义利益观是理论,而中国化则是把马克思主义利益范畴的基本思想同中国的具体实际相结合,使之成为建设有中国特色社会主义的指导思想。马克思主义利益范畴的基本思想与建设有中国特色的社会主义之间的联系和转化的中介就是政策工具的选择。二者只有通过政策工具的选择,才能最后转化为社会和个人的行为准则,使其落到实处,付诸实施。政策是什么?《辞海》将其规定为"国家、政党为实现一定历史时期的路线和

---

　　①　《毛泽东选集》第三卷,人民出版社1991年版,第1016页。

任务而规定的行动准则"①。政策是"行为准则"是对的。问题是,政策制定的基础和根据是什么? 在这个定义中被忽略了。政策是国家社会、政党和企事业单位进行管理、协调平衡各种关系的具体规则、措施或法令。政策也可以说是国家的管理制度、条例和法规。而要使这些政策能发挥实际的作用,它们就要有基本的出发点和基础。在现代,被称为"科学管理之父"的泰罗(F.W.Taylor,1856—1915)在他的《科学管理原理》中认为,管理制度是人的行为准则,而人是"经济人",利益(金钱)是刺激人的积极性的唯一动力,因而,政策工具选择的唯一出发点,就是利益。只要给工人大把奖金,效益就会成倍增长。但西方现代管理理论中的社会系统学派的创始人,美国的巴纳德(C.L.Barnard,1886—1961)在他的代表作《经理人员的职能》(1938)和《组织与管理》(1948)等著作中却认为,人是"社会人",不仅物质因素会影响人的生产积极性,而且社会心理因素也会影响人的生产积极性。运用马克思主义利益观来看他们的政策工具选择,他们各有其合理方面,又有其严重的缺陷,泰罗把人当作纯粹的"经济人"当然是十分错误的。人不只是"经济人",更重要的是社会关系的总和。尤其是,他把金钱看作是调动人们积极性的"唯一"决定性因素,这一点正是马克思批判过的青年派的"经济决定论"的形而上学的观点。而巴纳德把物质因素和社会心理放在同等位置上,实际上反映了他的二元论的政策观,也是错误的。那么,政策工具选择的出发点基础究竟是什么呢? 政策工具选择的基础是利益。政策是什么? 政策是政府为实现一定历史时期的革命和建设目标及任务,以利益为基础而制定的行为准则。政治和政策都属于上层建筑,政策的基础是利益,政策无非是实现利益目标和任务的手段。

市场经济是利益经济,在市场经济中活动的人是"经济人"。"经济人"活动的出发点就是利益。市场经济都是多元利益主体或经济人以利益为目的相互作用的一个物质系统。市场经济离不开主客体的相互作用,市场主体就是从事交易活动的组织和个人即经济人,市场客体就是各种商品和服务。所以,市场是一个社会物质资源不断地生产、交换、分配和消费系统。市场主体具体来说,就是企业、市民、政府和一切营利性和非营利性机构。因而,利益是市场运作的基础,也是市场联系的纽带。市场运作的基础就是

---

① 《辞海》缩印本,上海辞书出版社 1980 年版,第 1465 页。

利益。物物交换,互通有无,都是以利益为基础实现的。既然如此,那么,政策是不是可有可无的呢? 以利益为基础,是指政策的出发点是利益,而不是为满足人们的主观意志,也不只是政治上的某种偏好。市场自由主义认为,市场是经济人自由实现利益的途径,政府最好的政策就是放任自流(亚当·斯密)。这是错误的。这在早期市场经济是可行的,但是在现代市场经济就行不通了。因为,近代市场运作已不再是昔日狭隘的地域性经济。现代市场运作特点就是社会化。市场运作把整个社会的经济活动连成一体,这就需要有社会化的运作规则来维护这种运作的秩序。如果社会调控不得力,市场经济活动某个方面的非规则操作带来震荡,就会影响整个社会。因而,政府通过政策对市场运作进行宏观调控是十分必要的,比如,政府通过经济计划、财政政策、货币政策、税收政策、产业政策、区域政策等来调控。财政政策就被称为市场运作"内在的稳定器",但这些政策的基本出发点,是推动市场经济的良性运行,协调各种利益关系,推动生产力发展。市场经济政策工具的选择,利益是基础。所谓利益,不仅要最大地为社会创造利益,而且也要满足个人生存发展的利益。而这些都要以发展生产力为前提。没有生产力的高度发展,其他利益的实现都是表面的、外在的。只有生产力发展了,才能为实现以上两种利益提供最后的根据。

2.政策工具选择的利益原则。

新中国成立以后,经过社会主义三大改造,社会主义社会的利益原则究竟是什么呢? 这个问题一开始就提了出来。中国共产党第八次全国代表大会,从我国国情出发,认为我国的社会主义社会的主要矛盾是日益增长的物质文化需要同落后的社会生产之间的矛盾。这一分析,全面而深刻地反映了人民生存发展最基本的条件。首先,以社会物质生活资料的生产为前提,满足人们日益增长的物质文化需要,不仅是社会主义社会存在发展的基本条件,也是人类历史到目前为止的最基本条件,这是马克思主义利益概念的第一前提。其次,对物质文化需要"从感性活动"去理解,它的根源就是生产落后带来的结果。它只有通过发展生产力来解决。最后,从主体方面辩证地理解,发展生产力是解决这一矛盾的最终根据,所以,社会主义社会的主要任务是发展生产力。社会主义社会主要矛盾提出的根据是中国国情,是在对社会主义初级阶段经济、政治、文化等基本特点科学分析以后得出的科学结论。但由于"左"的思想的影响,"是"与"应当"的关系被颠倒,客观的生产关系被推到了"应当"的价值领域,从而不顾生产力水平的客观要求,单凭主观意志随心所欲地将生产关系向上提升,片面强调生产关系的"一大、二公、三纯"。"文化大革命"以阶级斗争为纲,把发展生产误读为"唯生产力论"来批判,用唯心主义的东西,歪曲马克思主义利益概念的基本内涵。"文化大革命"结束以后,恢复了实事求是的思想,"是"与"应当"的关系被颠倒过来。邓小平从"是"出发,从我国国情出发,提出了社会主义初级阶段的理论。他说:"社会主义本身是共产主义的初级阶段,而我们中国又处在社会主义的初级阶段,就是不发达的阶段。一切都要从这个实际出发,根据这个实际来制定规划。"①我国社会主义初级阶段的主要矛盾是日益增长的物质文化需要同落后的社会生产之间的矛盾。这一主要矛盾规定了我国社会主义社会初级阶段主要的利益原则。

第一,发展生产力,是我国人民当前最基本的利益原则。发展生产力历来不被当作利益原则,仅仅直观地把其看作是一个自然律。它不符合马克思主义利益概念的内涵。发展生产力是利益产生的根源,人们对利益根源的基本理念,就是我们所说的利益原则。所以,发展生产力应当是最根本的利益原则,离开它,利益就成了无源之水,无本之木,人民生活水平永远无法提高,中国贫穷落后的面貌永远不能改变。邓小平说:"按照历史唯物主义的观点来讲,正确的政治领导的成果,归根结底要表现在社会生产力的发展上,人民物质文化生活的改善上。"②政治是经济的反映,思想不能离开利益。发展生产力,实现四个现代化是全国人民的最大利益。因此,发展生产力是我国当前最基本的利益原则。我们的政策方针的制定以及我们的改革措施、我们的言行等,都要以是否有利于推动和发展生产力为根据。这一利益原则,是把马克思主义的利益概念中国化的结果。那种把邓小平的理论同马克思主义的利益概念割裂开来的做法是十分错误的。科学发展观的核心是以人为本。以人为本的实质就是以人民的根本利益为本,即实现好、维护好、发展好的人民根本利益和实现人的自由全面发展。发展生产力,以经济建设为中心,才能为以人为本的实现和改善民生提供基本的物质前提。

第二,以公有制为主体、多种所有制经济成分即多元利益主体共同发展

---

① 《邓小平文选》第三卷,人民出版社 1993 年版,第 252 页。

② 《邓小平文选》第二卷,人民出版社 1994 年版,第 128 页。

的原则。过去,人们习惯于把公有制与非公有制对立起来,似乎二者是不相容的。因而,受"左"的思想的影响,"一大、二公、三纯"就是基本的利益原则。改革开放以后,纠正"左"的错误,确立了以公有制为主体与多元经济成分以及多种利益主体共同发展的原则,适应我国社会主义初级阶段社会生产力还不发达的状况。以公有制为主体是社会主义制度的基本利益原则。由于公有制的主体地位,它规定了我国利益原则实现的社会主义性质。多种所有制经济成分即多元利益主体共同发展的原则要求,以马克思主义利益理论为根据,以三个"有利于"为标准,在社会主义市场经济,凡是有利于发展生产力的所有制形式都可以利用。因而,在国有、集体、私人、港台资本、外国资本之间,基本的利益原则是"共同发展"。它们之间的相互关系构成初级阶段的基本利益关系。共同发展,平等竞争,是我国当前基本的利益原则。因此,它们的利益实现的途径是平等自由的相互交换。它们之间的利益矛盾,都要遵守市场的通行规则,以法律为准绳,平等公正地解决。

第三,坚持按劳分配为主,多种分配方式并存的利益原则。所谓多种分配方式,就是把按劳分配与按生产关系要素分配结合起来。在这里,按劳分配仍然是社会主义初级阶段的主要利益原则。不容忽视的是,按生产要素分配也是其重要的利益原则之一。所谓生产要素,它包括劳动力和资本、技术信息和房地产等。这就是说,劳动的产品除开按贡献的大小分配之外,投入生产的资本也是分配的重要前提。它体现了效率与公平兼顾的原则。生产要素参与分配是我国改革开放以后,基于社会主义初级阶段的基本国情,对马克思主义利益理论的发展和创新。按马克思在《1844 年经济学哲学手稿》的思想,从生产资料创造的源泉来看,无疑是劳动,但在既成状态下,二者的作用又是相辅相成的,即发展生产就离不开生产资料。在过去的理论研究中,大多只是强调前者,而忽视后者,这是片面的。因为生产力是劳动者、生产工具和劳动对象的有机结合,在我国社会主义初级阶段,加大投入仍然是发展生产力的重要因素。既然生产要素投入也是分配的前提,那么生产要素也就是人们获得利益的重要途径。它无疑会使一部分人通过合法的途径获得更多的利益而先富起来,然后最终实现共同富裕。

第四,建立市场经济体制是调节社会各方面的利益关系的利益原则。人们大多把市场经济当作一种经济活动,而不是作为一种利益原则,这是片面的。其实,市场经济是我国社会主义社会初级阶段一个重要的利益原则。

它是实现社会主义初级阶段资源合理配置的杠杆和手段,这里的资源,不仅包括人力资源,而且也包括物力资源。在社会主义市场经济条件下,原则要发挥作用,首先要转化为利益。市场经济通过价值规律调节社会资源的合理配置,而不再是统分统包的政府行为。市场经济激活了利益主体通过合法途径获得利益的主动性、积极性,弱化了计划经济下个人对国家"等、靠、要"的依赖性。市场经济的确带来了财富分配不均等负面影响,但绝不能因此就否定市场经济,甚至用陈旧的古代小国寡民"不患贫而患不均"的陈旧观念来演绎现实。市场经济是每一个利益主体利用利益手段实现利益最大化方式。市场经济激发了每一个人的潜能与活力,每一个人都通过社会主义的市场经济获得了实际利益。在我国,没有每一个市场利益主体的能动积极性,无论什么救世主,无论何种国际组织和机构,甚至都无法解决我国 13 亿人口的吃饭、穿衣等基本民生和福祉等问题。

第五,物质文明、精神文明、政治文明和生态文明相互协调发展的利益原则。社会是一个由利益而生成的有机结构,物质文明建设和精神文明建设都是人类实践活动创造和发展起来的。物质文明满足的是人类生存发展的基本利益,精神文明满足的是人类生存发展的文化生活、政治生活的需要。精神文明内在地包括政治文明。因而,它们本来都是人类利益两个不可分割的方面。同时,物质文明和精神文明二者的发展不是孤立的,它们相互促进,相辅相成。一般来说,物质文明决定精神文明发展,但精神文明对物质文明的发展有积极能动作用。所以,加强精神文明建设,重视教育,反对极端个人主义,反对化公为私、贪污腐化的犯罪行为,提倡无私奉献、艰苦奋斗的精神,必将促进物质文明的发展。因而,物质文明和精神文明协调发展是一个重要的利益原则,而不是像西方马克思主义所说,精神文明发展就是为了获得片面的"文化领导权"或意识形态的理性革命。生态文明涉及的主要是人和自然的利益关系。马克思说:"自然界,就它自身不是人的身体而言,是人的无机的身体。人靠自然界生活。这就是说,自然界是人为了不致死亡而必须与之处于持续不断的交互作用过程的、人的身体。所谓人的肉体生活和精神生活同自然界相联系,不外是说自然界同自身相联系,因为人是自然界的一部分。"①这就是说,自然具有人的先在性。达尔文的进

---

① 《马克思恩格斯文集》第 1 卷,人民出版社 2009 年版,第 161 页。

化论和现代考古学证明,人和社会都是自然长期进化的结果,没有自然就没有人。自然是人赖以存在与发展的家园。因此,"尊重自然、顺应自然、保护自然",既是生态文明建设的基本理念,也是人类生存与发展的基本利益原则。

第六,国际交往一切从国家利益出发的利益原则。社会主义现代化建设的核心是经济建设。它是解决国际、国内问题的基础。因此,增强综合国力,这就是我国人民的国家利益。过分强调社会制度和意识形态,忽视国家利益,不仅影响国家综合国力的发展,而且也直接影响我国参与解决国际问题的实力。弱国无外交。社会制度无非就是一定历史条件下形成的经济政治文化体系,它以经济利益为基础。所以,经济制度实质上是一定经济关系中人们实现其国家利益的方式。社会制度本质就是一种利益制度,它的社会功能就在于保障、维护和促进人民利益与国家利益的形成、发展和实现。反映一定社会制度的意识形态亦如此,它最终为国家利益服务。

3.政策工具选择的利益标准。

政策的标准是指人们选择和评价政策的依据。政策的标准是多样的,因为一种政策出台,总是仁者见仁,智者见智;总是一些人直接获益,另一些人的利益可能受损;等等。因而,政策的标准有利益的、经济的、心理的、文化的、社会的、政治的等。利益的标准即以最大可能满足人们利益的需要为标准,一切都以其为根据;经济的,即以发展经济提高生产的效益为原则;心理的,则主要以心理满足为原则;文化的,则是指文化历史特征和发展的需要,比如,宗教政策,东西方人的文化心理是不同的,因而,对待宗教的态度也决然不同;文化的,还有本国、本省的文化教育素质等;社会的,则是指社会环境、土地资源自然环境;还有政治的,政治局面的稳定;等等。这些都可以作为政策选择的评价的依据。但是,其中最为基础的,就是利益标准和经济标准。这两条在我国政府政策选择中是最具有决定性意义。我国社会主义社会初级阶段,其主要矛盾是人们日益增长的物质文化生活的需要同落后的社会生产之间的矛盾。从利益标准看,我国社会主义的政策标准,应是满足广大人民日益增长的物质和文化生活的需要。社会主义市场经济的首要目标就是满足人民群众的物质文化生活的需求。但是,这种满足不只是市场的作用,它的前提,是发展生产力。因而,这两条是一致的。利益标准实质就是经济标准,经济是利益的核心内涵。利益离开经济发展,离开生产力发展,利益就成了无源之水。文化教育也是十分重要的,尤其是科技教育,科技本身就是生产力,它无疑是政策选择中必须要重视的因素。科技发展的程度,是对一个国家利益的实现的重要途径。当今世界国家利益如果离开科技发展,国家在世界市场竞争中将明显地处于被动劣势,最终只有以资源等初级产品来实现交换的平衡,以廉价的资源换取高额的科技产品。资源外流本就是一种损失,加上价格的不对等,其损失则很难估量。因而,科技应作为经济利益中的重要内容。利益是社会发展的基础,经济是实现利益的前提条件,而其他文化、道德、政治和社会环境等因素,都是利益经济发展的约束性条件。如果不顾文化特点、社会环境、自然生态资源、政治稳定因素,经济的发展也将失去基本的保证而停滞或萎缩。因而,经济的发展是基础,但不能看作是"唯一的"。

邓小平提出的"三个有利于",论述利益、经济、政治、社会等因素的统一,是建设有中国特色的社会主义政策工具选择的利益标准。政策工具选择是否正确,"判断的标准,应该主要看是否有利于发展社会主义社会的生产力,是否有利于增强社会主义国家的综合国力,是否有利于提高人民的生活水平"[1]。

第一,政策工具选择的首要标准是要有利于发展生产力。社会主义的优越性就在于解放和发展生产力。发展生产力是马克思主义利益范畴实践的主要内容。一些研究者把马克思的利益范畴解释为人们获得的实惠、好处。这是一种狭义的解读。在马克思那里,利益是与思想相对立的范畴。马克思所说的利益就是物质利益,而不只是个人获得的实惠。马克思所指的利益包括人类、社会、民族、国家和个人的利益。利益按其来源都离不开生产力的发展。只有发展生产力,创造了社会财富,这样才能为国家机构的运转和人民文化生活需要的满足,提供巨大的源泉。马克思说:"如果没有这种发展,那就只会有贫穷、极端贫困的普遍化;而在极端贫困的情况下,必须重新开始争取必需品的斗争,全部陈腐污浊的东西又要死灰复燃。"[2]比如,我国"文化大革命"以前,由于"左"的思想影响,推行一拉平的分配政策,吃大锅饭,干的不如不干的,不干的不如捣蛋的,影响了劳动者的积极

---

① 《邓小平文选》第三卷,人民出版社1993年版,第372页。

② 《马克思恩格斯选集》第1卷,人民出版社1995年版,第86页。

性,阻碍了生产力的发展,实际上就是"贫困的普遍化",即国民经济接近崩溃边沿,国民收入低下,基本生活必需品供应严重短缺。

第二,政策工具选择的重要标准是要有利于提高综合国力。

所谓综合国力,则是指整个国家的繁荣昌盛和强大。一国和它的国民是否获得最大的利益,就在于在优越的社会制度下生产力发展所提供的巨大财富。亚当·斯密在《国富论》开宗明义就说:"一国国民每年的劳动,本来就是供给他们每年消费的一切生活必需品和便利品的源泉。"①这就是《国富论》的题旨,在他看来,这是国家政策工具选择的标准。亚当·斯密把劳动看作是国民利益的源泉是对的。但是他在国民利益的实现的机制仅仅理解为市场交换。这是片面的。市场是一种利益的实现机制。市场经济机制是资源配置和利益分配的一种重要的杠杆,但是,它也有一定的盲目性。这种盲目性有时甚至造成很大的破坏性,不仅破坏经济本身的增长,而且破坏社会的良性运行,如现代世界金融危机等。每次金融危机,就造成对一国的国民财富和人民利益的巨大损害。因此,市场机制不是万能的,市场机制并非可以使一国和国民获得最大的社会利益。要使市场机制这只"看不见的手"真正发挥好作用,还必须有优越的社会制度作为"看得见的手",通过政策工具的选择来保证一国和国民获得最大的利益。例如,1997 年的亚洲金融危机和 2008 年发生的世界金融危机。在 1997 年的亚洲金融危机中,由于我国社会主义制度下的金融调控政策得力,使国家和国民的利益损害减少到有限的程度。而其他一些国家和地区则受到了较大的损失,其货币贬值幅度为:泰铢 54%、印尼盾 73%、马来西亚林吉特 45%、韩国元 51%。尤其是印尼,1998 年通货膨胀率达 30.7%,1998 年经济出现 10%的负增长,2000 万人失业,1.1 亿人口处于贫困状态,占全国人口的 80%。2008 年发生的世界金融危机,也是由于我国社会主义制度的优越性,我国不仅把金融危机的危害降到了较低的限度,而且在 2008 年以后的几年间,还保证了国民生产总值 8%左右以上的增长和我国国民收入水平的逐年提高。总之,我国社会主义制度,既可以保证生产力的巨大发展,又可以使国家和人民获得最大利益。

---

①　[英]亚当·斯密:《国民财富的性质和原因的研究》上卷,郭大力等译,商务印书馆1972 年版,第 1 页。

第三，政策工具选择的最终标准是要有利于提高人民的生活水平。这是马克思主义利益范畴实践的出发点和归宿。这里的人民的生活水平，是指每一个国民不断增长的物质文化利益需要的满足。社会主义生产的目的是满足人们不断增长的物质文化生活的需要。发展生产力、增强综合国力的最终目的是提高人民的生活水平。人民是国家的主人和社会主义利益的主体，是不是有利于国家，是不是有利于人民或造福于人民，要看是不是满足了利益主体的物质文化生活的需要。因此，发展生产力和增强综合国力的最终目的是不断地改善民生，提高人民的生活水平和福祉。这些就是21世纪马克思主义利益范畴的政策含义，它反映了马克思主义利益观在当代社会发展中的题旨。

主要参考文献

1.《马克思恩格斯文集》第1—10卷,人民出版社2009年版。

2.《马克思恩格斯全集》(中文第二版)第1、3、30、31、33、47卷,人民出版社1995、2002、1995、1998、2004、2004年版。

3.《马克思恩格斯全集》(中文第一版)第3、4、16、40、42卷,人民出版社1960、1958、1964、1982、1979年版。

4.《列宁选集》(中文第三版修订版)第1—4卷,人民出版社2012年版。

5.《毛泽东选集》第一至第四卷,人民出版社1991年版。

6.《毛泽东文集》第六、七卷,人民出版社1999年版。

7.《邓小平文选》第一至第三卷,人民出版社1993—1994年版。

8.《马克思古代社会史笔记》,人民出版社1996年版。

9.列宁:《哲学笔记》,人民出版社1993年版。

10.[古希腊]色诺芬:《经济论》,张伯健译,商务印书馆1961年版。

11.[古希腊]柏拉图:《理想国》,郭斌和等译,商务印书馆1986年版。

12.[古希腊]亚里士多德:《政治学》,吴寿彭译,商务印书馆1965年版。

13.[德]黑格尔:《逻辑学》(上、下),杨一之译,商务印书馆1966、1976年版。

14.[德]黑格尔:《哲学史讲演录》第4卷,贺麟等译,商务印书馆1978年版。

15.[德]黑格尔:《法哲学原理》,范扬等译,商务印书馆1961年版。

16.[德]黑格尔:《精神现象学》(上、下),贺麟等译,商务印书馆1979年版。

17.[德]费尔巴哈:《费尔巴哈哲学著作选集》,荣震华等译,三联书店1959年版。

18.[德]米夏埃尔·兰德曼:《哲学人类学》,张乐天译,上海译文出版社1988年版。

19.[德]埃·弗洛姆:《马克思论人》,陆世夫译,陕西人民出版社1991年版。

20.[德]马克斯·霍克海默:《批判理论》,李小兵等译,重庆出版社1993年版。

21.[德]马克斯·霍克海默:《启蒙辩证法》,洪佩郁等译,重庆出版社1990年版。

22.[德]哈贝马斯:《交往与社会进化》,张博树译,重庆出版社1989年版。

23.[德]哈贝马斯:《交往行动理论》,洪佩郁等译,重庆出版社1994年版。

24.[德]马克斯·韦伯:《新教伦理与资本主义精神》,于晓等译,三联书店1987年版。

25.[德]麦克斯·施蒂纳:《唯一者及其所有物》,金海民译,商务印书馆1989年版。

26.[德]费·李斯特:《政治经济学的国民体系》,陈万煦译,商务印书馆1961年版。

27.[德]斐迪南·滕尼斯:《共同体与社会》,林荣远译,商务印书馆1999年版。

28.[英]洛克:《人类理解论》,关文运译,商务印书馆 1959 年版。

29.[英]戴·麦克莱伦:《青年黑格尔派与马克思》,夏威仪译,商务印书馆 1982 年版。

30.[英]霍布斯:《利维坦》,黎思复等译,商务印书馆 1985 年版。

31.[英]R.G.柯林武德:《历史的观念》,何兆武等译,中国社会科学出版社 1986 年版。

32.[英]洛克:《政府论》(下),叶启芳等译,商务印书馆 1964 年版。

33.[英]大卫·李嘉图:《政治经济学及赋税原理》,郭大力、王亚南译,商务印书馆 1962 年版。

34.[英]亚当·斯密:《国民财富的性质和原因的研究》(上、下),郭大力等译,商务印书馆 1972、1974 年版。

35.[英]亚当·斯密:《道德情操论》,蒋自强等译,商务印书馆 1997 年版。

36.[英]马尔萨斯:《人口原理》,朱泱等译,商务印书馆 1992 年版。

37.[英]达尔文:《物种起源》,周建人等译,商务印书馆 1963 年版。

38.[英]凯恩斯:《就业利息和货币通论》,徐毓楠译,商务印书馆 1987 年版。

39.[法]蒲鲁东:《什么是所有权》,孙署冰译,商务印书馆 1963 年版。

40.[法]路易·阿尔都塞:《保卫马克思》,顾良译,商务印书馆 1984 年版。

41.[法]米歇尔·博德:《资本主义史 1500~1980》,吴艾美译,东方出版社 1986 年版。

42.[法]卢梭:《论人类不平等的起源和基础》,李常山译,商务印书馆 1962 年版。

43.[法]F.布罗代尔:《15 至 18 世纪的物质文明、经济和资本主义》,顾良译,三联书店 1993 年版。

44.[法]F.布罗代尔:《资本主义的动力》,杨起译,三联书店 1997 年版。

45.[法]让-保罗·萨特:《辩证理性批判》(上、下),林骧华等译,安徽文艺出版社 1998 年版。

46.[美]约翰·罗尔斯:《正义论》,何怀宏等译,中国社会科学出版社 1988 年版。

47.[美]悉尼·胡克:《对卡尔·马克思的理解》,徐崇温译,重庆出版社 1989 年版。

48.[美]赫伯特·马尔库塞:《单向度的人》,张峰等译,重庆出版社 1988 年版。

49.[美]赫伯特·马尔库塞:《理性与革命》,程志民等译,重庆出版社 1993 年版。

50.[美]国家科学技术委员会:《技术与国家利益》,李正风译,(北京)科学技术文献出版社 1999 年版。

51.[意]葛兰西:《狱中札记》,葆煦译,人民出版社 1983 年版。

52.[意]葛兰西:《实践哲学》,徐崇温译,重庆出版社 1990 年版。

53.[匈]卢卡奇:《历史与阶级意识》,杜章智等译,商务印书馆 1992 年版。

54.[匈]卢卡奇:《关于社会存在的本体论》,白锡堃等译,重庆出版社 1993 年版。

55.[苏]格·阿·巴加图利亚:《马克思的经济遗产》,马健行译,贵州人民出版社 1981 年版。

56.[苏]尼·拉宾:《马克思的青年时代》,南京大学外文系译,三联书店 1982 年版。

57.[苏]伊·谢·纳尔斯基:《异化与劳动》,冯申译,湖南人民出版社 1987 年版。

58.[瑞士]西斯蒙第:《政治经济学新原理》,何钦译,商务印书馆 1964 年版。

59.[荷兰]斯宾诺莎:《伦理学》,贺麟译,商务印书馆1958年版。

60.[捷]奥塔·锡克:《经济—利益—政治》,王福民译,中国社会科学出版社1984年版。

61.[日]栗本慎一郎:《经济人类学》,王名等译,商务印书馆1997年版。

62.北京大学哲学系:《18世纪法国哲学》,商务印书馆1963年版。

63.鲁友章、李宗正:《经济学说史》(上、下),人民出版社1979年版。

64.孙伯鍨:《探索者道路的探索》,南京大学出版社2002年版。

65.李镜池:《周易通义》,中华书局1981年版。

66.孙伯鍨:《马克思主义哲学的历史和现状》,第一卷由孙伯鍨、侯惠勤主编,第二卷由李华钰、严强、严高鸿主编,第三卷由刘林元、张一兵、姚润皋主编,南京大学出版社1988、1989、1992年版。

67.张一兵:《折断的理性翅膀》,南京出版社1990年版。

68.朱钟棣:《西方学者对马克思主义经济理论的研究》,上海人民出版社1991年版。

69.汤在新:《马克思经济学手稿研究》,武汉大学出版社1993年版。

70.中共中央文献研究室等编:《毛泽东早期文稿》(1912·6—1920·11),湖南出版社1995年版。

71.张立文:《中国哲学范畴史·人道篇》,中国人民大学出版社1995年版。

72.周辅成:《西方伦理学名著选辑》(上、下),商务印书馆1987年版。

73.黄楠森、庄福龄、林利主编:《马克思主义哲学史》(1—4卷),北京出版社1996年版。

74.张传开、汪传发:《义利之间》,南京大学出版社1997年版。

75.汝信主编:《现代西方思想文化精要》,吉林人民出版社1998年版。

76.赵文洪:《私人财产权利体系的发展》,中国社会科学出版社1998年版。

77.韩民青:《当代哲学人类学》,广西人民出版社1998年版。

78.许全兴、陈战难、宋一秀:《中国现代哲学史》,北京大学出版社1992年版。

79.徐亦让、解庭晨、胡香桂:《人类财产发展史》,社会科学文献出版社1999年版。

80.陈学明主编:《二十世纪哲学经典文本·西方马克思主义卷》,复旦大学出版社1999年版。

81.张一兵:《回到马克思》,江苏人民出版社1999年版。

82.洪远朋主编:《经济利益关系通论》,复旦大学出版社1999年版。

83.吴智杰主编:《西方市场经济理论史》,商务印书馆1999年版。

索　引

后　记

　　"十年磨一剑"，从最早萌发对马克思的利益问题探索到《马克思主义的利益理论》一书的出版，已历经数年。丑媳妇终归要见公婆面，作者以这样一种心境揭开脸上的面纱谨见同行专家和读者。如有纰漏不当之处，请予赐教为感！

　　利益虽为日常话语，但曾不识庐山真面貌，真正撩拨起作者对马克思主义利益理论学术园地探究之心弦者，乃是我在南京大学的博士生导师孙伯鍨先生。孙先生那种严谨治学，论述精当，熟悉马克思主义文本经典的程度，常使我们激动不已。孙先生经常论及利益理论在马克思主义中的突出地位，并多次鼓励我去大胆探索。尽管后来离开了南京大学，但孙先生的指导和鼓励，一直是我在马克思主义利益理论这块学术园地探究的力量支援和重要的精神支柱。因而，在此表示衷心感谢！

　　本书是我主持的国家社科基金项目——"马克思主义利益范畴在当代的发展"的最终成果。对国家社科基金为本书的研究提供的物质和精神支持，在此表示感谢！哲学是时代精神的精华。马克思主义利益理论研究过程是与现时代的时代精神对话的过程。在时代的呼唤声中，其中有一批成果已经先后相继面世。为此，在这里，要感谢《马克思主义研究》、《社会主义研究》、《北京社会科学》、《社会科学战线》、《江海学刊》、《广东社会科学》、《学术研究》、《湖湘论坛》、《海南大学学报》、《湘潭大学学报》、《新华文摘》等刊物！他们为本书的部分成果先前面世提供了园地，使本书部分观点和论见的面世在时间坐标上向前移进了。

　　最后，对人民出版社和方国根先生对本书出版的支持表示感谢！

作者　谨识

2001 年 7 月

再版后记

本书自 2002 年出版以来,引起了学界同仁的热情关注。2006 年,该书获得了中国高校人文社会科学研究优秀成果二等奖(马克思主义理论类一等奖缺)。由于读者的支持与关爱,该书第 1 版原本早以售罄。经该书责编重新申报选题,人民出版社拟定再版该书。该书因是国家哲学社会科学基金项目的最终成果,其框架结构依然保持原貌,仅对某些观点,再次作了推敲、补充、修订。为了符合学术规范,方便读者使用,对全书引文注释,尤其是出自马克思恩格斯等经典文献的注释,均按新版马克思恩格斯等经典文献进行了重新校对。

谨对支持本书再版的人民出版社和为本书再版付出辛勤劳动的方国根先生表示衷心的感谢! 2003 年 4 月 8 日,《光明日报》在"理论版"以《马克思主义利益理论的当代价值》为题,摘登了该书的新观点,阐述了该书出版的时代意义和价值;2003 年 5 月 14 日,《光明日报》又刊登了我国著名哲学家、不幸仙逝的我的恩师孙伯鍨先生生前题为《历史唯物主义的新拓展》的书评;2004 年第 11 期《学术研究》专题发表了方国根先生评论该书的论文。该书出版以后,《马克思主义研究》、《马克思主义与现实》、《教学与研究》、《毛泽东邓小平理论研究》、《道德与文明》和《伦理学研究》等刊物,尤其是《广西师范大学学报》还开辟专题专栏,相继又刊登了作者马克思主义利益理论延伸研究成果。在此,一并致谢!

作　者

2013 年 2 月于桂林

责任编辑:方国根

图书在版编目(CIP)数据

马克思主义的利益理论:当代历史唯物主义的重构/谭培文 著-修订本.
-北京:人民出版社,2013.12
ISBN 978－7－01－012326－4

Ⅰ.①马…　Ⅱ.①谭…　Ⅲ.①马克思主义哲学-历史唯物主义-研究
Ⅳ.①B03

中国版本图书馆 CIP 数据核字(2013)第 159231 号

马克思主义的利益理论
MAKESI ZHUYI DE LIYI LILUN

——当代历史唯物主义的重构

(修订本)

谭培文　著

人民出版社 出版发行
(100706　北京市东城区隆福寺街 99 号)

北京龙之冉印务有限公司印刷　新华书店经销

2013 年 12 月第 1 版　2013 年 12 月北京第 1 次印刷
开本:710 毫米×1000 毫米 1/16　印张:26.75
字数:433 千字　印数:0,001-2,000 册

ISBN 978－7－01－012326－4　定价:62.00 元

邮购地址 100706　北京市东城区隆福寺街 99 号
人民东方图书销售中心　电话 (010)65250042　65289539